하룻밤에 깨닫는 **주역**

하룻밤에 깨닫는

지은이_ 한수산 김유하 강인갑
발행인_ 김미화

초판 1쇄 발행_ 2017. 06. 16.
완전개정판 1쇄 발행_ 2018. 10. 15.

발행처_ 삶과지식
편집_ 박시우(Siwoo Park)
디자인_ 다인디자인(E.S. Park)

등록번호_ 제2010-000048호
등록일자_ 2010-08-23

서울시 강서구 강서대로47길 108
전화_ 02-2667-7447
이메일_ dove0723@naver.com

ⓒ 한수산, 2018
ISBN 979-11-85324-42-5 03140

이 도서의 국립중앙도서관 출판예정도서목록(CIP)은 서지정보유통지원시
스템 홈페이지(http://seoji.nl.go.kr)와 국가자료종합목록시스템(http://
www.nl.go.kr/kolisnet)에서 이용하실 수 있습니다. (CIP제어번호 :
CIP2018032103)

4상으로 쉽게 이해하는 주역

하룻밤에 깨닫는

주역

•공저 : 한수산 김유하 강인갑 (사상주역연구소)•

삶
과지식
Life and Knowledge Publishing

목 차

제1부 사상 주역의 이해

제2부 64괘의 이해

색인

"4상 주역"으로 64괘 쉽게 찾는 방법

독자의 삶에 도움이 되도록 개정

초판은 주역의 새로운 해석을 제안하는 성격이 강했다. 반면 완전개정판은 독자의 삶에 도움을 주는 것을 목표로 했다.

초판의 경우 기존과 전혀 다른 시도가 어떻게 받아들여질지 알 수 없었기에 모든 게 조심스러웠다. 우리가 제시한 방식은 기존 주역과 전혀 다른 길이었다. 기존 해석은 주역의 64괘를 8괘가 두 번 겹쳐(8X8) 생성되었다고 본 반면, 우리는 4상이 세 번 겹쳐(4X4X4) 된 것으로 해석한다. 아울러 삶의 변화를 유형화한 뒤, 각각의 경우에 관한 맞춤형 순리를 알려주는 책으로 본다.

초판 발간 이후 다양한 검증과 더불어 전문가들과 공동연구를 통해 우리의 해석이 갖는 의미가 크다는 사실을 확신하게 됐고, 동시에 부족한 부분을 채우면서 내용을 풍부하게 할 수 있었다.

그러면서 자연스럽게 조금 더 두툼해진 개정판을 출간하게 된 것이다. 아울러 단순히 새로운 해석을 제시하는 인문학적 지향성에서 벗어나 주역의 조언이 독자들 삶에 도움이 되는 쪽으로 보다 진화했다. 주역의 원래 목적에 좀 더 충실해진 것이다. 독자들이 실용적이고 행복한 삶을 꿈꿀 수 있도록 해주는 것이다.

사실 주역은 사람들에게 절대적인 행복, 절대적인 자유, 절대적인 부를 제공할 수 있다고 말하지 않는다. 무슨 소원이든 성취할 수 있다고 말하지도 않는다. 유토피아적 방식이 있다고 주장하지 않는다. 대신 주역은 순리를 바탕으로 각자가 어디에 서 있는지 알려 주고, 앞에 놓인 길을 보여줌으로써, 삶의 막힌 곳을 뚫는 데 도움을 주고자 한다.

사실 순리는 상식과 통한다. '뿌린대로 거둔다', '새옹지마' 등 우리가 알고 있는 삶의 금언들이 바로 순리다. 그런데 그 순리를 찾는 게 복잡한 현실에서 쉽지 않은 경우가 많다. 그것을 찾는 데 도움이 되는 책이 주역이라는 게 우리의 판단이다.

따라서 주역에는 순리에 근거한 삶의 조언이 담겨있다. 맞춤형 순리는 때론 응원의 언어로 표현되기도 하고, 질책의 언어가 되기도 하며, 냉정한 선택을 요구하는 권고가 되기도 한다. 그 주역의 정수를 제대로 펼침으로써 개정판이 삶의 나침반이 될 수 있도록 꾸몄다. 그 세계로 독자 여러분을 안내하도록 하겠다.

_ 사상(四象)주역연구소 드림

사람들은 성공을 위해 미래를 알고 싶어 한다. 그런데 성공과 실패는 운과 실력이라는 두 가지 요소에 의해 결정된다. 주역은 이처럼 실력과 운이라는 인생의 두 요소가 어떻게 변하는지와 각각의 변화가 어떤 미래를 만드는지 이야기해주는 책이라고 사상(四象) 주역은 이해한다.

주역은 우선 실력도 있고 운도 있는 경우는 (⚌)로 표시한다. 양효(⚊)가 두 개가 있으니 운도 좋고 실력도 있다는 걸 뜻한다고 단박에 알아차릴 수 있을 것이다. (⚍)은 운은 따르는 데 실력이 없거나 실력 이상으로 행운이 따르는 상황을 표현한다. (⚎)은 실력은 있는데 운이 따르지 않는 걸 의미한다. 실력도 운도 없는 경우는 (⚏)이 되겠다. 4가지 경우를 태양(⚌), 소양(⚍), 소음(⚎), 태음(⚏)으로 부른다.

이것이 사상 주역의 핵심이고, 주역의 64괘는 이 같은 운과 능력의 각종 변화를 설명한다. 물론 과거의 주역 해석들과 전혀 다른 방식이다. 지금까지는 8괘가 두 번 겹쳐 64괘(8X8=64)가 된 것으로 이해했지만 주역 혁명은 사상이 세 번(4X4X4) 겹쳐 64괘가 된 것으로 본다.

이를 바탕으로 난해하기로 소문난 주역의 역경을 쉽게 풀어냈다. 과거 주역 해설서가 엉킨 실타래를 조심스럽게 풀 듯 해설했다면 주역 혁명은 칼로 잘라 속살을 보여 준다. 콜럼버스가 달걀을 세웠던 것이 이와 같지 않았을까. 콜럼버스는 달걀을 어떻게 세울지 몰라 당황하고 있는 사람들에게 밑을 살짝 깬 뒤 세우는 모습을 보여준다. 발상을 전환하면 어려운 것이 무척 쉬워지는 것이다.

기존에 주역을 공부했던 분들은 새로운 방식의 주역 역경 해석을 음미해 볼 수 있을 것이다. 읽어 보지 못한 분들에겐 어려운 주역을 쉽게 배우는 계기가 될 수 있을 것이다. 한 번쯤 읽어 보고 싶었는데 어려워 엄두가 나지 않았던 분들도 쉽게 이해할 수 있다. 그리고 나면 내 삶의 운명이 보인다.

우리는 지난 3000년간 공자님, 예수님, 플라톤 등 누군가의 좌푯값을 따라감으로써 성공하고 행복해지길 소망했다. 그래서 행복해졌다면 관계없으나 그렇지 않은 경우가 더 많다. 주역은 타인의 말과 길을 본받고 따르려 말고 본인의 운명과 그 길을 스스로 찾아갈 것을 주문하고 있다. 본인 스스로 알을 깨고 나옴으로써 각자 인생의 주역(主役)이 되라는 것이다. 본서를 통해 독자들께서 그 길을 찾을 수 있기를 소망해 본다.

_ 양재천 자락에서 한 수 산

일러두기

4상(四象) 주역은 사상(=: 태양, =: 소양, =: 소음, ==: 태음)이 3번 겹쳐 (4X4X4) 주역의 64괘가 구성되었다고 봅니다. 지금까지는 8괘가 두 번 겹쳐(8X8) 64괘가 구성됐다고 가정해왔습니다. 4상(四象) 주역, 4상 주역, 사상 주역이 책 본문에서 등장하는 데 모두 같은 말입니다. 아울러 본문에서 나오는 양괘(兩卦)는 4상 주역을 설명하면서 새롭게 만든 것이기에 미리 알려두며 본문에서 보다 자세히 설명하도록 하겠습니다. 아울러 상효(上爻)와 하효(下爻)라는 개념도 양괘(兩卦)와 관련한 필요성 때문에 새롭게 만든 개념임을 일러둡니다.

제1부

·

사상 주역의 이해

주역 괘의 이해

주역은 주나라 점치는 관리들이 오랜 경험을 바탕으로 편집한 책이다. 내일의 날씨를 알면 여행 계획을 더 잘 세울 수 있는 것처럼 앞에 놓인 인생이 비탈진 언덕인지 뻥 뚫린 고속도로인지 알면 삶에 도움이 된다. 점을 치는 이유가 여기에 있다.

미래 예측은 결정론과 개척론으로 분류할 수 있는데, 결정론은 운명이 주어졌다고 보는 것이다. 태어난 날짜와 시간으로 미래를 해석하는 사주 팔자가 여기에 속할 것이다. 사회 결정론도 있다. 사회의 방향이 결정되어 있다는 것이다.

개척론은 운명도 하기 나름이라는 생각을 깔고 있다. 한고조 유방의 손금을 본 점술가가 '당신은 제왕의 상이 아니다'라고 이야기하자, 그는 어떤 손금이 제왕의 상인지 물은 뒤 이에 대한 점술가의 설명이 있자, 운명 개척을 위해 칼로 점술가가 말한 그대로 손금을 그었다는 일화가 있다. 자기 계발서의 포인트도 노력으로 운명을 극복할 수 있다는 것이며 이 같은 철학을 바탕으로 그 방법에 관해 기술한 것이다.

그렇다면 주역은 어디에 속할까. 사실 애매하다. 괘사전에 따르면 주역 점은 시초를 인위적으로 뽑아 괘를 도출하고 그것으로 운명을 풀이한다. 이런 점에서 주역 점은 분명 결정론적이다. 운명을 결정할 괘의 도출이 의지가 아닌 임의로 이뤄지고, 그 괘가 운명이 된다고 설명하기 때문이다.

그런데 주역 역경의 내용을 보면 해야 할 일과 하지 말아야 할 일에 대한 이야기가 주로 등장한다. 어떤 선택을 하느냐에 따라 운명이 바뀔 수 있음을 암시한다. 이 같은 점 때문에 주역을 천지와 인간의 조화 및 변화를 다룬 점서이자, 처세서라고 말하기도 한다. 그 변화 안에는 운명의 변화도 담겨 있다.

결과적으로 주역은 결정론이나 개척론 가운데 어느 한쪽 편을 들고 있지 않다. 운명은 있지만, 무작정 따라야 할 길이 아닌 스스로 변화시킬 수도 있다고 주역은 이야기한다. 운명을 받아들일 수도, 피해갈 수도, 때론 이겨낼 수도 있다. 끝이 보이기도 하지만 중간중간의 여백을 어떻게 메우느냐에 따라 전혀 다른 삶을 살게 된다고 말하기도 한다.

그렇다면 주역을 통해 운명을 알아야 할 이유는 어디에 있을까. 행복한 삶을 위해서다. 내 삶이 행복해지기 위해선 내 뜻대로 살고 있다는 만족감이 삶에 숨 쉬고 있어야 한다. 달걀이 스스로 깨고 나오면 병아리가 되고, 타인에 의해 깨지면 달걀 프라이가 된다는 말이 있다. 같은 맥락에서 스스로 선택하지 않고 강요된 삶을 살아간다면 후회만을 만들 것이다. 주역은 여기에서 벗어날 수 있도록 해준다.

즉, 순리를 이해한 가운데 스스로 현명하게 판단할 수 있는 근거를 제시하는 것이다. 자신의 운명을 스스로 택하도록 해준다. 각자의 선택 안에는 정답도 오답도, 옳고 그름도 없다. 변화만이 존재할 뿐이다. 주역을 통한 순리에 대한 이해는 그 변화의 주인이 될 수 있도록 해준다. 즉 주역(周易)을 통해 인생의 주역(主役)이 될 수 있다.

큰돈을 벌었지만 후회스러운 삶을 살았다고 토로하는 분도 있고, 돈 한 푼 벌지 못했어도 후회 없이 살았다고 말하면서 눈을 감는 사람도 있다. 내 삶의 주인으로 살았느냐 아니냐가 차이를 만드는 핵심이지 않을까. 아름답게 눈을 감을 수 있을 것이란 믿음이 있을 때 지금 내가 사는 삶이 행복하게 느껴지는 게 아닐까 싶다.

여기서 스스로 자신의 운명을 선택한다는 것은 나의 길을 개척한다는 의미도 있지만, 내게 주어진 운명과 숙명을 마음으로 받아들이는 것도 포함한다. 체념한 채 끌려가는 것이 아닌, 자연 원리를 이해한 가운데 순응하고 받아들이는 것이다. 그러면 내 삶은 스스로 선택하는 삶이 된다. 이런 점에서 스스로 선택한다는 것은 '내 마음대로 하는 것'을 넘어 '내 삶을 이해하고 받아들이는 것'이고 '내 삶 안에 존재하는 순리를 깨닫는 것'이다. 즉 그 안에는 개척의 의미도 있지만 동시에 '득도(得道)'의 뜻도 담겨 있다.

주역은 이런 점에서 내가 살아온 과거를 돌아보고, 현재를 평가하고, 앞에 펼쳐질 길들을 보여주며, 그 안에서 스스로 택할 수 있는 설계도를 제시한다. 이를 바탕으로 '나는 과연 어디로 가야 할까'란 질문에 답을 줄 수 있다. 그것은 신이 정한 나의 운명을 알려주는 것이 아닌 내 앞에 놓인 길의 의미를 설명해주는 것이다. 그리고 갈래 길에서 각각의 길이 가진 차이를 이야기해준다. 이를 바탕으로 스스로 삶의 방향을 정할 수 있도록 돕는다. 택할 수 있는 길이 별로 없다는 생각이 들어도 순리가 그 안에 있음을 깨닫는다면, 우리는 삶에 대해 겸손할 수 있고 상대의 삶을 존중할 수 있게 된다.

인생을 평가하는 간단한 방식

삶의 변화를 알고 싶은 이유는 성공하거나 행복해지고 싶어서일 것이다. 그것이 곧 미래이자 운명이고 그것에 의해 성공과 행복이 크게 좌우된다고 생각하기 때문이다. 인생에 운이 개입할 여지가 없다는 주장도 있다. 그러나 운을 완전히 배제한 가운데 인생을 이해하는 것은 어렵다. 그것을 배제하기보다는 정확히 이해하는 게 중요하다. 주역은 이미 그것의 이해를 돕도록 3000년전 만들어진 책이다. 운과 삶의 조화를 잘 이해할 때 사회적 성공 혹은 개인적 행복에 보다 쉽게 접근할 수 있다.

우선 성공에 대해서 곰곰이 생각해보자. 우리는 누군가의 성공을 바라보면서 어떤 평가를 할까? 각자의 성공과 실패에 대해 사람들은 다양한 이야기를 한다. "IT 바람 덕분에 우리 기술이 중요해지면서 성공했죠." "친구를 잘 만나고, 직원들을 잘 만나서 성공한 것입니다." "타이밍이 안 좋아서 실패했어요." "성공을 위해 밤낮없이 연구하고 또 연구해 발명품을 개발했습니다." "제가 열심히 노력하지 않아서 실패했습니다." 등 수 없이 많은 실패 혹은 성공 요인에 대한 분석이 존재한다. 그런데 그것을 따져보고 파고들면 결국 성공과 실패는 둘 중 하나에 의해 결정되었다고 이야기하고 있다. 바로 운과 실력이다.

그렇다. 사회적 성공이란 것은 결과적으로 실력과 운을 겸비하거나 최소한 하나를 갖추고 있어야 가능하다. 다양한 단어로 각각의 성공과 실패를 표현하지만, 결국 성공한 사람은 '실력도 있고 운도 좋았다'거나 '실력은 평범했지만 운이 좋았다'거나 '실력으로 모든 걸 돌파했다'는 세 가지 중 하나로 성공 요인을 귀속시킬 것이다. 반면 생각만큼 성공하지 못했거나 실패한 사람에겐 '실력은 있는데 운이 없다'고 안타까워하거나 '실력도 운도 없다' 등의 평가를 내릴 것이다.

결국, 모든 사회적 성공과 실패는 실력과 운이 어떤 조화를 만들었느냐에 의해 결정된다. 필자의 경우 실력 이상으로 운이 좋았던 시절을 거쳐, 실력은 늘었는데 운이 따르지 않는 삶을 살고 있다는 느낌을 자주 받는다. 많은 사람이 지난 삶에 대해 마찬가지의 평가를 해볼 수 있지 않을까. 열심히 노력해 실력을 쌓고 있지만, 여전히 기회가 오지 않고 있다고 삶을 평가하는 사람이 있을 것이다. 노력을 바탕으로 실력은 늘었으나 아직 운때가 맞지 않은 것이다. 반면 문득 찾아온 좋은 기회를 전부 허무하게 날린 뒤 삶이 힘들어졌다고 생각하는 사람이 있을 것이다. 이런 경우는 행운이 있던 삶에서 그것이 소진된 삶으로의 변화를 뜻한다. 여전히 운도 실력도 없고, 대단히 큰 걸 바라지 않고 소소하게 살아가는 데 만족하는 사람도 있을 것이다. 혹은 이렇듯 평범한 삶을 사는 가운데 로또 당첨과 같이 벼락같은 행운이 찾아오는 때도 있다. 각각 살아가는 모습은 다르지만, 그 안에는 본인의 실력과 운이 어떻게 상호작용을 해왔는지가 담겨 있다. 주역은 이처럼 실력과 운이라는 인생의 두 가지 핵심 요소가 어떻게 변하는지와 각각의 변화에 대한 삶의 태도는 어떠해야 하는지 말해주는 책이라고 할 수 있다.

성공을 위해 운과 실력 가운데 최소한 하나는 있어야 한다. 그렇다면 행복은 어떠한가? 둘 다 없더라도 인생이 불행하거나 실패한 것은 아니다. 이것이 주역이 설명하는 행복의 핵심이다. 수없이 많은 영적 스승들의 말이기도 하다. 많은 사람이 본인은 실력도 없고, 또 썩 운이 좋은 편도 아니라고 생각할 것이고 이 같은 처지가 괴로울 수 있다. 그 괴로움에서 벗어나기 위해 열심히 노력해 실력을 키우거나 행운을 만들어 내는 것도 방법이지만 모든 것을 순리로 받아들이는 것 역시 우리가 택할 수 있는 길이다. 이것이 바로 내려놓음으로써 비로소 주변의 아름다움이 내 눈에 들어오는, 행복을 찾아가는 길이 되는 것이다.

주역에서는 실력도 운도 따르지 않는 사람을 그래서 대인과 소인 두 부류로 분류한다. 소인은 본인의 부족함과 운 없음에 분노하고 좌절하면서 오히려 모든 걸 잃어버릴 확률이 높다고 말하지만 대인은 그 순간 세상의 이치를 깨닫게 된다고 한다. 대인이 된다는 것은 세상의 순리를 통찰한 뒤 '내려놓음'을 강조한 영적 스승의 그림자를 밟는 사람이 된다는 것으로 받아들일 수 있을 것이다. 행복은 그 순간 사람들의 시야에 들어온다고 주역은 말한다.

실력이란 무엇일까?

앞에서 실력과 운에 대해 이야기했다. 그렇다면 실력이란 무엇일까. 실력이 있다는 말을 들으면 기분이 좋아진다. 아울러 실력을 키우고 싶어한다. 실력은 타고난 것도 있을 것이고 후천적으로 키워진 것도 있을 것이다.

머리가 좋은 사람은 실력이 있다고 생각된다. 명석한 두뇌로 남들이 하기 어려운 일을 할 수 있기 때문이다. 아울러 뛰어난 두뇌는 어떤 일에서든 문제를 해결하는 데 도움이 된다. 그 외에도 실력은 다양하다. 운동선수에겐 뛰어난 체력 조건이 실력이다. 가수에겐 영혼을 울리는 목소리가 실력이다. 머리가 썩 좋을 필요는 없다.

후천적으로 실력이 만들어지기도 한다. 소위 장인이라고 불리는 분들은 한 가지 기술에 오랫동안 집중함으로써 실력을 키우고 인정받은 사람들이다. 끊임없는 노력을 통해 실력이 만들어진 것이다. 앞서 예를 들었던 가수나 운동선수도 마찬가지다. 타고난 재능은 다소 부족해도 끊임없는 훈련과 연습으로 실력 혹은 능력을 쌓는 경우도 있다.

서울대는 실력 있는 학생들이 모였다고 생각되는 곳이다. 그런데 그곳에 입학하는 학생들의 지능지수(IQ)는 천차만별이라고 한다. 그들의 공통점은 머리가 대단히 좋다는 것이 아니라 열심히 공부했다는 것이다.

즉 실력을 키우기 위해 노력을 했다. 이런 점에서 실력으로 표현되어지는 것은 나 스스로 만들어가거나 갖고 태어난 주체적인 것이다. 즉, 각 개인의 내부적 동력이거나 그것을 강화하는 것이다. 예를 들자면 운 좋게 지름길을 찾는 것이 아닌 더 튼튼한 다리를 만들어 시간당 걸을 수 있는 길이를 늘려 목표에 빠르게 도달하는 것과 같다고 할 수 있다.

실력의 다양한 모습

　사실 인간 능력은 다양하다. 체력이 될 수도, 돈이 될 수도, 뛰어난 머리가 될 수도 있다. 노력으로 능력을 만들 수도, 갑작스러운 사고로 사라질 수도 있다. 상황에 따라 적용되는 능력도 다르다. 가수는 노래 실력이 능력이지만, 정치인에겐 다른 걸 요구한다. 재능 있는 가수가 정치에서도 유능함을 보이긴 쉽지 않다. 따라서 인기 가수가 정치판에 나섰다고 했을 때, 노래 실력의 출중함을 바탕으로 정치적 능력자로 평가할 수는 없다. 바뀐 상황에서는 그에 맞는 능력 여부를 평가해야 한다.

　아울러 같은 능력도 시대에 따라 다른 대접을 받는다. 칼을 잘 쓰는 용맹함은 춘추전국 시대엔 장군감의 능력으로 평가받겠지만, 21세기 민주국가 대한민국에서는 잠재적 범죄자 취급을 받을 확률이 높다. 같은 능력에 대해 다가오는 운의 기운도 시대에 따라 다르다. 조선 시대 노래 잘하는 남성이 노래 실력으로 잡을 수 있는 행운은 그리 많지 않다. 그러나 21세기는 노래를 기막히게 잘하면 보다 많은 행운을 누릴 수 있는 기회가 있다. 그런 점에서 능력이 운과 결합하는 것은 시대적 상황과 연관을 강하게 갖는다. 따라서 그 시대에 필요한 능력을 갖고 있는지가 중요하다. 아울러 계급이 사라지고 능력을 발휘할 기회가 그래도 과거보다 많은 자유주의 시대에 본인의 감춰진 능력을 찾아내는 것도 중요하다.

능력은 내가 처한 사회적 상황에 따라서도 다른 평가를 받는다. 예컨 대 바둑 아마 1단과 프로 1단이 있다고 해보자. 당연히 아마 1단이 프로 1단보다 실력이 모자란다. 따라서 내기 바둑에서 아마 1단이 프로 1단을 이겼다면 운이 좋아 이겼다고 생각될 것이다. 그런데 10급을 두는 사람 을 상대로 이겼다면 실력으로 이겼다고 할 것이다. 즉 프로 1단과 비교 하면 실력이 없지만 아마 10급과 비교할 땐 실력이 있는 것이다.

같은 맥락에서 서울시장 직을 수행하는 데 능력을 보였던 사람이 대통 령이 된 뒤 무능해지기도 한다. 아마 1단이 10급에겐 쉽게 이기면서 실 력자 행세를 할 수 있지만 프로 1단과 맞붙어 번번이 패하는 것과 같다. 서울시장을 할 정도의 능력은 됐으나 대통령직을 수행하기엔 능력이 모 자라는 것이다. 대통령 당선은 그의 실력 이상으로 운이 따른 결과라고 할 수 있다.

운이란 무엇일까?

그렇다면 도대체 운이란 무엇일까. 하늘에 신이 계셔서 툭툭 던져주는 것일까. 사실 본 주역서가 나올 수 있었던 것은 바로 운에 대한 해석이 가능했기 때문이다. 그것은 '곗돈을 타는 것'이라고 할 수 있다. 그렇다면 곗돈은 누가 부었을까. 원칙적으로 내가 부은 것이다. 내가 부은 걸 내가 가져간다. 여기서 한 가지 질문을 하게 된다.

그렇다면 곗돈은 어디에 어떻게 부을까. 바로 시간이다. 시간 속에 저축하는 것이다. 우리는 착한 일을 많이 하면 복을 받는다는 말을 자주 듣는다. 그렇다면 착한 일을 얼마나 많이 했는지에 대한 계산은 누가 해줄까. 바로 시간 속 에너지로 쌓이면서 자동으로 계산된다.

예컨대 동창회 총무를 도맡아 하는 등 인간관계를 잘 만들고, 그 관계를 잘 엮어 모든 사람에게 상부상조의 도움을 주려고 애쓰는 분들이 있다. 내가 누군가에게 좋은 일을 하면 나에게 행운이 온다고 생각하기 때문이다. 좋은 인간관계로 성공하는 사람들이 그래서 생겨난다. 설사 능력이 다소 부족하더라도 좋은 인간관계를 바탕으로 꿈을 이뤄간다. 누군가는 줄을 잘 서고 아부를 잘해서 성공했다고 비난할 수 있지만 그것도 삶의 방식이다. 좋은 인간관계를 만들기 위해 애쓰는 동안 쌓이는 것이 시간 속 에너지고 그것이 현실이 될 때 나에게 행운이 찾아오는 것이다.

즉 부었던 곗돈을 수령하는 것이다. 이런 점에서 운 역시 실력이나 능력과는 다르지만 마찬가지로 노력의 산물이다. (현대사회에서 인간관계를 잘 풀어가는 것도 능력이라고 볼 수 있다. 주역은 그 노력의 가치는 인정하더라도 그것을 실력과 구분한다고 할 수 있다. 뒤에서 보다 자세히 살펴보겠다.)

이것이 주역이 바라본 행운의 원천이다. 아울러 과학적 증명도 가능하다. 현대 물리학인 양자 역학은 시간 속 에너지를 증명해 보인 대표적 분야다. 쉽게 말해 동전 던지기에 담긴 물리학이다.

예컨대 동전 던지기를 했는데, 계속 뒷면만 열 번이 나왔다고 해보자. 그렇다면 앞면이 나올 확률이 높아진다. 그 까닭은 뒷면이 나오는 동안 뒷면이 나왔던 것을 원점으로 돌릴, 즉 앞면이 나오도록 하는 에너지가 시간 속에 쌓였기 때문이다. 남에게 좋은 일을 하면, 그만큼 보상받을 수 있는 에너지가, 즉 준 만큼 돌려받아 모든 걸 원점으로 돌리는 에너지가 시간 속에 쌓이고, 어느 순간 나에게 툭 하고 떨어진다. 그것이 바로 행운이다. 물리학의 이치나 인간사회의 이치나 결국 같은 법칙이 적용된다.

그런데 동전 던지기의 또 다른 특징은 동전을 던지면 앞면이 나올지 뒷면이 나올지 누구도 모른다는 것이다. 앞면이 열 번 나왔다고 열한 번째에 반드시 뒷면이 나온다는 보장도 없고, 뒷면이 설사 나왔다고 하더라도 그다음 다시 던졌을 때 또다시 앞면이 나올 수 있다. 궁극적으로 앞뒷면이 나오는 숫자는 동일하지만 어떤 면이 나올 것인지는 완벽하게 '운'의 영역이 된다. 이것이 바로 우리가 '운'이라고 부르는 것이다. 그것이 운인 이유는 내가 부은 곗돈을 돌려받는 것이긴 하지만 언제 받을지 누구도 알 수 없기 때문이다.

그럼에도 불구하고 우리는 동전을 던져 보기도 전에 앞뒷면이 나올 확률이 2분의 1이란 것도 알 수 있다. 운에 의해 결정되면서도 확률적 정확성을 동시에 갖는 것. 이것이 세상의 이치이고, 양자역학이 증명한 '알 수 있는 것은 오로지 확률뿐'이란 명제이자, 주역의 운에 대한 생각이다.

　고생하는 사람에겐 그 끝에 분명 낙이 있을 것이라고 사람들은 말한다. 동전 던지기를 해서 열 번 뒷면만 나온 사람에게 앞면이 쏟아지는 때가 있을 것이란 말을 해주는 것이다. 그러나 언제 현실이 될지 아무도 모른다. 그리고 그것이 현실이 되는 순간 운이 좋았다는 말을 하게 된다. 어쩌면 너무 당연한 말일지 모른다. 진실은 그 이상도 이하도 아니다. 그 이상 무엇이 있기보다 있는 진실을 읽고 따라가는 것이 때론 어렵다.

운의 다양한 모습

운은 내가 부은 혹은 부어야 할 곗돈을 받는 것이지만 그것이 언제 떨어질지 모르기 때문에 정확히 내가 부은 곗돈이 아닌 것처럼 보이기도 한다. 곗돈을 타는 몇 가지 방식에 대해 검토해봄으로써 운에 대한 이해를 보다 높일 수 있다. 우리가 운하면 떠오르는 대표적인 것이 로또다.

그렇다면 그것 역시 곗돈을 타는 것일까. 그렇다. 여기서 우리는 '계'라는 것의 또 다른 특징을 통해 그 의미를 알 수 있다. 계를 해본 사람은 알겠으나 순번을 앞쪽으로 배당을 받으면 돈을 미리 받을 수 있다. 즉 10명이 계를 붓는데, 내가 순번이 1번이면 10명이 처음 모은 곗돈을 가져갈 수 있다. 그걸로 끝일까. 아니다. 그 뒤 나머지 9번 곗돈을 부어야 한다.

로또의 행운은 이와 같은 것일 가능성이 높다. 즉, 미래의 행운을 당겨쓴 것이다. 흔히 도박에서 첫 끗발이 개 끗발이란 말을 자주 한다. 일종의 경험칙이다. 처음에 운이 붙으면, 그것이 끝까지 갈 것 같은데 오히려 시간이 지날수록 패가 무척 이상하게 꼬이는 것이다. 초반 행운은 후반에 갚아야 할 채무인 탓이다. 따라서 로또 당첨과 같은 갑작스러운 행운은 과거에 축적한 것이 현실화한 것일 수도 있겠으나, 대체적으로 미래의 것을 당겨쓰는 것일 확률이 높다. 그래서 로또 당첨은 평생 나눠 사용해야 할 행운을 전부 끌어다 한 번에 쓴 것으로 볼 수도 있다. 로또 당첨이 기뻐할 일만은 아니다. 아울러 이런 점에서 공짜는 없다.

소위 금수저라고 하는 행운을 물고 태어난 사람들이 있다. 좋은 부모를 만난 덕분에 능력 이상으로 기회를 얻게 된다. 국내 대학에 갈 실력이 안 되면 유학도 갈 수 있고, 투자가 필요한 예체능 분야에도 진출하기 용이하다. 이는 곧 부모가 쌓은 행운을 나눠 갖는 것이라고 할 수 있을 것이다. 이런 점에서 좋은 부모를 만난 것도 복이라고 할 수 있다.

사실 인생에 존재하는 많은 행운은 인간관계를 통해 만들어진다. 즉, 사람을 통해 행운이 다가오고, 따라서 사람과의 관계를 얼마나 잘 만들어 놓았느냐가 운의 기운을 강하게 만드는 데 중요한 역할을 한다. 좋은 관계를 맺어 놓음으로써 내가 할 수 없는 일을 친구가 해 줄 수 있고, 곤경에 부딪혔을 때 어디선가 홀연히 귀인이 나타난다. 이것은 그냥 만들어지지 않는다. 끊임없이 사람들을 만나고 좋은 관계를 형성하고 먼저 도와주고, 때론 배신을 당하는 쓰라림도 겪어 가면서 시간 속에 에너지를 쌓아야 만들어지는 것이고, 이것이 행운의 속살이다.

인간관계를 잘 만들어 가는 것도 실력에 속하는 것 아니냐고 생각하는 분들이 있다. 물론 이같은 관점이 완전히 틀렸다고 할 수는 없다. 그러나 실력과 운의 구분이 갖는 통찰력은 내적인 것과 외적인 것으로 실력은 내적인 힘을 뜻하고 운은 외적작용이다. 즉 실력은 운의 영향이 없는 주체적인 것이고 운은 외부적 작용인 것이다. 즉 노력의 결과가 아니냐가 기준점이 아닌 개인의 내부적 역량(실력)이냐 아니면 외부적 작용(운)이냐가 구분기준이다.

예컨대 방어율이 좋은 데 승률이 낮은 투수가 본인의 상태를 개선하기 위한 방법은 두 가지가 있다. 더 날카로운 변화구를 개발하고 직구의 구속을 높여 방어율을 더더욱 낮추는 노력을 하는 것이다. 이것이 실력

향상을 통해 본인의 상태를 발전시키려고 하는 것이다. 반면 훈련이 끝난 뒤 동료들에게 푸짐하게 암소 갈비를 쏘면서 관계를 돈독히 하는 방법이 있을 것이다. 아무래도 내가 등판하는 날이면 조금이라도 동료들이 더 신경을 쓰게 된다. 타자들이 힘을 내 점수를 올려주고 좋은 수비로 실점을 줄여준다. 이것이 바로 인간관계를 개선함으로써 승운을 상승시키기 위한 시간 속 에너지를 쌓아가는 것일 것이다.

즉 외부의 도움을 끌어내는 것이다. 운을 좋게 타고났기 때문이든, 불쌍해 보여서든, 타자들과 관계를 잘 풀어갔기 때문이든 우리 편 선수들이 점수를 많이 뽑아주는 것은 투수로서는 행운이다. 이것이 바로 운이라고 통칭되는 것에 대한 주역의 해석이라고 할 수 있을 것이다. 그리고 그 행운은 단순히 하늘에서 툭 떨어지는 것이 아니다. 내가 만들어가는 것이고, 또 과도한 행운에 대해서는 빚을 갚아야 할 의무가 존재한다고 주역은 설명한다.

이런 맥락에서 실력은 좋은 데 성공하지 못하는 경우의 중요한 이유도 찾을 수 있다. 행운을 위한 노력을 게을리 하거나 걷어차 버리는 것이다. 만일 실력은 훌륭하지만 야수들을 깔보고 무시한다면 어떤 결과가 올까. 예컨대 투수가 아무리 좋은 공을 던져도 타자들이 일부러 에러를 범하고 안타를 치지 않으면 절대 이길 수 없다. 실력은 있는데 불운한 투수가 되는 것이다. 사실 실력이 있는 데 성공하지 못하는 사람을 우리는 애처롭게 바라보는 경향이 있다. 반면 능력이 부족한 데 운이 따르는 사람은 능력 이상으로 성공했다는 식으로 평가 절하하기도 한다. 그러나 각기 다른 방식으로 성공을 향해 달렸을 뿐이다. 그렇기 때문에 실력이 있다고 꼭 성공하는 것이 아니고, 아울러 실력이 없다고 성공이 근원적으로 불가능한 것도 아니다. 여기에 인생의 다양함이 존재한다.

강함과 약함, 그리고 4상四象의 변화

앞에서 실력과 운에 대해 이야기했다. 아울러 실력은 내적이고 주체적인 것을, 운으로 표현되어지는 것은 내가 마음대로 조정할 수 없는 외부적인 것으로 설명했다. 그런데 실력이 강한(혹은 있는) 경우가 있고 약한(혹은 없는) 경우가 있을 것이고, 운이 강한(혹은 있는) 경우도 있고 약한(혹은 없는) 경우도 있다. 주역은 강하고 약함을 기호로 표시한다. 강함과 약함을 주역은 어떻게 표현할까. 간단하다. 양(—), 음(--) 두 개의 부호로 나타낸다.

그렇다면 무엇이 '강함'을 뜻하고 무엇이 '약함'을 뜻할까. 당연히 양(—)으로 표현되는 것이 '강함'을 뜻하고 음(--)으로 표현되는 것이 '약함'을 의미한다. 한국인이라면 직관적으로 이해할 수 있지 않을까. 사실 음양(陰陽)은 동양의 오래된 기호다. 주역 역시 이 같은 동양의 근원적인 사고 틀이 바탕에 깔려 있는 것이다. 최초로 누가 그렸는지, 왜 양을 '(—)'로 표시하고, 음을 '(--)'로 했는지 알 수 없다. 아울러 주역에서는 양(—)의 부호를 양효(陽爻)라고 한다. 어렵게 생각할 필요 없이 그냥 그렇게 부른다고 이해하면 되겠다. 당연히 음(--)의 부호는 음효가 된다.

여기서 우리는 이제 주역의 심오한 4상(四象) 조합으로 들어갈 볼 시간이 됐다. 강함과 약함이 운과 실력을 만나면서 4가지 경우를 만들어내는 것이다. 이것이 우리 삶의 기본 패턴이 아닐까. 우선 실력도 있고 운도 있는 경우는 (＝)로 표시한다. 양효(―)가 두 개가 있으니 운도 좋고 실력도 있다는 걸 뜻한다고 단박에 알아차릴 수 있을 것이다. 그러하면 두 개의 양효 가운데 운을 상징하는 것은 어떤 것이고, 실력을 상징하는 것은 어떤 것일까. 주역에서는 위쪽 효가 나타내는 것이 운이다. 운은 하늘에서 떨어지는 것이라 위쪽에 배치되었다고 해야 할까. 그러나 운도 내가 만들어 가는 것이다. 어쨌든 위쪽에 배치된 것이 운이다. 반면 아래쪽 효는 실력을 뜻한다. 아래쪽 효가 양효면 실력이 있는 것이고, 음효라면 실력이 부족한 것이다.

그렇다면 (＝＝)은 무엇을 뜻할까. 그렇다. 실력은 있는 데 운이 따르지 않는 걸 의미한다. 실력도 운도 약한 경우는 (＝＝)이 되겠다. 주역은 이 4가지의 변화를 설명한 것으로 이해할 수 있다.

4가지 경우에 대하여 이름을 붙여 보자. 태양(＝), 소양(＝＝), 소음(＝＝), 태음(＝＝)으로 부른다. 태양의 경우 위아래 모두 양효(＝)이고, 태음은 모두 음효(＝＝)이고, 소양(＝＝)과 소음(＝＝)은 위아래가 엇갈려 있는 방식이다.

이것이 4상 주역의 핵심이고, 주역의 64괘는 이 같은 운과 능력의 각종 변화를 설명한다. 따라서 양괘(兩卦)의 의미와 그것의 4가지 가능성인 4상을 이해한다면 사상 주역의 절반은 이해한 셈이다. 또한, 곰곰이 짚어보면 본인이 4가지 가운데 어디에 속하는지 감을 잡을 수 있다. 다음으로 넘어가기 전에 잠시 내가 현재 태양인지, 소양인지 혹은 소음이나 태음인지 한 번 생각해보자. 책 내용을 이해하는 데 도움이 될 것이다.

| 태양(＝) | 실력과 운이 조화를 이루는 상태, 운과 실력이 강한 상태 |
| 소양(＝＝) | 실력 이상으로 운이 따르는 상태, 실력보다 운이 강한 상태 |

소음(☵)	실력만큼 운이 안 따르는 상태, 실력과 비교해 운이 약한 상태
태음(☷)	실력과 운 모두 약한 상태

우선 간략히 4가지 경우를 설명해 보자. 소양은 시공간에선 실력 이상으로 운이 따르는 상황에 직면한 순간이라고 할 수 있다. 예컨대 열심히 실력을 키우던 가수가 음반을 냈는데 그것이 대박이 나는 것이다. 실력 이상으로 과분한 사랑을 받는 것이며, 또 다른 숙제가 주어진다. 기쁨도 있지만 두렵고 무섭기도 하다. 과연 이것이 내가 누려도 되는 것인지 불안해지기도 한다. 노력과 그것의 대가가 딱 맞아 떨어지지 않아서 발생하는 것이다. 이를 스틸 사진으로 봤을 때 실력 이상으로 운이 따르는 소양의 상태가 되는 것이다.

소음은 실력만큼 운이 따라오지 못하는 부조화의 상태라고 할 수 있다. 실력을 키우기 위해 열심히 노력을 하지만 그에 맞는 행운이 찾아오지 않는 것이다.

반면 태양과 태음은 조화의 상태다. 태양은 운과 실력이 높은 차원에서 조화를 이루는 것이다. 실력을 발휘하고 그 실력에 맞는 행운이 따라온다.

태음의 경우는 사실 평범한 균형을 의미한다. 운과 능력이 출중하다는 것은 비범하다는 뜻이다. 그렇지 못한 경우는 평범한 것이다. 설사 능력이 있더라도 평범하게 살고자 한다면 태음이다. 재능은 있으나 사용하지 않아도 마찬가지다. 물론 영원히 사용하지 않는 것은 아닐 것이다. 감춰두었던 칼을 뽑는다면 운명의 변화가 발생한다. 이상 4가지 경우에 대해 보다 자세히 살펴보자.

태양(=) : 능력과 운이 조화를 이루는 상태

이해하기 쉽게 고스톱으로 예를 들어 설명하자면 태양은 곧 내 패로도 먹고 바닥패로도 먹는 것이다. 내가 들고 있는 패는 판을 공략할 수 있는 능력이고, 바닥패는 거기에 보태지는 행운이다. 영화 속 주인공이 적진을 뚫고 가는 장면을 상상하면 이해가 쉽지 않을까. 영화에서 주인공의 총알은 언제나 적의 심장에 백발백중 꽂힌다. 대단한 능력이 아닐 수 없다. 그야말로 명사수다. 대신 적이 쏜 총알은 어떻게 될까. 운 좋게 한 발도 주인공을 신체를 통과하지 못하고 빗나간다. 대단한 행운이 아닐 수 없다. 백발백중의 능력을 갖추고 있는 상황에서, 상대 총알은 허탕을 치는 행운이 곁들여지면서 영화 속 주인공은 목표 지점에 도달한다. 인생에서 이런 경험을 해 본 적이 있다면, 성공이 무엇인지 느껴본, 찬란한 태양 빛을 본 경우일 확률이 높다. 누구나 꿈꾸는 영화 속 주인공의 모습인데, 사실 현실에서 자주 찾아오지 않는다.

일상에서 벌어지는 일을 자세히 관찰해보면 실력과 운이 어떻게 결합해 나타나는지 잘 이해할 수 있다. 프로야구 투수를 예로 들어보자. 그 중에는 에이스로 불리는 투수들이 있다. 빠른 직구와 날카로운 커브를 바탕으로 상대 타자를 유린하면서 안타도 적게 맞고 점수도 적게 주기 때문에 대체적으로 방어율이 좋다. 그렇다면 이 같은 특급 투수의 승률이 좋을까. 즉 이 특급투수가 게임에 나가면 늘 승리할까.

그건 또 아니다. 왜냐하면 승리를 위해선 승운이 .따라야 한다. 예컨대 아무리 잘 던졌더라도 우리 편 타자가 한 점도 뽑지 못해 1-0으로 패했다면, 좋은 투구에도 불구하고 패전투수가 된다. 실제 이런 투수가 있다고 한다. 결과적으로 팀의 에이스로서 수호신처럼 태양으로 떠오르기 위해선 낮은 방어율의 실력뿐만 아니라 타자들의 방망이를 신들리게 만드는 행운의 여신도 필요하다. 이것이 바로 태양이다.

아울러 승운이 실력 이상으로 너무 높아지기를 바라지 않는 반면, 불운한 상황이 닥치지 않도록 운의 기운을 관리한다. 수치로 표현한다면 실력의 120% 정도를 달성하고 있다는 느낌을 받을 때가 바로 태양의 상태가 아닐까 싶다. 태양의 상태를 한마디로 요약할 수 있는 단어는 그래서 '조화'가 아닐까 싶다.

소양(⚏) : 능력 이상으로 운이 따르는 상태

　소양의 상황은 고스톱으로 치면, 내 패로는 먹을 능력이 안 되지만 바닥화투로 패를 맞추는 것이다. 때론 상대가 소위 뻑한 것을 먹는 행운을 누리기도 한다. 운 좋은 사람이란 말을 듣게 된다. 앞서 프로야구의 예를 다시 들자면, 직구 구속이 다소 떨어져 점수를 내줄때면 우리 편 타자들이 더 힘을 내 더 많은 점수를 뽑아 승운이 따르는 투수와 같다고 할 수 있다. 투수가 5점을 주었는데, 우리 팀 타자들이 상대편 투수를 두들겨 10점을 뽑으면서 넉넉하게 승리투수가 되는 것이다. 이런 경우 방어율이 다소 좋지 않아도 승률이 높다. 해당 투수가 등판하는 날이면 타자들 몸 속에서 아드레날린이 분비돼, 상대 투수를 마구 두들겨 점수를 뽑는다.

　메이저리그 스카우트의 경우 그래서 방어율보다 승률을 더 중시한다고 한다. 예컨대 방어율이 2.60인데 승률이 6할인 투수와, 방어율이 3.10인데 승률이 7할인 투수가 있다면, 후자의 투수를 더 선호한다는 것이다. 좋은 투수는 단지 실력이 뛰어나 방어율이 좋은 투수이기보다는 행운의 기운을 팀에 불러일으켜 승률을 높이는 투수라고 할 수 있다.

　여기서 우리는 실력만이 성공의 열쇠가 아닌 이유를 이해하게 된다. 운이 좋은 사람에게 실력 이상의 무엇을 누린다는 질투심이 생겨남도 알 수 있다. 하지만 그들의 행운도 노력의 대가이다. 그들의 노력은 실력

향상이 아닌 관계 개선에 맞춰져 있다. 법률지식이 부족하면 스스로 공부하기보다 변호사의 도움을 잘 받아 문제를 해결한다. 유비가 조조만큼 똑똑해 촉의 황제가 되었다고 볼 수는 없다. 그의 능력은 제갈공명 같은 인물을 활용할 수 있었다는 데 있다. 그것도 능력이라면 능력이라고 부를 수는 있을 것이다. 운을 부르는 능력일 것이다. 즉, 소양은 내부적 역량이 부족해도 외부적 기운과 주변 인물들의 아우라가 강한 것이다.

앞서 설명했는데, 다시 한 번 강조하자면 운과 실력의 차이는 내 영역 안이냐 밖이냐의 문제다. 즉 운으로 통칭되는 것은 아무리 능력이 뛰어나도 내 마음대로 할 수 없다. 예컨대 투수가 피나는 노력으로 구속을 끌어 올릴 수는 있지만 우리 팀 야수들이 홈런을 펑펑 때리게 하는 것은 아무리 그들과 좋은 관계를 맺기 위해 노력한다 하더라도 나의 통제 밖이다. 이것이 바로 운의 영역인 것이다. 이런 점에서 운을 마음껏 부를 수 있다는 생각은 순리에서 벗어난 마음가짐이다. 따라서 운이 좋기 위해선 '겸손'함도 필요하다. 실력이 있어도 없는 듯 겸손해야 행운이 다가온다. 이런 점에서 소양은 스스로 자신을 낮추는 겸손한 인물들에게서 자주 찾을 수 있다.

소음(☴) : 능력은 있으나 운이 안 따르는 상태

소음은 소양과 반대다. 고스톱으로 치면, 내 패로는 기분 좋게 똥 쌍피를 먹는데 '바닥화투'로 아무것도 먹지 못하거나 뻑을 하는 것이다. 투수로 치면 방어율은 좋은 데 승운이 따르지 않아 아쉽게 패전투수가 되거나 승수를 챙기지 못하는 경우가 많은 것이다.

여기서 한 가지 짚어봐야 할 문제가 있다. 패는 정말 좋은 데 당장 먹을 것이 없는 상황이다. 패가 좋다는 점에서 '실력보다 운이 없는' 소음으로 볼 수 있다. 그러나 동시에 내 패로도 먹을 게 없는 까닭에 태음으로도 볼 수 있다.

보다 이해하기 쉬운 예는 천재적인 능력을 갖고 조선시대에 천한 신분으로 태어난 사람일 것이다. 계급 사회에서 그 능력을 펼칠 수 있는 어떤 공간도 없다. 이런 경우는 어떻게 봐야 할 까의 문제다.

답은 어디에 방점을 두고 있는 지다. 만일 스스로 시대적 한계를 받아들이고 내려 놓은 채 학문에 정진한다면 태음이 된다. 반면 때론 불만을 토로하면서 때론 자신을 알아줄 때가 올 것을 소망하면서 실력을 쌓아간다면 소음의 상황일 것이다. 즉 어떤 눈으로 세상을 보느냐에 따라 다르다. 물론 그 눈이 어제와 오늘이 다를 수 있다. 어제는 모든 걸 내려놓았다가도 오늘은 울화통이 터져 세상을 뒤집고 싶은 생각이 들기도 한다. 그러나 보다 많이 기울어져 있는 쪽이 있을 것이다.

 실력을 쌓는 과정도 마찬가지다. 열심히 도서관에서 공부를 하며 남들과 겨룰 실력을 쌓고 있는 상황이라면 태음일 것이다. 실력을 어느 정도 쌓은 상황에서 생각만큼 좋은 곳에 취직을 못하고 있다면 소음이다. 실력을 쌓은 상태에서 아직 때를 만나지 못한 것으로 볼 수 있는 탓이다. 반면 실력을 쌓을 생각을 전혀 하지 않거나 실력을 쌓았어도 딱히 취직하고 싶은 마음은 없고 빈둥거리면서 노는 걸 즐긴다면 태음의 상태다.

태음(==) : 능력 부족에 운도 안 따르는 상태

태음은 운도 능력도 부족한 상황이다. 사실 많은 사람이 이 같은 상황이 아닐까. 빼어난 재능을 갖고 태어나거나 금수저를 물고 나오는 행운을 누리지 못한다면 인생의 출발은 대체로 태음이다. 그리고 그 순간을 우리는 배우는 기간이라고 생각한다. 태어나 걸음마를 배우고, 글자를 배우고 숫자를 배운 뒤 학교에 들어가 사회생활에 필요한 다양한 지식을 배운다. 성공을 준비하는 태음의 시간을 갖는 것이다.

그 시간 동안 우리가 키우는 것은 실력만이 아니다. 학교에서 사람들은 규칙을 지키는 법과, 사람과 어울리는 법 등도 공동체 생활 속에서 자연스럽게 배운다. 굳이 실력만을 키우기 위한 것이라면 집에서 혼자 공부해도 될 일이다. 그러나 사회적 동물인 인간은 집단생활을 통해 관계를 형성하고 사회적으로 성장하는 법도 배우는 것이다.

처음의 태음은 소양과 소음 둘 중 어느 길을 갈 것인지를 택하는 시간이라고 볼 수도 있다. 즉, 실력을 키워 성공할 것인지, 아니면 관계를 통해 꿈에 다가갈지 여부를 결정한다. 단순히 사회적 조건뿐만이 아닌 개인의 성향도 반영된다. 즉 도서관에서 조용히 공부하고 실력을 쌓아 미래를 준비하는 것이 마음 편하게 느껴지는 사람이 있을 것이고, 반대로 사람을 만나거나 여기저기 행운의 기회를 찾아 바쁘게 다니는 게 행복으로 느껴지는 사람이 있을 것이다. 각기 본인의 적성과 특성에 맞는 쪽으로 방향을 잡아가지 않을까.

여기서 한 가지 짚어봐야 할 태음이 있다. 바로 모든 걸 버리고 구도에 나선 수도승이나, 철학자, 출세를 거부하고 낙향해 사는 사람들이다. 일부는 출세를 준비하면서 실력을 닦는 경우도 있으나 디오게네스(알렉산더가 출세를 청했으나 햇빛이나 가리지 말라고 했던 사람)와 같이 속세의 모든 걸 내려놓은 부류 역시 태음이라고 할 수 있다.

반에서 중간쯤 성적으로 조용히 학교를 졸업한 뒤 평범한 직장에 다니고, 그런 후 보통 사람의 생활에 만족하면서 살아가는 사람들도 있다. 부자 아버지도 없으며, 일확천금을 위해 나서지도 않는다. 아쉬움이 있는 경우도 있겠으나 대체로 그 평범함에 만족하며 살아간다. 이런 경우도 태음의 삶에 안분지족하면서 살아가는 경우라고 할 수 있을 것이다.

물론 한때 크게 출세했다 모든 걸 잃거나 내려놓고 태음이 되는 경우도 있다. 여하튼 사회 구조가 피라미드형이기 때문에 태음으로 살아가는 경우가 많을 것이다. 태양이 지붕이라면 소양과 소음은 기둥이고, 태음은 바닥이라고 볼 수도 있다. 주역은 태음을 다시 대인(大人)과 소인(小人)으로 구분하는 데 이렇듯 모든 걸 내려놓고 자연의 순리에 따라 살아가는 현자를 태음 가운데 대인으로 본다고 생각하면 될 것이다. (태양의 상황에서도 대인과 소인이 등장하는데, 대인의 경우 더 큰 성공을 갈망하기에 현재의 성공에 부족함을 느끼지만 소인은 충분히 만족하는 경우를 뜻한다.)

4상四象형 인간

　여기까지 읽었다면 태양, 소양, 소음, 태음 가운데 어디에 속하는 지 구분해보고 싶은 마음이 생길 것이다. 동시에 생각만큼 쉽지 않음도 알게 된다. 소음인 것 같기도, 소양인 것 같기도, 태음인 것 같기도 하다. 오른쪽에서 보면 태음 같고 왼쪽에서 보면 소음 같다. 딱 떨어지는 삶이 있는가 하면 애매한 경우도 분명 있다. 이런 혼란에서 벗어나기 위해 먼저 할 일은 나의 '상태'와 '성격적 지향'을 구분하는 것이다.

　예컨대 소음의 상태에 있는 경우가 있을 것이고, 이와 함께 성향자체가 소음 성향인 사람이 있다. 둘은 다른 영역이기에 우선 구분할 필요가 있고, 먼저 찾아야 할 것은 본인의 성격 지향성이다. 즉 내가 소음 성향인지 소양 성향인지 등을 먼저 파악하는 것이다.

　우선 소음 성향 인간은 어떤 사람일까. 소음 성향 인간은 문제 해결을 사회적 관계가 아닌 개인의 실력으로 돌파하려는 경향이 강하다. 예컨대 문제에 직면해 잘 아는 전문가에게 자문하기보다 스스로 도서관과 인터넷을 뒤져 답을 찾는다. 도서관에 자리를 잡고 자격증을 따 운명을 바꾸려고 한다. 실력에 대한 믿음이 강해서일 수도, 그게 마음 편해서일 수도, 사회 적응력이 부족해서일 수도 있다. 어찌 됐든 그것은 개인의 성향이다.

그런데 이 같은 성향 탓에 행운을 만드는 데 어려움을 겪으면 소음의 상태가 된다. 예컨대 천재의 경우 사회성이 부족한 경우가 많다. 자존심도 강하고 따라서 문제를 스스로 해결하려고 한다. 이런 경우 실력은 있지만 운의 기운을 끌어오는 데 어려움을 느끼면서 비운의 천재가 되기도 한다. 사실 인간관계가 매끄럽기 위해선 타인에 대한 존경이 있어야 한다. 그러나 강한 자부심 탓에 그것이 쉽지 않다. 소음의 상태가 지속되면서 본인을 몰라준다고 사회에 대한 불만을 표시하지만, 타인의 눈에는 스스로 자초한 길이라는 생각이 들기도 한다.

물론 소음 성향인 사람이 소음에서 시작해 소음으로 끝나는 것은 아니다. 어느 순간 실력을 인정해주는 대인(大人)을 만나 태양으로 전환할 수 있으며, 실력 이상의 행운이 쏟아지기도 한다. 고집스럽게 비타협적으로 자기만의 음악세계를 고집하는 언더그라운드 가수가 대박을 터뜨려 유명 가수가 되기도 한다. 스스로 그것을 감당할 수 있다면 태양이라고 볼 수도 있으나, 때론 그 행운이 본인이 감당하기 어려운 과도한 것임을 느낄 때가 있다. 그 상황이 바로 소양인 것이다.

반면 어느 날 갑자기 그 실력이 사라지거나 애써 실력을 키우려 하지 않는다면 태음이 될 것이다. 출세를 포기하고 마음을 비운 소음 성향인 사람의 경우 하루에도 몇 번씩 소음과 태음이 반복될 수 있다. 열심히 뭔가 해보려고 하다가도 자신의 처지를 비관하다 저녁이면 욕심을 버리고 즐겁게 살자는 반성을 반복하기도 한다. 이럴 경우 내가 어떤 상태인지 즉 소음인지 태음인지 잘 판단해야 한다.

소양 성향인 사람은 도서관에서 공부하는 것보다 사람들과 만나 어울리는 걸 좋아한다. 그냥 어울리는 것에서 끝나지 않고 모임의 총무 등을 맡으면서 적극적으로 끌어가기도 한다. 문제가 생기면 인터넷에서 자료를 찾거나 고독 속에서 스스로 답을 찾기보다 잘 알고 있을 것으로 생각되는 사람들에게 도움을 청한다. 소음과 마찬가지로 소양 성향 성격이 늘 소양의 상태에 있는 것은 아니다. 돈독한 인간관계를 만들어가고 있으나 아직 귀인의 도움을 받지 못했거나 생각과 달리 배신을 당했다면 아직 태음의 상태일 것이다. 필요한 도움을 받아 원하는 바를 이뤄가고 있다면 소양의 상태일 것이다. 태양으로 전환할 수도 있고, 실력으로 승부를 하겠다는 생각의 변화가 발생할 수도 있다.

태양 성향 인간은 조화를 중시한다고 볼 수 있다. 과도한 행운도 경계하며, 본인의 해결 방식도 타인의 조언도 과신하지 않는다. 적절히 잘 조화를 이루려고 노력한다. 실력도 키우고 인간관계에도 신경 쓸 것이다. 물론 늘 태양의 상태에 있는 것은 아니다. 때에 이르지 못해 태음일 수도 있고, 덜컥 과도한 행운이 찾아와 소양이 될 수도 있다.

태음 성향 인간은 욕심 없음으로 표현할 수 있다. 부정적으로 본다면 게으름이고 다른 면에서는 내려놓고 초탈한 것이다. 능력이 있음에도 불구하고 어떤 욕심도 부리지 않고 평범하게 사는 사람이 있다. 변호사 자격증이 있지만 시골 동네 작은 학원에서 아이들과 지내는 사람이 있는가 하면, 서울대 정치학과에서 학사에서 박사까지 전부 마친 인재가 노가다로 일하고 있는 경우도 있다. 그들은 욕심내지 않고 필요한 만큼 벌어서 번 만큼 쓰면서 산다. 평범하게 태어나 실력을 키우거나 행운을 바라는 대신 안분지족하면서 그 평범함에 만족한다. 이런 경우가 바로 태음 성향일 것이다. 머리가 좋아도 노력해 성취하고자 하는 이유나 동기를 찾지 못해도 태음 성향이다. 물론 어느 날 갑자기 로또에 당첨돼 소양이 될 수도 있으며, 특정한 변곡점을 맞이해 태양이 될 수도 있다. 4상 각각의 변화에 대해서는 뒤에서 보다 자세히 살펴보도록 하자.

4상四象 성향별 인생 조언

앞서 이야기한바와 같이 4상 성향과 4상 현재 상태는 다르다. 같은 단어를 사용하고 상호 작용을 해 다소 혼란이 있을 수 있으나 명확히 구분된다. 아울러 각각의 성향에 따라 몸에 맞는 옷이 다르다. 그런데 지금까지 우리 삶에서 그 차이가 무시되는 경우가 많았다. 같은 인간이라는 생각, 중요한 것은 누구에게나 같다는 편견이 있었기 때문이다.

필자의 경우 소음 성향이어서 혼자 문제를 해결하는 게 편하고 따라서 대인 관계를 넓히는 데에는 약한 편이었다. 한 때 인간관계의 중요성을 깨닫고 그 길을 따라가 보았으나 몸에 맞지 않는 옷을 입은 것처럼 불편했다. 주역 공부를 한 뒤 깨달은 것은 굳이 그럴 필요가 없다는 점이다. 나는 나의 길이 따로 있었던 것이다. 그것만으로도 인생이 즐거워졌다.

우선 소음부터 보자. 소음 성향은 한마디로 내향적이다. 내성적이라고 부르는 것과 달리 자기표현이 강하고 고집스럽다. 능력을 키우는 데 도움이 되지만 인간관계를 맺는 데에는 장애가 될 때가 많다. 인간관계를 잘 풀면 크게 성공할 듯싶어 노력도 해보는 데, 호불호가 강해 오히려 척을 지는 사람이 더 생기기도 한다.

소음이 태양이나 소양으로의 변화를 모색하기 위해 주역이 조언하고 있는 것은 공덕을 쌓는 것이다. 제사를 잘 지내라는 말로 자주 표현이 되는데, 골똘히 연구해 뭔가를 알아냈다면 그것으로 타인에게 도움이 되는 덕을 쌓아야 한다. 그런 가운데 나의 능력을 구매할 귀인을 만나거나 그 능력이 중요해지는 시간이 올 때까지 기다려야 한다. 끈끈한 인간적 유대감이 아닌 능력과 품성으로 문제를 해결하는 것이다.

소음 성향과 달리 소양 성향은 흔히 외향적이라고 표현하는 성격과 크게 다르지 않다. 그런 점에서 공부를 게을리 할 수도 있다. 도서관에 앉아 공부하는 일을 강요해봤자 그리 효과적이지 못할 확률이 높다. 소음 성향에게 어색한 모임에 자주 갈 것을 강요하는 것과 같다.

소양 성향에게 주역이 조언하는 것은 교제이고, 그것의 바탕엔 겸손함이 있어야 한다. 겸손함은 사람과의 유대감을 넓히며 운의 기운을 상승시킨다. 과분한 사랑 덕분에 원하는 바를 이룰 수 있음에 늘 감사한 마음을 갖는 것이다. 반면 태양이 되고 싶다면 내 안에 잠재되어 있는 가능성을 끄집어내야 한다. 잠자는 나를 깨우는 것이다. 소음이 실력을 키우는 것과 다소 다른 길이다.

우리의 유교 문화에서는 소양 성향을 다소 낮게 평가하는 풍토가 있었다. 소음 성향의 공자가 삶의 모범이 되었던 탓이지 않을까. 이것을 넘어서는 게 순리를 따르는 길일 것이다.

조화를 중시하는 태양 성향에게 필요한 것은 부지런함이다. 실력도 키우고 인간관계도 넓혀야 해 소음 성향이나 소양 성향보다 더 많은 시간 동안 뛰어다니거나 차분하게 연구를 해야 한다. 동시에 한 쪽으로 치우칠 때 그것을 잡아 줄 수 있는 호각과 브레이크가 필요하다.

태음 성향은 욕심 없는 사람이다. 자신이 대단하지 않음을 알고, 동시에 그 자리에 만족한다. 재능이 있을 수도 있지만 그것을 활용해 성공을 하는 데 관심이 없다. 태음 성향에게 주역이 강조하는 것은 베풂이고 자연과 함께 어울리는 것이다. 함께 나누면 기쁨도 증가하고 명예를 얻을 수 있다.

4상四象 주역 유형 검사

　본인이 4상 성향 가운데 어디에 해당되는지 쉽게 알아보는 방법을 마지막으로 소개하면서 성향에 대한 이야기를 마무리하고자 한다. 간단한 검사를 통해 자신의 기본적 성향만 이해하더라도 미래에 관한 의사결정에 도움을 받을 수 있을 것이다.

　먼저 질문지의 1~7번 문항 중에서, 각각의 문항에서 질문내용 중 하나만 선택(○)을 한다. 문항 체크 공간인 "택1" 칸에 체크를 하면 된다. 여기서 유의할 점이 있다. 첫째, 자신이 바라는 모습을 택하지 말고, 본인에게 더 편하고 더 자연스러운 것을 선택해야 한다. 두 번째 유의할 점은 여러 개가 해당될 경우 나와 더 비슷한 것을 선택하는 것이다. 예를 들어 아래 질문에서 과자와 아이스크림을 둘 다 좋아하거나 싫어할 수 있다. 만일 두 가지 모두 좋아한다면 둘 가운데 더 좋아하는 걸 택하면 된다.

예시)

번호	질 문 내 용	택1
1	나는 과자를 좋아한다.	Ⓐ
	나는 아이스크림을 좋아한다.	B

번호	질 문 내 용	택1
1	어떤 문제가 생겼을 때 혼자 처리하는 것이 편하다.	D
	어떤 문제가 생겼을 때 도움을 구하는 것이 편하다.	C
	어떤 문제가 생겼을 때 실력과 인맥을 활용하여 조화롭게 처리한다.	A
	어떤 문제가 생겼을 때 시간이 해결해 주리라 믿는다.	B
2	성공을 위해 인맥을 형성하는 것이 더 중요하다.	C
	성공을 위해 내 능력을 키우는 것이 더 중요하다.	D
	성공에 크게 관심이 없다.	B
	성공을 위해 능력 향상과 인맥 형성이 50대 50으로 중요하다.	A
3	실력과 대인 관계 중 무엇이 중요한지 우열을 가리기 어렵다.	A
	뛰어난 것보다 평범한 것이 더 좋다.	B
	실력보다 대인관계가 더 중요하다.	C
	대인관계보다 실력이 더 중요하다.	D
4	모든 것을 잃었거나 내려놓은 상태이다.	B
	실력이 점점 향상되고 있음을 느끼고 있다.	D
	인맥이 점점 넓어지고 있음을 느끼고 있다.	C
	실력도 쌓고 인맥도 쌓고 있다.	A
5	시간 날때마다 실력을 키워두고 있다.	D
	일이 잘 풀리고 있다.	A
	일이 잘 풀리지 않고 있다.	B
	시간 날때마다 인맥 형성을 위해 노력하고 있다.	C
6	운보다 실력이 더 중요하다.	D
	실력보다 운이 더 중요하다.	C
	운과 실력의 조화가 중요하다.	A
	운과 실력의 중요성을 느끼지 못한다.	B
7	내 능력도 잘 키우고 있고 대인관계도 잘 형성하고 있다.	A
	내 능력도 제자리이고 대인관계도 잘 형성하고 있지 못하다.	B
	귀인을 만나기 위해 노력하지만, 내 능력을 위한 노력은 부족하다.	C
	귀인을 만나기 위한 노력은 부족하지만, 내 능력은 키우고 있다.	D

이후 검사지에서 선택(○)한 알파벳의 개수를 아래의 채점표 가운데 칸에 적어준다. 가장 높은 점수를 받은 유형이 당신의 사상 유형이다. 각자 우선 해 볼 것을 권한다.

알파벳	A(태양)	B(태음)	C(소양)	D(소음)
개수				

* 나의 사상 주역 유형은 (   ) 성향적 인간

아래의 예시를 보자.

여기서 D(소음)가 4개로 가장 많다. 따라서 기본적으로 소음 유형의 성격이 된다. 반대로 소양은 1개가 나왔다. 타인과 좋은 관계를 만드는 것보다 본인의 능력을 키우는데 더 집중하는 편임을 알 수 있다. 동시에 태양이 2개로 두 번째로 많다. 소음이 주(主) 성향이라면 태양은 날개가 될 수 있을 것이다.

알파벳	A(태양)	B(태음)	C(소양)	D(소음)
개수	2	0	1	4

* 나의 사상 주역 유형은 (소음) 성향적 인간

이렇듯 자신의 성향을 이해한다면 앞서 언급한 바와 같이 미래를 준비하는 데 유리하다. 사례에서처럼 소음의 성향이 강한 상황에서 굳이 대인관계를 넓히기 위해 인간관계를 바탕으로 성공을 억지로 꿈꿀 필요가 없다. 그 불편한 일을 하면서 살 필요가 없음을 깨닫는 것이다. 이보다는 자신의 실력을 키우면서 때가 찾아오거나 혹은 자신의 실력을 알아봐주는 사람을 기다리는 것이 낫다.

4상의 16가지 변화

인생은 시간에 따라 변한다. 능력이 늘거나 줄기도 하고, 환경과 사회적 관계가 바뀌고 좋았던 시절이 나빠지고 나빴던 것이 좋아지기도 한다. 처음부터 잘 나가다 끝까지 잘 나가는 사례는 드물다. 변화는 인생의 우여곡절이고, 사이클이고, 희로애락의 반복이다. 그러면서 나이를 먹어 간다.

변화는 '나' 라는 개인을 통해 발현되지만 운으로 통칭되는 외부 작용이 합쳐져 총화 된다. 인생이 뜻대로 되지 않는 이유도 여기에 있다. 능력이 없다고 실패하는 것도, 있다고 성공하는 것도 아니다. 주역이 가정하고 있는 그 입체적 변화는 16가지다. 태양으로 출발해 태양으로 바뀌거나 태음, 소음, 태음으로 옮겨가는 4가지 경우가 있다. 태음도 마찬가지다. 이것을 계산하면 총 16가지(4X4)가 된다. 16가지 가운데 나의 과거와 현재가 어떤 상태에 있는지 판단해 볼 수 있을 것이다. 아울러 변화는 개인만이 아닌 기업과 국가에서도 발생한다.

태양의 변화	태양 뒤 태양 (☰)	능력과 천운이 두 번 연속 조화를 이루는 것.
	태양 뒤 소양 (☳)	능력과 천운이 조화를 이룬 뒤 (탄력 받아) 능력 이상의 운이 찾아 옴.

태양의 변화	태양 뒤 소음 (⚎)	능력과 천운이 조화를 이룬 뒤 운이 다하는 상황이 찾아옴.
	태양 뒤 태음 (⚏)	능력과 천운이 조화를 이루다 갑작스럽게 어려움에 빠짐. 혹은 모든 걸 스스로 내려놓음.
소양의 변화	소양 뒤 태양(⚌)	행운이 다가온 상황을 계기로 능력을 고양해 큰 성공을 거둠.
	소양 뒤 소양(⚎)	과분한 행운이 계속 따름. (처음 운은 주어진 운이지만, 두 번째는 만들었을 확률이 높음)
	소양 뒤 소음(⚎)	처음엔 행운이 찾아오지만, 능력이 생기자 운이 다함.
	소양 뒤 태음(⚏)	운이 터지는 기쁨을 누리지만 결국 소진되어 사라짐.
소음의 변화	소음 뒤 태양(⚌)	능력을 키우는 가운데 때를 만나는 상황이 됨.
	소음 뒤 소양(⚎)	능력을 키우는 가운데 능력 이상의 기회를 잡음.
	소음 뒤 소음(⚎)	능력을 키우는데, 운이 계속 따르지 않거나 크게 신경 쓰지 않음. (불운한 경우도 있고, 운을 끌어당기지 못할 수도 있음)
	소음 뒤 태음(⚏)	능력을 바탕으로 실력을 키워가지만, 특정한 일이 계기가 돼 실력을 내려놓게 됨.
태음의 변화	태음 뒤 태양 (⚌)	태음 상황에서 우연한 계기를 통해 잠재력을 발휘하는 동시에 때를 만남.
	태음 뒤 소양 (⚎)	태음 상황에서 로또에 당첨되는 것과 같이 갑작스런 운을 만남.
	태음 뒤 소음 (⚎)	태음 상황에서 실력을 키움.
	태음 뒤 태음 (⚏)	태음 상황에서, 모든 것을 포기하거나 내려놓는 상태로 전환함.

태음(==)의 변화

　태음 뒤 태양(==)은 평범한 상황에서 잠재력을 찾아내는 동시에 때를 만나는 것이다. 신데렐라로 떠오른 것이라고 해야 할까. 영국의 테너 가수 폴 포츠 같은 경우가 아닐까. 평범한 시골 직장인이던 그는 오디션 프로그램에 출연해 세상 사람들을 깜짝 놀라게 하며 세계적 스타로 떠오른다. 본인도 자신의 노래 실력이 세계적 수준이 될 것이라고는 꿈에도 생각하지 못했을 것이다. 우연한 기회와 결합해 잠재적 재능이 폭발한 것이다. 혹은 기다리던 때가 오자 깊이 숨겼던 능력의 칼을 뽑아 원하는 상황을 만들어 내는 것도 여기에 속한다. 쉽게 말해 흥선대원군처럼 바보인 듯 보였던 사람이 상황이 무르익자 숨겼던 칼을 뽑아 태양으로 떠오르는 것이다.

　태음 뒤 소양(==)은 어느 날 평범한 누군가에게 귀인이 찾아오는 것이다. 사실 로또 당첨을 바라듯이 많은 사람들이 이 같은 상황을 가끔씩 생각해보게 된다. 주역에서는 그런데 그 순간 행운의 과도함이 고통을 몰고 올 것이며, 따라서 이것을 잘 견뎌야 한다고 경고한다. 태음 뒤 소음이 올 수도 있다(==). 작은 일이지만 개미처럼 쌓아가면서 능력을 향상시킨다. 소양이 행운의 형태로 대가를 지불받는다면, 소음은 능력 향상으로 받는 것이다. 큰 행운이 없더라도 소소하게 자신의 영역을 개척하며 살아가게 된다. 그러다 기회를 만나면 다시 한번 태양으로 발전하기도 하는데, 소음 뒤 태양(☰)으로 이어지는 것이라고 할 수 있다.

태음 뒤 태음(☷☷)은 뭔가를 해보려고 애를 쓰다 안 되는 걸 알고 포기하는 것이다. 두 번째 태음은 '내려놓음'이 핵심이 되는 경우가 많다. 큰 욕심도 부리지 않고, 대단한 행운이 찾아올 것을 기대하지도 않는다. 그러면 소소한 삶의 일상이 기쁨으로 다가오기도 한다. 앞서 한번 봤듯이 태음은 소인과 대인으로 구분된다. 소인은 풀리지 않는 자신의 삶에 한탄하는 상태라면, 대인은 그 안에 담긴 순리를 이해하고 받아들이는 것이다.

소음(☳)의 변화

　소음 뒤 태양(☰)은 능력을 키워가는 상황에서 때를 만난 것이다. 소음의 경우 사회적 관계를 통해 운의 기운을 만드는 대신 조용히 실력을 쌓으면서 타이밍을 기다리는 경향이 강하다. 그 기회를 만난 것이다. 강태공은 탁월한 능력을 가졌으나 기회가 오지 않았다. 강에 빈 낚시를 드리우며 기다렸고, 결국 주 무왕을 만나면서 그의 책사가 돼 세상에 이름을 남기는 행운을 얻게 된다. 앞서 보았듯이 숨기고 있던 능력을 때가 돼 폭발시키면서 태음에서 태양으로 변한 것이다. 반면 강태공처럼 그 능력을 진열한 가운데 누군가 알아줄 때를 기다리다 귀인을 만나 성공하면 소음에서 태양이 된 것이다. 흥선대원군처럼 바보로 인식된 가운데 행동한다면 능력이 있어도 태음이지만 강태공이나 제갈량처럼 실력을 인정받은 가운데 때를 만나지 못해 유유자적한다면 소음이다. 물론 정말 출세를 포기했다면 태음이 될 것이다. 이 경우엔 알렉산더대왕의 청을 거절한 디오게네스나 당태종의 관직 제의를 거절한 현장법사처럼 백고 초려를 해도 출세에 나서지 않는다.

　소음 뒤 소양(☴)은 능력을 키워가는 가운데 큰 행운이 찾아온다. 그 행운은 능력을 넘어서는 것이다. 열심히 가수로서 재능을 키우며 실력을 쌓아가는 와중에 기획사에서 인정을 받고 음반을 냈는데, 초특급 대박이

터진 것이다. 생각보다 크게 다가온 행운은 과거에 적금을 부었던 것을 한꺼번에 만회하는 것인 동시에 미래의 행운을 당겨 쓴 것일 수도 있다.

소음 뒤 소음(≡≡≡)은 능력을 키워가기는 하지만 운이 계속 따르지 않거나 혹은 크게 신경 쓰지 않는 경우로 볼 수 있다. 소음은 특성상 실력 향상을 바탕으로 사회적 성공을 만들어 가려고 노력한다. 행운을 어떻게 만드는 것인지 잘 모를 수 있다. 누군가 재능을 알아봐 주고, 그것을 활용하기 위해 다가온다면 고맙게 받아들일 자세가 되어 있을 수는 있다. 그러나 행운을 찾아다니는 일엔 능숙하지 못하다.

적당한 능력으로 큰 행운을 바라지 않는 가운데 적당한 성공에 만족하면서 살아가는 경우도 여기에 들어갈 것이다. 대단한 재능은 아니지만, 그 재능이 큰 행운을 몰고 올 가능성은 높지 않지만, 그 작은 재능에 만족하면서 산다면 큰 불만이 없을 수도 있는 인생이다. 과거 텔레비전 프로그램 가운데 〈달인〉이란 것이 있었다. 출연자 가운데 호프잔 수십 개를 한 손에 들고 가는 분이 기억에 남는다. 힘이 세다고 가능한 게 아니라 나름대로 손기술이 필요하다. 그 기술을 갖고 있기에 남보다 높은 급여를 받을 수 있다고 한다.

소음 뒤 태음(≡≡≡≡)은 능력을 바탕으로 실력을 키워가지만, 특정한 일이 계기가 돼 실력을 내려놓는 경우라고 할 수 있다. 운이 따르지 않자 마음을 비우기도 하고, 갑작스럽게 병이나 사고로 능력을 상실하기도 한다. 실력을 인정받던 운동선수가 갑작스럽게 사고를 당하는 경우도 여기에 속할 것이다. 능력 있는 여성이 육아를 위해 재능을 내려놓기도 한다.

소양(⚏)의 변화

소양 뒤 태양(⚎)은 우연히 찾아온 행운이 기회가 돼 능력을 개발하거나 발견하고, 그걸 바탕으로 큰 성공을 거두는 것이다. 대표적인 경우가 바보 온달이 아닐까. 멍청하고 보잘것없는 온달은 똑똑하고 집안 좋은 평강 공주와 결혼하는 행운을 누린다. 그 뒤 온달의 내면에 존재하던 장군 기질이 발현되고, 이를 바탕으로 전쟁에서 큰 공을 세운다. 설리번 선생을 만나 장애를 극복하고 세계적 위인이 된 헬렌 켈러도 비슷한 경우로 볼 수 있다.

소양 뒤 소양(⚏)은 운이 계속 따르는 것이다. 초반이야 금수저를 물고 나온 덕분일 수도 있고, 우연히 다가온 행운일 수 있다. 예컨대 로또에 당첨이 돼 갑작스럽게 큰 행운을 얻게 된 것이다. 두 번째 행운은 들어온 돈을 허투루 사용하지 않고 이런저런 좋은 일에 사용해 넉넉한 인간관계의 마련을 통해 다가온 것일 확률이 높다.

아는 분은 아버지 덕분에 대기업에 취직한다. 낙하산으로 들어갔기에 실력은 다소 부족했으나 타인보다 더 겸손하게 일하고 모나지 않게 행동했고, 상사들의 예쁨을 받았다. 아울러 아랫사람들에게도 무척 잘 했는데, 어려운 일이 있을 때마다 후배들의 도움을 받아 해결했다. 덕분에 남들보다 빠르게 승진을 했다. 낙하산 때문이라는 평가도 있었으나 스스로 이 같은 행운을 만들어간 측면이 강했다. 이후 그는 본인을 따르는 후배들과 사업을 시작해 성공을 거뒀다. 그가 늘 하는 말이 "제가 한 거 아무것도 없고요, 좋은 분들이 많이 도와주셔서 성공했습니다"였다.

소양 뒤 소음(☰☰☰)은 문득 다가온 행운과 실력의 엇박자를 경험하는 것이다. 해가 떠 있는 동안 우리는 무엇인가를 한다. 밭을 갈기 위해 열심히 쟁기를 준비했는데, 본격적으로 쟁기를 들고 밭에 나가려고 하니 해가 서쪽으로 뉘엿뉘엿 떨어지고 있다. 밭을 갈지 못했으나 그나마 쟁기를 마련했다는 것에 만족해야 하는 상황이 된 것이다.

제법 공부를 잘했으나 집안이 가난해 대학보다 취업을 택한 분이 계셨다. 그런데 갑작스럽게 할아버지가 돌아가셨고, 생각지 못한 상당한 금액의 보험금이 나왔고 여러 행운이 겹치면서 명문대에 당당히 입학했다. 검사가 되겠다는 마음을 먹고 사법 고시에 도전한다. 그런데 시험 당일 갑작스럽게 배탈이 나는 불운으로 시험을 제대로 보지 못한 가운데 낙방한다. 이런 경우가 여기에 속하다고 할 수 있지 않을까.

소양 뒤 태음(☰☰☰)은 뜻하지 않은 행운이 사라지는 경험을 하게 되는 것이다. 로또 당첨 등으로 대단한 행운을 움켜쥐지만, 수년 뒤 몸과 마음이 완전히 망가진 상태에서 길거리에 나앉는 경우가 여기에 들어간다고 할 수 있다. 행운은 계속되지 않는다. 언젠가 사라진다. 그리고 앞서 본 것처럼 과도한 행운은 미래의 것을 당겨 쓴 것이 될 수 있다. 즉, 채무를 갚는 과정이 필요한데, 그것을 게을리하면 결국 행운은 사라지고 남는 것은 아무것도 없는 상황이 된다.

태양(☰)의 변화

태양 뒤 태양이 오는 것(☰☰)은 능력과 운의 기운이 두 번 연속해서 맞아떨어지는 것이다. 두 번째 태양은 더 높은 단계로 올라 실력을 발휘하는 것으로 볼 수 있다. 출세한 공무원이 국회의원에 도전해 성공하는 것과 같다. 능력 향상과 강한 운의 유지를 위한 노력을 끊임없이 해야 한다.

태양 뒤 소양(☰☳)은 잘 나가고 있는 사람에게 능력을 넘어선 운이 따르는 것이다. 예컨대 능력을 바탕으로 잘 나가던 회사원이 어느 순간 실력의 한계를 느낀 뒤 인맥을 활용해 승진을 계속해 가는 경우가 있다. 능력치를 넘어선 자리에 도전했는데, 운이 따르면서 성공한 것이다. 이런 경우가 이에 속한다고 할 수 있다.

피터의 법칙이란 게 있다. 조직은 결국 무능한 사람들로 채워진다는 경영학의 법칙이다. 그 이유는 무능이 드러나는 위치까지 모든 사람이 승진하기 때문에 결국 조직의 모든 자리는 무능한 사람으로 채워진다는 것이다. 처음엔 실력으로 승부하더라도 마지막엔 결국 인간관계와 줄을 바탕으로 행운을 잡으려고 하는 것이다. 사상(四象) 주역으로 말한다면 조직이 궁극적으로 소양 상태의 직원으로 가득하게 된다는 것으로 이해할 수 있다.

태양 뒤 소음(==)은 잘 나가던 사람에게 운의 기운이 사라지는 것이다. 명석한 두뇌로 임금의 총애를 받아 승승장구하던 신하가 왕이 바뀌면서 반대파에 의해 숙청당해 유배를 가게되는 것 등이다. 실력은 그대로지만 하루아침에 행운이 사라진다. 예전 직장에서 유능한 선배가 계셨다. 그의 능력을 알아본 사장이 중용을 해 젊은 나이에 부장이 되는 등 승승장구했다. 그러다 사장이 바뀌면서 나락으로 떨어졌다. 새롭게 사장이 된 분과 측근들은 전임 사장이 물러나자 그를 이런저런 꼬투리를 잡아(사실 승승장구하면서 독선적으로 행동한 적이 여러 번 있었다) 지방으로 발령을 내 버렸다. 갑자기 잘나가던 태양에서 소음으로 전락한 뒤 다시 바닥에서 권토중래를 하면서 미래를 도모하게 된다. 그 운명을 어떻게 준비해야 하는지 알려주는 게 주역이라고 할 수 있을 것이다.

태양 뒤 태음(===)은 순탄한 듯 보였던 인생이 아래로 떨어지거나 내려놓는 것이다. 벤처 붐에 편승해 솟아올랐던 정보기술 업체들이 바뀌는 환경에 적응 못 해 부도나고, 오히려 성공 전보다 못한 경우 등이 여기에 들어간다. 승승장구하던 분이 뭔가 깨닫고 갑작스럽게 모든 걸 내려놓는 경우도 여기에 속한다. 예컨대 한참 잘 나가던 가수가 박수칠 때 떠난다는 말을 남기고 홀연히 무대에서 사라지는 것이다. 억지로 끌려 내려가면 계란 프라이 같은 소인이 되지만 스스로 내려가면 알을 깨고 나오는 대인의 경지에 오를 수 있다.

인생은 궁극적으로 아무것도 없는 상태로 태어나 모든 걸 내려놓고 떠난다. 그런 점에서 태음에서 시작해 태음으로 끝나는 게 인생일 수 있다. 그 과정에서 마음껏 능력을 펼쳐 보이는 태양의 시간을 인생에서 한 번 경험한다는 것은 큰 행운이 아닐 수 없다.

64괘로 펼쳐보기

사상은 각각 현재 갖고 있는 모습을 표현한다. 16가지 변화는 각각의 경우가 과거에서 현재, 혹은 현재에서 미래에 어떻게 바뀔 수 있는지 보여주는 것이다. 그런데 여기에 한 번 더 변할 수 있다. 16가지 각각의 경우에 4가지씩 가능성이 추가되는 것이다.

예컨대 태양 뒤 태양(⚌)이 또다시 성공을 이루는(☰) 경우가 있다. 반면 운이 다하는 상황이 되기도 하고(☱), 능력을 넘어서는 행운이 다가오거나(☲), 둘 다 사라지기도(☳) 한다. 즉, 16가지에 또다시 4개의 변화 가능성이 놓이게 된다. 그렇게 뽑을 수 있는 총 경우의 수가 64가지가 된다. 이것이 바로 64괘다. 예컨대 태양이 세 번 겹쳐지는 것은 건(䷀)이 되고, 마지막에 무너지면 둔(䷁)이 된다.

즉, 64괘는 4상의 양괘(兩卦)가 세 번 연속된 것을 뜻한다. 각각은 과거 현재 미래로 대변되는 3가지 종류의 시간을 상징한다. 첫 번째 양괘는 과거의 모습이고, 가운데 양괘는 현재, 마지막 양괘는 미래로 볼 수 있다. 주역은 운과 존재 간 변화를 설명하는 동시에, 과거 현재 미래를 이야기한다. 그래서 인생의 변화를 유형화한 책이 된다.

☰	☰	☷
과거	현재	미래

☰	과거
☰	현재
☷	미래

아울러 운명은 언제나 바뀔 수 있다는 점에서 64괘가 끝이 아니다. 각각의 경우 또 다른 운명의 변화를 겪을 수 있다. 예컨대 건괘(☰☰☰)의 삶을 지금까지 살았더라도 변화 가능성이 아직 남아있다면 운명은 그곳이 끝이 아니다. 갑자기 모든 게 무너지면서 태음의 상황에 직면할 수 있다. 그렇다면 그 순간 운명은 (☰☰☰☷)로 이어진다. 뒤의 세 개만 잘라서 보면 (☰☰☷)가 된다. 건괘(☰)에서 둔괘(☳)로 운명이 바뀐 것이다. 따라서 운명의 가짓수는 64가지가 아닌 우주의 넓이처럼 무한하다. 그리고 좁히면 사상으로 줄고, 더 줄면 음과 양이 되고, 그것도 좁히면 더하기 빼기 '0'이 된다. 다만 64괘는 과거 현재 미래를 포함으로써 인간이 겪을 수 있는 경우의 수를 함축적으로 보여주는 전형으로 생각하면 될 것이다.

앞서 한 번 언급한 것처럼 인간은 아무것도 없이 태어나 아무것도 없이 죽는다. 대부분 태음(☷)에서 시작하는 게 인생이라고 할 수 있다. 그래서 본인 괘의 출발을 태음으로 설정하는 경우가 많을 수 있다. 특별한 것 없는 상황이라면 가능하면 고교 대학 시절까지의 삶은 일단 괘를 정하는 데 배제하는 것도 방법일 것이다. 본격적으로 사회에 뛰어든 뒤 변화를 살피는 것이다.

4상 주역으로 64괘 중 하나의 괘를 뽑는 방법

인간은 태어나자마자 태음(☷)이거나 소양(☲) 둘 가운데 하나이다. 태어났더니 아버지가 부자이거나 권력가라면 내 실력과 상관없이 운이 좋은 집안에서 태어난 것이므로 소양(☲)이 된다. 평범한 집안에서 태어났다면 태음(☷)이다. 대부분은 태어나자마자 태음인 경우가 된다. 태어난 직후에 소음(☳)이나 태양(☰)이 될 수 없는 이유는 태어난 아기가 혼자 밥도 먹지 못하는데 어찌 실력을 논하겠는가.

태어나자마자 자신이 어떤 환경이었는지를 이해한 뒤엔 앞서 설명한 "4상 주역으로 구분한 성격 유형(4상형 인간)" 중 본인이 어디에 들어가는 지 살필 차례이다. 다시 한번 간략히 요약하면 아래와 같다.

1) 태음 성향적 인간의 특징 : 소양 성향적 인간의 특성과 소음 성향적 인간의 특성을 모두 내려놓은 인간형이다, 무기력하다, 유유자적하며 여유롭다, 내려놓고 초탈한 삶을 산다, 남들 눈에는 게으르게 보이기도 한다, 그냥 좋은 게 좋은 거다, 태어났으니 그냥 주어진 상황 속에서 열심히 사는 것이다, 큰 성공보다는 작은 행복을 꿈꾸는 소박한 유형 등이 여기에 속한다.

2) 소양 성향적 인간의 특징 : 사람과 교제하는 것을 좋아하고, 사람과의 관계를 통해 성공을 꿈꾸는 유형이다. 문제가 발생하면 주로 나

보다 더 똑똑한 사람들에게 물어보는 유형이다. 함께 시끌벅적하게 공부하는 것을 좋아하기도 한다.

3) 소음 성향적 인간의 특징 : 혼자 열심히 공부하거나 연구하여 성과를 내 성공을 꿈꾸는 경우 등이 여기에 들어간다. 문제가 발생하면 주로 도서관에서 연구하는 유형이다. 혼자 조용히 공부하는 것을 좋아한다. 사람을 만나는 것을 싫어하지는 않지만 혼자 또는 나와 잘 맞는 사람들과 함께 있는 것을 더 좋아한다.

4) 태양 성향적 인간의 특징 : 소양 성향적 인간의 특성과 소음 성향적 인간 특성의 조화를 이룬 인간형이다. 120%의 결과를 추구한다. 지나치지도 않고 부족하지도 않은 적절한 상태와 양극단에 치우치지 않게 잘 조절하는 유형 등이 이에 속한다.

그 뒤 본인의 인생이 과거와 현재 어떤 변화를 거쳤는지 생각해본다. 중요하게는 변곡점(전환점)을 찾아보는 것이다. 경우에 따라 변곡점이 적을 수도 있고, 많아서 여러 변곡점이 나올 때도 있다. 이럴 경우 모두 반영한 4상의 괘를 그린다. 그런 다음에 특정 구간을 3묶음으로 묶어서 하나의 괘를 뽑아도 되고, 아니면 여러 변곡점을 통해 뽑은 4상을 다시 3개의 4상으로 추려서 그 3개의 4상을 합쳐 하나의 괘를 뽑는다. 그러면 그 괘가 지금까지 내가 살아온 삶의 괘가 되는 것이다. 이것이 일차적으로 해야 할 일이다. 예를 들어 이해해보자.

가난한 집안에서 태어났기에 태음(☷)으로 태어난 사람(A)이 있다고 하자. A는 초등학교 4학년 때부터 체육 분야에서 두각을 나타내기 시작한다. 실력이 생기기 시작한 것이다. 즉 소음(☵)이 된 것이다. 이 체육 분야에서의 소음(☵)적 기질은 현재까지 계속 유지가 되고 있다. 여기까지 A의 괘를 그려보면 다음과 같다.

① ☷(태음) → ② ☳(소음)

그런데 이후 가정형편을 걱정한 나머지 운동을 포기하고 공부를 하기로 한다. 타인에게 도움을 청하지 않았고, 인간관계(부모님이나 누나와 형의 희생)를 활용하지를 못해 태양이나 소양으로 변하지 못했다. 이후 여러 가지 우여곡절을 겪어가면서 사회체육학→영어영문학→국어국문학→철학 등 4개 분야에 대해 4개 대학을 다니면서 공부를 하는 새롭게 바뀐 소음이 되었다. 여기까지 A의 괘를 그려보면 다음과 같다.

① ☷(태음) → ② ☳(소음) → ③ ☳(소음)

소음이라고 단정할 수 있는 이유는 개인 능력을 너무 믿은 나머지 타인의 도움을 잘 청하지 않는 성격이었고, 도서관에서 책을 파는 유형으로 바뀌었으며, 스트레스를 받긴 했지만 스스로 문제를 해결하는 능력이 뛰어났기에 타인에게 도움을 청하는 경우가 많지 않았다. 오히려 집안이나 주변 사람들의 문제를 대신 해결해 주곤 했다. 그러나 노력하는 것만큼의 운은 따르지 않은 편이었다. 운이 따른다 할지라도 건강상의 문제로 오래 잡아둘 수 없었다.

그러다가 몸에 이미 가지고 있던 지병을 더 이상 지탱할 수 없는 상황에 이르게 되면서, 현재는 모든 것을 내려놓고 시골로 낙향해서 조용하게 살고 있다. 아직도 소음적 성향을 가진 채로 태음의 삶을 추구하며 살고 있다. 다만 소음에서 태음적 성향의 기질로 바꾸려고 노력하면서 여유롭게 살고 있다. 여기까지 A의 괘를 그려보면 다음과 같다.

① ☵(태음) → ② ☳(소음) → ③ ☳(소음) → ④ ☵(태음)

여기까지가 태어나서부터 현재까지의 삶의 과정을 4상으로 그린 것이다.

이것을 64괘에서 찾는 방법은
첫째, ① ☵(태음) + ② ☳(소음) + ③ ☳(소음) = "36번 명이괘"가 된다.
둘째, ② ☳(소음) + ③ ☳(소음) + ④ ☵(태음) = "39번 건괘"가 된다.

내 인생의 변화가 어떤 괘인지는 목차 바로 뒤에 있는 '4상 주역으로 64괘 쉽게 찾는 방법'을 활용하면 쉽게 찾을 수 있다. 명이괘에서 건괘로 바뀌는 삶을 살았다. 특히 중요한 것은 둘째 39번 건괘이다. 36번 명이괘의 경우 초반 나의 의지와 무관한 어린 시절의 태음을 포함하고 있는 반면, 39번 건괘가 본인의 소음적 성향과 자발적 노력, 그리고 운이 상호작용한 본격적인 인생의 변화를 설명하고 있기 때문이다. 이후 2부 64괘에서 해당하는 부분을 찾아 읽으면 된다. 자신의 삶을 주역이 어떻게 해석하고 있으며 어떤 조언을 하고 있는지 알 수 있다.
  그런 뒤엔 미래를 들여다 볼 차례다. 향후 나에게 다가올 경우의 수 역시 태양, 소양, 소음, 태음 4가지다. 그 가운데 한두 개 정도로 본인이 도달하고 싶은 지향점을 줄일 수 있다. 물론 4가지 경우 모두 살펴봐도 상관없다. 앞서 살펴본 A의 경우 크게 두 가지 중 하나로 본인의 미래를 압축했다. 첫 번째는 태음이고 두 번째는 소양이다. 그런 뒤 현재 상태와 과거의 마지막 상태를 합쳐 새로운 괘를 만든다. 방식은 다음과 같다.

  첫 번째는 ③ ☳(소음) + ④ ☵(태음) + ⑤ ☵(태음)이 되면서 "8번 비괘"가 된다.

두 번째는 ③ ☷(소음) + ④ ☷(태음) + ⑤ ☵(소양)이 되면서 "29번 감괘"가 나온다.

마찬가지로 이후 책의 2부에서 "8번 비괘", "29번 감괘"의 내용 중, 무엇을 하면 이익이고 무엇을 하면 불이익이 되는지를 잘 읽고 이해하고 외워서 결정적인 선택의 순간에 이를 떠올려 결정의 밑거름으로 잘 사용하면 된다. 여기까지가 과거부터 현재까지의 자신의 괘를 뽑은 것이다.

A의 경우에는 미래에 "29번 감괘"보다는 "8번 비괘"로 사는 것이 훨씬 좋기 때문에 ③ ☷(소음) + ④ ☷(태음) + ⑤ ☷(태음) = 8번 비괘의 삶을 사는 것을 택했다. 물론 어느 날 큰 행운이 다가오는 것은 본인의 의지와는 무관하다. 따라서 태음의 삶을 살면서 소양이 다가오는 29번 감괘 역시 운명처럼 받아들이는 삶이 될 것이다.

아울러 가까운 미래뿐만 아니라 먼 미래의 괘도 도출이 가능하다. 예컨대 현재 소음 상태인데, 열심히 일해 대박을 터뜨린 뒤 이후 시골에 가서 살 생각을 하고 있다고 해보자. 이는 곧 현재는 소음(☷), 가까운 미래는 소양(☵), 먼 미래를 태음(☷)으로 변화하는 것이다. 췌괘(䷬)가 나온다. 이를 바탕으로 주역의 도움을 받을 수 있다.

현재가 소음이라면 먼 미래까지 포함된 경우의 수는 16가지이다. 그런데 사실 감괘(䷜)가 예견되는 소음과 쾌괘(䷪)가 예견되는 소음은 현재 같은 소음이더라도 색깔이 다르다. 따라서 현재 소음의 색깔을 정확히 가늠할 수 있다면 어떤 변화가 가능한지도 예측할 수 있다. 즉 소음으로 출발하는 16가지 가운데 무엇이 올지 대략 파악할 수 있는 것이다. 물론 16가지 경우 중 가고자 하는 길을 택해 그에 필요한 조언을 찾아볼 수도 있다. 이것이 주역이 미래를 예측하고 준비하도록 해주는 방식이다.

마지막으로 내가 소음 상태인지, 소양 상태인지, 태음 상태인지 헷갈리는 경우가 있다. 다음을 기준으로 따져보면 될 것이다. 소음 성향의 경우 현재 본인 능력에 버거울 정도로 운이 따르고 있다면 소양 상태이고, 주변의 도움이나 혹은 때가 맞아 술술 풀리는 느낌이 들면 태양이다. 준비는 열심히 하는 데 잘 안 풀린다면 소음 상태이고, 준비가 부족하다고 생각되면 태음이다. 소양 성향의 경우 과분한 행운에 감사한 마음이 든다면 소양 상태이고, 본인도 잘 몰랐던 잠재력이 폭발해 행운과 결합했다면 태양이며, 아직 열심히 사람을 만나면서 즐겁게 지내고 있다면 태음이다. 능력을 개발하면서 소음 상태가 될 수도 있다.

태양 성향의 경우 노력 중이라면 태음이고, 능력이 개발됐으나 때를 만나지 못했다면 소음 상태, 버거울 정도의 행운이 왔다면 소양, 120퍼센트 정도의 행운이 찾아온 느낌이 들면 태양 상태가 된다.

태음 성향의 경우 그럭저럭 평범한 상황이라면 태음 상태이고, 때를 만나 잠재력까지 폭발했다면 태양이고, 운이 따르는 일이 벌어지면 소양, 능력을 개발했다면 소음 상태이다.

점과 주역

성공한 사람들에게 비결을 물으면 '운이 좋았다'고 답하는 경우가 많다. 실패한 사람들은 '운이 좋지 않았다'고 말하기도 한다. 분명 인간 삶에 운은 중요하다. 그래서 운을 알아보기 위해 애를 쓰고 점을 치기도 한다. 좋은 점괘가 나오면 기분 좋고, 나쁜 괘가 나오면 피하려고 노력한다. 주역으로 점을 치는 것도 같은 맥락이다. 사상 주역 역시 점괘를 뽑아 운명을 알아보는 것에 대해 반대하지 않는다. 그러나 여러 가지 방법 가운데 하나라고 말하고 싶다.

가장 효과적인 방법으로 추천하고 싶은 것은 앞서 보았듯이 64괘를 이해한 가운데 스스로 본인 운명을 판단하는 것이다. 이 책을 읽는 동안 곰곰이 본인이 살아온 삶의 궤적을 바탕으로 합당한 괘를 찾아보면 된다. 자신이 어떤 삶을 살았는지 감이 잡히고, 현재 어떤 상태인지 알 수 있다. 그러고 나면 내가 갈 수 있는 미래가 눈에 보인다. 미래는 하늘에서 누군가 조종하는 것이 아니다. 과거와 현재가 합쳐져 만들어지는 것이고, 능력과 운이 결합해 형성된다. 대강의 길이 눈에 들어오고, 갈 수 있는 선택지가 가늠되고 나면 어떤 길을 가고 싶은지 마음의 결심이 생긴다. 책을 독파하는 것이 힘들고 귀찮으면 자신의 인생을 설명하고 있다고 생각되는 괘를 우선 찾아보는 것도 방법이다.

점을 쳐서 괘를 뽑아보는 것도 반대하지 않는다. 심리학적으로 플라시보 효과란 게 있다. 가짜지만 그것이 가짜인 줄 모르면 진짜로 믿게 된다는 것이다. 맹물을 감기약으로 생각하면 진짜 감기약이 되고, 독약으로 믿으면 독약이 된다. 사형수를 상대로 한 실험에서 맹물을 독약이라고 속인 뒤 먹게 했는데 정말 죽었다는 이야기도 있다. 따라서 점괘를 뽑아서 나온 괘가 자신의 운명이라고 믿게 되면 그 길을 따라갈 수도 있다. 물론 재미로 생각하고 점괘를 뽑아 봐도 관계없다. 받아들이는 것은 각자의 몫이다.

이런 점에서 점을 치는 것은 본인이 결정하기 힘든 사안에 대해 할 것을 권한다. 두 갈래 길에서 어느 쪽을 택할지 결정하지 못하는 순간 활용하는 것이다. 예컨대 시골에 내려가서 살지 아니면 도시에 계속 살지 결정하지 못할 때이다. 시골로 간다는 것에 대해 심적으로는 무척 끌리지만 두려운 결정이기에 선뜻 주저하는 경우 등에 활용하는 것이다. 실상 어떤 길을 택해도 단점이 있고 장점도 있다.

여기서는 동전으로 간단히 점괘를 뽑는 법을 설명하고자 한다. 동전으로 괘를 뽑는 방법을 척전법(擲錢法)이라고 한다. 쉽게 말해 동전 던지기를 하는 것이다. 주희는 동전의 그림 부분을 음(陰)으로 하였고, 소강절(邵康節)은 그림이 있는 부분을 양으로 했다. 송나라 이후 소강절의 방법이 기준으로 사용되고 있다.

그림이 있는 면이 나오면 양의 숫자인 3이고 뒷면이 나오면 2가 된다. 세 개의 동전을 던져 모두 그림 있는 부분이 나오면 숫자 9를 얻게 된다. 그림 있는 면이 두 개 뒷면이 한 개이면 8, 그림 있는 면이 한 개, 뒷면이 두 개이면 숫자 7이 된다. 모두 뒷면이 나오면 숫자 6이 된다. 이렇게 6번을 던지면 6괘를 얻을 수 있다. 홀수는 양효, 짝수는 음효다.

동전의 면	숫자	효
그림, 그림, 그림	9	양효
그림, 그림, 숫자	8	음효
그림, 숫자, 숫자	7	양효
숫자, 숫자, 숫자	6	음효

더 간단한 방법은 동전 한 개를 던지는 것이다. 앞면이 나오면 양효, 뒷면이 나오면 음효가 된다. 쉽게 말해, 그림면이 나오면 양효, 숫자가 나오면 음이 된다. 6차례 던져 차례로 그 숫자를 맨 위쪽 효부터 기록하면 된다.

사실 원래 주역은 랜덤하게 뽑는 시초로 인해 매번 다른 괘가 도출된다. 그렇다면 인간 운명이 수시로 바뀌는 것일까? 최초로 뽑은 것이 정답이고 그 뒤에 있는 것은 아닌가? 처음 주역을 접했던 20년 전 이런 질문에 답을 찾기 힘들었고 그래서 손에서 내려놓았다. 그러다 운의 존재를 연역적으로 설명하는 〈반작용의 원리〉가 동양의 음양 사상과 맥이 닿아 있음을 깨닫고 이것저것 뒤지다 주역에까지 손을 뻗치게 되었다.

그러면서 주역점이 경전에는 없다는 사실을 알게 되었고, 주역의 난해함은 64괘에 대한 의미 파악이 제대로 되지 않았기 때문일 수 있다는 생각이 들었다. 새롭게 64괘에 관한 해석을 시도했고, 난해했던 주역이 바람에 나뭇가지가 휘날리듯 산들산들 머리 안으로 들어왔다. 이 책은 그 과정에서 깨달은 바를 정리한 것이다.

상수역과 의리역, 그리고 사상 주역

    이 책은 4상이 세 번 겹쳐 64괘가 된다고 설명한다. 그러나 이것은 기존 주역과 다른 설명이다. 기존 주역은 8괘가 두 번 (8×8) 겹쳐 64괘가 된다고 말한다.

    기존의 주역에서 중요한 것이 건(乾☰)·태(兌☱)·이(離☲)·진(震☳)·손(巽☴)·감(坎☵)·간(艮☶)·곤(坤☷)의 팔괘다. 복희씨가 팔괘를 그렸다고 한다. 이를 바탕으로 주문왕이 역경을 썼으며, 공자가 역전을 작성했다고 한다. 그러나 이를 입증할 근거가 없기에, 정통성 부여를 위해 후대 사람들이 고안해낸 것으로 생각되고 있다.

    특히 주역이 출현했을 때 팔괘가 있었다는 흔적을 찾아볼 수 없다. 춘추시대에 이르러 점치는 관리들이 64괘에서 팔괘를 끄집어냈고, 여기에 여덟 가지 상을 붙여 점을 해석했다는 게 통상적으로 받아들여지는 학설이다. 즉 팔괘는 주역이 나온 뒤 한참 후에 만들어진 것이다. 팔괘에는 자연 현상, 가족 등의 상징적 의미를 부여했다. 아울러 64괘는 팔괘가 두 개 합쳐진 것으로 받아들여졌다.

팔괘	건(乾) ☰	태(兌) ☱	이(離) ☲	진(震) ☳	손(巽) ☴	감(坎) ☵	간(艮) ☶	곤(坤) ☷
자연	하늘	연못	불	우레	바람	물	산	땅
성질	건실	기쁨	이별	변동	따름	험난	중지	유순
가족	부	소녀	중녀	장남	장녀	중남	소남	모
신체	머리	입	눈	발	다리	귀	손	배
방위	서북	서	남	동	동남	북	동북	서남

예를 들어 태(䷊泰)의 경우 상괘는 곤(坤☷)이고, 하괘는 건(乾☰)이 합쳐진 것이다. 땅이 하늘 위에 올라앉아 불안하거나 갈등이 심한 괘로 보기도 하고, 땅은 내려오려 하고 하늘은 올라가려 하기에 소통이 활발한 좋은 괘라고 정반대로 이야기하기도 한다. 이렇듯 8괘를 중심으로 상의 성질을 설명하는 것이 상수역이다.

문제는 8괘를 바탕으로 6효의 상을 해석하면 괘사와 효사가 어긋나는 경우가 많다는 점이다. 괘사와 효사를 상의 해석에 억지로 끼워 맞춰야 한다. 1, 3, 5 효는 양의 자리, 2, 4, 6 효는 음의 자리로 가정한 가운데 각각에 양효가 오는지 음효가 오는지를 놓고 바름과 어긋남 등을 추가해 해석을 돕지만, 더 난해하게 만드는 경우가 빈번해진다.

상수역의 문제를 지적하면서 나온 의리역은 "뜻을 얻고 상징은 잊어버릴 것[得意忘象]"이라는 말로 표현되는데, 괘의 상보다는 사(경전의 내용)를 중시한다. 특히 유학의 관점에서 해석하는데, 주역을 인간이 갖추어야 할 사회적 도리에 관한 책으로 규정한다. 이런 맥락에서 점을 쳐 길한 괘를 얻더라도 부덕할 경우 길한 운을 받지 못한다고 말하기도 한다.

상수역이나 의리역이 공통으로 갖고 있는 문제는 64괘라는 상징과 이를 설명한 괘사와 효사를 연결시키는 데 어려움을 겪으며, 이런저런 뒤틀기를 통해 끼워 맞춰야 하는 경우가 빈번하게 일어난다는 것이다. 상과 사 둘 가운데 하나를 포기하거나 억지로 맞춰야 한다. 주역을 읽기 위해선 그 뒤틀림을 따라가야 하는 데, 이에 어려움을 느끼면서 독서를 포기한다.

문제 해결은 간단하다. 주역의 상징과 이에 대한 서술의 일관성을 통찰하면 된다. 틀이 잡히면 괘사와 효사를 읽지 않은 채 상징을 보고도 내용을 짐작할 수 있게 된다. 본서는 이 같은 방식으로 서술한다. 따라서 이해가 쉽다고 자부한다.

그것이 가능한 까닭은 8괘를 버렸기 때문이다. 대신 4상(四象)을 바탕으로 주역의 64괘를 이해하고 그런 후에 괘명, 괘사, 효사를 이해한다. 팔괘가 중심인 기존 주역 해설과 출발이 다르다. 주역을 공부했던 분들에게는 색다른 해석 하나를 더 경험하는 계기가 될 것이고, 처음 접하는 분들은 난해한 주역을 쉽게 이해할 수 있을 것이다.

64괘의 배열이 갖는 의미

　8괘가 상층부와 하층부로 중첩(8X8)돼 64괘가 만들어졌다는 그동안의 해석은 역경의 이해뿐 아니라 괘의 배열을 이해하는 데에도 어려움을 만들었다. 주역 세 번째, 네 번째 괘인 몽괘와 둔괘를 살펴보자. 팔괘가 두 개 겹쳐 64괘를 만든다는 통상적인 해석을 바탕으로 할 때, 둔괘의 경우 감괘(☵)와 진괘(☳)가 조합을 이룬 것이고, 몽계는 간계(☶)와 감괘(☵)가 쌍을 이룬 것이다. 왜 이렇게 배열했는지에 대한 해석이 난해해진다.

　주역을 연구했던 많은 학자도 마찬가지였을 것이다. 10익 가운데 하나인 서괘전에서 64괘의 순서를 설명해 놓았는데, 학자들은 그 해석이 억지스럽다는데 대체로 동의하고 있다.

　그런데 본서가 분석한 사상 주역의 방식(4x4x4)으로 괘상을 놓고 보면 그것의 질서가 눈에 들어온다. 두 개의 괘가 쌍으로 이뤄졌으며, 둘은 180도 회전했을 때 같은 모양이 된다. 예컨대 둔괘(▦)를 180도 회전하면 몽괘(▦)가 되는 것이다. 다섯 번째 괘인 수괘도 마찬가지다. 수괘(▦)를 180도 회전하면 여섯 번째 괘인 송괘(▦)가 된다. 처음에서 끝까지 주역은 두 개의 괘를 180 회전한 대립적인 형태로 구성되어 있다.

물론 예외가 있다. 180도 회전해도 모양이 같은 것들이 있다. 총 8개다. 1. 건괘(☰☰☰ ䷀) 2. 곤괘(☷☷☷ ䷁) 27. 이괘(☷☷☷ ䷚) 28. 대과괘(☱☴ ䷛) 29. 감괘(☵☵ ䷜) 30. 리괘(☲☲ ䷝) 61. 중부괘(☴☱䷼)와 62. 소과계(☶☳䷽)다. 주역은 이것들을 따로 쌍으로 묶어 배열했다.

이 같은 논리성은 사상 주역이 주역의 본질과 통한다는 점을 보여주는 단적인 증거라고 할 수 있다. 사실 쌍으로 배열된 점에 대해 당나라 학자였던 공영달이 본서와 비슷한 언급한 적이 있다. 하지만 내면적 관계에 대해 분석을 못 했기에 단순 기술에 그친 것으로 알려지고 있다.

주역의 역경과 경전

䷂ <屯卦> --- 괘명

屯, 元亨, 利貞, 勿用有攸往, 利建侯.--괘사

象曰, 屯, 剛柔始交而難生, 動乎險中, 大亨貞. 雷雨之動滿盈, 天造草
昧, 宜建侯而不寧.

初九, 磐桓, 利居貞, 利建侯. --효사

象曰, 雖磐桓, 志行正也, 以貴下賤, 大得民也.

六二, 屯如, 邅如. 乘馬班如, 匪寇婚媾, 女子貞不字, 十年乃字. --효사

象曰, 六二之難, 乘剛也, 十年乃字, 反常也.

六三, 卽鹿无虞, 惟入于林中, 君子幾, 不如舍, 往吝. --효사

象曰, "卽鹿无虞", 以從禽也, "君子舍之, 往吝", 窮也.

六四, 乘馬班如, 求婚媾, 往吉, 无不利. --효사

象曰, 求而往, 明也.

九五, 屯其膏. 小, 貞吉, 大, 貞凶. --효사

象曰, "屯其膏", 施未光也.

上六, 乘馬班如, 泣血漣如. --효사

象曰, "泣血漣如", 何可長也?

파란색으로 표시된 것이 괘명, 괘사, 효사다. 괘명은 64괘 각각의 이름이고, 괘사는 괘에 대한 총괄적 설명이며, 효사는 여섯 줄인데, 괘에 대한 구체적 설명이다. 효는 각 괘를 구성하는 6줄의 음효와 양효를 의미한다. 초구는 맨 아래 효, 그리고 육이(六二)는 아래서 두 번째 효이고 순서대로 올라가 상육은 맨 위쪽 효에 대한 설명이라고 한다. 그러나 본서는 기존 해설과 달리 효사를 각각의 6효에 대한 설명으로 보기보다 괘에 대한 상세한 설명으로 이해한다. 아울러 위에서부터 아래로 이어지는 효사는 시간에 따른 변화를 기술하는 것으로 받아들인다.

아울러 파란색의 괘명, 괘사, 효사가 원래 주역의 내용이다. 여기에 춘추전국시대 까만 부분의 단사(彖辭)와 상사(象辭)란 해설이 추가됐다. 이에 대해 공자가 달았다는 이야기도 있지만, 여러 사람이 첨삭한 것으로 받아들여지고 있다.

단사는 단왈(彖曰)로 시작하는데, 괘사에 대해 설명한 것이다. 상왈(象曰)로 출발하는 〈상사〉는 괘와 각 효에 대해 해설하고 있다. 더불어 부록 형태로 〈문언〉, 〈계사〉, 〈설괘〉, 〈서괘〉, 〈잡괘〉가 있다. 〈단사〉, 〈상사〉 등과 함께 이것이 주역 십익으로 표준 해설서 역할을 해왔다. 원래 주역의 내용인 괘명, 괘사, 효사를 〈역경〉이라고 하고, 십익을 〈역전〉이라고 한다.

첫 번째 양괘(兩卦) ☳	대체적으로 첫 번째, 두 번째 효사가 설명함.
	初 : 磐桓, 利居貞, 利建侯.
	二 : 屯如, 邅如. 乘馬班如, 匪寇婚媾, 女子貞不字, 十年乃字.
두 번째 양괘(兩卦) ☵	대체적으로 세 번째, 네 번째 효사가 설명함.
	三 : 即鹿无虞, 惟入于林中, 君子幾, 不如舍, 往吝.
	四 : 乘馬班如, 求婚媾, 往吉, 无不利.

세 번째 양괘(兩卦) ☵	대체적으로 다섯 번째, 여섯 번째 효사가 설명함. 五 : 屯其膏. 小, 貞吉, 大, 貞凶. 六 : 乘馬班如, 泣血漣如.

　원래 주역은 당연히 〈역경〉만을 뜻했다. 그런데 왕필이 〈주역주〉를 쓰면서 둘을 합쳤고, 지금까지 〈역경〉과 〈역전〉을 묶어 놓은 형태가 주류였다. 주역에 관한 해설서는 그러면서 〈역경〉에 대한 해설과 함께 〈역전〉에 대한 해설도 담겨 있다. 해설을 다시 해설하는 것이다.

　그 과정에서 〈역전〉이 오히려 〈역경〉의 이해를 어렵게 만들고, 다양한 해석을 방해하기도 해, 최근에는 역경과 역전을 분리해 연구하는 경향이 강하다. 주역의 원래 모습인 〈역경〉에 집중하는 것이다. 이 책도 마찬가지다. 이 책이 다루고 있는 것은 그래서 〈역경〉이다. 괘와 효를 바라보는 방식이 역전과 다르다. 다른 방식을 택한 까닭은 주역이 만들어진 뒤 한참 뒤 만들어진 해설서보다는 주역 경전 그 자체의 통찰력을 들여다보기 위해서다.

　따라서 사상(四象) 주역은 각 괘의 괘명, 괘사 효사만을 다룬다. 아울러 初九, 六二와 같은 숫자도 모두 지웠다. 단지 이해의 편의를 위해 한자로 숫자(初, 二, 三, 四, 五, 六)를 써 놓았다. 앞서 본 것처럼 십익은 처음 주역에 있던 것이 아니라 춘추전국시대 공자 등에 의해 붙여진 것으로 오히려 주역의 원래 의미를 해석하는 데 어려움을 주고 있다고 생각한다. 아울러 첫 번째와 두 번째 효사는 첫 번째 양괘(兩卦), 세 번째, 네 번째 효사는 두 번째 양괘(兩卦), 다섯 번째와 여섯 번째 효사는 마지막 양괘의 뜻을 설명한다. 대체로 맞아 떨어진다는 게 연구 결과이다.

·

64괘의 이해

01 건괘乾卦

乾. 元. 亨. 利. 貞. 건은 크고, 형통하고, 이롭고, 바르다.

初 : 潛龍勿用. 때가 아닌 용은 사용하지 말아야 한다.

二 : 見龍在田. 利見大人. 현용이 밭에 있으니, 대인을 만나는 것이 이롭다.

三 : 君子終日乾乾, 夕惕若, 厲无咎. 군자는 종일 부지런히 힘쓰며, 저녁이 되면 반성하고 걱정한다. 위태로워도 걱정이 없다.

四 : 或躍在淵, 无咎. 연못을 만나 도약해도 문제없다.

五 : 飛龍在天. 利見大人. 하늘로 승천하고, 대인을 만나는 것이 이롭다.

六 : 亢龍有悔. 지나친 용이 되면 후회가 있다.

用九 : 見羣龍无首, 吉. 다른 용의 무리를 보더라도 머리를 드러내지 않으면 길하다.

▌용이 비상하다

진시황은 아버지의 죽음 탓에 13살에 왕위에 오르지만, 나이가 어려 조나라 상인 여불위가 섭정하며 국정을 농단했다. 때를 기다리던 그는 20대 초반이 된 기원전 237년 숨겼던 칼을 꺼내 여불위를 죽이고 잠룡에서 벗어나 왕권을 차지한다(═).

그 뒤 그는 중국을 통일하는 걸음을 내딛는다. 가장 세가 약했던 한나라를 시작으로, 조, 위, 초, 연을 차례로 정복하고 마침내 기원전 221년 제나라를 정복하며 중국 최초의 통일이라는 대업을 이룬다(═).

그 뒤 그는 왕이란 호칭 대신 황제란 칭호를 정하고, 황제의 시작을 알리는 뜻에서 '시황제'라 칭한다. 하늘로 오른 것이다. 그는 관료제에 바탕을 둔 중앙 집권제를 강화하며 중국 전역을 일사불란하게 움직일 수 있도록 하지만 동시에 과도한 폭정으로 민심을 잃는다(≡).

건괘는 태양이 세 번 이어진다. 언뜻 봐도 좋다. 점을 쳐 건괘가 나오면 만사형통할 것으로 생각한다. 그러나 반작용이 존재하는 세상에서 그것이 전부는 아니다. 건괘를 유지하기 위해선 노력이 필요하다. 그래서 건(乾)이다. 건은 마르다는 뜻이다. 바쁘게 움직여 목이 마르고 근심걱정에 목이 타는 것이다. 이 같은 삶이 바로 건괘의 인생이다. 효사는 시간순으로, 순서대로 따라야 할 조언을 담고 있다.

크고 형통하다

乾, 元, 亨, 利, 貞.(건, 원, 형, 리, 정)
건은 크고, 형통하고, 이롭고, 바르다.

괘사는 무척 간단하다. 크고, 형통하고, 이롭고, 바르다. 원형이정을 춘하추동으로 보기도 하고, 인의예지를 뜻하는 것으로 풀이하기도 한다. 그런데 크다는 것은 말 그대로 큰 것이고, 형은 통한다는 것이고, 이는 이득이고 정은 바르다는 것이다. 특별히 다른 의미를 부여할 필요는 없다.

건괘는 원형이정 4가지 요소를 전부 갖췄다. 능력도 있고, 운도 따르는 상황에서 당연히 크게 이루고, 막힘없이 형통하며, 이로움이 많고, 거기에 바르기까지 하다.

네 가지 요소는 64괘에서 반복해 등장한다. 어떤 경우엔 원형이정 가운데 하나 내지 두 개가 빠져있기도 하고, 부연 된 문구가 있기도 하다.

각 괘마다 4가지 요소 중 무엇이 빠져있고, 왜 빠졌는지 음미하면 각 괘를 더 정확히 이해할 수 있다.

때를 기다릴 것

初 : 潛龍勿用.(잠용물용)
때가 아닌 용은 사용하지 말아야 한다.

잠룡은 물에 잠긴 용으로 섣불리 나서지 말 것을 충고하고 있다. 능력은 있으나 때를 만나지 못한 것으로 생각할 수도 있다. 그러나 '용(用)'은 때가 왔어도 사용하지 말라는 의미가 강하다.

그렇다면 어떤 상황일까. 재능과 운을 재생산할 힘이 없는 상태다. 운이 따르고 능력을 유지하기 위해선 각고의 노력이 전제되어야 하고, 이를 바탕으로 시간 속 에너지를 축적하고, 주체적 에너지 상태도 강하게 유지해야 한다. 그게 힘든 것이다. 어린 진시황이 여불위가 섭정을 참고 기다리면서 때를 기다린 것이 대표적인 예가 될 것이다.

사실 재능 있는 아이들에게는 기회가 빨리 찾아오기도 한다. 그런데 신동으로 불리던 아이가 후일 흔적 없이 사라지는 걸 보게 된다. 에너지 재생산 능력이 성숙하지 않은 탓이다. 이 같은 불상사를 겪지 않기 위해 참고 기다리라고 주역은 이야기하고 있다. 기다리다 기회가 오지 않더라도 사용하는 것보다는 낫다는 게 주역의 조언으로 볼 수 있다.

끌어 줄 사람을 만날 것

二 : 見龍在田, 利見大人.(현용재전, 이견대인)
현용이 밭에 있으니, 대인을 만나는 것이 이롭다.

잠룡이 드디어 밭으로 올라왔다. 밭은 운과 기회의 땅이다. 해야 할 일은 대인을 만나는 것이다. 대인은 능력을 펼칠 수 있는 터전을 제공한다. 능력이 있기에 이를 활용하고자 하는 대인을 쉽게 만날 수도 있다. 음악적 재능을 알아보고 투자에 나선 기획사 사장이 이 같은 대인일 것이다. 대인은 이미 사회적 네트워크나, 자본 등 도약에 필요한 여러 수단을 갖고 있다. 스스로 모든 걸 만들기보다는 그것을 잘 활용해야 한다.

애쓰고 반성하라

三 : 君子終日乾乾, 夕惕若, 厲无咎.(군자종일건건, 석척약, 려무구)
군자는 종일 부지런히 힘쓰며, 저녁이 되면 반성하고 걱정한다.
위태로워도 걱정이 없다.

두 번째 태양으로 도약에 필요한 것에 대한 설명이자 조언이다. 우선 열심히 일해야 한다. 능력이나 운을 믿고 나태해지면, 성취할 수 없다. 큰일에 나선 만큼 챙겨야 할 것도 해야 할 일도 많다. 그 부지런함이 운을 만들고, 능력을 유지하는 에너지를 생성한다.

한 가지 더 충고하고 있다. 반성이다. 늘 자신을 돌아보라는 것이다. 낮에는 일하고 밤에는 반성해야 한다. 24시간 일만 한다고 성공하는 것은 아니다. 반성은 스스로 겸손해지기 위한 시간 속에 에너지를 쌓는 과정이고, 그래야 운이 다하지 않는다.

두 가지가 전제된다면 주역은 위태로운 일은 있겠으나 걱정은 없을 것이라고 이야기한다. 태양의 운명이 비단길을 승승장구하는 것은 아니다. 오히려 더 많은 문제에 봉착한다. 다만 때론 개인 능력으로, 때론 하늘의 도움으로 벗어나게 되는 것이다. 따라서 위태로운 일은 생기겠으나 허물이 없다.

연못을 뛰어 넘어라

四 : 或躍在淵, 无咎.(혹약재연, 무구)
연못을 만나 도약해도 문제없다.

새로운 단계로 뛰어오를 수 있음을 말하고 있다. 세 번째 태양으로 상승하는 것이다. 연못은 위험과 기회가 함께 있는 하나의 계기다. 위험한 곳으로 뛰어들어 그 안에 있는 기회를 잡으라는 말인 셈이다. 부지런히 일하고 반성하는 삶을 살면서 성취한 바가 있다면 충분히 위험한 곳에 도전할 자격이 되는 것이다.

예전 정주영 현대그룹 회장은 많은 도전과 성공을 이룬 사람이다. 그런데 본인은 위험한 일에는 절대 도전하지 않았다고 술회한다. 남들이 볼 땐 위험한 도전이었으나 그에겐 그렇지 않았던 셈이다. 도약을 위한 준비를 해 놓은 상태에서 해볼 만한 것으로 판단했으리라. 그래서 그가 쓴 책의 제목도 '시련은 있어도 실패는 없다' 였다.

五 : 飛龍在天, 利見大人.(비룡재천, 이견대인)
하늘로 승천하고, 대인을 만나는 것이 이롭다.

용이 드디어 승천했다. 영화로 따지면 클라이맥스다. 한 편의 드라마를 보는 것 같다. 세 번째 태양으로의 전환을 뜻한다고 할 수 있다. 결과적으로 건괘의 운명은 승천하는 용이다. 운을 다스리고, 능력을 발휘하면서 큰 성공을 거둔 것이다. 주역에서 용이란 단어가 등장하는 괘는 건괘와 곤괘 둘뿐인데, 오로지 건괘에서만 주도적 위치를 차지한다. 건괘만이 용의 운명인 것이다.

다시 한번 대인을 만나는 것이 이롭다는 말을 하고 있다. 여기서 대인은 앞선 대인과는 다른 맥락이다. 용이 된 사람에게 대인은 기회를 제공하는 사람이기보다 손발이 되어 줄 사람을 뜻한다. 승천하는 용에게는 좋은 참모가 절대적이다. 윗사람을 잘 만나는 것도 행운이지만, 아랫사람을 잘 만나는 것도 행운이다. 이 같은 행운을 만들어야 한다고 주역은 이야기하고 있다. 진시황 역시 이사라는 충실한 참모가 있었기에 중국 통일이 가능했다.

뜨거운 태양도 기우는 법임을 잊지 말 것

六 : 亢龍有悔.(항룡유회)
지나친 용이 되면 후회가 있다.

승천한 용에 대한 충고다. 항(亢)은 지극히 높다, 도가 지나치다, 거만하다는 뜻이 있다. 항룡(亢龍)은 도에 지나친 용이 된 것이다. 진시황 역시 법가 사상에 기반을 뒀던 탓에 유교와 관련된 책을 불태우는 분서갱유를 단행하고, 흉노족의 침입을 막기 위해 만리장성과 아방궁을 축조하는 무모한 토목공사를 감행한다. 너무 지나치게 나간 탓에 역사에서 폭군으로 묘사되고 있다.

승천했다면 다 이룬 것이고 내려올 일만 남았다. 달이 차면 기울듯이 물러설 때가 다가온다. 하지만 더 오르고 싶은 욕망이 솟아난다. 높은 자리에서 자제심을 발휘하기는 쉽지 않고, 그러다 후회할 일이 발생한다. 때론 쌓아온 명성에 흠집을 내기도 한다.

때가 되면 물러날 것

用九 : 見羣龍无首, 吉.(견군용무수, 길)
다른 용의 무리를 보더라도 머리를 드러내지 않으면 길하다.

군(羣)은 무리라는 뜻이다. 이 부분에 대해 '한 무리의 용을 보나 머리가 없어 길하다' 라고 해석하기도 한다. 머리가 없어 상대가 되지 않기 때문이다.

전체적인 맥락에서 건괘의 마지막 순서에 대해 이야기하는 것으로 판단해, 용의 무리를 보면 머리를 숙이는 것이 길하다는 의미로 해석이 가능하지 않을까 싶다. 여기서 용의 무리는 새롭게 떠오르는 용으로 보면된다. 나만이 승천한 용은 아닐 것이다. 나의 뒤를 이어 하늘에 오른 용들도 있고, 다른 영역에서 승천한 용들도 있다. 그들과 대적하지 말라는 뜻이다.

02 곤괘坤卦

坤, 元, 亨, 利, 牝馬之貞. 君子有攸往, 先迷, 後得主. 利. 西南得朋, 東北喪朋. 安貞吉. 곤은 크고 형통하고 이득이 있으나 암말의 반듯함이 필요하다. 군자가 나아감에 처음엔 혼란이 있을 것이나 뒤에는 중요한 것을 얻으니 이롭다. 서남쪽으로 가면 벗을 얻을 것이요, 동북 쪽으로 가면 벗을 잃을 것이다. 편안하고 바르면 길하다.

初 : 履霜, 堅冰至. 서리를 밟으면 얼음에 도달한다.

二 : 直方大, 不習无不利. 바르고 방정하면 방대하니, 배우지 않아도 불리할 것이 없다.

三 : 含章可貞, 或從王事, 无成有終. 주옥같은 문장을 만들 줄 알고, 바름을 실천하는 상황에서, 혹 왕을 돕더라도 이루는 것이 없이 끝난다.

四 : 括囊, 无咎, 无譽. 주머니를 꽉 묶으면, 허물도 없지만 명예도 없다.

五 : 黃裳, 元吉. 황생치마(남에게 많이 베풀면)는 길하다.

六 : 龍戰于野, 其血玄黃. 용들이 싸우는 들판에 가면, 그 피가 검고 노랗게 될 것이다.

用六 : 利永貞. 영원히 바르게 하는 것이 이익이다.

▌베풂이 행복이다

곤(坤)은 땅을 뜻한다. 건괘와 반대로 곤괘는 음효로 구성돼 가장 좋지 않은 것으로 여겨지기도 한다. 하지만 주역은 그것이 불행하다고 말하지 않는다. 내려놓으면 세상이 편하게 다가오는 탓이다. 같은 태음이지만 각각의 태음은 다른 상태를 뜻한다.

건괘가 영웅의 삶을 말한다면 곤괘는 철학자의 삶을 이야기한다. 성공한 위인의 행동에서 많은 걸 배우기도 하지만 모든 걸 내려놓고 사는 수도자의 말에서도 큰 깨달음을 얻는다. 멈추면 많은 것이 보인다는 걸 그분에게 배운다. 성공학 교과서도 필요하지만, 철학책도 필요하다. 그런 점에서 건과 곤은 양극단이지만 자연의 양 날개와 같다.

　건괘와 곤괘의 만남을 보여주는 상징적 사건이 알렉산더와 디오게네스의 조우가 아닐까. 알렉산더는 건의 기운이 넘치는 사람인 반면 디오게네스는 거지 철학자로서 모든 걸 내려놓고 사는 곤의 삶을 대변한다. 어느 날 알렉산더 대왕이 그를 찾아와 "원하는 것이 무엇인지 말하라"고 묻는다. 그러자 디오게네스는 "아무것도 없습니다. 다만 조금만 비켜서 주십시오. 대왕께서 햇볕을 가리고 있습니다"라고 답한다. 대왕은 "내가 알렉산더가 아니었다면 디오게네스였을 것이다"라는 말을 남기고 떠났다고 한다. 세계를 정복하는 건괘보다 곤괘가 더 행복할 확률이 높다.

암말의 반듯함이 필요하다

坤, 元, 亨, 利, 牝馬之貞. 君子有攸往, 先迷, 後得主, 利. 西南得朋, 東北喪朋. 安貞吉.(곤, 원, 형, 리, 빈마지정. 군자유유왕, 선미, 후득주, 리. 서남득붕, 동북상붕. 안정길)
곤은 크고 형통하고 이득이 있으나 암말의 반듯함이 필요하다. 군자가 나아감에 처음엔 혼란이 있을 것이나 뒤에는 중요한 것을 얻으니 이롭다. 서남쪽으로 가면 벗을 얻을 것이요, 동북 쪽으로 가면 벗을 잃을 것이다. 편안하고 바르면 길하다.

　곤괘 역시 건괘와 마찬가지로 크고 형통하고 이득이 있고 바르다고 이야기한다. 원형이정을 모두 갖고 있다. 이런 점에서 건괘만큼 괜찮은 운명이다. 그런데 정은 그냥 정이 아니고 암말의 바름, 즉 빈마지정(牝馬之貞)이다. 대지와 여성성의 바름이 빈마지정이다. 크고 장대한 바름이 아닌, 작고 소소한 바름과 행복을 의미한다.

처음엔 혼란이 있을 것이나 나중엔 얻을 것이 있다고 한다. 초반엔 능력 부족, 불운, 이에 따른 분노가 만드는 좌절감이 있을 것이다. 그러나 모든 걸 운명으로 받아들이면 인생의 중요한 것을 얻을 수 있고, 따라서 삶에 득이 된다.

주역에서 서남쪽은 쉽고 편안한 곳을 뜻하고, 동북은 어렵고 힘든 길을 의미한다. 편안한 곳엔 이득이 적지만 위험도 적다. 반면 동북은 큰 이득이 있겠으나 위험도 크다. 운이 부족한 상태에서 동북보다는 안정적인 서남을 택하라고 이야기한다.

위험한 도전은 피하라

初 : 履霜, 堅冰至.(리상, 견빙지)
서리를 밟으면 얼음에 도달한다.

리(履)는 밟는다는 뜻이다. 서리를 밟는다는 것은 초반의 도전을 뜻한다고 볼 수 있다. 동북 방향으로 발길을 정했다고 할 수도 있다. 그런데, 얼음에 도달하게 된다. 위험한 도전이 더 큰 위험으로 이어진다. 운이 부족한 상황에서 위험한 도전에 나섰으나 결과가 썩 좋지 않은 것이다.

대지가 스승이다

二 : 直方大, 不習无不利.(직방대, 불습무불리)
바르고 방정하면 방대하니, 배우지 않아도 불리할 것이 없다.

곧고 방정하고 크다면 배우지 않아도 불리함이 없다고 했다. 여기서 배움은 '글'을 익히는 것이다. 그래야 출세에 나설 수 있고, 병법연구나 철학도 가능하다. 문자는 곧 사회를 구성하고 조직하고, 운용하는 데 필요한 소통의 도구이고, 따라서 성공을 위해 반드시 배워야 한다.

그런데 글을 배우지 않아도 불리할 것이 없다. 문맹률이 낮은 지금과 달리 예전엔 글을 배우는 것 자체가 대단한 일이었다. 우리나라도 50~60년 전엔 한글조차 읽지 못하는 분들도 많았다. 그래도 사는 데 크게 지장이 없었다. 곤괘에겐 군이 글을 읽고 배울 필요가 없는 것이다. 현대적 의미로 실력을 키워 출세에 군이 나서지 않아도 된다는 것이다.

물론 하나의 전제가 있다. 곧고 바르고 커야 한다는 것이다. 직방대는 대지의 특성을 뜻한다. 하늘은 둥글고 대지는 곧고 넓다고 생각됐다. 직방대는 곧 대지의 순리에 따른다는 것이다.

까막눈 어르신들에게 그분의 삶에서 터득한 순리를 배우기도 한다. 자연의 순리는 사서삼경을 통달하고, 현자의 두꺼운 철학 서적을 독파해야 알 수 있는 것이 아닌 자연과 부딪히며 견딘 삶에서 배울 수도 있다. 대지의 순리를 이해한다면 군이 글을 깨우쳐 사서삼경을 통달하지 않아도 불리할 게 없다.

문장은 출세의 도구가 아니다

三 : 含章可貞, 或從王事, 无成有終.(함장가정, 혹종왕사, 무성유종)
주옥같은 문장을 만들 줄 알고, 바름을 실천하는 상황에서, 혹 왕을 돕더라도 이루는 것이 없이 끝난다.

함(含)은 머금는다는 뜻이고 장(章)은 문장 글이란 뜻이다. 문장을 머금는다는 것은 배우고 깨우친 수준이 주옥같은 글솜씨를 뽐낼 정도인 것으로 볼 수 있다. 그래야 왕의 일을 도울 수 있지 않을까.

그런데 글을 깨우친 뒤 그 수준이 빼어난 단계가 돼 왕을 돕더라도 이루는 것 없이 끝난다. 왕의 신하가 되도 늘 결과가 좋은 것은 아니다. 토사구팽을 당할 수도, 밉보여 목숨을 잃을 수도 있다. 아부와 아첨에 실패해 쫓겨나기도 한다. 강한 운의 기운을 위해 사람과 교제도 열심히 해야 하는데, 태음은 그 과정에서 오해와 반목의 씨앗을 만들 가능성이 높다. 말로 빚을 갚기보다 반대의 일이 벌어질 확률이 농후하다.

하나 짚어볼 점은 그것이 흉하거나 재앙이 아닌 얻는 게 없을 뿐이란 사실이다. 소매를 끌어당겨 주저앉히려는 노력은 적어 보인다. 나서는 걸 억지로 말리지는 않겠지만 굳이 나설 필요가 없음을 이야기하고 있는 게 아닐까. 곤괘의 경우 빈손으로 왔다 빈손으로 가는 것이 인생이란 걸 알기에 소득 없이 쫓겨나도 크게 분노하지도 않을 가능성도 높다. 디오게네스가 알렉산더를 따르지 않았던 것이나, 장자(莊子)가 벼슬길에 나서지 않았던 것도 그 결과가 이렇듯 뻔해서였으리라.

주머니를 열 것

四 : 括囊, 无咎, 无譽.(괄낭, 무구, 무예)
주머니를 꽉 묶으면, 허물도 없지만 명예도 없다.

괄(括)은 묶는다는 뜻이고 낭(囊)은 주머니다. 건괘가 이루는 상이라면 곤은 베푸는 상이다. 아버지는 돈을 벌고, 어머니는 먹을 것을 베푼다. 사회적으로도 건괘가 타국을 정벌하고, 경쟁에서 승리하고, 사회를 진보시키거나 퇴보시킨다면, 곤괘는 수도승이나 종교인처럼 깊은 가르침을 나눈다. 깨달음을 얻은 철학자, 세상 이치를 깨달은 수도승의 베풂은 타인의 마음을 적시게 되고, 의지와 무관하게 명예를 얻게 된다. 괄낭(括囊)은 이 같은 베풂의 주머니를 꽉 묶는 것이고 그것이 허물은 아니지만 명예도 없다.

베풂이 미덕이다

五 : 黃裳, 元吉.(황상, 원길)
황색 치마는(남에게 많이 베풀면) 길하다.

황상(黃裳)은 황색 치마인데, 앞에 뭔가를 담아 남에게 나눠주는 데 용이하다. 우리로 따지면 행주치마와 같다고 볼 수 있다. 치마에 집에서 기른 고구마를 담아 이웃과 나누면서 작고 소소한 행복을 즐길 수 있다. 치마는 덕을 담는 것이고, 시간 속 에너지를 쌓는 것이다. 그것이 운을 바꾸는 계기가 될 수도 있고, 기쁨의 열쇠가 된다. 세 번째 태음은 이렇듯 깨달음을 이웃과 나누는 단계이다.

이 같은 베풂은 불행을 막아 줄 힘도 된다. 행운은 큰 것을 이루게도 해주지만 불행을 막아주기도 한다. 또 남는 것이 있다면 유산이 된다. 시간 속 에너지도 상속할 수 있다. 내가 쌓은 덕이 자식에게 보이지 않는 행운으로 작용하는 것이다.

六 : 龍戰于野, 其血玄黃.(용전우야, 기혈현황)

용들이 싸우는 들판에 가면, 그 피가 검고 노랗게 될 것이다.

검고 노란 피는 죽은 피가 고름과 겹쳐 흐르는 피고름이다. 용들의 싸움판에 섣불리 나서지 말라는 의미로 이해할 수 있다. 왕을 성안에서 도울 경우 얻는 게 없을 뿐인데, 전쟁터까지 따라가면 피고름이 쏟아지는 고통을 겪게 된다. 깨달음을 얻은 현자가 왕의 전쟁터에 따라가면 치욕을 당할 수 있다는 것이다. 요새도 정치는 사회적 덕망이 있는 숨은 현자를 정치판으로 끌어내 활용하려 한다. 그러나 그 판에 나가면 상처만 남게 됨을 이미 3000년 전 주역은 이야기하고 있다.

대지의 순리를 따름

用六 : 利永貞.(리영정)

영원히 바르게 하는 것이 이익이다.

대지의 순리를 지키면서 사는 것이 이롭다는 걸 뜻한다. 아는 분은 작은 회사를 운영하는데, 학식이 깊어 신학뿐만 아니라 희랍어에도 능통하다. 학문의 깊이가 아깝기도 하고 안타깝기도 하지만 받아들이면 그것 역시 삶의 방식이 된다. 잠재력을 뽐어낼 기회는 시대의 제약도 받는다. 좋은 시절에 태어나야 기회도 많다. 없다면 그것도 운명으로 받아들이고 사는 것이 깊이를 더하는 하나의 선택이 될 수 있다.

03 둔괘屯卦

屯, 元亨, 利貞, 勿用有攸往, 利建侯. 둔은 크고, 형통하며, 이익이 있고 바름이 있다. 갈 곳이 있어도 가지 말 것이며, 제후를 세우면 이롭다.

初 : 磐桓, 利居貞, 利建侯. 머뭇거리며 조심스럽게 움직이고, 바름에 머무르면 이롭고, 제후를 세우면 이롭다.

二 : 屯如, 邅如. 乘馬班如, 匪寇婚媾, 女子貞不字, 十年乃字. 머물렀다 머뭇거리다, 말을 탔다 내렸다 하다가, 도적과 혼인을 한다. 여자가 바름을 지킴에도 불구하고 출산하지 못하다가 10년이 되어서야 출산한다.

三 : 卽鹿无虞, 惟入于林中, 君子幾, 不如舍, 往吝. 사슴이 걱정 없이 숲으로 들어갈 뿐이니, 군자가 기미를 알고 그만두는 것만 못하니 그대로 가면 부끄러울 것이다.

四 : 乘馬班如, 求婚媾, 往吉, 无不利. 말을 탔다 내렸다하며, 혼인할 짝을 구하여 계속 가면 길하여 이롭지 않음이 없을 것이다.

五 : 屯其膏. 小, 貞吉, 大, 貞凶. 재물을 쌓아두니, 작으면 바르지만 크면 흉하다.

六 : 乘馬班如, 泣血漣如. 말을 탔다가 내려와 피눈물을 흘린다.

▎ 많은 걸 했으나 원래 자리에 있다

벤처회사 창업 멤버로 참여한 한 직원이 코스닥에 상장시킬 정도로 해당 기업을 키우는 데 일조했다. 그런데 불만이 쌓여갔다. 기술력이 있던 그는 본인 역할이 80% 이상인데, 사장이 과실 대부분을 가져갔다고 생각했기 때문이다(☵).

결국, 독립해 스스로 벤처기업을 세운다. 그러나 기업 경영은 기술 개발과는 다른 영역이었다. 사람과의 관계를 풀어가는 데 실패했고, 결국 벌었던 돈을 모두 잃는다(☳).

그 뒤 규모 있는 정보통신 기업의 기술담당 임원으로 취직했다. 성공한 기업을 만드는데 기여했던 능력, 회사를 직접 운영했던 경험을 인정받은 것이다(==).

둔(屯)은 진을 치다 수비하다는 뜻이다. 나가서는 안 된다는 의미를 내포한다. 소음, 태음, 소음으로 이어지며 운이 따르지 않는 탓이다. 능력을 바탕으로 한 단계 발전을 위해 도전하지만, 태음으로 좌절한다. 무리하다 몸이 망가지거나 절망감에 스스로 무너졌을 수 있다. 한계를 느껴포기하는 경우도 존재할 것이다. 소음인은 타인의 도움이 아닌 본인 힘으로 문제를 해결하려는 경향이 강하다. 그것이 행운을 만드는 데 걸림돌로 작용할 가능성도 높다.

풍파 뒤에 찾아온 마지막 소음은 처음과 다르다. 첫 번째가 능력을 바탕으로 태양을 꿈꾸는 소음이라면, 마지막은 운에 기대지 않고 능력을 바탕으로 살아가는 삶이다. 원래대로 돌아가는 것이지만 성숙함이 있어야 한다. 진을 치고 수비하는 자세가 특히 필요하다.

제후를 세울 것

屯, 元亨, 利貞, 勿用有攸往, 利建侯.
(둔, 원형, 리정, 물용유유왕, 리건후)
둔은 크고, 형통하며, 이익이 있고 바름이 있다. 갈 곳이 있어도 가지
말 것이며, 제후를 세우면 이롭다.

둔괘는 건괘와 마찬가지로 원형이정이다. 크게 나쁘지 않다. 그런데조건이 있다. 갈 곳이 있어도 가지 말아야 한다. 크게 얻지 못하고 오히려 많은 걸 잃을 수 있기 때문이다. 대신 제후를 세울 것을 권하고 있다.

본인의 운이 아닌 제후가 될 자의 운에 기대어 뜻을 도모하라는 것이다. 주역에서는 소음에 대해 이 같은 충고를 자주 한다. 태양인으로의 변신을 모색하는 대신 태양인이나 소양인을 도우라는 뜻이다.

아울러 제후의 도움으로 이뤄지는 것을 자신의 능력 때문으로 착각해서는 안 된다는 의미도 포함하고 있다. 한나라 창업 공신 한신은 유방을 도와 천하를 제패한다. 재밌는 것은 그 과정에서 한신 스스로 천하를 얻고자 하는 욕심을 드러내는데, 명청한 유방을 보면서 한신은 본인도 할 수 있다고 생각했고, 승전의 공을 유방이 전부 가져가는 것에 대한 불만도 있었을 것이다. 그러나 그것은 개인의 실력만을 비교한 것에서 나오는 착각이고 결국 본인의 목숨까지 위태롭게 만든다. 한신은 과도한 능력 때문에 운을 끌어당기는 힘이 약했던 반면 유방은 사람을 끌어당기는 힘으로, 한신 같은 인재를 거느릴 수 있었다.

조심스럽게 움직일 것

初 : 磐桓, 利居貞, 利建侯.(반환, 리거정, 리건후)
머뭇거리며 조심스럽게 움직이고, 바름에 머무르면 이롭고, 제후를 세우면 이롭다.

반(磐)은 반석이란 뜻과 함께 머뭇거리다란 의미가 있고, 환(桓)은 굳세다는 뜻과 함께 머뭇거린다는 의미도 있다. 반석의 굳셈이 필요하다고도 해석될 수 있고 머뭇거리며 조심스러워야 한다고도 이해될 수 있다. 즉 나아갈 때 한 번 더 생각하고 가능하면 굳건하게 자리를 지키는 게 상책이다. 그것이 곧 바름에 머무르는 길일 것이다.

제후를 세우면 이롭다는 말이 반복되고 있다. 사실 주역에서 연속 두 개의 문장에 같은 말이 반복되는 경우는 드물다. 그만큼 강조하고 싶었던 게 아닐까.

二 : 屯如, 邅如. 乘馬班如, 匪寇婚媾, 女子貞不字, 十年乃字.

(둔여, 전여, 승마반여, 비구혼구, 여자정부자, 십년내자)

머물렀다 머뭇거리다, 말을 탔다 내렸다 하다가, 도적과 혼인을 한다.

여자가 바름을 지킴에도 불구하고 출산하지 못하다가

10년이 되어서야 출산한다.

전(邅)는 머뭇 거리다는 뜻이 있고, 반(班)은 나누다 이별하다, 돌아오다 등의 뜻이 있다. 승마반여(乘馬班如)는 말을 탔다가 내렸다 하는 상황으로 가다 멈추다 하는 모양을 설명한다.

비(匪)는 도적, 구(寇)도 도적, 혼(婚)은 혼인, 구(媾)는 성교를 뜻한다. 이에 대해 도적질하려는 악의(惡意)를 품고 온 사람인 줄 알았는데 알고 보니 혼인(婚姻)하자는 호의(好意)에서 왔다고 대체적으로 해석한다. 여기서는 말 그대로 해석한다. 즉 도적과 결혼하고 성교를 한다는 것이다.

마음을 정하지 못하고 우왕좌왕하다 도적과 살림을 차리는 비극이 시작된다. 그 결과 바름을 지키지만 10년간 출산을 하지 못한다. 성과가 없는 것으로 두 번째 양(兩)괘인 태음의 원인을 설명한다. 자(字)는 글자라는 뜻 이외에도 암컷, 기른다, 출산하다 등의 뜻이 있다. 그러나 절망적인 것만은 아니다. 바름을 지키면 10년의 고통이 지난 뒤엔 출산할 수 있기 때문이다.

三 : 卽鹿无虞, 惟入于林中, 君子幾, 不如舍, 往吝.
(즉록무우, 유입우림중, 군자기, 불여사, 왕린)
사슴이 걱정 없이 숲으로 들어갈 뿐이니, 군자가 기미를 알고
그만두는 것만 못하니 그대로 가면 부끄러울 것이다.

즉(卽)은 곧, 혹은 등의 뜻이 있고 록(鹿)은 사슴이고 우(虞)는 염려하다, 근심하다는 뜻이다. 직역하면 '사슴이 곧 염려하는 바가 없다'는 뜻인데, 대체로 '사슴을 쫓는 데 몰이꾼이 없다'는 것으로 받아들인다. 몰이꾼이 없는 상황에서 사슴은 사냥꾼이 대단히 두려운 존재는 아니고 따라서 걱정할 필요 없이 숲으로 달아나면 그만이다.

여기서 사슴은 행운의 결실이고, 몰이꾼은 행운을 물어다 주는 사람이다. 몰이꾼은 사슴을 사냥꾼 쪽으로 조여 주는 한편 다른 곳으로 도망가지 못하도록 한다. 몰이꾼이 없으면 뛰어난 말과 활 솜씨를 갖고 있어도 실패할 확률이 높다. 사슴은 그저 숲속으로 사라질 뿐이다. 운이 따르지 않는 상황에서 도전에 나설 경우 능력은 의미 없이 소진될 수 있음을 말하는 한편, 능력만 믿고 몰이꾼 없이 사냥할 수 있다는 오만함을 버릴 것을 조언하고 있다.

따라서 군자는 그 같은 기미를 깨닫고 그만두는 것이 타당하며, 그렇지 못하면 부끄러운 일이 생길 가능성이 높다고 말한다.

멈추는 것을 자존심의 상처로 받아들여 끝장을 보려다 부끄러움을 당하는 경우가 많다. 대통령 후보로 여러 차례 출마해 실패한 이회창 전 한나라당 총재는 뛰어난 능력을 갖췄던 분이다. 그분은 몰이꾼 없이 능력으로 대통령이 될 수 있다고 생각했을 것이다. 실패했고 거기서 멈췄다

면 부끄러운 일은 당하지 않았을 것이다. 사슴을 따라 계속 숲속으로 뛰어들다 많은 부끄러운 일을 당했고, 한때 대한민국을 흔들었음에도 지금은 흔적도 없다.

실패에 굴하지! 말고 계속 갈 것

四 : 乘馬班如, 求婚媾, 往吉, 无不利.(승마반여, 구혼구, 왕길, 무불리)
말을 탔다 내렸다하며, 혼인할 짝을 구하여 계속 가면 길하여 이롭지 않음이 없을 것이다.

승마반여(乘馬班如)가 이(二)에 이어 반복되고 있다. 여전히 일이 됐다가 안됐다가 반복된다. 그러나 의미는 다르다. 사슴을 놓친 상황이다. 맥이 빠지고 더 큰 좌절감이 때론 몰려올 것이다. 손을 잡고자 하는 사람이 악마인지 아닌지 구분하기 힘들고, 몰이꾼에 대한 확신도 떨어진다. 쓴맛 단맛을 경험했기에보다 겸허하게 걸어가게 되기도 한다.

그런데도 계속 가면 결국 혼인할 사람을 만날 수 있다고 말한다. 따라서 좌절하지 말고 꿋꿋하게 걸어갈 것을 주문하고 있다. 그 과정에서 여전히 해야 할 일은 혼인할 사람을 찾는 것이다. 여기서 혼인할 사람은 제후를 뜻한다고 볼 수 있다. 덜 힘든 삶을 살기 위해 제후에 의탁해야 한다. 이렇게 살아갈 경우 이롭지 않을 것이 없다고 주역은 말한다.

적어야 바르다

五 : 屯其膏, 小, 貞吉, 大, 貞凶.(둔기고, 소, 정길, 대, 정흉)
재물을 쌓아두니, 작으면 바르지만 크면 흉하다.

고(膏)는 기름 지방, 살진 고기 등을 뜻한다. 세번째 양괘(兩卦)에 대한 설명으로 소음 상태에서 재물이 조금씩 축적되는 상황을 말한다. 아울러 쌓은 재물이 작으면 큰 문제가 없겠으나 크면 고통의 원인이 될 수 있다고 경고한다. 즉 너무 큰 욕심을 부리지 말라는 것이다. 소유하고, 유지하는 과정에서 강한 운의 기운이 필요한데 그것이 부족한 탓이다. 제후를 도와 설사 큰일을 성취하는 데 참여하더라도 논공행상에서는 적당하게 움켜쥐어야 한다.

고통도 운명이다

六 : 乘馬班如, 泣血漣如.(승마반여, 읍혈련여)
말을 탔다가 내려와 피눈물을 흘린다.

읍(泣)은 운다는 뜻이고 련(漣)은 잔물결이란 뜻과 눈물을 흘린다는 의미가 있다. 즉 피눈물을 흘리는 것이다. 승마반여(乘馬班如)가 다시 반복되고 있다. 그런데 이번엔 피눈물을 흘린다. 앞서 언급한 바와 같이 너무 큰 욕심을 내 흉해진 상황을 설명하고 있다. 인생이 도돌이표처럼 처음으로 돌아간 것과 크게 다를 바 없다. 앞서 예를 들었던 벤처기업 창업 멤버가 사업에 실패한 뒤 취직한 기업에서 능력을 받으면서 안분지족 못하고 다시 큰 꿈을 향해 창업에 나섰다가 또다시 태음으로 전락하는 것이다. 강한 자아로 인해 교제를 통해 운을 풀어가는 힘이 근원적으로 약한 탓이다. 그걸 먼저 극복할 수 있어야 한다.

04 몽괘蒙卦

蒙, 亨, 匪我求童蒙, 童蒙求我, 初筮告, 再三瀆, 瀆則不告, 利貞. 몽괘는 형통함이 있다. 내가 과도한 행운을 찾아 나선 것이 아니라 과도한 행운이 나에게 다가온 것이다. 처음 점을 치면 알려주고, 두세 번 점을 치면 욕되게 하는 것이니, 욕되게 하면 알려주지 않는다. 바르게 하면 이롭다.

初 : 發蒙, 利用刑人,用說桎梏, 以往吝. 몽매함이 발현하니, 형벌을 받은 뒤 형틀에서 벗어나야 이득이다. 이로써 어려움이 지나간다.

二 : 包蒙, 吉, 納婦, 吉, 子克家. 몽상을 포용하면 길하고, 부인(혹은 며느리)을 받아들이면 길하다. 그러면 아들이 집안을 잘 다스릴 것이다.

三 : 勿用取女, 見金夫, 不有躬, 无攸利. 여자를 취하지 말 것이며, 돈 많은 사람을 보아도 실체가 없는 것이니 이로운 바가 없다.

四 : 困蒙, 吝. 괴로운 몽상은 비루하다.

五 : 童蒙, 吉. 동몽은 길하다.

六 : 擊蒙, 不利爲寇, 利禦寇. 어리석음을 부수는 것을 도적처럼 대하지 말고, 도적을 막는 듯이 해야 이익이 있다.

▌모든 것은 일장춘몽

박근혜 전 대통령은 박정희 대통령의 딸로 태어나 어머니가 돌아가신 뒤 20대 초반 공식 비공식을 다 합쳐 당시 권력 서열 2위로 볼 수 있는 퍼스트레이디(여성 서열 1위)에 오른다. 능력이 아닌 행운을 통해 큰 권력을 얻게 됐다. 그녀는 행운이 이어지길 소망하며 세습 권력을 꿈꿨다. 능력도 된다고 판단했을 것이다. 더불어 책사와도 같았던 최태민이 가야 할 길을 알려준다(☵).

그러나 과욕이었다. 김재규 등 또 다른 권력 실세와 갈등이 벌어지고,

과도한 욕심은 아버지를 죽음으로 몰아가는 데 일조한 뒤 본인도 청와대에서 쫓겨난다. 청와대에서 나온 뒤 18년간 암흑 속에서 살아가는데, 그것은 전두환 정권 때문도, 유신정권의 포악함 때문도 아닌 과도한 욕심을 부린데 따른 형벌로써 미리 당겨쓴 행운의 채무를 갚는 과정인 동시에 다시 한번 행운을 얻기 위한 시간 속 에너지를 쌓는 과정이었다 (☵☶).

그녀는 빚을 어느 정도 갚은 뒤인 1998년 다시 정계에 복귀하고 아버지에 대한 국민적 향수란 행운을 바탕으로 성공적인 정치 인생을 걷다 대통령에 오르는, 능력을 넘어선 권력을 얻게 된다(☵☶).

몽(蒙)은 어둡다, 어리석다, 어리다 등의 뜻이 있다. 어두워서 어리석은 것이다. 깨우쳐 가르치는 것이 계몽(啓蒙)이다. 어리석은 이유는 아직 눈을 뜨지 못해서일 수도 있고 눈을 뜬 뒤 '눈이 돌아갔기 때문' 일 수도 있다.

몽괘에서 중요한 것은 후자다. 초반 행운이 과도하게 자신을 높게 평가하는 착각을 만들며 몽매해진다. 과도한 욕심이 비상식적인 판단을 하도록 만든다. 머리가 아둔할수록 주변 인물들이 부추기면 몽매해지기 쉽다.

둔괘가 능력은 있으나 운이 없는 경우라면, 몽괘는 능력 이상으로 운이 따르는 것이다. 부조화로 어려움을 겪는다는 점에서는 맥이 통하는데, 차이는 몽괘의 경우 운에 의해 움직인다는 것이다.

蒙, 亨. 匪我求童蒙, 童蒙求我, 初筮告, 再三瀆, 瀆則不告. 利貞.

(몽, 형, 비아구동몽, 동몽구아, 초서고, 재삼독, 독즉불고, 리정)

몽괘는 형통함이 있다. 내가 과도한 행운을 찾아 나선 것이 아니라

과도한 행운이 나에게 다가온 것이다. 처음 점을 치면 알려주고,

두세 번 점을 치면 욕되게 하는 것이니, 욕되게 하면 알려주지 않는다.

바르게 하면 이롭다.

동몽(童蒙)은 사물의 생성 성장 소멸을 염두에 뒀을 때 행운이 처음 생성되는 초반 상태를 뜻하고, 특히 그것이 감당하기 어려울 정도로 크기 때문에 발생한다. 예컨대 8살 된 아이에게 갑작스럽게 벤츠란 큰 선물이 주어진 것이다. 기쁘기도 하지만 어떻게 운전해야 할지 앞이 캄캄하다.

이 같은 동몽은 내가 찾은 것이 아닌, 동몽구아(童蒙求我) 즉 과도한 행운이 찾아온 것이다. 박정희의 쿠데타 성공도, 육영수의 죽음도 박근혜가 한 것이 아니다. 그러나 결과적으로 그것이 그녀에게 과도한 행운을 가져온다.

서(筮)는 점이란 뜻이고, 독(瀆)은 더럽히다, 업신여기다 등의 뜻이 있다. 모독(冒瀆) 등의 단어에 쓰인다. 초부고 재삼독(初筮告, 再三瀆)은 쉽게 말해 꿈에 본 숫자로 한번은 로또에 당첨되는 행운을 누릴 수 있지만 반복되기를 소망하는 것은 순리를 모독하는 것이란 의미다. 따라서 알려주지도 않을 뿐만 아니라 소망해서는 안 되고, 바르게 행동해야 이롭다.

初 : 發蒙, 利用刑人, 用說桎梏, 以往吝.

(발몽, 리용형인, 용열질곡, 이왕린)

몽매함이 발현하니, 형벌을 받은 뒤 형틀에서 벗어나야 이득이다.

이로써 어려움이 지나간다.

발몽은 두 번 세 번 계속 행운이 오기를 바라는 몽매함이 현실이 된 상태를 말한다. 예컨대 박근혜가 퍼스트레이디의 호사를 넘어 최태민을 앞세워 조직을 만들고, 향후 아버지가 물러난 뒤 그 자리를 이어받을 준비를 하는 것과 같다. 충분히 그것을 꿈꿔볼 수 있는 분위기였다. 그러나 그것은 몽매한 생각의 발현일 뿐이다.

이걸 다스리기 위해선 다소 가혹하더라도 형벌을 받고 형틀에서 벗어나야 한다. 그래야 몽매함이 크게 발전하는 걸 막을 수 있다.

넉넉한 마음으로 행운을 기다릴 것

二 : 包蒙, 吉, 納婦, 吉, 子克家.(포몽, 길, 납부, 길, 자극가)

몽상을 포용하면 길하고, 부인(혹은 며느리)을 받아들이면 길하다. 그러면 아들이 집안을 잘 다스릴 것이다.

포(包)는 싸다, 감싸다, 너그럽게 받아들이다 등의 뜻으로 사용된다. 감쌈으로써 너그럽게 받아들이는 것으로 포몽(包蒙)은 어리석음을 인정하고 수용한다는 의미다. 그러면 길하다.

두 번째는 납부(納婦)다. 행운을 움켜쥘 수 있는 도움을 줄 수 있는 사람을 만나는 것이다. 박근혜에게는 최순실이었을 것이다. 아들이 잘 될 수 있는 기반을 마련하는 것이다.

아들은 마지막 양괘(兩卦)의 위쪽 양효를 뜻한다. 첫 번째 양괘(兩卦)의 양효가 아버지이기 때문이다. 몽매함을 인정한 가운데 행운을 거머쥘 수 있는 조력자를 찾으면 행운의 시간이 찾아올 수 있다는 것이다.

여자와 재물을 멀리 할 것

三 : 勿用取女, 見金夫, 不有躬, 无攸利.
(물용취녀, 견금부, 불유궁, 무유리)
여자를 취하지 말 것이며, 돈 많은 사람을 보아도 실체가
없는 것이니 이로운 바가 없다.

물용취녀(勿用取女)는 능력을 바탕으로 일을 꾸미지 말 것을 이야기하는 동시에 겸손해야 함을 말하고 있다. 이는 곧 초반 행운이 자신의 능력 때문이 아니었음을 받아들이는 것이다. 동시에 태음의 상태에서 요염한 여성의 유혹에 빠져서는 안 된다는 것으로 이해할 수 있다. 그것은 본인을 더 깊은 구렁텅이로 빠뜨릴 뿐이다.

견금부(見金夫)는 돈 많은 남자이고, 이 같은 사람의 접근은 실체가 없는 행운일 가능성이 높다고 말한다. 달콤한 외부의 유혹이 다가오면 '혹시' 하는 생각이 들 수 있다. 결과적으로 행운을 불러들이기 위해 해야 할 일은 능력을 고양하는 것도, 돈 많은 사람과 재혼하는 것도 아닌 자식을 잘 키우는 것이다. 따라서 시집이나 장가 잘 가서 팔자 고치는 것과는 다른 길의 행운을 찾아야 한다. 과도한 초반 행운에 대한 채무를 갚는 한편 또다시 큰 행운을 얻기 위해 적금을 부어야 하는 것이다.

四 : 困蒙, 吝.(곤몽, 린)

괴로운 몽상은 비루하다.

곤(困)은 피곤하다, 괴롭다 등의 뜻이 있다. 주역에서 사용되는 곤의 의미는 47번 곤괘(䷮)에서 더 자세하게 나오겠으나 간략히 말해 나무가 상자에 갇혀 피곤한 것이다. 상자가 부서지면 행운이 열린다. 그러나 나무는 그것을 뚫고 나갈 힘이 없다. 상자가 스스로 부서져야 하는데, 그 행운이 언제 발생할지 모르기에 피곤하다. 라면 물을 끓일 때, 들여다보고 있으면 시간이 무척 더디 간다. 이미 정해진 것도 매달리면 시간이 안 가는데, 언제 올지 모르는 행운을 기다리는 심정은 오죽 답답할까. 가능하면 마음을 내려놓고 편히 기다려야 한다.

우선 운은 언제 좋을지 알 수가 없다. 능력으로 하는 일이야 미래를 가늠할 수 있지만, 운은 앞이 캄캄하다. 그리고 행운의 기운은 성공에 대한 조급증을 만들 수 있다. 아울러 요행에 기대는 어리석음을 만든다. 특히 몽괘는 운의 기운이 중간에 끊어지는 암흑기를 겪게 된다. 어둠 속에서 깨달음을 얻지 못했기에 이후 찾아온 행운에서도 어리석음이 이어진다.

순수함으로 돌아갈 것 필요하다

五 : 童蒙, 吉.(동몽, 길)

동몽은 길하다.

다시 동몽이 등장했다. 행운이 다시 찾아온 것이다. 거친 풍파를 거치면서 겸손하고, 욕심을 버린 상태가 되었다면 초반 동몽과는 다를 것이다. 주어진 행운에 감사하면서 살게 될 확률이 높다.

박근혜 전 대통령 역시 1998년 보궐선거로 등장하면서 다시 행운을 움켜쥐기 시작했다. 매일 집에서 드라마 보고 병원에서 피부 시술을 받으면서도 선거 때 잠시 열심히 뛰면 5선 국회의원이 가능했고, 한나라당 대표로 선거의 여왕으로 떠오를 수도 있었다. 박정희에 대한 국민적 향수, 그리고 18년간 음지에서 생활했던 삶에서 쌓은 내공 덕분이었다. 그리고 드디어 오랫동안 꿈꾸던 대통령이 된다. 여기까지만 운명이 진행됐다면 큰 무리가 없는 삶이 되었으리라. 역사책에 여성 첫 대통령으로 자랑스럽게 기록되었을 것이다.

그런데 동몽이 다시 발몽이 되면서 도돌이표 인생이 되어버렸다. 대통령을 그만둔 뒤 상왕이 되기를 꿈꾸기 시작했고, 퇴임 후를 도모하기 위해 재벌의 팔을 비틀어 재단설립에 착수한다. 그러나 행운은 계속되지 않았고, 모든 치부가 속속 드러나면서 다시 형인의 신세가 된다. 역사 교과서에는 대한민국 최초로 국민에게 탄핵당한 대통령으로 기록되었다. 다시 태음의 상태로 전락하면서 도돌이표 인생을 살게 된 것이다. 물론 또다시 18년간 암흑의 세월을 보낸 뒤 행운이 도래하는 시간을 맞이할 수도 있겠으나, 문제는 인간 생명이 유한하다는 데 있다.

◦┄┄┄┄┄┄┄　운명은 도적이 아니다　┄┄┄┄┄┄┄◦

六 : 擊蒙, 不利爲寇, 利禦寇.(격몽, 불리위구, 리어구)
어리석음을 부수는 것을 도적처럼 대하지 말고,
도적을 막는 듯이 해야 이익이 있다.

격(擊)은 부수다는 뜻이고, 적(寇)은 도적이란 의미이고, 어(禦)는 방어한다는 뜻이다. 격몽은 결국 몽매함을 없애는 것으로 몽괘의 운명적 과제다. 그것을 위해선 운명을 도적처럼 생각한 가운데 적대감을 갖고 공격하기보다 방어적 자세가 필요하다고 주역은 말한다.

즉, 몽매함에 머리를 쥐어박고 자학하거나 그것을 없애기 위해 머리를 싸매고 뜀박질을 하는 대신 그 몽매함이 일을 그르치지 않도록 조심조심 사물을 보고 관찰하라는 것으로 해석할 수 있다.

05 수괘需卦

需, 有孚, 光亨, 貞吉. 利涉大川. 믿음이 있어야 한다. 밝은 형통이다. 바르면 길하다. 이익이 큰 강을 건너온다.

初 : 需于郊, 利用恒, 无咎. 교외에서 기다림이니, 그대로 기다리면 이로우니 허물이 없을 것이다.

二 : 需于沙, 小有言, 終吉. 모래에서 기다림이니 조금 말이 있으나 끝내 길할 것이다.

三 : 需于泥, 致寇至. 진흙에서 기다리면 도적에 도달할 수 있다.

四 : 需于血, 出自穴. 혈에서 기다리면, 그것의 돌파구를 찾아 나간다.

五 : 需于酒食, 貞吉. 밥 먹으면서 편하게 기다리면, 길함이 온다.

六 : 入于穴, 有不速之客三人來, 敬之, 終吉. 돌파구에 들어서면, 덤덤하게 세 사람의 손님이 찾아와 존경을 표하니 끝내 길하리라.

▌기다리고 기다리면 그날이 온다

수(需)는 쓰다, 사용하다의 뜻도 있고 기다린다는 의미도 있다. 결과적으로 쓰임의 때를 기다리는 것이다. 앞선 4개의 괘를 읽은 독자라면 수괘의 의미를 쉽게 이해할 수 있을 것이다. 초중반 능력은 있으나 운이 따라주지 않고 따라서 에너지가 쌓일 때까지 기다려야 된다.

둔괘와 비교해도 재밌다. 가운데 양괘(兩卦)가 태음이었던 둔괘와 달리 수괘는 소음이다. 둔괘의 경우 기다리지 못하고 나섰다가 도적과 혼인을 하며 낭패를 당한다. 그러나 수괘는 끝까지 기다리는 인내를 발휘하고, 그 끝에 태양이 존재한다.

강태공은 기원전 1156년 미천한 신분으로 태어났다. 집안은 거의 천민과 다를 바 없었기에 데릴사위로 팔려갔으나 얼마 되지 않아 처가로부터 버림을 받았다. 이후 뜻을 펴기 위해 상나라 수도로 이주한 뒤 장사와 종업원 생활을 시작한다. 또한, 주점을 열어 교류를 넓힌다. 실력을 키운 것이다. 그러던 중 상나라 조정 대신 비간(比干)을 통해 조정에서 일할 기회를 잡는다. 그러나 자리를 곧 박차고 나와 위수(渭水)로 떠난 뒤 기다림을 택한다. 폭군과 그에게 절대 복종하는 자만이 살아남을 수 있는 곳에서 잘 풀어가지 못하는 성격이지 않았을까. 스스로 물러나 기다리는 게 더 낫다고 판단했을 것이다(☵).

그러던 중 주나라를 세울 인물(희창)이 유폐 당하는 사건이 발생했고, 그의 측근들이 강태공을 찾아와 구할 방법을 상의한다. 그는 여기서 이른바 투기소호(投其所好, 상대가 좋아하는 것에 맞추다)란 전략을 제시해 희창을 빼내는 데 성공한다. 실력 발휘를 통해 다시 한번 출세의 길이 열렸으나 그는 나서지 않고 다시 위수에 낚싯대를 드리운 채 상나라를 무너뜨릴 책략을 치밀하게 구상하며 때를 기다린다. 나서봤자 능력만 이용당하고 결국 토사구팽당할 확률이 높다고 판단하지 않았을까(☵).

희창은 결국 친히 강태공을 찾아와 군대를 통솔할 총사령관에 임명한 뒤 극진히 모셨고, 그 뒤 강태공은 주나라를 건국하는 데 1등 공신이 된다(☰).

강태공이 기다렸던 이유는 능력은 있지만, 관계를 풀어가는 재주가 없었던 탓으로 볼 수 있다. 이것은 재주가 출중한 사람들이 풀어야 할 숙제이기도 한데 능력이 있는 만큼 고집스러운 경우가 많아 주변과 마찰을 일으키고, 결국 무능한 자로 낙인찍혀 밀려나는 경우가 많다. 낮은 곳에서 뚜벅뚜벅 거북이처럼 높은 곳으로 올라가는 것이 성에 차지도 않는다. 이런 점에서 촉한의 제갈량도, 고구려의 을파소도 강태공과 크게 다르지 않았을 것이다. 그들 모두 진짜 때가 되기 전까지 기다리고 기다렸다. 반면 방통은 조급한 마음에 낮은 곳에서 시작해 그 뜻을 제대로 펼쳐보지 못한 케이스가 될 것이다.

물론 기다린다고 기회가 언제나 오는 것은 아니다. 위수에서 낚시하던 강태공에게 희창이 찾아오지 않았다면 그의 운명은 39번 건괘(=====)가 되었을 확률이 높고 역사적 인물도 못됐을 것이다.

바르면 길하다

需, 有孚, 光亨, 貞吉, 利涉大川.(수, 유부, 광형, 정길, 이섭대천)
믿음이 있어야 한다. 밝은 형통이다. 바르면 길하다.
이익이 큰 강을 건너온다.

괘사의 첫 마디인 유부는 '믿어라'라는 의미로 해석할 수 있다. 미래를 확신하라는 것이다. 그러면 밝은 형통함이 찾아올 것이고, 이를 위해서는 바르게 움직여야 한다. 그러면 이익이 큰 강을 건너 다가온다. 형 앞에 광(光)이 붙어 나오는 것은 수괘가 유일하다. 능력을 갖고 있는 자가 운의 부족을 견디며 때를 기다리는 것이 얼마나 어려운지에 대한 방증이 아닐까.

새 신발이 있으면 밖에 나가고 싶은 욕망이 생긴다. 그런데 밖은 폭우가 쏟아져 질척한 상황이다. 비가 20일 넘게 이어지면, 안절부절못하다 신을 신고 나갔다 망가뜨리기 쉽다. 그걸 참고 견뎌야 한다.

初 : 需于郊, 利用恒, 无咎.(수우교, 리용항, 무구)
교외에서 기다림이니, 그대로 기다리면 이로우니 허물이 없을 것이다.

교외에서 기다린다는 것은 중심에서 벗어난 외곽에서 때를 기다린다는 뜻이다. 섣불리 나서지 않고, 자중하는 것이다. 항(恒)은 항상 등의 뜻이 있다. 인내심을 갖고 끈질기게 시간 속에 에너지를 쌓는 것이다. 결과적으로 허물이 없다.

《장자(莊子)》의 〈달생편(達生篇)〉에 싸움닭인 목계에 관한 우화가 있다. 투계를 좋아하던 왕이 기성자란 투계 사육사에게 능력이 출중한 닭을 맡기면서 최고의 싸움닭으로 조련해달라고 부탁한다. 10일 뒤 왕이 기성자에게 물었다. "닭이 싸우기에 충분한가?" 그러자 기성자는 "닭이 강하긴 하나 교만합니다"라고 답하였다. 또 10일 뒤 물으니 "교만함은 버렸으나 너무 조급하다"고 답한다. 다시 열흘 뒤 같은 물음에 기성자는 "눈초리가 너무 공격적이어서 최고의 투계는 아니다"라고 말한다.

다시 10일이 지난 뒤 왕이 묻자, 기성자는 "이제 된 것 같습니다. 다른 닭이 아무리 도전해도 움직이지 않아 마치 나무로 조각한 목계(木鷄)가 됐습니다. 그 모습만 봐도 도망칠 것입니다."라고 대답했다고 한다. 능력을 키우면서 때를 기다리는 것의 모습을 보여주는 대표적 사례가 아닐까.

二 : 需于沙, 小有言, 終吉.(수우사, 소유언, 종길)
모래에서 기다림이니 조금 말이 있으나 끝내 길할 것이다.

모래에서 기다린다는 것은 강변 모래사장에 있는 것으로 받아들여도
된다. 주역엔 '이득이 강을 건너온다' 란 말이 자주 등장한다. 즉 모래에
서 기다린다는 것은 강을 건너올 행운을 맞이하기 위해 더욱 적극적으
로 나선 것이다.

그런데 말이 나온다. 앞서 한 번 언급한 바와 같이 본성이 소음인 사람
은 자존심이 강한 탓에 타인과의 관계를 잘 풀어가지 못한다. 따라서 이
런저런 말이 나오는 경우가 잦다. 옆에 같이 서 있던 사람들이 자신의 행
운을 대신 낚아채는 건 아닌지 의심하면서 음해하기도 한다. 신발 속으
로 들어온 모래가 까끌까끌해 기분이 편치 않은 셈이다.

그러나 아직은 기다리는 상황이고 강을 건너온 소소한 기회들에는 눈
을 돌리지 않기 때문에 여전히 미래의 운명은 길한 상황이다. 앞서 강태
공이 잠시 상나라 조정에 몸을 담았다 빠져나온 것이 대표적인 예가 될
수 있다. 간신들로 가득한 상나라 조정에서는 그의 말이 씨알도 먹히지
않았을 것이고, 오히려 음해하는 말들이 나왔을 것이다. 따라서 강태공
은 빠져나와 위수에서 때를 기다린 것이다.

三 : 需于泥, 致寇至.(수우니, 치구지)
진흙에서 기다리면 도적에 도달할 수 있다.

니(泥)는 진흙이란 뜻이고, 치(致)는 어떤 장소나 시간에 도달한다는 의미다. 진흙에서 기다린다는 것은 조급한 마음에 모래사장에서 한발 더 나아가는 것이다. 그랬더니 나타나는 게 광명천지가 아닌 진흙밭이다. 진흙밭에 있는 상황에서 자꾸 움직이거나 일을 도모하면 이런저런 구설에 휘말리는 것을 넘어 몸이 엉망이 된다. 주역은 그곳에 머무르기보다 빠져나올 것을 권하고 있다. 자칫 도적이 될 수 있기 때문이다. 강태공이 계속 상나라 조정에 머물렀다면 도적이 되지 않았을까. 10여 년을 야인으로 있다가 박근혜 대통령에 의해 총리로 내정됐던 김병준 교수가 서 있던 곳도 바로 진흙이 아니었을까.

능력이 있는 사람에겐 이런저런 제안이 자주 들어온다. 나를 위해 많은 걸 해줄 것 같이 말하지만 결국 능력만 빼먹겠다는 속셈인 경우가 많다. 잘못 들어가 꼬이면 큰 사고를 당하게 된다. 조급한 마음에 순리에서 벗어난 일, 즉 능력을 사기꾼에게 팔아먹을 가능성도 있다.

이런 점에서 도적에 도달할 수 있다는 것은 가운데 양괘(兩卦)가 태음으로 바뀌면서 둔괘의 운명이 될 수 있음을 경고한 것으로 볼 수 있다. 앞선 둔괘에서 도적과 혼인하면서 비참하게 되는 상황과 같은 맥락이다.

때가 되면 돌파구가 보인다

四 : 需于血, 出自穴.(수우혈, 출자혈)
혈에서 기다리면, 그것의 돌파구를 찾아 나간다.

혈에서 기다린다는 것은 기다림의 정점에 도달했다는 의미로 받아들일 수 있다. 내 기다림의 정점은 타인에겐 절체절명의 위기의 순간일 수 있다. 그 위기를 넘길 수 있는 묘책을 제안해 돌파구를 찾아주는 것이다.

사실 마냥 앉아서 기다리면 망부석밖에 되지 않는다. 능력을 보여줄 수 있는 계기를 마련하고 전시해야 한다. 앞서 강태공이 유폐된 희창을 구출할 수 있는 묘책을 제시하는 것과 같다. 강태공이 아니면 할 수 없는 일이 있음을, 국가를 창업하기 위해선 그의 도움이 절대적임을 보여주는 계기가 있었다.

편하게 기다릴 것

五 : 需于酒食, 貞吉.(수우주식, 정길)

밥 먹으면서 편하게 기다리면, 길함이 온다.

이제 더 이상의 초조함은 없다. 때가 다가왔음을 알기 때문이다. 아울러 때가 오지 않아도 크게 후회하지 않을 수 있는 마음 자세가 됐다. 커진 그릇은 기회가 다가옴도, 기회가 오지 않음도 덤덤하게 받아들일 수 있다. 설사 때가 나에게 닿지 않더라도 필부로서 편안하게 살다 편안하게 세상을 떠날 것이다. 조급히 나섰다가 더 나쁜 결과와 마주 서는 것보다는 나을 것이다.

국화는 봄꽃인 벚꽃을 부러워하지 않는다. 가을에 피는 꽃은 가을의 때가 있기 때문이다. 이제 모든 것이 성숙했고, 혈관을 따라 솟구쳐 뻗어가는 일만 남았다.

六 : 入于穴, 有不速之客三人來, 敬之, 終吉.

(입우혈, 유불속지객삼인래, 경지, 종길)

돌파구에 들어서면, 덤덤하게 세 사람의 손님이 찾아와

존경을 표하니 끝내 길하리라.

속(速)은 빠르다는 뜻도 있고, 부르다 청하다란 의미도 있다. 어떤 것을 넣어 해석해도 크게 관계가 없다. 키워드는 뒤에 등장하는 세 사람의 손님이기 때문이다. 세 사람의 손님이 '행운' 이고 '귀인' 일 것이다. 혈관을 뚫고 미지의 세계를 향했을 때 그 끝에 존경을 표하는 행운이 있는 것이다. 운의 기운이 나에게 쏟아지는 것으로 볼 수 있다.

불속(不速)에 대하여 덤덤하게, 즉 빠르지 않게라고 해석했다. 길의 끝에서 만난 행운에 대해 앞서 예를 들었던 목계처럼 우리는 덤덤할 수 있지 않을까. 손님의 걸음이 늦기보다는 그것을 받아들이는 나의 마음이 조급하지 않은 것이다. 단단한 내공이 생겼고, 번잡한 세상을 한발 떨어져 볼 수 있는 여유가 있는 상태일 것이다.

06 송괘訟卦

訟, 有孚窒惕, 中吉, 終凶, 利見大人, 不利涉大川. 믿음이 막혀있어 두려워하니, 중간까지는 길하나, 끝은 흉하다. 대인을 만나는 것은 이롭다. 큰 강을 건너면 위험하다.

初 : 不永所事, 小有言, 終吉. 일을 끝까지 밀어붙이지 않으면, 이런 저런 말이 있더라도 끝이 길하다.

二 : 不克訟, 歸而逋, 其邑人三百戶, 无眚. 다툼을 극복하지 못해 다시 돌아가 평범한 사람이 되면(300호의 평범한 사람 중 하나가 되면), 재앙이 없어진다.

三 : 食舊德, 貞厲, 終吉, 或從王事, 无成. 과거의 덕으로 먹고살면, 근심이 있겠지만 끝내 길하다. 혹시 왕의 일을 돕더라도 이루는 게 없다.

四 : 不克訟, 復卽命, 渝, 安貞吉. 다툼을 극복하지 못하면 운명을 받아들이고, 원한을 풀면 안정되고 길할 것이다.

五 : 訟, 元吉. 구설은 근원적으로 길하다.

六 : 或錫之鞶帶, 終朝三褫之. 혹 큰 상으로 영광스러운 가죽띠를 받더라도, 아침이 끝나기 전에 세 번이나 빼앗긴다.

▌구설을 감수하고 운을 지키다

송(訟)은 고소하다, 다투다라는 뜻이 있다. 이런저런 구설에 오르는 것을 뜻한다. 시작은 능력과 운이 맞아 떨어져 승승장구하고, 중반은 운의 기운을 바탕으로 풀리지만 마지막 행운은 과유불급인 측면이 있다. 후반으로 갈수록 사람과의 관계에 기대를 걸거나 요행을 바라게 된다. 능력에 대한 착각이 질곡이 되거나 주변의 질투가 심해지기도 한다. 따라서 이런저런 구설에 쉽게 오른다.

김기춘 전 청와대 비서실장은 1939년에 태어나 서울대 법대 3학년 재학 중인 1960년 사법고시에 합격한다. 조선 시대로 따지면 소년 급제를 한 것과 같다. 출중한 능력을 바탕으로 검찰에 입문한 뒤 초반 엘리트 코스를 밟는다. 그러던 와중 1974년 중앙정보부 대공수사국 부장을 하면서 영부인 육영수 여사의 살해범 문세광을 수사하는 기회를 잡아 권력 핵심에 진입한다. 박정희 대통령이 죽자 신군부와의 관계를 강화하고, 최고 지도자에 대한 충성을 바탕으로 노태우 대통령 시절 상대적으로 젊은 나이인 53세에 법무부 장관에 오른다(☰).

이후 그는 공안검사 시절 감시의 대상이기도 했던 김영삼 전 대통령 캠프에 합류하면서 정치인으로 변신을 시도한다. 법무부 장관을 하면서 지역감정을 자극하는 '초원복집 사건' 등 권력자에게 필요한 일에 몸을 던지다 구설에 휘말리기도 한다. 실력보다는 주군에게 충성을 다함으로써 승승장구하는 길을 택한다. 그 충성심을 인정받아 국회의원이 된 뒤 3번 연임한다. 관계를 통해 거머쥔 행운이었고, 과도한 행운이었기에 국회의원으로서 특별한 족적을 남기거나 상승하지는 못했다(☱).

이후 국회의원에서 밀려난 그는 다시 한번 관계를 통한 행운 만들기에 나선다. 박근혜 대통령에게 충성을 다하기 시작하고, 그가 대통령에 당선되면서 청와대 비서실장에 오른다. 그러나 과도한 행운은 과도한 채무를 지는 것과 같다. 빚이 너무 많으면 결국 그것에 의해 불행을 겪게 되고, 괘명처럼 형사 소송에 휘말리며 구속된다(☱).

송괘는 초반 능력을 인정받고 그걸 바탕으로 기회를 얻는다. 앞서 김기춘처럼 서울대에 입학할 정도의 재능을 갖고 있는 가운데 그 실력으로 사법시험에 합격하고, 그렇게 실력을 증명한 사람에게 기회가 제공된다. 여기까지는 사실 태양이 세 번 반복되는 건괘와 크게 다르지 않다. 그러나 그의 능력은 거기까지다. 더 높은 곳에 오르고 싶은 마음은 있으나 능력에 한계를 느끼면서 실력보다 학연, 지연, 혈연이란 인간관계를 통해 출세에 나선다. 특히 김기춘처럼 권력자와의 끈을 잘 활용하는 경우가 많지 않을까. 그러나 그것이 적당한 선을 넘어서면 화를 자초할 수 있다는 게 주역의 설명이다.

끝이 흉하다

訟, 有孚窒惕, 中吉, 終凶, 利見大人, 不利涉大川.
(송, 유부질척, 중길, 종흉, 이견대인, 불이섭대천)
믿음이 막혀있어 두려워하니, 중간까지는 길하나, 끝은 흉하다.
대인을 만나는 것은 이롭다. 큰 강을 건너면 위험하다.

질(窒)은 막혔다, 막다, 그친다는 뜻이고, 척(惕)은 두려워하다, 근심하다는 뜻이다. 한계에 부딪히면서 능력에 대한 믿음에 의심이 생기는 것이다. 능력은 무한하지 않기에, 높이 오를수록 대체로 한계를 느끼게 된다. 재빨리 사회적 망을 통해 문제 해결에 나서게 된다.

이 같은 변신으로 중반까지는 성공의 기운을 밀고 갈 수 있다. 관성의 법칙에 따라 사람들은 여전히 그가 출중하다고 믿기에 견제나 질투도 상대적으로 적다. 그러나 밑천이 뻔히 드러난 가운데 한 번 더 행운을 밀어붙이면 반작용이 발생한다. 따라서 중길 종흉(中吉, 終凶)의 가능성이 높아지는 것이다.

이견대인(利見大人)은 초반 능력을 인정해주면서 사회적으로 끌어주는 사람을 만나는 것인 동시에, 이후 능력을 대신할 관계망의 핵심을 만나야 한다는 것이다. 예컨대 김기춘 전 실장은 박정희, 노태우, 김영삼, 박근혜로 이어지는 대인을 만났기에 연속된 행운의 획득이 가능했다.

불이섭대천(不利涉大川)은 큰일을 도모하면 유리할 것이 없다는 것이다. 과유불급인 셈이다. 김기춘 실장도 과도한 욕심을 부리다 추락했지만, 사실 이 같은 경우는 사회에서 빈번하게 관찰된다. 예컨대 대기업 신입 직원이 능력을 인정받아 유망주가 되고, 빠른 승진을 하면서 향후 회사를 책임질 인재로 기대를 모은다. 그런데 어느 순간 서 있는 위치가 능력을 초과하는 곳이 되고, 내면으로부터 믿음이 사라지면서 두려워진다(有孚窒惕). 그럼에도 불구하고 관계를 통해 성장하지만, 너무 큰 욕심을 부리다 몸도 상하고, 이런저런 다툼과 분쟁만 만든 채 회사에서 물러나기도 한다.

벽에 부딪히면 물러설 것

初 : 不永所事, 小有言, 終吉.(불영소사, 소유언, 종길)
일을 끝까지 밀어붙이지 않으면, 이런 저런 말이 있더라도 끝이 길하다.

소사(所事)를 뇌물로 해석해 뇌물을 받지 않는다고 보는 경우도 있고, 송사로 해석하는 경우도 있다. 여기서는 간단하게 소사를 일로 해석했다. 불영소사(不永所事)는 일을 끝까지 밀어붙이지 말라는 것이다.

초반 잘 나가는 상황에서 한계에 부딪히는 데, 실상 문제는 운의 부족이 아닌 실력(내적 역량)의 한계다. 그런데 능력을 과신한 가운데 밀고 나가다 더 큰 화를 자초하게 된다. 머릿속에 경고등이 켜졌을 때 멈추는 것이 낫다고 주역은 말한다.

이 경우 이런저런 말이 나오기 쉽다. 멈춤은 곧 일의 실패를 뜻할 가능성이 높을 것이다. 능력에 대한 의구심이 생기기도 하지만 '능력 있는 사람이 실수했다'고 받아들일 수도 있다. 이것이 자존심이 상할 수 있겠으나 끝장을 보는 것보다는 낫다는 것이 주역의 설명이다.

二 : 不克訟, 歸而逋, 其邑人三百戶, 无眚.
(불극송, 귀이포, 기읍인삼백호, 무생)
다툼을 극복하지 못해 적당한 곳으로 가면
(300호의 읍인이 있는 곳), 재앙이 없어진다.

포(逋)는 도망가다 달아나다의 뜻이 있다. 불극송(不克訟)은 이런저런 구설을 극복하지 못하는 것이다. 이는 곧 한계에 도달했음을 뜻한다. 그 경우 귀이포(歸而逋)를 권하고 있다. 쟁투가 심한 곳에서 벗어나 작지만 실력을 발휘 할 수 있는 곳에 가면 재앙이 사라질 수 있다는 것이다. 출세의 욕망을 내려놓은 상황에서 다가오는 행운은 불행을 막아주는 기운으로도 변한다. 그러나 이것이 대체로 힘들다. 모든 걸 내려놓고 태음의 상황으로 가는 선택을 하기는 쉽지 않다. 한 발 드려놓으면 빠져나오기 어려운 상황에서 주역은 충고를 하는 것으로 볼 수 있다.

三 : 食舊德, 貞厲, 終吉, 或從王事, 无成.
(식구덕, 정려, 종길, 혹종왕사, 무성)
과거의 덕으로 먹고살면, 근심이 있겠지만 끝내 길하다.
혹시 왕의 일을 돕더라도 이루는 게 없다.

식구덕(食舊德)은 초반 양괘(兩卦)에서 쌓은 덕, 아니면 조상이 쌓은 덕으로 먹고사는 것을 뜻한다. 소양 상황으로 행운이 따르는 상황을 뜻한다. 다만 너무 욕심부리지 말라고 조언한다. 왕을 돕더라도 이루는 것은 없고 구설만 생긴다.

아는 분은 전두환 전 대통령과 함께 육사를 졸업했다. 능력을 인정받았고, 평판도 좋았다. 군 실세들과도 가깝던 탓에 핵심 보직으로 빠르게 승진한다. 그러다 능력의 한계를 느끼는 한편, 질투의 목소리가 나오고 이런저런 구설에 휘말리면서 40대 중반 이른 나이에 퇴임한다. 너무 일찍 그만뒀다는 아쉬움이 때론 마음을 괴롭혔으나 부모님이 물려주신 재산과 제대하면서 받은 퇴직금으로 부족함 없이 살았다.

그러다 전두환 전 대통령이 쿠데타를 일으켜 대권을 거머쥐자, 친분이 있던 그에게도 기회가 왔다. 전두환 씨의 지원을 바탕으로 국회의원 공천에 욕심을 부린 것이다. 하지만 돈만 까먹은 가운데 공천을 받는 데 실패했다.

원한을 풀면 편안해질 것

四 : 不克訟, 復卽命, 渝, 安貞吉.(불극송, 복즉명, 투, 안정길)
다툼을 극복하지 못하면 운명을 받아들이고, 원한을 풀면
안정되고 길할 것이다.

투(渝)는 변하다 바뀌다의 뜻도 있고, 원한을 풀다는 뜻도 있다. 송괘는 끊임없이 구설에 오를 수밖에 없다. 예컨대 김기춘 실장 역시 법무부장관 시절 부산시장 등 지역 유력인사를 모아 놓은 뒤 앞서 언급한 초원복집에서 '우리가 남이가' 등 지역감정을 부추기는 발언으로 구설에 휘말렸다. 그러나 잘 극복해 국회의원이 된다. 극복하지 못하는 순간이 올 경우 그 운명을 받아들이고 원한을 풀면 안정되고 길할 것이라고 주역

은 말한다.

노욕(老欲)이란 비난을 받는 이유는 나이 들어 욕심을 부리는 경우 능력에 비해 더 높은 자리를 차지하려고 버둥대기 때문이다. 따라서 구설에 쉽게 휘말린다. 내려놓고 안정된 삶을 사는 게 길하다고 주역은 말한다.

근원적으로 길하다

五: 訟, 元吉.(송, 원길)
근원적으로 길하다.

근원적으로 길한 이유는 언제나 운이 따르기 때문이다. 처음부터 끝까지 운이 따르기가 쉽지 않으니, 길할 수밖에 없다. 박근혜 대통령이 불법으로 K스포츠 재단을 만들지 않았다면 김기춘의 삶은 길하게 끝났을 수도 있을 것이다. 3선 의원을 끝으로 정치권에서 사라졌던 김기춘은 박근혜의 대통령 당선과 더불어 화려하게 부활한다. 이보다 더 큰 행운의 사나이가 있을 수 있을까. 그러나 늘 위험한 도박을 하는 것도 분명하다.

큰 것은 나의 것이 아니다

六: 或錫之鞶帶, 終朝三褫之.(혹석지반대, 종조삼치지)
혹 큰 상으로 영광스러운 가죽띠를 받더라도, 아침이 끝나기
전에 세 번이나 빼앗긴다.

석(錫)은 금속 주석을 뜻하기도 하고 주다, 하사하다란 뜻이 있다. 반대(鞶帶)는 패옥을 달던 큰 가죽띠를 의미한다. 치(褫)는 빼앗다의 뜻도 있

고 벗기다의 의미도 있다. 큰 가죽띠를 받더라도 아침이 끝나기 전 세 번 벗김을 당하는 것이다. 한 번도 아니고 세 번이나 빼앗기는 까닭은 무엇일까. 역시 구설과 관련이 있지 않을까. 비난의 강도가 무척 강한 것이다.

특정인을 계속 거론해 안됐지만 김기춘 실장의 경우 어쩌면 영광스러운 가죽띠를 받은 사람일 것이다. 영광스러운 타이틀을 얻었으나, 대통령의 측근들로부터도, 자신의 정치적 고향으로부터도, 그리고 반대파에게도 그 명성에 흠집이 나는 비난을 받았을 뿐만 아니라 법적으로 구속되는 최후를 맞게 된다.

07 사괘師卦

師, 貞, 丈人吉, 无咎. 건장한 사람이 길하고, 허물이 없다.

初 : 師出以律, 否臧凶. 군사는 규율을 지키면서 시작해야 한다. 그렇지 않으면 흉하다.

二 : 在師中, 吉, 无咎, 王三錫命. 군사들 사이에 있으면 길하고, 허물이 없다. 왕이 세 번이나 명을 내렸다.

三 : 師或輿尸, 凶. 혹은 수레위 시체가 되니 흉하다.

四 : 師左次, 无咎. 예비군에 머무르니 허물이 없다.

五 : 田有禽, 利執言, 无咎, 長子帥師, 弟子輿尸, 貞凶. 밭에 짐승이 있으면 잡는 것이 이로우니 허물이 없다. 큰형이 군대를 통솔하면, 동생들이 수레위 시체가 된다. 크게 흉할 것이다.

六 : 大君有命, 開國承家, 小人勿用. 대군이 명을 내려 나라를 세우고 가업을 이으려 할 때 소인은 쓰지 말아야 한다.

▌나서지 말고 기다릴 것

사(師)는 군대의 무리를 뜻한다. 양효(陽爻)가 상효(上爻)에 유일하게 하나 있는 괘는 사괘와 16번 예괘(☷☳), 23번 박괘(☶☷) 셋이다. 운이 딱 한 번 풀린다는 공통점이 있다. 사괘의 경우 마지막에 행운이 다가온다.

사(師)를 군대를 움직이는 장군이나 책사로 보기도 하지만 평범한 군사 중 한명일 것이다. 현대 사회로 따지면 정치인의 운전기사 혹은 조직의 말단을 담당하는 사람과 같다고 볼 수 있지 않을까. 스스로 장군이 될 수 없다는 걸 잘 알고 있다. 그러나 본인이 모시는 사람이 크게 될 경우 덩달아 출세의 기회를 잡을 수 있다. 실제 내가 아는 한 분은 국회의원 운전기사 출신으로, 구의회 의장까지 오르는 영광을 누린다.

사의 특징은 전쟁에 참여한다는 것이다. 전쟁에선 장군의 용맹함과 책사의 기지가 가장 중요하다. 그런데 승운이 따르면 말단 병사도 전리품을 누릴 수 있다. 공을 세워 상을 받을 수도 있다. 목숨을 건 리스크가 큰 모험이지만 큰 것을 건질 수도 있다. 이 같은 운명을 따라가는 괘가 바로 사괘라고 할 수 있다.

기원전 490년 1만 명의 아테네군과 10만 명의 페르시아군이 마라톤 평원에서 대전투를 벌였고, 격전 끝에 아테네군이 승리했다. 승전보를 전하기 위해 '페이디피데스(Pheidippides)'라는 병사가 아테네까지 달리기 시작했고, 도착한 후 수많은 시민에게 "기뻐하라, 우리가 정복했다"는 한마디를 전하고 그대로 쓰러졌다고 한다. 페이디피데스가 달린 거리가 42.195km로 마라톤의 기원이 된다. 비록 연락병에 불과했던 병사지만 역사에 이름을 남긴 것이다.

평범한 병사가 전쟁 흐름을 바꾸는 경우도 있다. 한나라가 무너질 무렵 세워진 오나라의 손견은 용맹했고 지략도 탁월했다. 이 같은 손견이 유표를 공격해 파죽지세로 전승을 거두면서 그가 머무르는 성을 포위한다. 이제 승리는 따 놓은 당상이나 다름없는 순간. 이때 단독으로 순찰을 돌고 있던 손견을 유표의 한 병사가 우연히 발견해 사살한다. 실제 그곳에서 손견이 죽지 않았다면 역사의 흐름은 크게 달라졌을 확률이 높기에 후대 사람들은 그의 죽음을 안타까워하기도 한다. 그러나 해당 병사의 관점에서 보면 로또에 당첨된 것이리라. 역사에 기록되지는 않았으나 큰 상을 받았음이 틀림없다.

師, 貞, 丈人吉, 无咎.(사, 정, 장인길, 무구)
　　건장한 사람이 길하고, 허물이 없다.

원형정길 중 사괘에는 정만이 등장한다. 이는 곧 크고, 형통하고 이득이 있지 않다는 것이다. 그러면서 장인이 길하고, 허물이 없다고 말한다. 장인을 무엇으로 해석하느냐가 중요하다. 재능, 책략, 인품, 사업 등에서 뛰어난 사람을 뜻하는 것으로 해석하기도 한다. '군주'로 보는 경우도 있다. 그러나 국어사전에서는 아내의 아버지를 장인이라 부르고, 중국에서는 노인을 뜻한다. 따라서 심오하게 해석하기보다 평범한 사람이지만 뭔가 한 가지를 이루려는 의지를 가진 사람으로 보면 될 것이다.

사실 주역에서 장인은 사괘에 딱 한 번 등장한다. 만일 장인이 높은 지위의 사람을 의미하고자 했다면 대인이나 제후 등의 단어를 택했을 것이다. 장인이라는 단어는 평범할 수 있는 괘의 특징과 연관된 것으로 보면 될 것이다.

初 : 師出以律, 否臧凶.(사출이율, 부장흉)
군사는 규율을 지키면서 시작해야 한다. 그렇지 않으면 흉하다.

말단 군사는 장군의 지휘에 따라 행동하면서 때를 기다려야 한다. 그러다 보면 도망치는 적장의 목을 베는 기회도 찾아올 수 있다. 장(臧)은 착하다라는 뜻과 종, 노복이란 의미도 있다. 즉 주인의 말을 잘 듣는 착한 종이고, 불장흉(否臧凶)은 착한 종처럼 행동하지 않으면 흉하다는 것이다.

사괘는 마지막에 행운이 오는 것이고, 한 번의 행운을 위해 리스크가 큰 전쟁에 나선다. 위험이 도사린 만큼 흉한 상황에 빠질 확률도 높다. 그것을 방지하는 첫 번째가 규율을 잘 지키는 것이다.

튀지 말 것

二 : 在師中, 吉. 无咎, 王三錫命.(재사중, 길. 무구, 왕삼석명)
군사들 사이에 있으면 길하고, 허물이 없다.
왕이 세 번이나 명을 내렸다.

석(錫)은 명령하다 혹은 하사하다의 뜻이 있다. 길하고 허물이 없다는 앞의 말을 볼 때 왕의 전쟁 명령을 세 번이나 수행한 것으로 볼 수 있다.

제사중길(在師中, 吉)을 복잡하게 해석할 필요 없다. 군대 무리에 섞인 채, 튀지 말라는 것이다. 큰 공에 눈이 어두워 나서면 자칫 목숨을 잃을 수 있다. 장군은 가장 먼저 성벽을 넘는 병사에게 큰 상을 준다. 그 상을 위해 돌격하다 보면 큰 공을 세우기보다 목숨이 위험해질 확률이 높다.

왕의 명령을 세 번이나 받았다는 것은 이렇듯 목숨을 잘 부지하면 세 번 넘게 왕이 명한 전쟁에 참가할 수 있다는 것이다. 그 과정에서 행운을 잡을 수 있는 시간 속 에너지가 축적된다.

중요한 것은 삶이다

三 : 師或輿尸, 凶.(사혹여시, 흉)
혹은 수레위 시체가 되니 흉하다.

여(輿)는 수레를 뜻하고, 시(尸)는 시체를 의미한다. 시체가 수레에 실려 있는 데 흉하지 않을 수 없다. 심오하게 해석할 필요가 없다. 군사들 사이에 있지 않고, 튀면 수레위 시체가 될 수 있으니 조심하라는 의미다. 설사 튀지 않더라도 전쟁에선 언제나 수레위 시체로 쌓이는 위험이 있다. 이렇듯 흉한 꼴을 당하지 않도록 당부의 말을 한 것이다. 사괘에게 중반까지 가장 중요한 것은 전공을 세우는 것이 아닌, 목숨을 부지하는 것이다. 경험이 조금 쌓였다고 섣불리 나서면 일을 그르칠 수 있다.

앞에 나서지 말 것

四 : 師左次, 无咎.(사좌차, 무구)
예비군에 머무르니 허물이 없다.

사좌차(師左次)에 대한 해석도 간단하고 명료하다. 예비군을 뜻한다. 대장군의 좌측에 위치하는 것이 편장군, 즉 예비대 지휘관이다. 굳이 심오한 무엇을 끌어낼 필요가 없다. 있는 그대로 이해하고 받아들일 때 효사의 의미가 더 명료해진다.

사실 군인 전부가 최전선에서 싸우는 것은 아니다. 후방에서 물자를 조달하는 부대도 있고, 퇴각에 대비해 예비로 배치된 군대도 있고, 기습을 막기 위해 후미에 주둔한 병사도 있다. 이들은 전선에 나가 목숨을 건 치열한 전투에 참가하는 병력이 아니다. 따라서 허물이 없다.

사령관은 군대에서 영웅이 되려면 전선 맨 앞에 서는 것이 마땅하다고 독려한다. 주역은 능력과 운이 약한 상황에서 굳이 자진해서 그럴 필요는 없다고 이야기하고 있다.

五 : 田有禽, 利執言, 无咎, 長子帥師, 弟子輿尸, 貞凶.

(전유금, 이집언, 무구, 장자수사, 제자여시, 정흉)

밭에 짐승이 있으면 잡는 것이 이로우니 허물이 없다. 큰형이
군대를 통솔하면, 동생들이 수레위 시체가 된다. 크게 흉할 것이다.

밭의 짐승을 잡으라고 한 것은 마지막 양괘(兩卦)의 상효(上爻)를 말
한다. 다가온 행운을 움켜쥐라는 뜻이다. 전유금(田有禽)은 도망가다 발
각된 적의 중요 인물 등을 뜻하고, 리집언(利執言)은 그를 생포하거나
목을 베는 것 등이 될 것이다. 전쟁에 세 번 이상 참가하면서 쌓은 노련
함을 바탕으로 공을 세우는 것이다. 시간 속에 에너지를 쌓은 덕분일 것
이다.

70년대 당시 젊은이들이 베트남전에 참전했다. 참혹한 전쟁이었고, 큰
희생이 있었다. 살아온 분들은 국가유공자라는 보상을 받는다. 전공이
큰 분들은 더 큰 상을 받았다. 당연히 국가가 해야 할 일이지만, 그와 같
은 것이 사괘의 마지막 양괘(兩卦) 가운데 상효가 갖는 의미라고도 볼
수 있을 것이다.

큰 형이 군대를 통솔하면 동생들이 시체가 된다는 것은 지휘관이 되지
말라는 뜻이다. 군대는 작은 단위부터 시작해 큰 조직이 만들어진다. 소
대가 모여 중대가 되고, 그것이 모여 대대가 된다. 형이 소대장이 되면 함
께 들어간 동생들은 솔선수범할 수 밖에 없다. 선봉에 서라는 지휘관 명
령에 따라야 하고, 누구보다 용맹해야 한다. 따라서 목숨을 잃을 가능성
이 높다. 따라서 흉한 것이다. 기회를 잡아 공을 세우는 것은 필요하다.
그러나 이렇게 공을 세우고 나면 신분이 상승할 기회가 제공되기도 하는

데, 덜컥 받아들이면 동생들이 위험하게 될 수도 있다는 걸 의미한다.

우수한 지휘관은 병사들이 형님처럼 생각하는 사람일 것이다. 목숨을 걸고 충성을 다하게 된다. 이는 곧 형님 같은 장군 밑에서는 목숨을 부지하기 더 어렵다는 역설을 성립시킨다. 그 역설적 마음을 하나로 엮는 것이 소위 충(忠)이다. 주역의 충고는 충과는 다르다.

소인은 쓰지 말 것

六 : 大君有命, 開國承家, 小人勿用.
(대군유명, 개국승가, 소인물용)
대군이 명을 내려 나라를 세우고 가업을 이으려 할 때
소인은 쓰지 말아야 한다.

개국승가(開國承家)는 나라를 세우고 가업을 계승한다는 뜻이다. 전쟁은 끝났고, 승리했고 개국이 시작된 것이다. 사괘의 전체적인 맥락과 다소 생뚱맞게 이런 상황에서 소인을 쓰지 말라는 조언을 하고 있다. 마지막 효사는 군대를 일으킨 사람에게 해주는 조언으로 보면 될 것이다.

사괘의 전략은 예비군에 머무르다 막판에 기여하는 것이다. 막판 기여도가 높으면, 실력보다 더 많은 상을 받는 행운이 따른다. 예컨대 1회 초 3점짜리 홈런을 친 사람보다 9회 말 동점 상황에서 끝내기 솔로 홈런을 친 선수가 영웅 대접을 받게 된다. 이 같은 공 때문에 너무 과대하게 평가하거나 높은 자리를 주어서는 안 된다는 설명으로 이해하면 될 것이다.

08 비괘比卦

比. 吉. 原筮. 元永貞无咎. 不寧方來. 後夫凶. 비는 길이다. 시작점은 크고 바르고 허물이 없다. 평안하지 않음이 찾아와 후에는 흉하다.

初 : 有孚比之. 无咎. 有孚盈缶. 終來有它. 吉. 따름에 대한 믿음이 있으면 허물이 없다. 그것에 대한 믿음이 가득하면 따를 수 있는 사람을 얻으니 끝내 길할 것이다.

二 : 比之自內. 貞吉. 따름을 내면으로 받아들이면, 바르고 길하다.

三 : 比之匪人. 사람이 아닌 것을 따르다.

四 : 外比之. 貞吉. 따름을 외부로 드러내면 길하다

五 : 顯比. 王用三驅. 失前禽. 邑人不誡. 吉. 뚜렷하게 따르면 왕이 삼면에서 몰아 사냥을 하는데, 눈앞에서 짐승을 놓쳐도 읍인에 대한 의심이 없다. 길하다.

六 : 比之无首. 凶. 따름에 있어서 머리가 없으면 흉하다.

▎ 겨루기에 패하면 따르라

비(比)는 비교하다는 뜻으로 두 사람이 비교되는 형상을 담고 있다. 아울러 우열이 가려지면 한쪽이 다른 한쪽에 머리를 숙여야 하기에, 따르다는 뜻도 갖고 있다. 장비는 처음 관우와 무예를 겨루지만 강함을 보고 동생이 되어 따른다.

소음으로 시작돼 개인의 기운이 강한 탓에 처음엔 겨루려고 나설 것이다. 능력을 발휘하면서, 운의 기운이 오기를 소망하는 것이다. 하지만 내면의 강한 기운만 사라진다. 그러면 따르는 것이 순리라고 비괘는 이야기한다.

촉망받는 야구 선수가 있었다. 고교 시절 두 차례 전국대회 우승을 이끌면서 프로구단의 주목을 받았다. 훤칠한 키에 미남이었던 그는 명문대에 들어갔으나 복잡한 스캔들에 휘말린다(☷).

무리한 훈련과 경기 탓에 스스로 강철이라고 믿던 어깨가 고장 나면서 선수 생명이 끝나 버린다. 엎친 데 덮친 격으로 교통사고가 발생해 무릎 관절이 파손되고, 따라서 걷는 것조차 불편해진다(☷).

하늘이 무너지는 경험을 한 뒤, 한동안 괴로운 시간을 보내야 했고, 자살까지도 생각했다. 그러나 어느 순간부터 모든 것을 운명으로 받아들이기 시작했다. 그러면서 종교를 믿기 시작했고 주변의 작은 것에서 행복을 느끼기 시작했다.

이후 마음을 추스른 그는 중학교에서 야구 감독을 시작했고 자신이 이루지 못한 꿈을 그들이 이룰 수 있도록 돕고 있다. 선수로 뛰는 것은 아니지만 그 아쉬움을 충분히 해소하고도 남는다고 웃으면서 말한다(☷).

시작은 허물이 없다

比, 吉. 原筮, 元永貞无咎. 不寧方來, 後夫凶.
(비, 길. 원서, 원영정무구. 불녕방래, 후부흉)
비는 길이다. 시작점은 크고 바르고 허물이 없다. 평안하지
않음이 찾아와 후에는 흉하다.

서(筮)는 점이란 뜻이다. 원서는 시작점이고 처음의 점괘는 나쁘지 않다. 능력이 문제를 해결하기 때문이고, 따라서 바르고 허물이 없다. 능력

있다는 평가를 받게 되고, 본인도 강한 자신감을 갖게 된다. 그런데 변곡점이 생긴다.

녕(寧)은 편안함을 뜻한다. 편안하지 않음이 찾아온다. 너무 강하면 부러지는 법. 능력을 과신해 뚫을 수 있다고 생각했으나 본인이 부러지는 일이 벌어진다. 과로 탓에 몸에 상하거나 큰 좌절에 빠진다. 덜컥 잠자리를 한 여성이 임신을 하며, 인생이 꼬이는 등 평생 족쇄가 되는 일이 생겼을 수도 있다.

<hr>

믿어라

初 : 有孚比之, 无咎, 有孚盈缶, 終來有它, 吉.
(유부비지, 무구, 유부영부, 종래유타, 길)
따름에 대한 믿음이 있으면 허물이 없다. 그것에 대한 믿음이
가득하면 결국 따를 수 있는 사람을 얻으니 끝내 길할 것이다.

영(盈)은 차다, 가득하다는 뜻이고 관(缶)은 두레박이란 말이다. 타(它)는 다른 사람을 의미한다고 보면 될 것이다. 강한 기운이 초반에 꺾여버린 사람의 운명. 그것은 자신이 이루고 싶었지만, 이루지 못한 것에 대한 향수로 가득한 삶일 수 있다. 스스로 할 수 없기에 누군가를 통해서 실현할 수 있다. 그것이 바로 따름이다. 이 같은 따름이 있다면 허물이 없다. 따르려는 마음이 가득하면 그것을 가능하게 해주는 사람을 만날 수 있기에 길하다고 말한다.

더불어 소음의 상태에서 자주 등장하는 '대인을 만날 것'이나 '제후를 세울 것'과 유사한 맥락으로 볼 수 있다. 다만 대인이나 제후를 만난다는 것은 나의 능력을 활용할 사람을 만난다는 것이라면, 여기서는 따

를 사람을 만나는 것이다.

마음으로 따를 것

二 : 比之自內, 貞吉.(비지자내, 정길)
내면을 따르면, 바르고 길하다.

내가 따라야 할 것 가운데 가장 중요한 것은 나의 내면에서 나오는 소리이다. 그 목소리에 늘 기울이면 바르고 길할 것이라고 이야기한다. 인간에게 가장 중요한 것은 내면의 소리이다. 특히 비괘에게 이 같은 내면의 소리가 더욱 중요한 것이다.

신에 대한 믿음

三 : 比之匪人. (비지비인)
사람이 아닌 것을 따르다.

비(匪)는 도적이란 뜻도 있고, 다르다는 의미도 있다. 비인(匪人)에 대해 따를 만하지 못한 사람으로 해석해 '따를만하지 못한 사람을 따른다' 라고 보는 경우도 있다. 점괘로써 활용된다면 큰 문제가 없다. 따를 만하지 못한 사람을 따르고 있는 흉한 상태로 보면 된다. 그러나 역경은 그것이 흉하다고 표현하고 있지 않다.

여기서 말하는 것은 사람이 아닌 것을 따른다는 것이다. 사람이 아닌 것은 동물이거나 신이다. 인간은 대체로 형이상학적 신의 세계와 인간 계 그리고 동물의 세계로 자연을 구분하며, 자연은 지배하고, 신은 따른다. 따라서 인간이 아닌 것을 따르는 것은 신에 의탁하는 것이다. 자신이 성취하지 못하던 욕망을 따르던 단계를 넘어 이제 순리를 따르는 두 번째 양괘(兩卦)인 태음의 상황을 설명한다고 볼 수 있다.

강한 욕망이 부러지고 난 뒤 한참의 시간이 흐르고 나면 오히려 세상이 편하게 보인다. 빈손으로 왔다 빈손으로 가는 것이 인생이며, 이루고자 했던 욕망의 부질없음을 깨닫는다. 그 끝에 보이는 것이 신이지 않을까. 인간 이전에 있었고, 인간 위에 있는 존재. 그 존재에 귀의하는 것이다.

신라의 마지막 왕인 경순왕에게는 태자가 있었다. 태자는 신라가 고려에 항복을 논의하자 결사반대했다. 그러나 아무리 능력 있는 태자여도 그는 운이 다한 신라의 태자일 뿐이었다. 경순왕은 항복하고 태자는 개골산으로 들어가 베옷[麻衣]을 입고 초근목피로 여생을 보냈다고 한다. 모든 것을 내려놓은 것이다.

겸손할 것

四 : 外比之, 貞吉.(외비지, 정길)
따름을 외부로 드러내면 길하다.

따름을 애써 감추지 않으면 길하다는 것이다. 이는 따름에 있어 겸손함이 있어야 한다는 뜻이다. 드러냄은 자신의 낮음을 인정하는 솔직함이기 때문이다. 특히 강한 자존심에서 출발했던 사람에게는 더욱 그렇다.

五 : 顯比, 王用三驅, 失前禽, 邑人不誡, 吉.

(현비, 왕용삼구, 실전금, 읍인불계, 길)

뚜렷하게 따르면 왕이 삼면에서 몰아 사냥을 하는데, 눈앞에서

짐승을 놓쳐도 읍인에 대한 의심이 없다. 길하다.

현(顯)은 뚜렷하다, 현저하다는 뜻이다. 삼구(三驅)는 왼쪽, 오른쪽, 뒤쪽 삼면에서 짐승을 모는 것이다. 그런데 앞에서 사냥감을 왕이 놓쳐버린다. 이런 경우 왕은 당연히 몰이꾼에 동원된 고을 사람들이 혹시 슬쩍 뒤로 빼돌린 것은 아닌지 의심하게 된다. 그러나 따름이 뚜렷한 사람들이라면, 왕은 경계하지 않게 되고, 따라서 무탈하게 된다. 여기서 뚜렷한 따름은 단지 왕에 대한 따름만을 뜻하지는 않을 것이다. 순리에 대한 따름, 자연에 대한 순종 등을 포함한 것으로 볼 수 있다.

출세의 욕망에서 출발해 평범한 촌부가 된 것이 비극일 수 있다. 그러나 주역은 전혀 그렇지 않다고 말한다. 즉, 큰 화를 면하는 행운이 찾아온다. 성공을 가져오는 행운도 있지만, 불행을 막아주는 것 역시 일종의 행운이라고 할 수 있다.

六 : 比之无首, 凶.(비지무수, 흉)

따름에 있어서 머리가 없으면 흉하다.

머리가 없다는 것은 맹목적으로 따른다는 것이다. 생각을 접고 눈이

면 상태에서 무조건 따르게 되면 결과적으로 자신과 자신이 따르는 타자나 종교 모두 흉한 몰골을 만들 가능성이 높다.

사실 많은 종교가 맹목적 믿음을 강요한다. 묻지도 따지지도 말고 믿으라고 한다. 믿으면 천국 가고 불신하면 지옥에 간다고 말한다. 그와 같은 믿음과 추종에 빠지지 않아야 한다고 주역은 말하고 있다.

09 소축괘 小畜卦

小畜, 亨, 密雲不雨, 自我西郊. 조금 더 쌓으면 형통하다. 구름은 빽빽하나 비는 오지 않고, 자신은 서쪽 교외에 있다.

初 : 復自道, 何其咎, 吉. 자신의 길로 돌아오면, 무슨 허물이 있겠는가, 길하다.

二 : 牽復, 吉. 강제로 돌아가도 길하다.

三 : 輿說輻, 夫妻反目. 수레의 바퀴살이 떨어지니, 부부가 반목한다.

四 : 有孚, 血去, 惕出, 无咎. 믿음이 있으면 피 말리는 상황이 지나가고 근심스러운 상황을 벗어날 수 있다. 허물이 없을 것이다.

五 : 有孚, 攣如, 富以其鄰. 진실한 마음을 갖고 이웃과 긴밀히 결합하면, 그 부유함이 이웃에 미친다.

六 : 旣雨旣處, 尙德載, 婦貞厲, 月幾望, 君子征凶. 비가 내려야 할 곳에 내리는 것은 이미 덕이 쌓였기 때문이다. 부인이 바름을 지킨다. 염려하는 바가 있으나 달은 이미 가득 찼다. 군자가 정복하려 하면 흉하다.

▌작은 축적이 필요하다

축은 짐승이란 뜻도 있고, 비축하다, 모으다란 뜻이 있다. 가축을 모으는 것이 예전엔 큰 저축인 탓에 축이 모으다란 뜻이 되었을 것이다. 따라서 소축(小畜)은 작은 쌓임으로 볼 수 있고, 괘명이 암시하는 것은 작은 쌓임이 필요하다는 것이다.

작은 축적이 필요한 까닭은 능력과 운이 어느 정도 따르지만 2% 부족하기 때문이다. 시험점수로 따지면 90점이 합격점수인데, 89점인 것이다. 1점 차이지만 그것이 때론 무척 고약하다. 50점을 맞아 떨어지면 미련이 없으나 89점으로 탈락하면 강한 아쉬움이 남게 된다. 아울러 위로 오를수록 한 발 더 나가는 것이 힘들기 때문에, 49점에서 70점 되는 것보다 89점이 90점으로 상승하는 게 더 어렵다. 아울러 운의 기운은 내 뜻대로 움직일 수 없다. 그 한 발을 극복하는 것이 관건이다.

덩샤오핑은 1904년 엘리트 계층 출신으로 태어나 일찍이 프랑스와 모스크바에서 유학했다. 더불어 그가 살았던 시대는 청나라가 기울고 제국주의가 발호한 난세로써 영웅이 등장하기에 좋은 시대였다. 중국 공산당에 가입한 그는 마오쩌둥을 도와 혁명에 성공한 뒤 1965년 당 총서기에 오른다(=).

그러나 이후 문화혁명을 계기로 마오쩌둥에 의해 자본주의자로 낙인 찍히면서 실각이 된 뒤 은둔 생활에 들어간다. 불운이 그를 엄습한 것이다. 70년대 초반 잠시 정계에 복귀하기도 했으나 그의 불운은 1980년까지도 이어졌다(==).

때를 기다리던 덩샤오핑에게 기회가 온다. 1980년 마오쩌둥의 사망에 이어 권력을 승계한 화궈펑이 죽자 덩샤오핑은 화려하게 정계에 복귀한다. 아울러 사회주의에 대한 실망감이 팽배해지면서 '흰 고양이든 검은 고양이든 쥐만 잘 잡으면 된다'는 그의 실용주의 노선에 대한 지지도 늘어난다. 화려하게 복귀한 그는 중국의 개혁개방을 이끈다(=).

조금 더 쌓을 것

小畜, 亨, 密雲不雨, 自我西郊.(소축, 형, 밀운불우, 자아서교)
조금 더 쌓으면 형통하다. 구름은 빽빽하나 비는 오지 않고,
자신은 서쪽 교외에 있다.

조금 더 쌓으면 형통할 수 있다. 그 상황을 괘사에서 밀운불우(密雲不雨), 즉 구름은 빽빽하나 비가 오지 않는다는 비유로 묘사하고 있다. 배는 아픈데 속 시원하게 배설이 되지 않는 것과 같다. 그러면서 중심으로 나아가지 못하고 교외에 있다.

태양에서 시작됐기 때문에, 능력과 기회를 바탕으로 이미 어느 정도 성과를 거둔 상태다. 그런데 거기서 한 발 더 나가려고 하니, 2% 운이 따르지 않는다. 덩샤오핑에게는 마오쩌둥의 존재가 그와 같은 것이었으리라. 그가 권부 핵심에 버티고 있으면서 견제를 하는 이상 2인자일 수밖에 없다. 그러면서 교외로 밀려나 하늘의 빽빽한 구름만 보면서 절망 혹은 '희망 고문'의 상황에 빠져든다.

손해는 없다

初 : 復自道, 何其咎, 吉.(복자도, 하기구, 길)
자신의 길로 돌아오면, 무슨 허물이 있겠는가, 길하다.

복(復)은 돌아간다는 것이다. 자신의 원래 상태로 돌아가는 것이다. 회사에 출근한 뒤 저녁이 되면 해야 할 일이 무엇일까? 인맥을 넓히기 위해 모임에 참석해 명함을 교환할 수도 있고, 학원에 가 외국어를 배울 수도 있다. 그래도 궁극적으로 하는 것은 무언인가? 집으로 돌아가는 것이다.

어쩌면 출발부터 원래 위치로 돌아갈 운명을 갖고 있는 것이다. 그것을 거부하는 것은 어쩌면 목숨을 위험하게 만들 수 있다. 하늘에 태양이 두 개 떠 있을 수 없기 때문이다. 그때 미련 없이 돌아가겠다는 마음이 필요하다. 유방을 돕던 장량이란 책사가 있었다. 유방이 대업을 완성한 뒤 그는 다시 원래 자신이 살던 고향으로 돌아갔다. 괜히 유방 주변에 얼쩡거렸다간 유방에 의해 혹은 논공행상의 권력 투쟁 과정에서 목숨을 부지하기 어려울 수도 있음을 알았기 때문이지 않을까.

친구 3명이 동업을 해도 그 가운데 리더가 있다. 내가 리더가 아니라면 언젠가 제자리로 돌아가야 하는 운명임을 출발부터 받아들여야 하지 않을까. 그래야 길하다고 주역은 설명한다.

끌려가도 길하다

二 : 牽復, 吉.(견복, 길)
강제로 돌아가도 길하다.

견(牽)은 이끌다, 끌다, 강제하다 등의 뜻이 있다. 강제로 끌려가는 상황도 길하다고 주역은 말한다.

해가 어두워질 무렵 공터에서 딱지 따먹기를 하던 아이는 엄마에게 억지로 끌려간다. 상자를 채우기엔 아직 2%가 부족한데, 엄마는 막무가내로 팔을 잡아끈다. 그 매정함에 속이 상했다. 그러나 따뜻한 밥과 텔레비전 만화를 보는 순간 언제 그랬냐는 듯 서러움은 사라지고 헤벌쭉 웃는 자신을 발견한다.

억지로 끌려 돌아가는 것이 이와 같다. 차에 기름이 떨어져 돌아갈 때도 있고, 배가 고파 돌아갈 수도 있고, 추문에 휩싸이거나 모함에 휘말려 쫓겨 가는 경우도 있을 것이다. 그러나 그것은 후퇴나 패배가 아니다. 있던 자리로 가는 것(復)일 뿐이다. 따라서 길할 것이라고 주역은 이야기한다. 아울러 그 돌아감은 이보 전진을 위한 일보 후퇴이기도 하다.

三 : 輿說輻, 夫妻反目.(여설복, 부처반목)
수레의 바퀴살이 떨어지니, 부부가 반목한다.

여(輿)는 수레다. 설(說)은 떨어지다란 뜻이다. 복(輻)은 바큇살이다. 수레에서 사실 바큇살은 작은 부분이지만 튼튼한 수레여도 바큇살이 떨어지면 움직일 수 없고, 움직이던 수레는 짐을 길바닥에 쏟을 수밖에 없다. 백만 원 하는 명품 자전거도 바큇살 한두 개가 빠지면 무용지물이 된다.

크고 훌륭한 것도 작은 문제 때문에 전체가 움직이지 못한다. 이것이 구름은 빽빽한데 비가 오지 않는 세상의 모습이다. 전립선이 막혀 오줌을 배설하지 못하면 사람은 하루를 버티지 못하고 죽는다.

부부는 가운데 양괘(兩卦)의 상효와 하효를 각각 뜻한다. 그리고 양효가 음양으로 엇갈린 상황이다. 이 같은 상황을 부부가 반목하는 것으로 표현하고 있다. 음효가 붙은 듯 떨어진 흐릿한 경우도 있을 것이다. 끊어진 전선의 길이가 1m든 1mm든 전기는 통하지 않는다. 물러나야 할 운명이라 물러났다고 하더라도, 이런저런 불쾌한 일이 벌어지는 건 어쩔 수 없고, 더불어 아쉬움과 미련에 회한을 뿜어낼 수도 있을 것이다. 이 같은 소음의 상황을 설명하고 있다고 볼 수 있다.

四 : 有孚, 血去, 惕出, 无咎.(유부, 혈거, 척출, 무구)
믿음이 있으면 피 말리는 상황이 지나가고 근심스러운
상황을 벗어날 수 있다. 허물이 없을 것이다.

믿음이 있으면, 피 말리는 상황이 지나가고 근심스러운 상황을 벗어날 수 있다. 혈거(血去)는 직역하자면 '피가 지나간다'인데, 문맥상 피 말리는 상황이 지나가는 것으로 보면 될 것이다. 부부가 반목하는 상황에서 벗어나는 것이다. 적(惕)은 두려움을 뜻한다. 두려움에서 탈출할 수 있다는 의미가 된다.

이는 믿음이 있으면 태양(═)으로 갈 수 있다는 뜻이다. 믿음을 갖고 꿋꿋하게 버티면 단비는 내리게 되어 있다. 처음부터 성공해서 끝까지 성공한 경우는 없다. 고비가 한 번쯤은 누구에게나 있다. 구름이 가득한데 비가 내리지 않는 시간을 견딘 경우도 있을 것이다.

이웃에게! 덕을 쌓을 것

五 : 有孚, 攣如, 富以其鄰.(유부, 련여, 부이기린)
진실한 마음을 갖고 이웃과 긴밀히 결합하면, 그 부유함이 이웃에 미친다.

련여(攣如)는 긴밀하게 결합한 것을 뜻한다. 이(以)는 미친다. 혹은 영향을 준다는 것으로 해석할 수 있다. 즉 믿음을 갖고 이웃과 긴밀히 결합하면 이웃을 이롭게 할 수 있다는 뜻이다. 그것은 베푸는 것인 동시에 운의 기운을 만드는 과정이다.

여기에 소축의 핵심인 덕(德)의 축적이 있다. 가운데 양괘(兩卦) 이후 생성되는 행운은 사람과의 관계에서 나온다. 이웃과 좋은 관계를 유지하면, 태양으로의 전환에 필요한 에너지를 얻을 수 있다.

六 : 旣雨旣處, 尙德載, 婦貞厲, 月幾望, 君子征凶.

(기우기처, 상덕재, 부정려, 월기망, 군자정흉)

비가 내려야 할 곳에 내리는 것은 이미 덕이 쌓였기 때문이다.

부인이 바름을 지킨다. 염려하는 바가 있으나 달은 이미

가득 찼다. 군자가 정복하려 하면 흉하다.

처(處)는 장소란 뜻이고, 재(載)는 싣는다는 뜻이다. 비가 내려야 할 곳에 비가 내리는 것은 쌓아 놓은 덕이 있기 때문이다. 들판에서 버티고자 하는 사람이라면 가만히 하늘만 볼 게 아니라 덕을 쌓아야 한다. 내면의 덕을 쌓는 것도 중요하고, 이웃과 좋은 관계를 맺는 것도 필요하다.

그리고 비가 내린 뒤의 행동은 바르고 운이 언제 끝날지 모른다는 염려 속에 있어야 한다. 월기망은 보름에 뜬 달을 의미한다. 보름에 뜬 달은 달 중에서 가장 환하지만, 다시금 작아진다. 즉 나에게 다가온 행운이 사라질 수 있다는 마음가짐이 필요하다.

군자정흉(君子征凶)은 들판에 내리는 비의 축복에 흥분해 말을 타고 다른 곳까지 정복하러 나설 경우 흉할 수 있다는 것이다. 예컨대 나에게 불행을 안겨주었던 이들에 대한 복수에 나설 경우 크게 좋지 않을 수 있다는 경고로 해석될 수 있다.

10 리괘履卦 ☰☱

履虎尾, 不咥人, 亨. 호랑이 꼬리를 밟았으나, 사람을 물지 않으면 형통하다.

初 : 素履, 往无咎. 소박하게 걸어가면 허물이 없다.

二 : 履道坦坦, 幽人貞吉. 밟고 가는 길이 탄탄하니, 유인은 바르고 길하다.

三 : 眇能視, 跛能履, 履虎尾咥人, 凶, 武人爲于大君. 애꾸눈도 볼 수 있고, 절름발이도 행할 수 있다. 하지만 호랑이 꼬리를 밟아 물리면 흉하다. 무인은 대군을 위해 일하게 된다.

四 : 履虎尾, 愬愬, 終吉. 호랑이 꼬리를 밟을 때면, 경계하고 두려워해야 하며, 그러면 마침내 길하다.

五 : 夬履, 貞厲. 자신만만하게 밟으면 위태롭다.

六 : 視履考祥, 其旋元吉. 자세히 살피고, 상세히 생각하면, 그 행위는 큰 길함으로 돌아온다.

▌밟고 전진할 것

리(履)는 밟다란 뜻이 있고, 이런 맥락에서 신이란 뜻과 행하다란 의미가 있다. 신을 신고 땅을 밟고 행하는 것이다. 기다림의 소축괘와 달리 리괘에서는 실행이 강조되고 있다. 2% 부족을 운이 채워주기 때문이다. 당연하겠지만 주역은 운이 부족할 땐 기다릴 것을 요구하고, 충만할 땐 대체로 실행을 강조한다. 초반 성공의 탄력을 받아 발생한 과분한 행운이 위기를 만들거나 혹은 불의의 일격을 가하지만, 그것을 극복한다.

프랭클린 루스벨트는 1882년 부유한 집안에서 명석한 두뇌를 갖고 태어났다. 하버드대를 졸업한 그는 28세가 되던 1910년 뉴욕주 상원의원에 당선되며 1920년엔 민주당 부통령 후보가 된다. 거칠 것 없는 전도가 밝은 정치인이었다(☰).

대통령 자리도 따 놓은 것이나 다름없던 그에게 1921년 척추성 소아마비란 병이 찾아오면서 하반신을 사용하지 못하는 장애인이 된다. 과도한 행운의 반작용인 한편 정치인으로서 열정적으로 활동하는 데 제약이 생긴 것이다. 모든 걸 포기했다면 그는 태음이 되었을 것이다. 그러나 그에겐 다행히도 헌신적인 아내 엘레노어가 있었다. 남편의 사기 진작을 위해 정치 활동을 독려하고 눈과 귀, 발이 되어 주었다(☱).

마침내 루스벨트는 1928년 뉴욕시장에 당선되고, 대공황이라는 경제 위기 속에서 연이어 대통령이 된다. 이후 루스벨트는 뉴딜정책이라는 새로운 국가 플랜으로 경제를 살리면서 미국에서 가장 존경받는 대통령 중 한 명이 된다(☰).

절체절명을 벗어나다

履虎尾, 不咥人, 亨.(리호미, 부질인, 형)
호랑이 꼬리를 밟았으나, 사람을 물지 않으니 형통하다.

리괘에는 밟고 행하는 것이 중요한데, 특히 중요한 것은 호랑이 꼬리를 밟는 상황이다. 하이 리크스 하이 리턴의 도전이 긴박한 위기에 처한 것이다. 그 상황에서 호랑이가 사람을 물지 않으면 형통하다. 즉, 큰 위기가 쓰나미처럼 자신의 모든 걸 휩쓸어가지 않으면 불리할 것이 없다는 뜻이다. 이를 위해선 실력도 중요하지만, 주변에서 돕는 이들이 있어야 할 것이다.

일이 초반 순조롭게 잘 풀리면 거침없는 도전의 유혹에 빠질 가능성이 높다. 그러면서 꼭 위기에 처한다. 도전이 너무 과한 것이다. 앞서 소축괘가 운이 갑자기 사라지면서 어려움을 겪는다면 리괘는 너무 과도한 상황에 따른 위기에 직면하게 되는 것이다. 그 상황을 잘 극복해야 한다고 주역은 조언하고 있다.

보증금 3000만 원에 월세 60만 원의 작은 식당에서 성공을 맛본 젊은 청년이 있었다. 그리고 그의 성실함을 눈여겨본 친구들이 투자에 나서면서 보증금 3억 원에 월세 600만 원하는 서울 시내에 위치한 갈빗집을 오픈하는 기회를 잡는다. 담대한 도전에 나선 것이다. 성공하면 수입도 크게 늘 것이다. 반대로 한 방에 망할 수도 있다.

그런데 큰 식당을 운영하는 게 장난이 아님을 깨달았을 땐 돌이킬 수 없는 상황이 됐다. 장사가 생각만큼 안 되면서 적자가 났고 융통할 수 있는 자금이 한계에 부딪혀 사채를 쓰기 시작했다. 투자금 회수는 고사하고 본인도 길거리에 나앉을 수 있는 백척간두의 상황에 직면한다.

그때 사채업자가 갑자기 정부 단속에 걸려 돈을 갚지 않아도 되는 묘한 상황에 벌어지고, 이어서 규모 있는 식당을 운영해본 사람이 직원으로 들어오면서 시스템을 안정화시키는 데 성공했다. 호랑이를 잡으려고 나섰던 그가 밟은 것이 어쩌면 호랑이 꼬리였고, 그럼에도 불구하고 그는 살아남았으며, 큰 고기 집 사장으로 거듭났다.

소박하면 허물이 없다

初 : 素履, 往无咎.(소리, 왕무구)
소박하게 걸어가면 허물이 없다.

소(素)는 평소라는 뜻도 있고, 소소하다는 의미도 있다. 첫걸음은 소박해야 함을 이야기하고 있다. 능력과 행운이 따르는 상황에서 처음부터 호랑이를 잡으러 들어가면 안 된다. 우선 여우 사냥부터 해야 하지 않을까. 급한 마음에 처음부터 호랑이를 잡으러 들어가기보다 소박하게 출발할 것을 권하고 있다.

가는 길이 탄탄하다

二 : 履道坦坦, 幽人貞吉.(리도탄탄, 유인정길)
밟고 가는 길이 탄탄하니, 유인은 바르고 길하다.

유(幽)는 그윽하다, 깊다 등의 뜻이 있는 데 이런 맥락에서 깊고 그윽한 존재를 의미하기도 한다. 유령(幽靈) 등의 단어에 사용된다. 유인(幽人)은 유령까지는 아니겠으나 다소 신비스러움을 가진 존재를 뜻한다고 할 수 있다. 개인의 능력과 운이 맞아 떨어지면서 탄탄대로를 걷는 신적 존재라고 해야 할까. 우리는 특별한 분야에서 두각을 나타내는 경우 신(神)에 빗대 설명하기도 한다.

유인은 또한 너무 튀지 말라는 뜻으로 볼 수도 있다. 태양에서 소양으로 넘어가는 상황이 사실 과도한 행운에 따른, 능력을 넘어서는 처지에 올라서는 경우일 수도 있다. 이럴 경우 조금 더 겸손하게 자신을 드러내지 않고 갈때, 바르고 길하다고 주역은 말하고 있다.

三 : 眇能視, 跛能履, 履虎尾咥人, 凶, 武人爲于大君.

(묘능시, 파능리, 리호미질인, 흉, 무인위우대군)

애꾸눈도 볼 수 있고, 절름발이도 행할 수 있다. 하지만 호랑이

꼬리를 밟아 물리면 흉하다. 무인이 대군을 위해 일하게 된다.

묘(眇)는 애꾸눈이란 뜻이고, 파(跛)는 절름발이라는 뜻이다. 애꾸눈인데 볼 수 있고 절름발이인데 먼 길을 걸을 수 있는 이유는 능력 부족을 운이 메워주기 때문이다. 리괘에게 중요한 대목이 여기다. 능력을 넘어서는 행운에 과감히 도전해야 하거나 능력을 넘어서는 행운을 한동안 버텨야 한다. 그래야 도약할 수 있다.

그 와중에 문제가 발생할 수 있다. 호랑이 꼬리를 밟았는데, 물려버리는 것이다. 호랑이가 상징하는 것이 바로 하이 리스크 하이 리턴의 상황일 것이다. 리괘는 그 안에서 하이 리턴을 가져올 가능성이 높지만, 그렇다고 호랑이에게 물리지 않는 불사신은 아니다. 어쩌면 리괘의 운명은 이렇듯 한 번쯤은 호랑이에게 물리는 경험을 해야 하는 지도 모른다.

앞서 루스벨트가 부통령 후보로 대통령 선거에 출마했을 당시 나이가 37세 정도였다. 말 그대로 승승장구를 해 온 것이다. 그런데 그에겐 과도한 행운이었고, 큰 병을 앓게 되는 위기에 처하게 되는 것이다.

무인(武人)은 애꾸눈이나 절름발이와는 달리 신체가 단단한 사람을 뜻한다. 호랑이 꼬리를 밟는 과정에서 이 같은 사람은 무인의 도움이 필요하다고 말하는 것으로 볼 수 있다. 이렇듯 무인의 도움이 있다면 대군이 될 수 있다. 결국, 루스벨트가 재기에 성공한 것 역시 현명한 부인이 있었기에 가능했다.

四 : 履虎尾, 愬愬, 終吉.(리호미, 색색, 종길)
호랑이 꼬리를 밟을 때면, 경계하고 두려워해야 하며,
그러면 마침내 길하다.

색(愬)은 두려워한다는 뜻이다. 호랑이 꼬리를 밟더라도 조심스럽게
밟아야 한다는 것이다. 그래야 흉한 일이 생기지 않는다. 한번 물려 본
경험이 필요한 것인지도 모른다. 그 뒤엔 보다 조심스럽고 경계하면서
꼬리를 밟게 된다. 이는 곧 호랑이 꼬리를 밟는 도전을 회피할 필요는 없
다는 뜻도 포함되어 있다고 할 수 있다. 대신 조심스럽게 하라는 것이다.

五 : 夬履, 貞厲.(쾌리, 정려)
자신만만하게 밟으면 위태롭다.

쾌(夬)는 터놓다, 정하다, 결정하다의 뜻이 있다. 쾌리(夬履)는 과단성
있고 자신만만하게 밀어붙이는 모습을 뜻한다. 뒤에서 보겠지만 43번
쾌괘(☰☱)의 경우 자신만만하게 나아갈 것을 주문하고 있다. 능력으
로 운의 기운을 만들었기 때문이다.

마지막 양괘(兩卦)인 태양의 정점에 올라서는 상황에 대한 조언으로
볼 수 있다. 소양에서 벗어나 태양이 되는 순간엔 조심하게 된다. 첫 양
괘(兩卦)의 태양이 능력에 기반 해 운의 조화를 이뤄낸 상태라면, 소양
을 거친 뒤 등장한 마지막 양괘(兩卦)의 태양은 운에 기반해 능력의 조

화를 이룬 상황으로 보아야 할 것이다. 따라서 운이 따르는 것에 보다 감사하는 마음을 갖고 조심성을 잃지 말아야 한다.

손에 난 상처는 언젠가 치료되지만, 시간이 필요하다. 운도 마찬가지다. 내게 닥친 위험도 해결에 시간이 요구된다. 급하게 서두르면 그 시간이 오기 전 다른 실수가 발생하고, 위험이 또 다른 위험을 만든다. 과감히 서두르기보다 한숨 돌리며 차분하게 상황을 바라볼 때 문제 해결의 길이 더 잘 보인다.

차분하게 살필 것

六 : 視履考祥, 其旋元吉.(시리고상, 기선원길)
눈으로 살피고, 상세히 생각하면, 그 행위는 큰 길함으로 돌아온다.

시리(視履)는 눈으로 자세히 살핀다는 뜻이고, 고상(考祥)은 상세히 생각한다는 뜻이다. 선(旋)은 돌아온다는 뜻이다. 자세히 살피고 상세히 생각하면, 큰 행운이 온다고 할 수 있을 것이다. 운이 따른다고 생각하면 당구 용어로 대충 치고 '쫑'을 보게 된다. 일단 일을 벌여 놓고 좋은 운이 잘 마무리해 줄 것으로 막연히 기대하게 된다. 특히 운이 좋아 어려웠던 문제가 해결된 경험이 쌓이면 이렇듯 상황을 쉽게 생각할 가능성이 높다. 이에 대한 경계가 필요하다는 조언이다.

11 태괘泰卦

泰, 小往大來, 吉, 亨. 작은 것이 가고 큰 것이 온다. 길하고 형통하다.

初 : 拔茅茹, 以其彙, 征吉. 띠 풀의 뿌리를 뽑아 묶어두니 길하다.

二 : 包荒, 用馮河, 不遐遺朋亡, 得尙于中行. 굶주림을 안고 강을 건너지만 멀지 않아 친구들 잃는다. 그러나 중간에 얻는 것이 있다.

三 : 无平不陂, 无往不復, 艱貞无咎, 勿恤, 其孚于食有福. 비탈지지 않은 평지는 없다. 돌아오지 않는 떠남은 없다. 고난이 오래 계속되더라도 바르다면 허물이 없다. 근심도 사라지고, 먹고 살게 되는 복이 들어온다.

四 : 翩翩, 不富以其鄰, 不戒以孚. 급히 서두르면 이웃과 함께 부자가 되지 못한다. 이는 너무 믿기 때문이다.

五 : 帝乙歸妹, 以祉元吉. 제을이 여동생을 시집보내니, 복이 내리는 것이고, 이로 인해 크게 길하다.

六 : 城復于隍, 勿用師, 自邑告命, 貞吝. 성이 무너져 구덩이에 빠졌으니, 군대를 동원해도 소용없다. 내 운명이 다했으니 부끄럽다.

▌점차 커가는 운명

태(泰)는 크다는 뜻이다. 큰 대(大)가 아니고 클 태(泰)이다. 점점 커지는 진행의 의미가 강하다. 바닥에서 출발해 한계를 극복하고 최고에 오르는 것이다. 자기계발서의 내용을 닮았다. 차이는 자기계발서는 누구나 가능성의 내적 에너지가 있다고 전제하는 반면, 주역은 전부 그럴 수 있다고 말하지 않는다.

1897년 평범한 가정에서 태어난 요제프 괴벨스는 출생부터 고난이었다. 사경을 헤맬 정도의 폐렴을 앓으면서 병약한 영유아기를 보낸다. 7

살에 골수염을 앓아 오른쪽 다리가 마비된다. 당시엔 장애를 신이 내린 형벌로 생각했다. 따라서 괴벨스는 또래의 따돌림을 감수해야 했다. 극한 외로움과 고통 속에서 어린 시절을 보낼 수밖에 없었다(☵).

그가 고통 속에서 우월해지는 방식으로 택한 것은 학업이었다. 많은 책을 읽고 다방면으로 공부했다. 실력은 일취월장했고, 공부에 재능을 보였다. 그러나 장애는 극복하기 힘든 것이었다. 1914년 1차 세계대전은 독일 청년에게 사회적 성공의 기회였으나 장애로 인해 그는 우수한 성적과 재능에도 불구하고 참여하지 못한다. 이후 박사학위를 취득하면서 능력을 고양하지만 1차 세계대전 패전 이후 피폐해진 전후 상황으로 인해 가난을 면하는 것조차 버거웠다. 가까스로 취직한 은행은 이미 훌쩍 커버린 그의 재능에 견줘 맞지 않는 옷이었다(☵).

결국, 은행을 나온 그는 나락으로 빠지느냐 도약하느냐의 갈림길에 선다. 능력은 고양되었으나 사회적 운이 따르지 않는 자신을 보면서 혁명을 택한다. 뛰어난 언변을 바탕으로 세상을 뒤엎겠다며 등장한 나치당에 들어가고 그 안에서 두각을 나타내기 시작한다. 그리고 그 안에서 만난 히틀러는 괴벨스에게 날개를 달아준다. 그는 히틀러의 오른팔이 된다(☰).

큰 것이 온다

泰, 小往大來, 吉, 亨.(태, 소왕대래, 길, 형)
작은 것이 가고 큰 것이 온다. 길하고 형통하다.

작은 것이 가고 큰 것이 오기에 길하고 형통하다. 이는 태괘의 기본적 성향을 설명한다고 할 수 있다. 성경에 등장하는 시작은 미약하나 끝은 창대하다는 의미와 같은 맥락이라고 할 수 있다. 사실 특별할 것 없는 많은 사람이 이 같은 꿈을 꾸면서 실력을 쌓아간다. 지금은 보잘것없는 사람이지만 크게 성공한 미래를 꿈꾸며 생활하는 것이다.

그런데 자기계발서와 달리 앞서 말했듯이 주역은 모든 사람이 이 같은 운명이 될 수는 없다고 말한다. 그리고 한 가지 첨언하자면 이렇듯 점점 성장하고 커가는 상황만이 반드시 좋은 것은 아니라고 말한다. 각각의 운명은 나름대로 장단점이 있다는 게 주역의 기본 시각이라고 할 수 있다.

에너지 축적이 중요

初 : 拔茅茹, 以其彙, 征吉.(발모여, 이기휘, 정길)
띠 풀의 뿌리를 뽑아 묶어두니 길하다.

모(茅)는 띠풀이고 여(茹)는 뿌리를 뜻이다. 휘(彙)는 묶어 둔다는 의미다. 띠풀은 산과 들에서 흔히 볼 수 있는 갈대 비슷한 풀이지만 짚신이나, 봇짐, 지붕을 만들 때 유용하게 사용된다. 태음에서 소음으로의 운명개척 첫 단계가 이와 같다. 띠풀을 저축하듯이 차분하게 자신의 실력을 쌓는 것이다. 별것 없는 상황이지만, 통장에 적금을 붓듯 띠풀을 모으면 그것이 길함을 만드는 힘이 된다고 주역은 설명한다.

二 : 包荒, 用馮河, 不遐遺朋亡, 得尙于中行.

(포황, 용풍하, 불하유붕망, 득상우중행)

굶주림을 안고 강을 건너지만 멀지 않아 친구를 잃는다.

그러나 중간에 얻는 것이 있다.

포(包)는 안다는 뜻이고, 황(荒)은 굶주림을 뜻한다. 빙(馮)은 건너다는 의미다. 굶주림을 안고 큰 강을 건너는 것이다. 하(遐)는 멀다는 뜻도 있고, 어찌란 감탄사로 쓰인다. 임금이 죽었을 때 승하(昇遐)라는 표현을 사용했었다. 유(遺)는 잃는다는 뜻이다. 불하유붕망(不遐遺朋亡)은 머지않아 친구를 잃는다는 것이다.

굶는다는 것은 개인의 약한 기운을 상징한다. 배고프면 기운이 빠지고 의욕도 떨어지고 뭘 해도 힘들다. 거기에 친구도 잃는다. 운도 따르지 않는 것이다. 주역에서 친구는 흥부에게 박씨를 물어다 주는 제비처럼 운을 선물해 주는 존재다. 첫 번째 양괘(兩卦)인 태음의 상황을 설명하고 있는 셈이다.

상(尙)은 '오히려, 또한'이란 뜻으로 사용됐다. 득상중우행(得尙于中行)은 능력도 부족하고 운도 따르지 않아 고생하지만 얻는 것이 있다는 것이다. 실력향상이 눈에 보이지는 않지만 조금씩 쌓이는 것이다. 젊어서 고생은 사서도 한다는 말이 있다. 이 같은 과정을 설명하고 있다고 할 수 있다.

三 : 无平不陂, 无往不復, 艱貞无咎, 勿恤, 其孚于食有福.
(무평부파, 무왕부복, 간정무구, 물휼기부, 우식유복)
비탈지지 않은 평지는 없다. 돌아오지 않는 떠남은 없다.
고난이 오래 계속되더라도 바르다면 허물이 없다.
근심도 사라지고, 먹고 살게 되는 복이 들어온다.

파(陂)는 기울다는 뜻이다. 휼(恤)은 근심한다는 의미다. 이 대목이 자기계발서의 핵심을 닮았다. 태음에서 소음으로 넘어가는 상황에 대한 설명이다. 노력의 대가는 결국 지불될 것이고, 고생 끝에 낙이 온다. 초반의 쉽지 않은 운명은 비탈진 길을 걸어야 하고, 이별의 아픔을 감내해야 한다. 그러나 비탈진 길 뒤엔 평지가 있고 떠난 것은 에너지를 모아 돌아온다. 그 고통이 고난이고 한동안 지속함에도 불구하고, 바르다면 허물이 없을 뿐만 아니라 걱정도 없어지고 충분히 먹고 사는 문제가 해결된다.

四 : 翩翩, 不富以其鄰, 不戒以孚.(편편, 불부이기린, 불계이부)
급히 서두르면 부자가 되지 못한다.
이는 이웃의 믿음을 지키지 못하기 때문이다.

편편(翩翩)은 새가 빨리 나는 모양을 표현했다. 조급하거나 성급한 모습을 뜻한다. 태양으로 전환하는 데 필요한 것에 관해 이야기하고 있다.

소음은 개인의 기운이 강한 상태에서 운의 따르지 않는 상황이다. 바닥에서 서서히 오르면서 자리를 잡으면 독선적으로 변하기 쉽다. 빠르게 본인이 원하는 걸 이루고 싶은 조급함도 있고, 그걸 할 수 있을 것 같은 자신에 대한 강한 믿음도 있다. 피땀 흘려 재능을 만들어낸 사람이 타고난 사람보다 더 독선적일 수 있다.

그러나 이 같은 독선과 조급함은 이웃을 불편하게 만듦으로써 내게 행운을 물어다 줄 사람이 사라지도록 만든다. 운의 기운이 막혀버리는 것이다. 이에 대해 경계해야 한다고 주역은 말하고 있다. 이런 점에서 앞서 본 5번 수괘(☵☰)와도 맥이 닿는다. 실상 둘의 운명이 크게 다르지 않아 보일 확률도 있다.

끝은 행복이다

五 : 帝乙歸妹, 以祉元吉.(제을귀매, 이지원길)
제을이 여동생을 시집보내니, 복이 내리는 것이고,
이로 인해 크게 길하다.

제을(帝乙)은 은의 마지막 왕 주(紂)의 아버지다. 사(祉)는 복을 뜻한다. 즉 제을의 여동생이 나에게 시집을 오는 것이다. 왕과 처남 매부지간이 되는 것으로 운이 트인 것이다. 양괘(兩卦) 중 마지막인 태양의 변화에 대한 설명으로 볼 수 있다. 괴벨스에겐 히틀러가 제을과 같은 존재였을 것이다. 히틀러를 만남으로써 그가 키워온 역량을 펼칠 기회를 획득한다.

六 : 城復于隍, 勿用師, 自邑告命, 貞吝.
(성복우황, 물용사, 자읍고명, 정린)
성이 무너져 구덩이에 빠졌으니, 군대를 동원해도 소용없다.
내 운명이 다했으니 부끄럽다.

복(隍)은 성 밖의 마른 도랑이다. 그곳으로 성이 무너졌다. 주역의 특징 중 하나가 태양의 괘가 마지막에 나오면 그것이 고통의 단초가 될 수 있음을 설명한다는 점이다. 운명이 바뀌는 것이다. 잘 나갈 때 조심하라는 경고도 담고 있다. 실제 이 같은 변화를 겪는 경우도 많다. 괴벨스도 크게 다르지 않다.

2차 세계대전 종반 괴벨스의 운명은 과도한 행운을 누린 데 따른 반작용이 쏟아지는 시간이었고, 결국 히틀러와 괴벨스는 전쟁에 패하고, 자살로 인생을 마감한다. 따라서 그의 인생 전체는 태음-소음-태양-소양-태음(☷☱☲)이라고 할 수 있지 않을까. 육은 이 같은 가능성에 대한 우려를 담고 있다고 할 수 있다. 고생 끝에 낙원에 도달했으나, 그것이 비극의 시작이 될 수도 있음을 경고한 것이다.

신데렐라 이야기는 '왕자와 결혼한 신데렐라는 평생 행복하게 살았습니다'로 끝난다. 정말 그랬을까? 몇 년 뒤 이웃 국가에 점령당한 뒤 왕자와 더불어 형장의 이슬로 사라지는 운명을 맞지는 않았을까? 반면 계모는 새롭게 들어선 정권에서 권력의 중심으로 들어가지는 않았을까? 이 같은 가능성이 있음을 이야기하는 것으로도 볼 수 있다.

12 비괘否卦

否之匪人, 不利, 君子貞, 大往小來. 막히는 것은 사람의 일이 아니다. 이득이 없고, 군자는 바
르게 행동해야 한다. 큰 것이 가고 작은 것이 온다.

初 : 拔茅茹, 以其彙, 貞吉, 亨. 띠 풀의 뿌리를 뽑아 묶어두니 바르고 길하고, 형통하다.

二 : 包承, 小人吉, 大人否亨. 운명을 받아들이면 소인은 길하고, 대인은 답답함을 느낀다.

三 : 包羞. 부끄러움을 갖게 된다.

四 : 有命无咎, 疇離祉. 천명을 받아들이면 허물이 없다. 복을 잃는다 .

五 : 休否, 大人吉, 其亡其亡, 繫于苞桑. 막힘이 그치니, 대인이 길하다. 망한다 망한다 하는
가운데, 무성한 뽕나무를 묶어 놓았다.

六 : 傾否, 先否後喜. 막힘이 뒤집어지는 것이니 먼저는 막혔으나 나중에는 기쁘다.

▮ 점점 작아지는 운명

비(否)는 부로 발음될 때는 아니다, 부정하다, 없다 등의 뜻으로 사용
되고, 비로 발음될 때는 막히다, 악하다 등의 의미로 사용된다. 여기서는
막힌다는 뜻으로 해석했다. 태양에서 시작해 소양을 거쳐 태음으로 끝난
다. 기운이 계속 막혀가는 형상이다. 처음엔 개인의 기운이 막히고 결국
엔 운의 기운도 막힌다.

미 명문대 유학 중이던 전도 창창한 학생이 있었다. 이름을 말하면 알
만한 기업의 2세가 같은 대학에 함께 잠시 머물렀고, 돌아가면서 함께

일해 볼 것을 권했다. 일종의 스카우트였다. 처음엔 해당 기업이 원하던 곳이 아니어서 주저했다. 그러나 재벌 2세의 간곡한 부탁으로 해당 기업에 들어간 유학생은 두각을 나타내기 시작했고, 기업을 키우는 데 크게 공헌하며 회사의 높은 자리까지 올라간다(☰).

그런데 회사가 커질수록 자신의 지위가 버거워지기 시작했다. 계열사 수가 3개에서 10년 만에 10개로 증가했다. 밖에서 볼 땐 크게 성공한 것처럼 보이지만 정작 본인은 능력의 한계치를 느껴야 했다. 사장은 외부에서 유능한 전문가들을 끌어모으기 시작했고, 조직 내부의 후배들도 치고 올라오기 시작했다. 당장 자리의 위협은 없으나 이런저런 구설이 흘러 다녔고 점차 자신감을 잃어갔다. 그런 와중에 과로와 스트레스로 인해 몸도 망가지기 시작했다. 이빨이 빠지고 고혈압 당뇨에 시달리기 시작한다(☷).

그는 40대 후반의 젊은 나이지만 모든 것을 내려놓기로 했다. 모아 놓은 돈으로 건물을 산 뒤 1층에서 작은 빵 가게를 시작했으며, 경험을 바탕으로 한 책을 쓰고 강의도 했다. 중국어와 일본어 공부도 시작했다. 그는 내려놓으면서 세상이 새롭게 보이기 시작했고, 작고 소소한 행복이 무엇인지 느끼기 시작한다고 말한다. 당장은 아니지만 뭔가를 다시 해볼 수 있을 것 같다는 막연한 생각도 든다고 한다(☷).

사람의 일이 아니다

否之匪人, 不利, 君子貞, 大往小來.
(부지비인, 불리, 군자정, 대왕소래)
막히는 것은 사람의 일이 아니다. 이득이 없고, 군자는 바르게
행동해야 한다. 큰 것이 가고 작은 것이 온다.

비괘(比卦)에 이어 비인(匪人)이 다시 등장했다. 태음으로의 변화는 인간이 막기 힘든 것이다. 따라서 이득이 없다. 군자라면 바르게 처신해야 한다고 말한다. 할 수 없는 일을 억지로 하지 말아야 한다. 또한, 큰 것이 가고 작은 것이 온다고 주역은 말한다. 앞서 태괘와 반대이다. 태양에서 태음으로 점차 기운이 사라지기 때문이다.

최후를 준비하라

初 : 拔茅茹, 以其彙, 貞吉, 亨.(발모여, 이기휘, 정길, 형)
띠 풀의 뿌리를 뽑아 묶어두니 바르고 길하고, 형통하다.

태괘의 효사와 동일하다. 그러나 의미에서 차이가 있다. 태괘의 경우 기회의 준비 차원에서 띠풀의 뿌리를 모았다면, 비괘는 어려움에 대비한 저장을 말한다고 할 수 있다. 태괘가 공격을 위한 실탄의 준비라면, 비괘는 방어를 위한 대책의 성격이 강하다. 그것이 무엇이 되었든 미래를 위한 시간 속 에너지를 쌓는 것이 운명을 보다 길하고 형통하게 만드는 길인 것이다.

답답함도 필연

二 : 包承, 小人吉, 大人否亨.(포승, 소인길, 대인부형)
운명을 받아들이면 소인은 길하고, 대인은 답답함을 느낀다.

승(承)은 계승하다, 받아들인다는 뜻이 있다. 운명을 받아들이는 것이다. 특히 초반 운명의 받아들임을 뜻한다. 소인은 큰 문제가 없다. 초반의 능력과 행운으로 쌓은 결과물에 만족하면서 살 수 있다.

　그러나 대인, 즉 큰 뜻을 품었던 사람은 답답함을 느껴야 할 것이다. 허기진 배가 완전히 채워지지 않은 탓이다. 앞서 보았던 6번 송괘(☰☵)와 비교해 보면 그 차이를 알 수 있다. 대인의 경우 송괘를 지향할 가능성이 높다. 능력의 한계에 부딪힌 상황에서 송괘는 운의 기운으로 더 상승한다. 물론 그것이 송사로 이어질 가능성도 높다. 아울러 10번 리괘(☰☱)의 경우 호랑이 꼬리를 밟았음에도 죽지 않음으로써 형통함을 만들지만, 비괘는 하이 리스크 하이 리턴의 상황을 꺼린다. 따라서 대인의 경우 그 운명이 몰고 오는 마음속 답답함이 있을 것이다.

받아들이기! 쉽지 않다

三 : 包羞.(포수)
부끄러움을 갖게 된다.

　수(羞)는 부끄러워하다, 싫어하다 등의 뜻이 있다. 태양(☰) 다음에 찾아오는 소양(☱)은 부족한 능력 탓에 행운을 소화시키지 못하는 상황이다. 밥상이 차려지고 있는데 먹지 못하는 것이고, 항아리 밑이 깨져 쏟아지는 물이 밑으로 새는 것이다. 자존심이 강한 축에 들어가면, 부끄러운 상황이 벌어진다. 그것을 막으면 크게 용트림할 수 있으나 인력으로 되지 않는다.

四 : 有命无咎, 疇離祉.(유명무구, 주리지)

천명을 받아들이면 허물이 없다. 복을 잃는다.

유명(有命)은 천명을 받아들인다는 뜻이다. 주(疇)는 무리라는 뜻도
있고 일종의 지시대명사로 사용되기도 하며, 리(離)는 떨어진다는 의미
이고, 지(祉)는 복을 뜻한다. 주리지(疇離祉)는 복이 사라진다는 걸 뜻한
다. 즉, 행운의 기운도 소멸하는 것이다. 소양에서 태음으로 넘어가는 상
황을 의미한다.

만일 내려놓지 않고 버티면 송괘가 될 수도 있을 것이다. 그러나 구설
을 감수해야 한다. 그러기보다 차라리 내려놓는 길을 택하는 것이 나을
수 있다.

五 : 休否, 大人吉, 其亡其亡, 繫于苞桑.

(휴부, 대인길, 기망기망, 계우포상)

막힘이 그치니, 대인이 길하다. 망한다 망한다 하는 가운데,

무성한 뽕나무를 묶어 놓았다.

계(繫)는 묶는다는 뜻이고, 포(苞)는 무성하다, 상(桑)은 뽕나무를 의
미한다. 뽕나무는 누에의 먹이로 이용되고, 누에는 실크를 생산한다. 또
한, 뽕나무 열매인 오디는 술을 담그거나 약재로 사용되었다. 따라서 뽕
나무가 큰 재산이 된다. 그래서 뽕나무가 무성하다는 것은 이렇듯 재산

이 많이 쌓였다는 것이다. 아울러 그것이 반드시 물질적 재물일 필요는 없을 것이다.

태음이 된 상태를 뜻한다고 할 수 있다. 특히 대인에게 길하다고 말한다. 대인은 큰 깨달음을 얻을 수 있는 계기를 얻기 때문이다. 모든 걸 내려놓은 가운데 시간 속에 에너지를 쌓으면 어느새 자신의 운명에 변화가 생기고 있음을 발견하게 된다. 비괘의 운명이 끝나고 새로운 변화가 시작되는 조짐을 보이기 시작할 가능성도 있다. 인생은 끊임없이 변화한다. 내려놓음이 오히려 더 큰 변화를 만드는 계기가 될 수 있다.

끝은 시작이다

六 : 傾否, 先否後喜.(경부, 선부후희)
막힘이 뒤집어지는 것이니 먼저는 막혔으나 나중에는 기쁘다.

경(傾)은 막히다, 뒤집어지다의 뜻이다. 비괘가 뒤집어진 것이다. 그렇다면 무엇이 될까? 태괘가 된다. 처음엔 흉하나 나중엔 길한 운명이다. 태음이 끝이 아닌 시작점으로 삼았을 때 세상은 반대로 보일 수 있음을 이야기하고 있다. 결과적으로 마지막 태음은 비괘의 끝인 동시에 태괘의 시작이다. 사실 인생은 태괘와 비괘를 반복하는 것일 수 있다. 띠 풀은 삶 속에서 꾸준히 모아야 할 영양소다.

앞서 태괘에선 마지막에 성공이 불행의 시작일 수 있다고 경고한다. 태양의 찬란한 빛이 영원하지 못하기에 미래를 준비해야 한다고 말한다. 반대로 비괘에서는 운의 기운이 다하는 마지막이 찬란한 출발의 새로운 시작임을 이야기한다.

13 동인괘同人卦

同人于野, 亨, 利涉大川, 利君子貞. 들판에 동지가 있다. 큰 이득이 강을 건너서 온다. 군자에게 유리하다. 바름이다.

初 : 同人于門, 无咎. 친구가 문 앞에 있으니 근심이 없다.

二 : 同人于宗, 吝. 같은 일족은 근심이 된다.

三 : 伏戎于莽, 升其高陵, 三歲不興. 우거진 숲 풀에 오랑캐가 숨어 있는데, 높은 언덕에 오르면, 3세가 흥하지 못한다.

四 : 乘其墉, 弗克攻, 吉. 성벽을 올랐으나, 공격하지 않으니 길하다.

五 : 同人, 先號咷, 而後笑, 大師克, 相遇. 동인은 처음엔 크게 포효하고, 또 그 뒤 웃지만, 대군을 극복하지 못하고 서로 만난다.

六 : 同人于郊, 无悔. 벗어나 있으면, 후회가 없다.

▌마지막엔 친구가 변한다

귀족 집안에서 태어난 항우는 젊은 시절 키가 8척에 이르렀고 큰 솥을 들어 올릴 정도로 힘이 장사였으며, 검술과 전투, 그리고 병법에 능했다. 폭군이었던 진나라 시황제에 대항하여 전국에서 무장봉기가 일어났던 기회를 놓치지 않고, 친척이었던 항량과 함께 거병했고, 도처에서 호걸들이 모여들었으며 연전연승으로 강력하고 유력한 인물로 떠오르게 되었다(☰).

그러면서 그는 중국을 통일하기 직전까지 간다. 그 순간 부하같은 동지였던 유방이 항우에 대적해 싸울 것을 선언하자, 항우는 유방을 팽성 전투에서 고작 5만 명의 군사로 무찌른다. 항우는 더욱 기세등등해져 유방을 마지막 코너로 몰아간다(☰).

그러나 지나친 항우의 자부심은 내부로부터의 붕괴를 일으킨다. 항우는 진나라 시황제의 무덤을 파괴하며 황궁을 약탈했고, 신하와 장수들을 업신여기고 포악하게 굴었다. 사람들과 장수들은 포악한 항우를 두려워해 유방에게 투항했고, 유방은 주변 세력을 연합하는 전략을 구사한다. 유방을 궁지로 몰았던 항우는 오히려 유방과 명장 한신에게 포위되어 사면초가에 빠지고 만다. 운이 다한 것이다(☲).

동인(同人)은 뜻을 같이하는 사람이란 의미다. 즉 동지가 있는 괘라고 볼 수 있다. 백지장도 맞들면 낫다. 좋은 친구 한 명이 있다는 건 인생의 행운이다. 능력이 있는 상태에서 강한 운의 기운이 결합하면서 승승장구한다. 그러나 동인은 이중의 의미가 있다. 가장 무서운 것은 한때 뜻을 같이했던 사람들의 배신이다. 동인이 배신하면 내부로부터 무너지게 되어 있다. 동인은 이렇듯 강한 자신의 기운과 행운이 겹쳐 승승장구하는 사이에 내부로부터 곪아가는 상황에 직면하게 되는 괘이다.

9번 소축괘(☴☰)와 비교해보는 것도 재미있다. 소축괘는 구름은 빽빽하나 비가 오지 않는 상태다. 즉 잘 될 것 같은 시점에서 운이 따르지 않는다. 동인괘는 충분히 이뤄 놓은 상태에서 운이 다한다. 건괘와 비교해 마지막이 소음이란 점이 다르다. 건괘가 운이 다한 지점에서 올 수 있는 상황으로도 이해할 수 있다.

들판에 동지가 있다

同人于野, 亨, 利涉大川, 利君子貞.(동인우야, 형, 이섭대천, 리군자정)

들판에 동지가 있다. 큰 이득이 강을 건너서 온다.

군자에게 유리하다. 바름이다.

친구가 들판에 있다. 주역에서 친구는 운을 물어다 주는 사람이다. 들판에서 친구의 도움을 받는다는 것은 출세를 위해 세상에 나갔을 때 행운이 있을 것을 뜻한다. 따라서 적극적으로 일을 도모해도 된다. 형통할 수밖에 없다.

동지가 문을 지킨다

初 : 同人于門, 无咎.(동인우문, 무구)

친구가 문 앞에 있으니 근심이 없다.

시작점에서 문 앞에 친구가 있다. 문이라는 것은 들판과 대비된다. 문은 집과 들판의 경계다. 친구가 그 앞을 지켜주는 것이다. 즉 출발부터 운의 기운이 함께 하는 것이다. 문 앞을 지키던 친구는 들판에서도 힘이 된다. 강한 운은 적 후방에 불길을 일으켜 들판의 승리를 주기도 하지만 집에 번진 불을 갑작스러운 소나기로 꺼주기도 한다.

타인과 일할 것

二 : 同人于宗, 吝.(동인우종, 린)

같은 일족은 근심이 된다.

종(宗)은 으뜸, 근원이란 뜻도 있고, 일족(一族)을 의미하기도 한다.

종중(宗中)은 성과 본이 같은 집단을 뜻한다. 동족을 통해 운의 기운을 확보하는 것에 반대는 안 하지만 근심이 많을 것을 이야기하고 있다.

씨족을 친구로 택하는 이유는 더 믿을만하고 배신하지 않는다고 생각하기 때문이다. 3000년 전엔 지금보다 그 밀도가 높았을 것이다. 그런데 주역은 이것이 근심의 원인이 될 수 있다고 말한다. 사실 많은 조직에서의 친족과 공식 조직 간의 암투에서 문제가 발생하는 경우가 잦다. 이같은 가능성을 염려한 것으로 볼 수 있다.

이는 곧 동반자로서 씨족보다 다른 부류의 사람을 택하라고 충고로 이해할 수도 있다. 친족은 편하지만, 확장성이 떨어진다. 다른 세계의 친구는 경험하지 못한 세계를 보여주지만, 동족은 그 가능성이 작다. 아울러 맺고 끊음을 명확히 할 수 있다. 동족은 감정과 정에 끌릴 수밖에 없다. 시시비비를 명확히 가리는 데 한계가 있다. 이 같은 점들이 근심거리로 작용할 수 있음을 주역은 설명하고 있다.

과유불급

三 : 伏戎于莽, 升其高陵, 三歲不興.(복융우망, 승기고릉, 삼세불흥)
우거진 숲 풀에 오랑캐가 숨어 있는데,
높은 언덕에 오르면, 3세가 흥하지 못한다.

복(伏)은 매복을 뜻하고, 융(戎)은 무기라는 뜻도 있고, 오랑캐라는 의미도 있다. 망(莽)은 풀숲이다. 승(升)은 오른다는 뜻이다. 오랑캐가 숲에 숨어 있는 데, 높은 언덕으로 나아가면 위험할 수밖에 없다. 복융우망(伏戎于莽)은 깊게 잠복해 있는 내부의 적을 뜻한다고 볼 수 있다. 내부가 썩어가는 상황에서 외부적으로 큰일을 도모하면 안에서 문제가 터져 모든 걸 망가뜨릴 수 있다.

아무리 피를 나눈 동지일지라도, 한순간 돌아서면 가장 무서운 적이
된다. 두 번째 태양의 상황을 설명한 것으로, 겉으론 승승장구하는 듯 보
이지만 내부적 불만이 쌓여가는 상황임을 묘사하고 있다고 볼 수 있다.
이는 곧 내부에 문제가 없는 지 돌아보라는 권고로 해석할 수 있다.

적군도 사람이다

四 : 乘其墉, 弗克攻, 吉.(승기용, 불극공, 길)
성벽을 올랐으나, 공격하지 않으니 길하다.

승(乘)은 오른다는 뜻이고 용(墉)은 성벽을 의미한다. 성벽을 올라감
으로써 공격은 거의 성공단계에 다다랐다. 마음껏 상대를 유린하고 싶
은 마음이 생기지만 그걸 참는다. 전쟁에서 승운은 사람의 인심을 얻는
데서 나온다. 따라서 불필요한 살생과 약탈을 줄여야 하고 항복한 적의
병사는 우리군이 될 수 있도록 해야 한다. 그래야 승운이 이어질 수 있
고 불운이 오는 걸 막을 수 있다. 여기에 실패하면 운이 다하는 것이다.

종국엔 칭병하는 자가 있다

五 : 同人, 先號咷, 而後笑, 大師克, 相遇.
(동인, 선호도, 이후소, 대사극, 상우)
처음엔 크게 포효하고, 또 그 뒤 웃고,
대군을 이겨 내지만 동인(同人)과 대립한다.

호도(號咷)는 크게 포효한다는 뜻이다. 우(遇)는 만난다는 의미를 갖고 있다. 처음엔 크게 포효하며 이후엔 웃지만, 마지막엔 운명과 마주 서게 되는 것이다. 초반은 들판에서 승운이 따르고 중반엔 그것을 지키는 운이 따른다. 그 뒤엔 웃는다. 그 웃음은 상대에 대한, 부하직원에 대한 비웃음과 자신의 능력에 대한 자신감이 묻어 있는 것이다. 혹은 나태해진 것일 수도 있다. 그것은 곧 운명이 다했음을 뜻하고 동인(同人)이 이젠 적이 되어 맞서는 것이다.

그것이 내부적 문제를 야기하고 막판 결정적 한 방이 필요한 순간 적을 극복하지 못해 들판에서 서로 마주치게 된다. 항우가 결국 유비와 마주치게 되는 것이 대표적인 예일 것이다. 태양에서 소음으로 넘어가는 상황을 설명하고 있다.

잘 물러날 것

六 : 同人于郊, 无悔.(동인우교, 무회)
친구가 벗어나 있으면, 후회가 없다.

친구가 나로부터 벗어나는 것이다. 친구는 이제 나를 지켜주는 행운이 아니다. 오히려 근심이 될 수 있다. 그같은 근심이 사라졌음을 뜻한다. 강한 행운의 기운도 친구와 함께 떠난다.

14 대유괘大有卦 ☰☰☰ ☲

大有, 元亨. 대유는 원형이다.

初 : 无交害, 匪咎, 艱則无咎. 사귐에 해가 없으면 탈이 생기지 않는다. 어려움이 있으나 허물은 없다.

二 : 大車以載, 有攸往, 无咎. 큰 수레에 실었으니, 어디에 나아가도 허물이 없다.

三 : 公用亨于天子, 小人弗克. 공사에 나서면 천자와 소통할 것이나, 소인은 이를 극복하지 못한다.

四 : 匪其彭, 无咎. 정도를 넘지 않으면 허물이 없다.

五 : 厥孚交如, 威如, 吉. 그 같은 믿음으로 사람과 사귀고 또 위엄을 지키면 길할 것이다.

六 : 自天祐之, 吉无不利. 하늘에서 그를 도와 길하고 불리할 것이 없다.

▍큰 것이 다가온다

나폴레옹은 1769년 8월 15일 지중해 작은 섬 코르시카에서 태어났다. 그가 태어나기 15개월 전 코르시카섬은 제네바령에서 프랑스령으로 바뀌었고, 비록 식민지 주민이었으나 그는 프랑스 국민이 되는 행운을 누린다. 만일 코르시카섬이 프랑스에 복속되지 않았다면 그는 다른 인생을 살았을 것이다. 나폴레옹이 이룬 업적을 일본강점기에 빗대 설명하자면 박정희가 일본 천왕에 오른 뒤 중국까지 지배한 것이라고 해야 할 것이다.

나폴레옹은 사관학교를 졸업하고 소위로 임관했으나 특출한 군인은 아니었다. 그런데 초고속 승진을 한다. 프랑스 혁명 탓에 귀족 출신 장교들이 대다수 탈영하면서 장교 숫자가 절대 부족했기 때문이다. 25살에 준장에 진급해 별을 다는 행운을 누린다(☰).

나폴레옹이 주목받기 시작한 것은 1795년 포도월 폭동을 진압하면서다. 이후 1799년 이집트 침공군의 사령관을 맡았으나 영국 해군에 패하면서 철수를 하게 된다. 패장이었지만 막강한 군사력을 확보한 나폴레옹은 이성계가 위화도 회군을 했던 것처럼 쿠데타를 일으켜 대통령이 된다. 소양에서 태양으로 전환된 것이다. 그에겐 행운이었다. 그 뒤 그는 대통령으로서 지휘 한 여러 전쟁에서 승리한다. 잠재력이 폭발한 것이다. 아울러 '능력주의'란 슬로건을 바탕으로 실력에 따라 인재를 등용하면서 귀족주의도 타파한다(☰).

국민적 영웅이 된 나폴레옹은 한발 더 나아가 1804년 스스로 황제의 지위에 오른다. 그리고 1807년 러시아 알렉스드르 1세와 틸지드 조약을 통해 동유럽은 러시아가, 서유럽은 나폴레옹 황제가 지배하게 됨으로써, 그는 유럽의 절반을 통치하는 지도자가 된다(☰).

대유(大有)는 큰 것이 있다로 해석할 수 있다. 능력보다는 운이 따르는 상황에서 출발한다. 금수저를 물고 태어났거나 덜컥 소화하기 힘든 선물을 받았을 것이다. 그 행운을 바탕으로 잠재력을 폭발시키는 데 성공한다.

건괘와 달리 능력 없음을 극복했기 때문에 사람의 관점에서 보면 더 크게 성공한 것으로 평가될 수 있다. '누구나 열심히 노력하면 할 수 있다'는 귀감이 되기도 한다. 이런 사람에게 성공의 비결을 물어보면 뭐라고 대답할까? 아마도 운이 좋았다고 할 것이다. 그것이 동인괘와 다른 점일 수 있다.

大有, 元亨.(대유, 원형)

대유는 원형이다.

괘사가 무척 짧다. 큰 것이 있고, 형통하다는 뜻이다. 딱히 더 할 말이 없어 보인다. 메이저리그에서 성공한 박찬호도 그 과정이 대유괘라고 할 수 있다. 강속구를 갖고 있었으나 제구가 불안했기에 미래가 불투명한 단지 유망주 상태로 박찬호는 출발한다. 그런데 메이저리그, 그것도 부자 구단인 LA 다저스에 고교 졸업 후 스카우트 된다. 이후 착실하게 실력을 쌓고 때론 어려움을 극복하면서 잠재력을 폭발시키고, LA다저스의 에이스로 올라선다.

初 : 无交害, 匪咎, 艱則无咎.(무교해, 비구, 간즉무구)

사귐에 해가 없으면 탈이 생기지 않는다. 어려움이 있으나 허물은 없다.

대유와 동인괘는 출발 당시 능력의 차이가 존재한다. 항우와 나폴레옹의 차이가 이를 대변한다. 항우는 무장으로서 무예도 뛰어났고 귀족 출신이었던 반면 나폴레옹은 식민지 주민으로서 단신에 볼품없는 얼굴을 갖고 있었다. 이 같은 단점을 나폴레옹이 극복하는 길은 주변 인물들과 잘 사귀는 것이었다. 윗사람뿐만 아니라 부하들과도 마찬가지다. 출발 선상의 열등감 때문에 보다 겸손하고 사귐에 해가 없었다고도 할 수 있다.

박찬호 역시 처음 미국에 건너갔을 때, 동료들과 좋은 관계를 맺었기에 팀에 잘 정착했을 것이다. 시합의 승운도 동료들과 좋은 관계를 맺음으로써 가능했을 것이다. 이렇듯 사귐이 중요하고, 그 과정에서 어려움은 있겠으나 허물은 없는 것이다.

수레가 커 허물이 없다

二 : 大車以載, 有攸往, 无咎.(대거이재, 유유왕, 무구)
큰 수레에 실었으니, 어디에 나아가도 허물이 없다.

재(載)는 싣는다는 뜻이고, 유(攸)는 장소를 뜻한다. 큰 수레는 큰 행운을 담을 수 있는 그릇을 확보한 것으로 볼 수 있다. 예컨대 서울에서 그것도 강남에 성공한 사람들과 어울릴 수 있는 공간과 기회를 얻게 된다면 일단 큰 수레를 얻은 것으로 볼 수 있다. 비록 말단 9급 직원일지라도 국회의원 회관에서 대통령의 가능성이 있는 정치인을 모시면서 여러 사람과 교류할 수 있는 장이 마련된다면 큰 수레를 얻었다고 할 수 있을 것이다.

대인은 큰일에 나설 수 있다

三 : 公用亨于天子, 小人弗克.(공용향우천자, 소인불극)
공사에 나서면 천자와 소통할 것이나, 소인은 이를 극복하지 못한다.

군자의 능력이 있다면 큰일을 성취한다는 것이다. 그러나 소인은 이를 극복하지 못한다. 큰일에 나설 수 있는 기반이 마련이 되지만 그것을 활용하는 데 소인은 한계를 드러낼 수밖에 없다. 아무리 강남에서 부자들과 어울릴 기회를 얻더라도, 여의도에서 정치인과 교류할 수 있는 상황이 되더라도 스스로 소화할 수 있어야 한다. 즉 그 행운을 바탕으로 자신의 잠재력을 폭발시키거나 개발해야 한다. 그렇지 못하면 큰 행운을 담을 수 있는 그릇도 무용지물이 된다. 반면 대인의 풍모라면 이에 도전할 수 있다는 것으로 이해하면 될 것이다.

정도를 넘지 말 것

四 : 匪其彭, 无咎.(비기팽, 무구)
정도를 넘지 않으면 허물이 없다.

팽(彭)은 부풀어 오른다는 뜻도 있고, 의성어로 북 치는 소리를 뜻하기도 한다. 삼(三)에 이어지는 조언으로 볼 수 있다. 만일 대인의 풍모를 보여 잠재력을 폭발시키고, 이를 행운이 뒷받침한다면 더 큰 것을 꿈꾸게 된다. 그러나 계속된 성공이 욕망을 더 크게 만들 수 있다. 그 욕망이 도를 넘어서면 큰 허물을 만들 수 있다. 너무 배를 부풀리고 어깨를 으쓱거리지 말라는 것이다. 같은 맥락에서 겸손의 필요성을 이야기하고 있다고 볼 수도 있다.

믿음으로 사귈 것

五 : 厥孚交如, 威如, 吉.(궐부교여, 위여, 길)
그 같은 믿음으로 사람과 사귀고 또 위엄을 지키면 길할 것이다.

궐(厥) 그, 그것이란 뜻이다. 그 같은 믿음이라는 것은 앞서 이야기한 정도를 넘어서지 않는 믿음으로 이해될 수 있다. 초구에 이어 다시 교류가 등장한다. 타고난 재능보다 관계 속에서 나를 발전시키고 또 운의 기운을 지속시킬 필요가 있다.

다만 초구와 달리 위엄이 필요하다는 말이 추가됐다. 위로 오른 만큼 아랫사람도 많을 것이고, 그들을 통해 문제를 풀어가야 할 것이다. 따라서 위엄이 필요하다.

하늘이 도울 것

六 : 自天祐之, 吉无不利.(자천우지, 길무불리)
하늘에서 그를 도와 길하고 불리할 것이 없다.

우(祐)는 복 혹은 돕는다는 뜻이다. 하늘이 돕는 것이다. 하늘이 도와 길하고 불리할 것이 없는 운명임을 다시 한번 강조한 것으로 볼 수 있다.

15 겸괘謙卦

謙, 亨, 君子有終. 겸손은 형통이요, 군자라면 끝내 결실이 있을 것이다.

初 : 謙謙君子, 用涉大川, 吉. 겸손하고 겸손한 군자는 실질적인 것이 큰 강을 건너오니 길하다.

二 : 鳴謙, 貞吉. 겸손한 평판은 길하다.

三 : 勞謙, 君子有終, 吉. 겸양하려고 노력하면, 군자는 결실을 거두니 길하다.

四 : 无不利, 撝謙. 겸손함에 이르는 것은 불리하지 않다.

五 : 不富, 以其鄰利用侵伐, 无不利. 가진 게 없으니, 이웃이 나를 침범하여도, 불리할 게 없다.

六 : 鳴謙, 利用行師, 征邑國. 겸손한 평판이 있으면, 군사가 되어 타국을 정벌하는 일에 나설 수 있다.

▌가능한 겸손할 것

1853년 개신교 목사의 아들로 태어난 고흐는 16살이 되던 해 화랑에서 일하며 그림을 접한다. 그러나 그림을 그리지는 않는다. 두 번의 실연으로 성격이 어두워졌고, 결국 종교에 귀의한다. 그러나 그곳에서도 교회 당국과 마찰을 일으키면서 종교 활동이 맞지 않는다는 걸 깨닫는다. 인생이 생각만큼 풀리지 않은 것이다(☵).

그가 택한 것은 사람과의 접촉을 끊고 그림을 그리는 것이었는데, 자신의 창조력을 깨달으면서 삶에 대한 자신감을 찾게 된다. 독학으로 작품 기법을 습득한 뒤 1881년 네덜란드 풍경화가 안톤 모베와 일하면서 회화 기법을 배우고 실력을 키웠다. 그리고 1886년 파리로 건너가 인상파 화가들과 만나면서 본인의 화풍을 만든다. 그럼에도 불구하고 그의 그림은 사람들로부터 인정받지는 못한다. 즉 실력을 축적했음에도 불구하고 불운했다. 살아생전 판매한 그림은 〈붉은 포도밭〉 한 점이 전부였다(☷).

좌절과 실의에 빠진 그는 신경발작으로 자신의 귀를 자르고 결국 정신 병원에 입원한다. 병원에 있던 12개월간 그는 렘브란트, 밀레 등의 작품을 모작하면서 작품에만 집중함으로써 마음속 혼란을 극복하고자 한다. 그러나 병원을 나온 뒤에도 방황을 끝내지 못하고 결국 자신의 생계를 동생 테오에 의존해야 한다는 자책과 열등감 때문에 자살로 생을 마감한다(☷).

겸(謙)은 겸손하다는 뜻이다. 열심히 해서 능력을 키웠으나 기회가 없는 상황이 이어지면 지칠 수밖에 없다. '해도 안 되나보다'라는 실망과 분노가 커진다. 실망감 때문에 능력이 상실되기도 한다. 겸괘가 이 같은 운명인데, 겸손할 것을 충고한다.

겸손함은 높은 위치에 오른 사람에게만 필요한 것은 아니다. 때를 만나지 못한 사람에게는 '그것도 나의 운명'이라는 마음이 필요하다. 초반 운은 타고난 경우도 있겠지만 중반 이후엔 스스로 만들어 가는 것이다. 운이 계속 따르지 않는 것은 자신이 남과 나누지 못한 탓이 크다.

군자는 결실이 있다

謙, 亨, 君子有終.(겸, 형, 군자유종)
겸손은 형통이요, 군자라면 끝내 결실이 있을 것이다.

군자라면 결실을 맺는다는 것은 무엇일까. 아무것도 없는 상태에서 능력을 길러낸 것은 각고의 노력을 통해서였을 것이다. 가난한 집에서 태어나 고등학교 때까지 불우한 환경에서 공부를 제대로 못 하다 간신히 지방대에 들어간다. 공부에 재미를 느껴 석사도 하고 아르바이트로 돈을 벌면서 외국에서 박사학위까지 받는다. 능력이 생긴 것이다.

그런데 교수로 취업이 되지 않는다. 운이 따르지 않는다. 시간강사를 전전하며 결혼도 못 한다. 불우한 어린 시절, 능력을 쌓는 과정, 강사로 고생하는 시간 모두 인고의 시간일 것이다.

그런데 좋은 열매는 여름의 따가운 햇살을 이겨내야 만들어진다. 그 따가운 햇볕을 견디는 건 가지에 매달린 열매만이 아니다. 그 열매를 버티고 있는 줄기와 뿌리, 그리고 나뭇잎도 마찬가지다. 비록 사회적인 열매는 없지만 어떤 바람에도 흔들리지 않을 깊은 뿌리가 생겼을 것이고, 그것이 바로 결실이다. 다만 이 같은 결실은 군자만이 가능할 것이다.

겸손하고 겸손할 것

初 : 謙謙君子, 用涉大川, 吉.(겸겸군자, 용섭대천, 길)
겸손하고 겸손한 군자는 실질적인 것이 큰 강을 건너오니 길하다.

그 열매를 맺기 위해 필요한 것이 바로 겸손함이다. 따라서 겸손함을 두 번 강조했다. 출발 자체가 태음이지만, 스스로 사회성이 부족하다고 생각하고 개인의 역량을 키우는 데 집중하는 스타일이기 때문이다. 이런 경우 고집스럽고 융통성이 부족한 사람이 될 확률이 높다. 그것을 조심하라는 조언일 수 있다. 고흐의 경우 초반 연애 과정, 그리고 종교 지도자가 되려는 과정에서 본인의 사회성이 좋지 않았음을 깨달았고 그래서 그림에 집중했을 가능성이 높다. 그 시작점에서 보다 겸손한 마음을 갖고 출발할 경우 사회성을 키우지 못하더라도 큰 이득이 강을 건너올 수 있음을 주역은 말하고 있다.

겸손한 평판이 필요

二 : 鳴謙, 貞吉.(명겸, 정길)
겸손한 평판은 길하다.

명(鳴)은 새가 울다는 뜻도 우고, 울리다는 의미도 있다. 즉 명겸은 겸손하다는 평판을 얻는 정도로 이해하면 될 것이다. 힘들게 능력을 키운 사람에게 부족할 수 있는 운의 기운을 강하게 만드는 길에 대해서 이야기하고 있다고 할 수 있다. 힘들게 키운 능력에 대해 오만해지기 쉽고, 너무 강한 믿음을 갖게 될 확률이 높기 때문이다. 능력을 과신하면서 사람에 대해 소홀히 하기 쉽기에 관계에서 만들어지는 행운을 놓치기 쉽다. 따라서 겸손함을 키우면 자신의 운명을 바꿀 수 있다고 주역은 이야기하고 있는 것으로 볼 수 있다.

노력하면 군자의 결실을 거둔다

三 : 勞謙, 君子有終, 吉.(로겸, 군자유종, 길)
겸양하려고 노력하면, 군자는 결실을 거두니 길하다.

재일교포였던 김성근 감독의 경우 노력으로 실력을 키웠으나 조선인이라는 이유로 조센징이란 차별을 받으면서 기회를 얻지 못한다. 한국으로 돌아와 잠시 국가대표도 되어 보지만 어깨 부상이 겹치고, 반대로 쪽발이란 손가락질을 받으면서 자리를 잡지 못한다. 노력으로 실력을 키웠으나, 일본에서의 생활과 한국에서의 선수 생활 모두 운이 따르지 않는다. 여기까지가 끝이라면 겸괘를 고스란히 따라간다.

그런데 감독으로 성공한다. 사실 감독이 된 뒤에도 윗사람에 대해 겸손하지는 않았다. 그러나 선수들에겐 겸손했다. 본인의 불우했던 선수 생활이, 잠재력이 있으나 기회를 얻지 못한 선수들을 마음으로 이해할 수 있도록 했으며, 따라서 그들에게 겸손했다. 만일 윗사람에게도 좀 더 겸손했다면 더 큰 행운이 있지 않았을까 싶다. 그러나 자신의 실력에 대한 강한 고집이 거기까지 나가지 못하게 만들었다.

겸손은 불리하지 않다

四 : 无不利, 撝謙.(무불리, 휘겸)
겸손함에 이르는 것은 불리하지 않다.

휘(撝)는 높이 올려 휘두르다, 들다, 가리키다 등의 뜻으로 사용된다. 앞의 이야기가 반복되고 있다. 끊임없이 겸손을 강조하고 있다. 겸손하기만 하면 결과적으로 큰 결실을 얻을 수 있기 때문이다. 특히 소음으로 전환된 뒤 더더욱 겸손해야 함을 강조하고 있다.

마음은 편하게!

五 : 不富, 以其鄰利用侵伐, 无不利.(불부, 이기린이용침벌, 무불리)
가진 게 없으니, 이웃이 나를 침범하여도, 불리할 게 없다.

가진 게 없는 것의 장점도 있다. 이웃이 침범해도 불리할 게 없다. 지금은 돈을 은행에 맡기지만 예전엔 그렇지 않았고, 집안에 쌓아놓고 있어야 했다. 집안에 재물이 없으면 잃어버릴까 전전긍긍할 필요도 없다. 그것이 마음의 편안함을 가져오는 동시에 새로운 도전을 향한 에너지를 만든다. 다시 태음이 된 상태에 대한 설명이다. 일이 풀리지 않는다고 고통스러워하기보다 안빈낙도의 즐거움을 찾을 것을 조언하고 있다.

필요하면 겸손한 군사가 될 것

六 : 鳴謙, 利用行師, 征邑國.(명겸, 리용행사, 정읍국)
겸손한 평판이 있으면, 군사가 되어 타국을 정벌하는
일에 나설 수 있다.

태음의 상태에서 안빈낙도를 바탕으로 겸손함을 몸에 익힌다면 큰 변화를 맞을 수 있다는 이야기다. 능력 위에 행운을 끌어당길 수 있는 겸손함이 더해졌기 때문이다. 29번 감괘(☵☵) 혹은 60번 절괘(☵☱)가 될 수 있는 것이다.

16 예괘豫卦

豫, 利建侯行師. 제후를 세우는 것이 이롭다.
初 : 鳴豫, 凶. 명확한 계획은 흉이다.
二 : 介于石, 不終日, 貞吉. 돌 틈에 끼어 있으나, 종일 가지 않으니 길하다.
三 : 盱豫悔, 遲有悔. 담대한 계획은 후회를 낳고, 늦어져도 후회하게 된다.
四 : 由豫, 大有得, 勿疑, 朋盍簪. 조심스러운 계획을 하면 큰 것을 얻을 것이다. 의심하지 말라. 친구들이 비녀를 모아올 것이다.
五 : 貞疾恒不死. 병이 계속되지만 그러나 죽지는 않는다.
六 : 冥豫成, 有渝无咎. 어두운 계획이 성공하며, 변화가 있을 것이고 허물이 없다.

▌행운도 계획이 필요하다

가운데 양괘(兩卦)가 소양이다. 초반 고생을 하지만 중반 기회가 찾아오는데, 그것을 잘 잡아야 한다. 괘명으로 예를 택한 것은 행운을 잡기 위해서는 계획이 필요하기 때문이다. 여성들의 꿈이 한 번의 행운처럼 다가오는 백마 탄 왕자님을 만나는 것이다. 그 상황을 만들기 위해선 노력과 계획이 필요하다. 그러면 성공적인 결혼을 할 수 있다. 인생의 어느 순간 행운이 연속되는 때가 있을 수 있다. 그것이 무척 짧은 시간에 벌어지는 일이더라도, 하늘에서 쏟아진 행운을 잘 활용하면 허물없는 삶을 살 수 있다.

영국 엘리자베스 여왕의 남편인 필립공은 1921년 그리스 왕 게오르그 1세의 손자로 태어났으나, 바로 다음 해 왕이 폐위된 뒤 추방령이 내려져 가족과 함께 영국 군함을 타고 탈출한다. 무너진 왕가의 비극적 후손인 셈이다(==).

그러다 1939년 영국 다트머스의 해군 사관학교에 입학했고, 여기서 영국 왕 조지 6세의 딸 엘리자베스 공주를 처음 만나 교제하기 시작했고, 1947년 11월 웨스트민스터 대성당에서 결혼식을 올린다. 결혼과 동시에 '전하(Royal Highness)' 및 '에든버러 공작(Duke of Edinburgh)' 칭호를 받았다(==).

이후 여왕의 남편으로서 영국을 방문한 외국의 고위 인사들을 접견하고 해외 순방에 동행하거나 외부 활동을 통하여 여왕을 보필하는 임무를 수행하고 있다(==).

남성일지라도 부잣집 딸을 만나 데릴사위가 되면 그 행운이 평생의 힘이 될 수 있다. 예전 순풍산부인과에서 박영규 씨가 연기했던 '미달이 아빠'도 여기에 속하지 않을까. 변변한 직장도 없지만 의사 장인과 처제, 자신을 사랑해주는 아내와 귀여운 딸과 사는 삶이 타인에게는 어떨지 모르겠으나 본인은 큰 불만이 없다. 큰 꿈을 꾸는 입장에서는 답답하겠지만 누구에게나 본인에게 맞는 길이 있다.

제후를 세울 것

豫, 利建侯行師.(예, 리건후행사)
제후를 세우고 그의 군사가 되는 게 이롭다.

본인이 직접 나서기보다는 제후를 세우는 것이 이롭다. 직접 군대를 일으킬 능력도 없고 운도 따르지 않는다. 미달이 아빠처럼 미달이 엄마를 앞에 세워야 한다. 여성의 경우 남편이란 제후를 잘 세우면 행복한 삶을 살 수 있다.

명확한 계획은 금물

初 : 鳴豫, 凶.(명예, 흉)
명확한 계획은 흉이다.

명(鳴)은 명확히 드러난다는 뜻으로 사용된다. 한 번의 행운을 위한 계획이 명확히 드러나서는 안 된다. 계획을 세우고 실천할 수 있는 능력이 부족한 상황에서 명확한 계획은 소위 '부정'을 타기 쉽다. 전문대 출신 간호사가 서울대를 졸업한 의사와 결혼하는 행운을 잡기 위해 계획을 세운다고 가정해보자. 그 계획이 명확히 드러나면 현실이 되기 더 어렵다.

답답함은 종일 가지 않는다

二 : 介于石, 不終日, 貞吉.(개우석, 부종일, 정길)
돌 틈에 끼어 있으나, 종일 가지 않으니 길하다.

개(介)는 끼다는 뜻이다. 개우석(介于石)은 곧 돌 틈에 끼었다는 뜻이다. 첫 양괘(兩卦)의 상황을 설명한다고 할 수 있다. 대단히 출중하지 못한 가운데 운의 기운도 크지 않다. 따라서 어느 순간까지 분명 돌에 낀 답답함을 느낄 가능성이 높다. 그러나 끼인 상태가 영원히 지속되는 것은 아니다. 변화가 생긴다. 그때까지 덤덤하게 기다리면 된다.

담대한 계획은 어렵다

三 : 盱豫悔, 遲有悔.(우예회, 지유회)
담대한 계획은 후회를 낳고, 늦어져도 후회하게 된다.

우(盱)은 눈을 크게 뜨고 쳐다보는 것으로 담대함을 뜻하고, 지(遲)는 더디다는 뜻이다. 명확하게 계획을 세우지도 말 것이며 너무 거창하게 계획을 세워서도 안 된다. 큰 계획은 당연히 감당할 주체적 역량이 될 때 달성할 수 있다. 자칫 다가오는 기회마저 놓쳐 버릴 수 있다.

늦어져도 후회를 낳는 이유도 같은 맥락이다. 큰 걸 기다리다 행운을 놓치는 것이다. 행운을 놓치는 이유는 더 큰 무엇이 오지 않을까 싶은 기대 때문이다. 먹자니 아쉽고, 버리자니 아깝고. 이런 경우 고민을 하게 되는 데, 때론 과감하게 버릴 필요도 있지만, 동시에 본인의 처지를 잘 생각하고 너무 큰 욕심을 부리지 말라는 게 주역의 조언이다.

친구들이 몰려 온다

四 : 由豫, 大有得, 勿疑, 朋盍簪.(유예, 대유득, 물의, 붕합잠)
조심스러운 계획을 하면 큰 것을 얻을 것이다. 의심하지 말라.
친구들이 비녀를 모아올 것이다.

행운이 다가오는 상황을 설명한다. 유(由)는 조심스럽다는 뜻으로 해석이 된다. 함(盍)에는 덮다 모이다는 뜻이 있고, 잠(簪)은 비녀를 뜻한다. 조심스러운 계획은 조용하게 드러내지 않으면서 깨지기 쉬운 달걀을 손에 들고 있듯 하는 것이다. 산모가 10달간 움직임을 조심하듯 때를 기다리는 것도 노력과 인내가 필요하다.

기다림은 불안한 마음이 생기도록 하기도 한다. 하지만 굳게 믿고 기다리면 친구들이 드디어 비녀를 모아온다. 여기서 비녀는 이웃이 가져다주는 귀한 행운이 될 것이다. 절친이 정말 괜찮은 남자를 소개해주고, 그와 행복한 결혼에 성공하는 것이다. 그 순간을 위해 국화꽃은 봄과 여름을 견딘 것이다.

아프지만 죽지는 않는다

五 : 貞疾恒不死.(정질항불사)
병이 계속되지만 그러나 죽지는 않는다.

행운이 다가온 이후에도 능력 없음으로 인한 아픔이 계속됨을 설명한다. 미달이 아빠를 연상해보면 쉽게 이해가 된다. 결혼 뒤 무능한 사위에 대해 장인과 장모가 가끔씩 속을 긁는다. 이 같은 일이 지속될 가능성이 높다. 그러나 그것이 죽음을 몰고 오지는 않는다. 호랑이 꼬리를 밟는 위험한 일에 도전하는 것은 아니기 때문이다.

성공적인 결혼을 한 여성도 마찬가지다. 달라진 남자를 보면서 속상한 일이 계속될 것이다. 주역은 그럼에도 불구하고 죽을 일은 아니라고 말한다.

六 : 冥豫成, 有渝无咎.(명예성, 유투무구)

어두운 계획이 성공하면, 변화가 있을 것이고 허물이 없다.

　명(冥)은 어둡다는 뜻이고, 유(渝)는 변한다는 의미다. 명예(冥豫)는 명예(鳴豫)와 대비되는 말이다. 즉 조용하게 드러나지 않는 계획과 기다림을 뜻한다. 그것이 음흉한 계획을 뜻하지는 않는다. 다소 위선적이고, 또 소위 '뒤로 호박씨를 까는 정도'로 보면 되지 않을까. 본인 입장에서 보면 조용히 속으로 소박한 꿈을 이뤄가는 것이다. 그러면 새로운 변화가 생기고, 그에 따라 허물과 근심이 없을 것이라고 주역은 이야기한다.

　예괘는 명확한 계획을 세우고, 그걸 바탕으로 사람을 모으고, 불도저 같은 추진력을 발휘하는 스타일은 아닐 것이다. 따라서 가능하면 외부로 드러나지 않게 계획을 세우고 추진하는 게 유리하다는 충고로도 이해할 수 있다.

17 수괘隨卦

隨, 元亨, 利貞, 无咎. 크고 형통하고, 이익이 있고, 바르다. 근심이 없다.

初 : 官有渝, 貞吉, 出門交有功. 벼슬에 변화가 있으니 길하다. 문밖에 나가 사람을 만나면 공을 세울 수 있다.

二 : 係小子, 失丈夫. 작은 것에 얽매여, 큰 것을 잃는다.

三 : 係丈夫, 失小子, 隨有求得, 利居貞. 큰 것을 얻기 위해, 작은 것을 버려야 한다. 길을 따라가며 구해야 이득이 바름에 머물 수 있다.

四 : 隨有獲, 貞凶, 有孚在道, 以明, 何咎. 결과를 만들기 위해 서두르면, 흉하다. 순리는 길에 있는 것이며, 순리를 따름으로써 밝을 수 있고 근심이 없다.

五 : 孚于嘉, 吉. 올바름을 신뢰하면 길하다.

六 : 拘係之乃從, 維之, 王用亨于西山. 목표한 바를 이루고 나서 그것을 유지하면, 왕이 서산에 올라 제사를 지낸다.

▌한 번의 대박이 평생 보람이 되다

1902년 함경북도 회령에서 태어난 나운규는 25살이던 1924년 순회 극단 예림회(藝林會)가 공연차 고향을 방문했을 때 극단에 가입하면서 본격적인 연극배우 활동을 시작한다. 이후 부산으로 내려가 조선키네마주식회사의 연구생으로 입사한 뒤 영화감독 윤백남의 집에 하숙하며 영화배우로 첫발을 내딛게 된다. 나운규는 〈심청전〉에서 중요 배역인 심봉사 역을 맡아 연기하는 등 두각을 나타내기 시작했다(☵).

이후 조선키네마프로덕션에 입사했는데, 여기서 배우 겸 감독으로 활약하며 〈아리랑〉을 제작하게 된다. 〈아리랑〉은 당대의 현실 문제를 이야기하면서도 서양 활극과 같은 박진감 있는 장면들이 포함돼 흥미를 돋우었다. 관객이 쏟아져 들어왔고 조선키네마프로덕션은 큰돈을 벌었다. 이후 만들어진 몇 편의 영화 모두 흥행에 성공하면서 나운규는 일약 조선 영화계를 대표하는 인물로 주목받았다(☵).

아리랑의 성공에 고무된 나운규는 독립했으나 방탕한 생활로 회사는 적자를 면치 못했으며, 독선적인 행동 때문에 동료들은 떠났다. 이후 나운규는 〈강 건너 마을〉(1935) 등을 제작했으나 감독으로서 큰 성과는 거두지 못했다. 다만 이규환 감독의 〈임자 없는 나룻배〉에 출연하여 관객의 가슴에 좋은 연기를 보여주었다(☵).

수(隨)는 따르다, 추종하다, 뒤쫓는다는 뜻이 된다. 실력을 쌓아가는 상황에서 행운이 찾아와 실력과 능력 이상의 대박을 터뜨리지만, 이후 운의 기운이 사라진다. 엇박자이고 중간의 행운이 미래 행운까지도 가져다 쓴 것으로 볼 수 있다. 재능이 있으면서 자존심이 강해 문제를 스스로 해결하려 나섬으로써 행운과 멀어지는 경우도 있을 것이다.

행동하다

隨, 元亨, 利貞, 无咎.(수, 원형, 리정, 무구)
크고 형통하고, 이익이 있고, 바르다. 근심이 없다.

크고 형통하고, 이익이 있고, 바르다. 아울러 근심이 없다. 재능을 가진 사람이 불꽃처럼 꿈같은 시간을 보낸 뒤 다시 예전으로 돌아가는 것이다. 인생에서 한 번의 큰 성공을 경험하는 것이다.

初 : 官有渝, 貞吉, 出門交有功.(관유투, 정길, 출문교유공)

벼슬에 변화가 있으니 길하다.

문밖에 나가 사람을 만나면 공을 세울 수 있다.

관(官)은 벼슬을 뜻하고, 투(渝)는 변화를 의미한다. 출문교유공은 문을 나가 사람들과 교류하면 공을 세울 수 있다는 것이다. 주역에서 교(交)는 대체적으로 사람과의 교류를 의미하고, 그것을 통해 운을 강화시키는 것이다. 소음으로 출발할 경우 스스로 문제를 해결하려는 경향이 강하다. 이 같은 한계에서 벗어나 교류를 통해 운의 기운을 만들어야 할 필요가 있다. 앞서 예를 든 나운규 역시 여러 극단을 다니면서 인간적인 교류도 쌓을 뿐만 아니라 다양한 경험을 한다. 그 안에서 재능을 알아봐 주고 투자를 할 수 있는 귀인을 만날 수 있는 것이다. 대중 예술인의 경우 이렇듯 재능을 알아봐 주는 누군가를 만나는 것이 중요할 것이다.

二 : 係小子, 失丈夫.(계소자, 실장부)

작은 것에 얽매여, 큰 것을 잃는다.

계(係)는 끈으로 묶는다는 의미다. 소자(小子)는 자식이 부모에게 본인을 겸손하게 일컫는 말이다. 장부는 장성한 남자를 의미하고, 현대 중국에서는 남편을 뜻한다. 결국, 작은 것에 얽매이면 큰 것을 잃는다는 것으로 볼 수 있다. 기업 홍보 담당자로서 열심히 뛰고 있고 능력도 인정받는 분이 있었다. 회사 직원, 기자들과의 관계도 잘 풀어갔다. 그러던 어느 날 기자를 해보지 않겠냐는 제안이 대형 일간지로부터 들어온다. 종편이 생기면서 기자 수요가 부족해졌고 눈여겨보던 신문사 측에서 스카우트 제의를 한 것이다.

그런데 인정받고 있는 회사에서 나간다는 것이 마음에 걸려 주저하게 된다. 현실의 작은 것에 얽매이게 되는 것이다. 작은 것을 지키는 대신 큰 것을 잃을 것이냐, 작은 것을 버리고 큰 것에 도전할 것인가라는 선택이 주어진 것이다. 나운규 역시 '배우'에만 매달렸다면 아리랑과 같은 작품을 만들지 못했을 것이다. 감독이라는 보다 큰 그릇에 도전했기에 한국 영화사에 영원히 남는 큰 행운을 누리게 된다. 결과적으로 큰 운을 몰고 올 기회를 내가 갖고 있는 작은 것에 매달려 보지 못하는 소음의 상황을 설명한다.

큰 것을 원하면 작은 걸 버려야 한다

三 : 係丈夫, 失小子, 隨有求得, 利居貞.
(계장부, 실소자, 수유구득, 리거정)
큰 것을 얻기 위해, 작은 것을 버려야 한다.
길을 따라가며 구해야 이득이 바름에 머물 수 있다.

큰 것을 얻고자 한다면 작은 것에 대한 미련을 버려야 한다. 손에 쥔 것을 던져야 더 큰 곳으로 갈 수 있다. 억지로 운명을 구해서도 안 되겠으나 행운이 다가온다면 그 길을 묵묵히 따라가야 한다. 그러면 원하는 것을 얻을 수 있다고 주역은 말한다. 큰 것을 잡기 위해 작은 것을 버린 소양의 상태를 설명한다.

새로운 세계에 들어가면 다시 바닥에서 출발해야 한다. 주전이 보장되는 프로야구 선수가 메이저리그에 가면 바닥의 평범함에서 다시 시작해야 한다. 기라성 같은 선수가 즐비한 상황에서 자신은 평범해 보일 뿐이고 과도한 행운이 버겁게 느껴질 때도 있을 것이다. 그 길을 택했다면 순리를 따르면서 원하는 것을 구해야 하고, 바르게 해야 이득이 있다고 주역은 이야기한다.

억지로 잡으려 하지 말 것

四 : 隨有獲, 貞凶, 有孚在道, 以明, 何咎.
(수유획, 정흉, 유부재도, 이명, 하구)
결과를 만들기 위해 서두르면, 흉하다. 순리는 길에 있는 것이며,
순리를 따름으로써 밝을 수 있고 근심이 없다.

획(獲)은 얻는다는 뜻이다. 수유획(隨有獲)은 앞선 효의 수유구득(隨有求得)과 비교되는 말이다. 수유획은 사냥감을 쫓아가 급히 획득하는 것이고, 수유구득은 잡기 위해 쫓아가지만 길을 따라가는 것이다. 전자가 빠른 결과를 만들기 위한 조급함이 반영된 것이라면, 후자는 천천히 순리에 따라 사냥하는 것이리라. 사냥감을 쫓다 보면 조급한 마음이 생긴다. 이 같은 조바심을 가다듬어야 한다. 그렇지 않으면 흉하다.

아울러 새로운 환경에 적응하기 위해 무리를 하는 수가 있다. 메이저리그에 진출한 한국 투수가 성과를 내기 위해 더 빠른 볼을 던지려다 탈이 나거나 주요 일간지 기자가 된 홍보 담당자가 무리한 기사를 써 소송을 당하는 것이다. 이것 역시 조급하게 얻으려다 탈이 나는 것이다. 길을 따라 순리에 맞게 걸어야 한다.

五 : 孚于嘉, 吉.(부우가, 길)
올바름을 신뢰하면 길하다.

가(嘉)는 올바름, 선함을 뜻한다. 지금 주어진 기회를 소화할 수 있는 능력을 키운 뒤, 한 발 더 나가면 더 큰 것을 얻을 수 있다. 사업을 키워가는 사람들이 공통적으로 하는 말이 있다. '돈에 대한 욕심이 아닌 자신의 한계에 대한 도전, 뭔가를 만들어내는 것에 대한 기쁨'에서 사업을 하는 근거를 찾아야 한다는 것이다. 식당의 경우 큰돈을 벌기 위해서라기보다 맛있는 음식을 만들겠다는 마음이 바로 더 높은 성공의 길로 가는 순리라는 것이다. 이것이 주역이 말하는 올바름일 것이다.

설사 운이 다하는 상황이 찾아오더라도 언제나 올바름, 즉 순리의 길을 걸어야 한다. 한때의 성공에 취해, 그것을 잊지 못한 채 무리한 도전에 나서면 오히려 더 큰 불행을 자초할 수 있다. 왜냐하면 이미 운의 기운은 사라졌기 때문이다.

六 : 拘係之乃從, 維之, 王用亨于西山.(구계지내종, 유지, 왕용형우서산)
목표한 바를 이루고 나서 그것을 유지하면,
왕이 서산에 올라 제사를 지낸다.

구(拘)는 잡다는 뜻이고, 종(從)은 쫓는다는 의미이고, 유(維)는 유지하다 등의 뜻이 있다. 기회를 잡아 그것을 자신의 것으로 만들어 유지하는 것은 결과적으로 마지막 양괘(兩卦)의 상황을 뜻한다.

앞서 예를 들었던 나운규의 경우 첫 작품인 아리랑을 능가하는 후속작을 만들지는 못했으나 꾸준히 감독으로, 배우로 활동한다. 첫 작품의 대박이 미래 행운을 끌어다 쓴 것일 수 있으나, 이후에도 꾸준히 노력했으며 대한민국 영화계의 큰 별이 됐고, 역사에 이름을 남겼다. 그것이 바로 왕이 서산에 올라 제사를 지낸다는 것의 현실적 의미가 아닐까. 대한민국의 많은 국민과 영화인들의 존경을 받고 있기 때문이다. 한 번의 대박이지만 그것이 큰 흔적이 되어 남는 것이다.

18 고괘蠱卦

元亨, 利涉大川, 先甲三日, 後甲三日. 크고 형통하다. 앞 3일과 뒤 3일, 이익이 큰 강을 건
온다.

初 : 幹父之蠱, 有子, 考无咎, 厲終吉. 아버지의 일을 해결하니, 자식이 있어 아버지의 죽음에
허물은 없다. 위태로우나 끝내 길할 것이다.

二 : 幹母之蠱, 不可貞. 어머니의 일을 해결하니, 바름으로만 할 수는 없다.

三 : 幹父之蠱, 小有悔, 无大咎. 아버지의 문제를 해결하니, 작은 후회가 있겠지만 큰 허물은
없을 것이다.

四 : 裕父之蠱, 往見吝. 아버지의 일을 용납하니, 어려움을 당할 것이다.

五 : 幹父之蠱, 用譽. 아버지의 일을 처리함에 있어서 좋은 평판을 활용하라.

六 : 不事王侯, 高尚其事. 왕후의 일을 하지 않는 것이 고상한 일이다.

▌행운이 실력을 끌어 올리다

의사 아버지 밑에서 1809년 태어난 찰스 다윈은 학교도 제대로 다니
지 못하는 사회 부적응자였다. 그러나 금수저를 물고 태어났다. 그의 아
버지는 못난 자식을 위해 모든 걸 할 준비가 되어 있었다. 다윈을 의사로
만들기 위해 스코틀랜드의 최고 명문 에딘버러 대학에 보냈으나 적응에
실패한다. 그러자 아버지는 성공회 목사를 만들기 위해 다윈을 재빨리
케임브리지로 보낸다(☵).

케임브리지에서 그런데 전혀 엉뚱한 방향에서 다윈은 자신의 관심 분

야를 찾았다. 박물학이었다. 자연을 채집하고 기록하는 것이 적성에 맞는다는 사실을 알게 된다. 1831년 영국 해군과 함께 비글호를 타고 남아메리카 해안 탐사에 박물학자로 참여하게 되고, 그때의 탐험을 바탕으로 18년 세월을 거쳐 1859년 진화론에 관한 책인 〈종의 기원〉을 쓴다. 사회적 출세를 위해 썼다기보다 그가 보고 기록한 것을 정리하려고 했던 측면이 강했다(☰).

그런데 그의 책은 대박을 터뜨리는 행운을 몰고 왔으며, 다윈은 일약 스타가 됐다. 특히 그가 진화론자로 유명해지는 데에는 헉슬리라는 친구의 공이 컸다. 라마르크를 포함해 여러 명이 이미 진화론을 주장했으나 대놓고 말하지 못했다. 창조론을 부정하는 가운데 인간이 원숭이 후손이라 주장을 하기는 쉽지 않았다. 그러나 헉슬리는 다윈 대신 각종 토론회에 참석해 진화론을 옹호했으며, 신학자들과 날카로운 토론을 마다하지 않았다. 덕분에 다윈은 대중적 인기를 누렸고, 진화론 창시자라는 본인이 감당할 수 있는 것 이상의 명성을 얻었다. 그러나 다윈은 종교계의 비난을 받게 되면서 권태감과 불면증에 시달려야 했다. 요새로 따지면 악플에 시달렸다고 해야 할까(☰).

고(蠱)는 그릇(皿) 위에 벌레(蟲)가 있는 것을 형상화한 것으로, 상한 음식 혹은 벌레 등을 뜻한다. 즉, 음식이 있기는 하지만 먹지 못한다. 수괘와 달리 능력은 없지만 행운이 주어진 상황에서 출발하는데, 그것을 바탕으로 능력 배양에 집중한다. 이후 운의 기운이 고양되면서 소양으로 마무리가 된다.

元亨, 利涉大川, 先甲三日, 後甲三日.
(원형, 이섭대천, 선갑3일, 후갑3일)
크고 형통하다. 앞 3일과 뒤 3일, 이익이 큰 강을 건너온다.

앞 3일과 뒤 3일에 이익이 큰 강을 건너온다는 것은 초반과 종반 운이 강하다는 것이다. 잘 이해하고 준비한다면 크게 형통할 수 있다. 처음의 행운을 잘 다스리면 대유괘처럼 도약할 수 있다. 하지만 소화 능력이 떨어진다. 그것을 어떻게 극복할 수 있느냐가 관건이 될 것이다.

初 : 幹父之蠱, 有子, 考无咎, 厲終吉.(간부지고, 유자, 고무구, 려종길)
아버지의 일의 어려움은 자식이 있어 아버지의 죽음에 허물은 없다.
위태로우나 끝내 길할 것이다.

간(幹)은 줄기, 근본이라는 뜻이다. 아들도 역시 남성이고, 아버지에 이어 존재한다. 아버지는 첫 번째 양괘(兩卦)의 양효, 아들은 마지막 양괘(兩卦)의 양효를 뜻한다. 마지막에 다시 운의 기운이 강해지기에 첫 번째 행운이 사라지는 즉 아버지가 죽는 상황이 허물이 없는 셈이다. 아버지와 아들의 비유는 고괘와 상효가 닮은 4번 몽괘(=====)에서도 같은 맥락으로 등장한다.

二 : 幹母之蠱, 不可貞. (간모지고, 불가정)
어머니의 일을 해결하니, 바름으로만 할 수는 없다.

여성성이 상징하는 것은 하효의 문제, 즉 개인 능력이다. 수괘와 달리
고괘는 능력이 약한 가운데 출발한다. 즉 운명을 개척할 개인적 능력과
에너지가 부족하다. 따라서 바름만으로 문제를 해결할 수 없다. 특히 고
괘는 능력을 배양하고 싶은 욕망이 강하다.

능력을 키우기 위해 각고의 노력이 필요하고, 소위 교범(FM)에 따른
방식이 아닌 때론 극단적인 방법이 요구될 때도 있다. 득음을 위해 폭포
에 들어가 악에 받쳐 소리를 지르는 것과 같은 것이라고 해야 할까. 책을
읽고 글을 쓰고 학교에서 가르치는 것을 따르는 것만으로는 부족하다.

三 : 幹父之蠱, 小有悔, 无大咎.(간부지고, 소유회, 무대구)
아버지의 문제를 해결함에 작은 후회가 있겠지만 큰 허물은 없을 것이다.

주어진 행운이 사라지거나 포기하는 과정에서 발생하는 엇박자가 마
찰음과 작은 고통, 때론 후회를 몰고 온다. 그러나 큰 허물은 아니다. 다
원의 경우 부모님의 든든한 배경 포기 등 기회를 뒤로해야 한다는 점에
서 작은 후회가 있었을 것이겠지만, 본인이 원하는 길을 가는 것이기에
동시에 큰 허물은 없다. 재벌 2세가 아버지 회사를 이어받는 대신 본인이
원하는 일을 택하는 것이 때론 아쉬움을 만들겠지만 본인 삶을 본인답게

살아간다는 점에서 큰 후회는 없을 것이다.

느슨하면 힘들다

四 : 裕父之蠱, 往見吝.(유부지고, 왕견린)
아버지의 일을 용납하니, 어려움을 당할 것이다.

유(裕)은 넉넉하다는 뜻 이외에 용납하다는 의미도 갖고 있다. 앞서 간(幹)이 문제를 처리하는 것이라면 유는 용납하는 것이다. 고괘의 경우 아버지로 대변되는 첫 양괘(兩卦)의 영향이 무척 강하다. 그것을 극복하는 것이 중요한데, 이를 해결하지 못한 가운데 용납해 버린 것이다. 예컨대 로또 당첨이란 과도한 행운은 능력에 버금가는 역기가 머리 위에 얹어진 것으로 그걸 버틸 힘을 키우거나 내려놓아야 한다. 그냥 들고 있으면 주저앉게 되는 데, 이 같은 어려움에 직면할 수 있다고 주역은 말하고 있다.

좋은 평판을 활용하라

五 : 幹父之蠱, 用譽.(간부지고, 용예)
아버지의 일을 처리함에 있어서 좋은 평판을 활용하다.

예(譽)는 즐기다, 찬양하다, 명예, 좋은 평판 등의 의미를 갖고 있다. 좋은 평판을 활용하라는 것은 평판을 좋게 만들라는 뜻이다. 용예(用譽)는 운의 기운을 강하게 만드는 방편으로 주역에 자주 등장한다.

六 : 不事王侯, 高尙其事.(불사왕후, 고상기사)
왕후의 일을 하지 않는 것이 고상한 일이다.

왕의 일을 하지 말라는 것이 수괘의 마지막 효사와 대립한 형태로 괘를 설명하기 위해 인용됐다. 수괘가 왕으로부터 제사상을 받을 정도의 인물이 될 수 있고, 그 길로 갈 것을 권했다면, 고괘는 필요 없다고 말한다. 능력의 차이에서 비롯된다. 주어진 능력이 일을 감당할 만큼 안 되는 것이다. 사실 왕이 일에 함께 나서길 권고하는 상황이란 새로운 행운이 다가오는 상황이다. 그 상황에서 너무 무리하지 말 것을 권고한 것이다.

19 임괘臨卦

臨, 元亨利貞, 至于八月, 有凶. 크고 형통하며, 이득이 있고, 바르다. 다만 8월까지 흉하다.

初 : 咸臨, 貞吉. 결국은 길하다.

二 : 咸臨, 吉无不利. 결국은 길하면서 불리할 것이 없다.

三 : 甘臨, 无攸利, 旣憂之, 无咎. 달콤한 기다림은 유리할 것이 없다. 뉘우치고 깨치면 허물이 없다.

四 : 至臨, 无咎. 끝에는 걱정이 없다.

五 : 知臨, 大君之宜, 吉. 임할 것을 아는 것은 대군의 길이니 길하다.

六 : 敦臨, 吉, 无咎. 두텁게 임하니 길하고, 허물이 없다.

▌ 때가 오지 않아도 좋다. 기다릴 것

1489년 하급 무관의 집에서 태어난 서화담은 세상과 담을 쌓았다. 1498년의 무오사화를 시작으로 수많은 선비가 참화를 당하던 시절이었다. 때가 아니라고 생각했고, 우주의 근원과 자연의 질서에 관심이 깊었기에 출세를 접은 가운데 지방 곳곳을 다니면서 세상을 배웠다(☷).

31세 때인 1519년 관료 추천제인 현량과에 천거되었으나 사양했다. 조식(曺植)·성운(成運) 등과 지리산·속리산 등을 유람하면서 여러 편의 기행시를 남기기도 했다(☱).

43세인 1531년 서화담은 드디어 식년시(式年試) 생원과(生員科)에 응시해 합격한다. 하지만 대과(大科)에 응시하지는 않았고, 벼슬에도 나서지 않는다. 그런데 새로운 길에 대한 갈망이 컸던 세상이 그를 알아보기 시작했다. 그가 탐구해오던 사상도 어느 정도 체계화되면서 원리기(原理氣), 이기설(理氣說), 태허설(太虛說), 귀신사생론(鬼神死生論) 등을 저술한다(☰).

서화담이 뜻을 펼치기에 세상은 어수선했고, 들어가고 싶지 않았다. 아울러 4서 5경을 외우는 것이 아닌 우주의 근본 원리에 관한 천착에 관심이 깊었다. 능력은 있을 수 있으나 펼치지 않았다는 점에서 중반까지 태음이었다. 본인의 사상을 체계화할 때까지 그는 탐구자일 뿐이었다.

임(臨)은 임하다는 뜻이다. 전쟁에 임하는 것을 임전(臨戰)이라고 한다. 열심히 자신의 일에 임하면서 신이 강림(降臨)할 때까지 기다리는 종교인의 마음으로 살아가는 것이다. 늦게 피는 국화 같은 존재인 임괘는 대기만성형이라고 볼 수 있다. 만들고자 하는 그릇이 크기에 오랜 시간 내공과 시간 속 에너지를 축적해야 한다.

8월까지는 흉하다

臨, 元亨利貞, 至于八月, 有凶.(임, 원형리정, 지우팔월, 유흉)
크고 형통하며, 이득이 있고, 바르다. 다만 8월까지 흉하다.

임괘는 크고 형통하고 이롭고 바르다. 좋은 말은 다 들어가 있으나 조건이 있다. 8월까지 흉하다. 태음이 두 번 반복되는 탓이다. 뜨거운 여름까지 운도 좋지 않고 능력을 포함한 주변 상황도 뒷받침되지 않는다. 그 시간을 견디는 것이 중요하다. 그 뒤 크고 형통한 시간이 온다는 게 주역의 설명이다.

앞서 본 서화담의 경우 그가 살았던 시간은 연산군과 같은 폭군이 있던 시대였고, 당파 싸움이 치열한 상황이었다. 조광조가 개혁에 나서기도 했으나 서화담 입장에서는 조광조의 입장에도 완전히 동의하기 어려웠을 것이다. 8월까지 그는 이 같은 시대에 태어난 것이 한스러웠을 때도 있었을 것이다. 그것이 오히려 우주의 근본원리를 탐구하는 일에 더 매진하도록 하지 않았을까.

충만하게! 기다리면 길하다

初 : 咸臨, 貞吉.(함임, 정길)
결국은 길하다.

함(咸)은 모두, 전부, 충만 등의 뜻이 있다. 즉 모든 걸 쏟아붓는다는 의미를 갖고 있다. 최선을 다해 삶에 임하는 것이다. 8월까지는 큰 그릇을 만들기 위해 고통과 고난을 견디며 최선의 도전을 하고, 완성된 뒤에는 충만한 꽃을 피우는 것이다. 노무현 대통령도 이와 같은 길을 걸은 것으로 볼 수 있을 것이다. 현실과 타협하면 괜찮은 길을 걸어갈 수 있었음에도 불구하고 그는 지역구도 타파를 위해 고생을 마다하지 않았으며, 마지막엔 드라마틱한 과정을 통해 대통령에 당선된다.

결국 길하다

二 : 咸臨, 吉无不利.(함임, 길무불리)
결국은 길하면서 불리할 것이 없다.

사실 임괘의 경우 무척 오랫동안 운이 좋은 것도 아니고, 자신의 능력이 발휘되는 것도 아니다. 그 시간을 견디는 것 이외에는 드러나는 일이 별로 없다. 앞 문장과 마찬가지로 마음으로 깊게 자신의 운명을 받아들이면 길하면서 불리할 것이 없다고 주역은 다시 이야기한다.

자신의 운명이 임괘라고 생각된다면 초반 태음의 상황에 대해 너무 걱정하지 말라는 뜻으로 이해할 수 있다. 국화꽃은 가을에 피게끔 되어 있는 것이다. 봄에 꽃이 피지 않는다고 불안한 마음을 가질 필요가 없다. 결국, 아름다운 꽃을 피울 것이기에 불리할 것이 아무것도 없다.

달콤한 기다림은 불리하다

三 : 甘臨, 无攸利, 旣憂之, 无咎.(감임, 무유리, 기우지, 무구)
달콤한 기다림은 유리할 것이 없다. 뉘우치고 깨치면 허물이 없다.

감(甘)은 달콤하다는 뜻이다. 기다림은 달콤한 상상을 펼치게 만든다. 그러나 달콤한 상상은 반작용을 만든다. 기다림의 시간이 길수록 달콤함을 제거해야 한다.

스톡데일 패러독스란 게 있다. 베트남 전쟁 당시 하노이 수용소에 잡혀있던 스톡데일 장군은 포로인 부하들을 최대한 생존시켜 고향으로 돌려보냈다. '다가오는 크리스마스에는 석방이 될 거야', '부활절에는…' 이란 기대를 품고 지내다 더 큰 상실감에 빠져 포로들이 지쳐 죽는 걸 보면서 그는 매정하게 '살아나가는 것은 쉽지 않다.'고 자신의 부하들에게 말했다. 달콤한 꿈을 꺾은 것이다. 그가 관장하고 있던 군인 상당수가 귀국할 수 있었다.

四 : 至臨, 无咎.(지임, 무구)
끝에는 걱정이 없다.

결국, 마지막에 풀린다. 태음에서 태양으로 변화되는 순간을 말한다
고 할 수 있다. 끝까지 순리를 유지하면 걱정이 없다. 기다리고 기다리면
결국 빛을 본다는 말의 강조로 볼 수 있다. 8월까지 그가 하는 일은 사
실 내공을 쌓아가면서 본인의 실력을 펼칠 수 있는 시간을 기다리는 것
이다. 그리고 문득 실력이 완성되는 시간이 오고, 그 순간 스스로 운명을
만들어 갈 수 있다.

5번 수괘(☵☰)가 이견대인(利見大人)의 때를 기다리는 것이라면 임
괘는 깨달음의 혹은 꽃이 필 때를 기다리는 것으로 볼 수 있다. 설사 오지
않더라도 그 끝에는 걱정이 없다. 어떤 고난에서도 신념을 지켜왔기에 후
회는 없을 것이다.

五 : 知臨, 大君之宜, 吉.(지임, 대군지의, 길)
임할 것을 아는 것은 대군의 길이니 길하다.

큰 그릇은 오랜 시간 만들어져야 함을 대군은 이해하고 있다. 대기만
성인 것이다. 21세기는 초반에 승부를 보는 조급증에 시달린다. 초반에
성과가 없으면 재빨리 다른 길을 찾기도 한다. 필요한 사람도 있겠으나
모두가 그런 것은 아니다. 임괘의 경우 조급하게 움직이면 큰 그릇을 만

들 만큼 충분한 에너지가 쌓이지 못한다.

六 : 敦臨, 吉, 无咎.(돈임, 길, 무구)
두텁게 임하니 길하고, 허물이 없다.

돈(敦)은 두텁다는 뜻이다. 한국시리즈 7차전까지 빈타로 허덕이다 연장 11회 초에 2점을 내줘 패색이 짙은 가운데 11회 말 3점 역전 쓰리런 홈런을 친 4번 타자는 한동안 눈칫밥을 먹던 역적에서 그해 최고 영웅이 된다. 임괘의 운명이 이와 같은 것이 아닐까.

빈타에 허덕이는 동안 실력만큼 스윙도 못하고, 타구가 좋은 수비에 잡히는 불운을 겪었을 것이다. 그 상황을 벗어나기 위해 여러 분석을 스스로 했을 것이고, 앞선 타석을 복기하면서 타격감을 찾으려는 노력도 있었을 것이다. 그 모든 것이 시간 속 에너지로 쌓였고, 마지막에 힘을 발휘한 것이다. 그것은 단순한 행운이 아니다. 7번 사괘(☷☱)와 비교해 괘사와 효사를 읽어보는 것도 흥미로울 수 있다.

20 관괘 觀卦

觀. 盥而不薦, 有孚顒若. 투자를 하지만 천거 받지 못한다. 공경과 겸손이 필요하다.

初 : 童觀, 小人无咎, 君子吝. 어린아이의 눈으로 바라보니 소인은 상관없으나, 군자는 어렵다.

二 : 闚觀, 利女貞. 엿보니, 여자가 바르게 해야 이롭다.

三 : 觀我生, 進退. 나의 삶을 잘 살피면서 진퇴를 결정해야 한다.

四 : 觀國之光, 利用賓于王. 나라를 보는 눈이 있으면, 왕으로부터 빈객의 대우를 받는다.

五 : 觀我生, 君子无咎. 자신의 삶을 잘 살펴야 군자는 허물이 없다.

六 : 觀其生, 君子无咎. 사람들의 삶을 잘 살피면 군자는 허물이 없다.

▌첫 행운을 관조할 수 있을 것

실력을 인정받은 야구선수 조성민은 고려대 재학 중인 1996년 요미우리 자이언츠에 입단한 뒤, 다음 해 마무리 투수로 1승 2패 11세이브 평균자책점 2.89를 기록하며 가능성을 입증했고, 1998년 선발 투수로서 전반기에 7승을 거둬 일본 프로야구 올스타전에 참가하는 등 앞길이 창창해 보였다(═).

그런데 1998년 7월 오른쪽 팔꿈치 부상을 당한 뒤 수술과 재활을 반복하며, 실적도 부진했다. 결국, 2002년 10월에 요미우리를 나온 뒤 한국 프로야구의 신인드래프트 참가 신청서를 냈으나 외면당했고, 우여곡절 끝에 2005년 5월, 계약금 없이 연봉 5천만 원에 한화 이글스에 입단해 불펜 투수로 활동하지만 2007년 방출된 뒤 은퇴했다(≡≡).

2008년 사업에 나섰으나 실패했고, 야구 해설위원으로 재활코치를 맡기도 했으나 끝내 불운을 극복하지 못했다(≡≡).

관(觀)은 글자 그대로 본다, 살핀다는 뜻이다. 임괘와 달리 관괘는 봄에 화려하게 피는 벚꽃이다. 일찍 피는 대신 일찍 마감한다. 그렇다면 그 뒤 인생이 끝나는 걸까. 20대의 화려한 꽃을 피운 미스코리아 출신이 40대가 되었다고 삶을 마감하지는 않는다.

그 삶에 충고하는 것은 세상과 과거의 영예를 관조하며 살아가야 한다는 것이다. 잘나가던 사람이 갑자기 모든 것이 사라지면 사실 고통이다. 그러나 돌아올 수 없는 과거라면 내려놓고, 세상을 편한 눈으로 봐야 한다. 임무를 마치고 마운드를 내려온 선발투수는 시합이 끝날 때까지 게임을 보며 때론 응원하고, 때론 조언하는 것으로 자신의 임무를 다한다.

공경과 겸손이 필요

觀, 盥而不薦, 有孚顒若.(관, 관이불천, 유부옹약)
투자를 하지만 천거 받지 못한다. 공경과 겸손이 필요하다.

관(盥)은 뿌리다는 뜻이다. 제사에서 조상의 음덕을 받기 위해 땅에 술을 뿌리는 걸 뜻한다. 초반 행운이 지나간 뒤 재기를 위해 안간힘을 써보는 과정을 관(盥)이 상징하고 있다. 그러나 천거 받지 못한다. 운이 다한 상황에서 힘이 부치는 것이다.

옹(顒)은 공경하다는 뜻이다. 옹약(顒若)은 공경하여 우러러보는 모양이다. 노력에도 불구하고, 성과가 없으면 불만을 품기 쉽다. 특히 초반 성공의 자만심으로 일이 풀리지 않는 것을 남의 탓, 조상 탓으로 돌리기 쉽다. 운명을 바꾸고 싶다면 공경과 겸손이 필요하다.

어린 아이의 눈으로 볼 것

初 : 童觀, 小人无咎, 君子吝.(동관, 소인무구, 군자린)
어린아이의 눈으로 바라보니 소인은 상관없으나, 군자는 어렵다.

동관은 아이의 순진무구함을 뜻한다. 아이는 큰 욕심을 갖고 세상을 보지 않는다. 초반 기세에 만족하고 내려놓는다면 허물이 없다. 평범한 사람(小人)의 마음으로 사는 것이다. 그 마음을 유지할 수 있다면 허물이 없다. 20대에 능력과 운이 맞아 떨어져 큰돈을 벌었다고 해보자. 본인이 평생 누릴 행운을 사용했다고 느껴지고, 본인 능력이 거기까지라고 판단되면 멈추는 것이다. 있는 것에 만족하면서 살면 그만이다.

그러나 군자를 꿈꾸는 사람에게 초반 행운은 아직 만족스럽지 못하다. 한 발 더 나가고 싶은 마음이 굴뚝같고, 그것이 족쇄가 될 가능성이 높다. 앞서 조성민은 한국 프로야구에 만족하지 못하고 더 큰 꿈을 위해 요미우리에 진출하고 또 초반에 성과를 내기도 했다. 그러나 너무 무리했을 것이다. 그것이 어려움을 몰고 오는 출발점이 된다. 군자가 겪게 되는 어려움이 이와 같다.

바르게 할 것

二 : 闚觀, 利女貞.(규관, 리여정)
엿보니, 여자가 바르게 해야 이롭다.

양효는 남성을 뜻하고 음효는 여성을 의미한다. 남성은 성취하고 만들어가는 것에서 기쁨과 보람을 느끼는 반면, 여성은 소소한 즐거움에서 행복을 느낀다. 규(闚)는 엿보다는 뜻이다. 관심 없는 듯 슬쩍 보는 것이다. 목표를 향해 눈을 부릅뜬 남성의 눈이 아닌 슬쩍슬쩍 보는 여성의 눈빛이다.

힐끗 바라보는 눈빛에 분노와 원망이 아닌, 바름이 있어야 한다고 말하고 있다. 선거에 패한 후보가 당선된 사람이 즐거운 표정으로 사람들과 악수하는 걸 힐끗 본다. 그 상황에서 내 마음에 순리에 따른 평온함이 있어야 한다. 그렇지 않으면 무리하게 된다. 6번 송괘(〓〓)와 연관 지어 보는 것도 재미있다. 외부로 시선을 돌리기보다 내면을 보면서 내공을 키워야 한다.

나를 돌아 볼 것

三 : 觀我生, 進退.(관아생, 진퇴)
나의 삶을 잘 살피면서 진퇴를 결정해야 한다.

삶을 잘 살펴볼 필요가 있다. 중반 태음의 상황을 이야기한다. 소크라테스의 말대로 자신을 알아야 한다. 초반 모든 것이 순조로웠기에 자신감이 남아있고, 욕심을 부려볼 생각이 들기도 한다. 초반 성공에 따른 미련에 밀어붙이면 곤궁할 수 있고, 나아가지 못하는 처지에 대해 비관적인 생각을 하게 된다면 인생이 피곤해진다. 일이 풀리지 않을 땐 늘 자신을 돌아봐야 하고, 그러면 나아갈지 물러설지에 대해 보다 합리적인 판단이 가능하다.

언뜻 나보다 무능했던 자가 더 출세했다고 생각되는 상황과 마주할수 있다. 그러나 자세히 보면 나의 무능함이 있고, 내가 갖고 있지 못한 무엇이 상대에게 있다. 때론 아부의 능력이 있고 없고의 차이일 수도 있다. 그러나 그것도 각자의 차이다. 옳고 바름의 문제로만 판단할 수는 없다. 세상을 관조한다는 것은 보다 합리적인 눈으로 주변을 보는 것이다.

통찰력을 키울 것

四 : 觀國之光, 利用賓于王.(관국지광, 이용빈우왕)
나라를 보는 눈이 있으면, 왕으로부터 빈객의 대우를 받는다.

관국지광(觀國之光)은 국가를 바라보는 통찰력일 것이다. 물러서서 보면 세상이 보인다. 바둑판에 앉아 있는 프로기사보다 그걸 관전하는 해설자가 더 좋은 길을 보는 경우가 있는 것이다. 잘 나가던 선비가 당쟁에 휘말려 초야에 숨어 버리는 것도 태양에서 태음으로의 변화를 겪는 것이다. 농사일에도 서투른 그들의 삶은 무능 그 자체이다. 그 미천한 삶 속에서 오히려 세상을 보는 통찰력은 더 커진다.

이런 점에서 관괘는 곤괘의 내용과 통한다. 내려놓으면 비로소 보이는 것이다. 차이가 있다면 2번 곤괘(☷☷)는 디오게네스 소크라테스, 장자, 노자 등이 보여준 철학적, 자연적 통찰력이라면, 초반 성공을 통해 사회의 맛을 본 관괘(☴☷)는 사회문제에 대한 직관을 보여줄 수 있다. 따라서 왕의 일에 조언할 수 있는 것이다. 일부에게는 이 같은 기회가 생김을 설명한 것으로 볼 수 있다. 그러나 여전히 아웃사이더 일뿐이다.

五 : 觀我生, 君子无咎.(관아생, 군자무구)
자신의 삶을 잘 살펴야 군자는 허물이 없다.

앞선 삼(三)의 관아생이 태양이 태음으로 바뀐 상황에서의 진퇴 문제
를 논한 것이라면 여기서 말하는 것은 마지막 태음의 상황이다. 즉, 이미
많은 것을 내려놓은 상황에서도 역시 자신을 돌아보는 것이 중요하고, 그
럴 경우 허물이 없다고 말하고 있다. 특히 여기서 군자가 강조되고 있다.
초반 현실을 답답해하던 군자가 일을 내려놓은 것이다. 그렇지 못하면
갑작스럽게 나락으로 떨어지고, 아울러 그곳에서 벗어나고자 하는 몸부
림이 실패한 가운데 마음까지 쪼그라들어 불행한 길을 택할 확률이 높다.

六 : 觀其生, 君子无咎.(관기생, 군자무구)
사람들의 삶을 잘 살피면 군자는 허물이 없다.

아울러 이젠 타인의 삶을 살피는 것도 필요하다. 자신을 돌아보는 시
간을 통해 타인을 바라볼 수 있는 눈이 생겼을 것이다. 손자병법에는
'나를 알고 상대를 알면 백번 싸워 지는 법이 없다'고 했다.
한 발 떨어져서 세상을 보면 모든 것이 원점으로 돌아감을 느낀다. 성
공한 친구의 남모를 아픔도 느끼고, 높은 자리에 오르는 데 필요한 고통
도 이해한다. 그 모든 걸 느낀다면 크게 허물이 없을 것임을 주역은 말하
고 있다. 그것이 바로 군자의 삶이다.

21 서합괘 噬嗑卦

噬嗑, 亨, 利用獄. 서합은 형통이고, 형벌을 사용하면 이롭다.
初 : 屨校滅趾, 无咎. 족쇄를 채워 발을 사용하지 못하니 허물이 없다.
二 : 噬膚 滅鼻, 无咎. 고기를 씹다 코의 일부를 잘라내니 허물이 없다.
三 : 噬腊肉, 遇毒, 小吝, 无咎. 마른 고기를 씹다 독을 만났으니 조금 어려움이 있으면 허물이 없다.
四 : 噬乾胏, 得金矢, 利艱, 貞吉. 갈비를 먹다 금화살촉을 얻으니, 이득이 적으면 길하다.
五 : 噬乾肉, 得黃金, 貞厲, 无咎. 마른고기를 씹다 황금을 얻었으나 염려를 크게 하면 허물이 없다.
六 : 何校滅耳, 凶. 형틀을 메었음에도 귀를 닫았으니 흉하다.

▌무능함의 행운이 있다

한헌제는 후한의 마지막 황제다. 황제에 즉위한 지 5개월 만에 동탁
(董卓)에 의해 폐위되고, 조조에 의해 허수아비가 되었으며, 조조의 아들
조비(曹丕)에게 황제 자리를 선양한다. 삼국지에 그려진 비운의 모습이
다. 그러나 역사적으로 그는 가장 운이 좋았던 마지막 황제 중 한 명으
로 평가할 수 있다.

그가 황제가 된 것은 궁중 암투의 결과에 따른 행운이었다. 그보다 다
섯 살 많은 배다른 형인 한소제가 황제가 됐는데, 환관을 몰아내는 계획

을 세웠다 발각되는 바람에 쫓겨나고 결국 동탁이 집권한 뒤 헌제가 황제에 오른다. 물론 무너져가는 한왕조를 재건할 능력은 없었고 꿈도 없었다. 무능한 덕분에 황제가 된 것이다(☰).

한헌제는 이각이 쿠데타를 일으켜 정권을 장악하는 등 상황이 불길하게 돌아가자 장안을 도망쳐 조조에게 의탁한다. 그것이 그의 입장에서는 탁월한 선택이었다. 조조는 황제를 끼고 전권을 누렸으며, 비록 허수아비였으나 한헌제는 조조를 바람막이로 해서 불편하면서도 편한 생활을 이어간다. 조조 역시 한헌제가 큰 욕심을 부리지 않는다는 점이 마음에 들었을 것이다. 무능했지만, 아니 오히려 무능함이(이런 것이 한 편의 겸손함일 수 있겠다) 그에게 행운을 가져다준 것이다(☰).

한헌제는 220년 조비에게 황제 지위를 선양한 뒤 산양공으로 신분을 격하된다. 그의 운이 끝난 것이다. 대신 식읍 1만 호가 주어져 직접 다스릴 수 있게 됐고, 여기서 한헌제는 본인의 실력을 발휘한다. 세금을 낮춰 사람들에게 존경을 받았으며, 뛰어난 의술로 병을 고쳐주기도 했다. 그러면서 천수를 누린다. 중국을 다스릴 재능은 없었지만, 식읍 1만 호를 다스릴 재능은 있었던 것이다(☰).

괘명인 서합(噬嗑)의 서(噬)는 씹다, 먹다의 뜻이 있고 합(嗑)은 입을 다물다는 의미가 있다. 입으로 음식을 씹은 뒤 입을 다문 모양새다. 여기서 음식이 상징하는 바가 운의 기운이다. 운의 기운을 소화시키는 것이 씹어 먹는 것이다. 그런데 능력이 받쳐주지 못해 소화에 어려움을 겪는다.

연속해서 행운이 이어진다는 것은 운이 좋다는 말이다. 그러나 그것을 소화시킬 만큼의 능력은 되지 않는 상황이 이어진다. 그리고 운이 다한 상황에서 본인이 펼칠 수 있는 일을 하게 된다.

噬嗑, 亨, 利用獄.(서합, 형, 리용옥)
서합은 형통이고, 형벌을 사용하면 이롭다.

운의 기운이 강하기에 형통하다고 괘사는 말한다. 그런데 형벌을 사용해야 이롭다. 옥(獄)은 감옥, 형벌 등을 뜻한다. 운 좋음을 유지하기 위해선 시간 속 에너지를 쌓아야 하고, 그 방법으로 주역이 이야기하는 것은 교제다. 그런데 특별한 경우 그 대가를 형벌로 지불하라고 말한다. 좋은 운을 유지하는 대신 고통으로 대가를 지불하는 것이다.

예컨대 부자 아버지를 두었는데, 동시에 성격이 괴팍하다. 아버지 재산의 덕을 보기 위해선 괴팍함을 수용해야 한다. 운 좋게 낙하산을 잡아 좋은 직장에 들어갔다. 그러면 주변의 비판과 비난은 감수해야 한다. 좋은 직장을 다니는 대가를 지불하는 것이다. 예전 쉬리란 영화에 보면 별명이 낙하산인 국정원 직원이 등장한다. 줄을 타고 들어온 것을 놀리는 말이었으나 해당 직원은 개의치 않고 꿋꿋하게 일한다.

初 : 屨校滅趾, 无咎.(구교멸지, 무구)
족쇄를 채워 발을 사용하지 못하니 허물이 없다.

구(屨)는 끌다의 뜻이 담겼다. 교(校)는 나무로 만든 형구를 가리키는 일반적인 이름으로, 수갑 족쇄 등을 통칭한다. 멸(滅)은 없앤다는 뜻이고, 지(趾)는 발이다. 이교멸지(屨校滅趾)는 족쇄를 채워 다리를 사용하지 못한다는 뜻이다.

한헌제는 비록 황제였지만 스스로 자신의 권력에 족쇄를 채웠다. 전임 황제인 한소제처럼 나대지 않았던 것이다. 그래서 목숨뿐만 아니라 비록 허수아비같았으나 오랫동안 황제 자리를 유지할 수 있었다.

운이 좋은 덕분에 추진하는 일이 잘 풀려가는 데, 그것을 능력 때문으로 착각하는 경우도 있을 것이다. 정말 태양이 돼 비룡처럼 상승할 수 있다고 생각한다. 족쇄는 이 같은 착각을 하지 못하게 하는 계기다.

행운은 시간 속 에너지가 현실화하는 것으로 그것이 과도할 경우 언젠가 대가를 지불해야 한다. 그런 점에서 미리 조금씩 갚는 게 낫다. 그렇지 않으면 쓰나미처럼 한꺼번에 몰려오고 호미로 막을 것을 가래로도 막지 못한다. 형벌은 이렇듯 대가를 지불하는 과정으로 이해할 수 있다.

브레이크가 필요하다

二 : 噬膚 滅鼻, 无咎.(서부 멸비, 무구)
고기를 씹다 코의 일부를 잘라내니 허물이 없다.

서(噬)는 씹다의 뜻이고, 부(膚)는 고기이다. 멸비(滅鼻)는 코 일부를 잘라내는 고대의 형벌이다. 고기를 씹는 것은 행운이다. 코가 없어지는 것은 흉한 일이다. 그런데 그것이 합쳐져 허물이 사라진다. 초(初)에서 말한 족쇄를 끌다 발을 사용하지 못하는 것이 일을 도모하는 상황이라면 여기에서는 '고기'라는 구체적 성과가 있는 상태다.

능력이 부족한 가운데 운이 따르면 실상 자신이 소화할 수 있는 것보다 더 큰 것을 물게 된다. 그 과정에서 일부분을 도려냄으로써 큰 것을 유지시키는 것이다.

三 : 噬腊肉, 遇毒, 小吝, 无咎.(서석육, 우독, 소린, 무구)
마른 고기를 씹다 독을 만났으니 조금 어려움이 있으면 허물이 없다.

석육(腊肉)은 마른고기이고, 우독(遇毒)은 독을 만난다는 뜻이다. 마른고기는 날 것을 말린 것이다. 익힌 것이 아니기 때문에 상했을 수 있고, 따라서 식중독이 발생할 가능성이 있다. 독을 만난 것은 코 일부를 잘라내는 것보다 심한 상황이다. 자칫 죽을 수도 있다. 그것도 역시 운명일 것이다. 그런데 작은 어려움이 있으면 오히려 허물을 없애는 일이 된다. 행운이 지속되는 상황에서 위험에 처할 수도 있다는 것이다. 예컨대 한헌제가 포악한 이각이 쿠데타에 성공하면서 위기에 처하는 상황과 같은 것일 수 있다. 막무가내인 이각이 한헌제를 죽이고 본인이 황제에 오르려는 욕망을 드러내자 한헌제는 조조에게 몸을 의탁한다. 이 같은 어려움이 있겠으나 그것이 큰 허물이 안된다는 뜻으로 해석할 수 있다.

四 : 噬乾肺, 得金矢, 利艱貞, 吉.(서건자, 득금지, 리간정, 길)
갈비를 먹다 금화살촉을 얻으니, 이득이 적으면 길하다.

자(肺)는 뼈가 있는 마른고기를 뜻한다. 고기를 먹다 더 큰 행운(금 화살촉)을 얻는다. 행운이 연속되는 중간 양괘(兩卦)를 설명하고 있다.
이득을 적게 하기 위해선 전부 씹어 먹으려고 해서는 안 된다. 남들과 나눌 수 있어야 한다. 전부 먹으면 배탈이 나고, 온몸에 독이 퍼질 수 있다. 금 화살을 얻었다면 그것의 일부도 남들과 나눠야 한다. 이것이 이득을 적게 하는 길이고, 운의 기운을 지속시키는 방법이다. 그렇지 않으면 오히려 과도한 행운에 따른 반작용이 뒤따른다.

염려가 커야 길하다

五 : 噬乾肉, 得黃金, 貞厲, 无咎.(서건육, 득황금, 정려, 무구)
마른고기를 씹다 황금을 얻었으나 염려를 크게 하면 허물이 없다.

이득을 적게 할 뿐 아니라 염려는 크게 해야 한다. 마른고기를 먹다 독을 만나면 죽비처럼 경계심을 일깨운다. 독 대신 황금이 쏟아지면 마음이 흐트러지고 무너진다. 그 순간 염려를 해야 한다. 왜냐하면, 그것은 미래의 행운을 가져다 쓴 채무이기 때문이다. 하늘에 빚을 진 것이고, 빚이 늘어난 상황에 대해 염려를 해야 한다.

귀를 닫으면 흉하다

六 : 何校滅耳, 凶.(하교멸이, 흉)
형틀을 메었음에도 귀를 닫았으니 흉하다.

소음의 상황에서 자주 등장하는 것이 귀를 닫으면 흉하다는 것이다. 즉 타인의 말에 귀 기울이거나 주변 상황을 둘러보지 않은 채 본인의 고집에 의존하는 것이다. 누가 봐도 문제가 있는 상황임에도 불구하고 본인 실수를 인정하기 싫어 자신의 입맛에 맞게 상황을 재단하기도 한다. 이럴 경우 흉할 수 있다고 주역은 이야기한다.

22 비괘賁卦

賁, 亨, 小利有攸往. 형통하다. 길을 나서면 작은 유리함이 있다.
初 : 賁其趾, 舍車而徒. 발을 꾸미니 수레를 버리고 걷는다.
二 : 賁其須. 수염을 꾸민다.
三 : 賁如, 濡如, 永貞吉. 꾸미면서도 베풀고, 오래도록 바름을 지키면 길하다.
四 : 賁如, 皤如, 白馬翰如, 匪寇婚媾. 흰말이 나는 듯이 달려오니 도적과 혼인을 한다.
五 : 賁于丘園, 束帛戔戔, 吝, 終吉. 신부의 집을 꾸미나, 폐백이 보잘 것 없으니, 부끄러움을 당하나 끝내 길하다.
六 : 白賁, 无咎. 희게 꾸미니 허물이 없다.

▌ 크게 보이도록 꾸미다

인터넷이 아직 생소하던 시절 지방대 전자공학과를 다녔던 분이 있었다. 인터넷이 널리 보급될 것으로 생각하고 관련 소프트웨어를 개발했다. 그리고 기술력을 잘 포장한 덕분에 벤처 붐을 타고 25살에 큰돈의 펀딩을 받았다. 본인이 감당할 수 있는 것 이상의 행운이 찾아온 것이다. 한편으로 자신의 능력이 대단하다는 착각을 했고, 갑작스럽게 들어온 큰돈을 어쩔 줄 몰라 했으며 이런저런 곳에 투자하거나 돈을 사용한다(☲).

그런데 이런저런 실수와 불운이 이어진다. 투자한 회사가 부도가 나거나 돈을 관리하던 사람이 일부를 횡령해 잠적하는 일이 벌어진다. 특히 문제는 시대 흐름에 벗어나 최고경영자가 본인이 하고자 하는 것에만 집착한다는 것이다. 기술력은 조금씩 향상되기도 했으나 일이 풀리지 않았다(☵).

결과적으로 투자받은 돈을 전부 날린 가운데 새로운 투자처를 물색하고 나섰으나 실패하고 그럭저럭 회사를 유지해 가는 상황에 직면한다(☵).

비(賁)는 크다 거대하다란 뜻으로 사용될 땐 분으로 발음하고, 꾸민다는 의미로 사용될 땐 비로 발음된다. 크게 보이도록 꾸미거나 큰 것으로 꾸민다는 의미가 될 것이다. 문제는 초반 행운을 자신을 꾸미는 데 사용하면서 운의 기운이 점차 사라져간다는 것이다. 꾸민 발을 자랑하고 싶어지면 타던 차도 버리게 되어있다는 게 주역의 설명이다. 내적 능력을 키우기는 하는데 실속이 아닌 겉치레에 치중하는 셈이다.

작은 유리함이 있다

賁, 亨, 小利有攸往.(비, 형, 소리유유왕)
형통하다. 길을 나서면 작은 유리함이 있다.

길을 나서면 작은 것을 이룰 수 있다는 말은 큰 것을 이루기엔 부족하다는 뜻이다. 처음 행운이 따르면서, 모든 것이 쉽게 보일 수 있다. 그러나 그 행운은 미래의 것을 당겨쓴 것일 가능성이 높다. 운이 계속 따르지 않으면서 큰 성과를 거두지는 못하나 작은 유리함은 있다. 열심히 주관을 갖고 뭔가를 했던 탓이다.

初 : 賁其趾, 舍車而徒.(비기지, 사거이도)
발을 꾸미니 수레를 버리고 걷는다.

지(趾)는 발이다. 비기지(賁其趾)는 발에 꽃신 등을 신고 꾸민 것이다. 서합괘의 구교멸지(屨校滅趾) 즉 족쇄를 끌다 발이 잘려나간다와 대비해 사용된 문구로써 잘려나가는 대신 꾸미는 것이다. 즉, 형벌의 고통이 없다. 고통이 있었다면 수레를 버리는 일은 없었을 것이다. 족쇄가 발목을 잡고 있다면 수레를 타고 가야 할 필요가 있었기 때문이다. 다리가 잘리는 대신 아름답게 꾸며지면서 수레의 중요성을 간과하게 된다. 발을 자랑하기도 해야 하고, 잘 꾸민 다리로 걷고 싶기 때문이다. 주역에서 수레는 행운을 담는 그릇을 의미하는 데, 없어지면 운은 자연스럽게 사라진다.

二 : 賁其須.(비기수)
수염을 꾸민다.

수(須)는 턱수염이라는 뜻이다. 수염을 꾸미는데 초반 행운을 사용하는 것이다. 멋진 수염도 자랑거리겠으나 대단한 것은 아니다. 운의 기운이 낭비된다. 비괘의 꾸밈이란 이렇듯 외향을 꾸미는 것을 의미한다. 자신의 삶을 부풀려 치장하고 외모를 아름답게 만든다. 형틀의 고통도 없고, 겉을 꾸미는 데 행운을 사용하면 운의 재생산이 어렵다.

三 : 賁如, 濡如, 永貞吉.(비여, 유여, 영정길)

꾸미면서도 베풀고, 오래도록 바름을 지키면 길하다.

유(濡)는 (물에)적시다, 베풀다, 부드럽다 등의 뜻이 있다. 물에 적심으로써 촉촉함을 옷감 전체에 베풀고, 이를 통해 부드러워지는 것이다.

가운데 양괘(兩卦)의 상황을 설명한다. 초반 행운은 끝까지 꾸밈의 도구로 활용된다. 장관이 됐던 모든 사람은 설사 무능함 때문에 쫓겨나도 평생 장관 타이틀을 달게 된다. 현직이 아니더라도 그의 최고 경력을 사람들은 예컨대 김 장관님과 같이 호칭으로 사용한다. 그런 와중에 많이 베풀고 바름을 유지하면 길하다는 것이다.

四 : 賁如, 皤如, 白馬翰如, 匪寇婚媾.

(비여, 파여, 백마한여, 비구혼구)

흰말이 나는 듯이 달려오니 도적과 혼인을 한다.

파(皤)는 흰머리를 뜻한다. 한(翰)은 날개라는 의미다. 혼구(婚媾)는 혼인한다는 뜻이다. 누군가 백말이 날개를 달고 오듯 화려하게 다가온다. 그 꾸밈에 혹하게 돼 결혼하게 된다. 그러나 결국 도적과 결혼한 꼴이 된다. 즉 큰 불행이 닥치는 것이다.

초반의 행운을 경험한 탓에 오히려 사기꾼에게 당하기 쉬운 상황에 대한 경고를 하는 것이다. 행운은 일종의 소모품이다. 초반에 큰 행운이 있었다면, 그것은 미래의 것을 당겨 쓴 것이다. 그것을 이해하지 못한 가운데 또다시 행운이 찾아온 것으로 생각하면 큰 낭패를 당한다는 것이다.

예컨대 창업 당시 큰 자금을 펀딩 받았던 행운을 누린 사람은 그 돈을 탕진한 뒤 또 펀딩을 받을 수 있다고 생각하기 쉽다. 그러나 운이 소진된 상황에서 그에게 접근해오는 사람들은 오히려 투자자의 얼굴을 한 도적일 가능성이 높다는 게 주역의 설명이라고 할 수 있다.

생각보다 소득이 적다

五 : 賁于丘園, 束帛戔戔, 吝, 終吉.(비우구원, 속백전전, 린, 종길)
신부의 집을 꾸미나, 폐백이 보잘 것 없으니,
부끄러움을 당하나 끝내 길하다.

구원(丘園)은 신부가 거주하는 집이다. 빈우구원(賁于丘園)은 폐백을 받아들이는 날 신부 쪽에서 집을 아름답게 꾸미는 걸 뜻한다. 속(束)은 비단 묶음의 단위이고 백(帛)은 비단을 뜻한다. 전(戔)은 적다, 작다는 뜻이다. 즉 예쁘게 꾸미고 기다렸는데, 폐백이 보잘것없다. 오긴 왔으나 행운이 따른다고 할 정도가 아닌 것이다. 이미 주변 사람들에게 '멋진 남자'와 결혼했고, 대단한 폐백이 올 것이라고 말했는데 볼품없는 예물이 도착했으니 부끄럽지 않을 수 없다. 그러나 끝내 길하다고 이야기한다. 그 부끄러움이 깨달음을 주기 때문이다.

六 : 白賁, 无咎.(백비, 무구)
희게 꾸미니 허물이 없다.

희게 꾸미는 것은 투명하게 한다는 것이다. 투명한 꾸밈은 꾸밈이 없다는 것은 아니다. 꾸밈의 방식이 솔직한 것이다. 조미료를 사용하기보다는 재료의 맛을 그대로 살려 음식을 만드는 것이라고 해야 할까. 이것이 바로 소박함이지 않을까. 소박하기에 욕심이 많지 않고, 얻는 게 적어도 불만이 없다. 허물이 작을 수 있다. 과거의 행운을 자랑하되 그 안에 사람을 속이려하거나 과장하는 등 어떤 의도나 왜곡이 담기지 않는 것이다.

23 박괘剝卦

剝, 不利有攸往. 나아감이 불리하다.
初 : 剝牀以足, 蔑, 貞凶. 침상의 다리가 깎였으니 욕된 것이고, 크게 흉할 것이다.
二 : 剝牀以辨, 蔑, 貞凶. 침상의 몸체가 깎였으니 욕된 것이고, 크게 흉할 것이다.
三 : 剝, 无咎. 깎아짐에 허물이 없다.
四 : 剝牀以膚, 凶. 껍질을 깎으니 흉하다.
五 : 貫魚以宮人寵, 无不利. 꼬챙이에 꿰어 놓은 물고기처럼 한 집 안에 있는 사람을 모두 똑같이 총애한다면, 불리함이 없다.
六 : 碩果不食, 君子得輿, 小人剝廬. 충실한 과실을 먹지 못하니, 군자는 수레를 얻고, 소인은 집마저 허물어뜨릴 것이다.

▌첫 행운이 벗겨지다

박정희 대통령 암살사건 수사책임자였던 전두환 전 대통령은 한발 더 나아가 쿠데타를 일으키면서 실권을 장악한다. 그에게 천운이 다가온 것이다. 이후 전두환은 80년 9월 제11대 대통령에 취임한 뒤, 81년 2월 제12대 대통령에 당선된다. 그러나 그가 대통령이 된 것은 능력을 넘어서는 과도한 행운이었다. 집권 기간 내내 민주화 투쟁에 시달리다가, 87년 6월 국민들의 직선제 요구에 항복하고 만다(☷).

대통령에서 물러난 뒤 전두환은 국가원로자문회의와 일해재단을 통해 정치적 영향력을 행사하고자 했다. 그러나 노태우 대통령의 반발로 포기하고, 국가원로자문회의 의장직과 민정당 명예총재직에서 사퇴한다. 이후 여소야대 상황에서 국회 청문회가 진행되었고, 국민들의 처벌 요구에 직면해 대국민 사죄와 함께 재산 헌납을 발표하고 백담사에 은둔했다가 1990년 12월 하산했다(☰☰).

불행은 그것으로 끝이 아니었다. 김영삼 정부 출범 뒤 1995년 구속 수감되어 사형을 구형받았다가 1997년 4월 17일 대법원에서 무기징역 및 추징금 2,205억 원을 선고받는다. 이후 특별사면으로 풀려났으며, 1998년 복권되었다(☰☰).

박(剝)은 깎이다, 벗기다 등의 뜻이 있다. 깎기고 벗겨지는 것은 무엇일까. 자신의 행운이다. 결과적으로 좋은 운명일 수 없다. 들어온 행운은 깎여나간다. 앞선 21번 서합괘(☰☰☰☰☰)와 비교한다면 예컨대 한헌제가 왕권 강화에 나섰다가 비극적 운명을 맞는 것이라고 할 수 있다. 물론 전두환 전 대통령은 헌법에 기초한 사회에 살았기에 목숨은 유지할 수 있었다. 로또에 덜컥 당첨된 뒤 흥청망청 쓰다가 나락으로 떨어지는 것도 박괘에 들어간다고 할 수 있다.

나가지 말 것

剝, 不利有攸往.(박, 불리유유왕)
나아감이 불리하다.

처음엔 운의 기운이 강해 뭐든 될 것 같은 생각이 든다. 하지만 나가면 좋지 않은 결과가 찾아올 가능성이 높다. 그냥 가만히 있는 게 상책이다. 전두환은 그래서 백담사에서 혹은 본인 집에서 철저하게 은거에 가까운 생활을 한다. 로또에 당첨되더라도 자꾸 나가면 안 된다. 가만히 앉아 굴러 들어온 돈을 잘 지키는 것이 상책이다.

다리가 꺾이니 크게 흉하다

初 : 剝牀以足, 蔑, 貞凶.(박상이족, 멸, 정흉)
침상의 다리가 깎였으니 욕된 것이고, 크게 흉할 것이다.

상(牀)은 침대를 뜻하고, 멸(蔑)은 욕되다, 멸하다의 뜻이 있다. 침상의 다리 일부가 잘려나간 것이다. 겉보기엔 대충 침대처럼 보이지만 사용이 불편하다. 부실한 다리 탓에 숙면을 못하게 되고 생활 리듬이 깨진다. 결과적으로 모든 것이 흐트러진다. 침상은 수레와 마찬가지로 행운을 담는 그릇일 것이다. 그런데 그것이 어그러진다. 행운이 너무 과도했던 탓이다. 너무 무거운 운이 떨어져 침상이 견디지 못한 것이다.

이는 곧 문득 다가온 행운이 불행의 시작이 될 수 있음을 암시한다. 코 일부가 잘려나가는 작은 고통이 아니고, 삶의 중요한 부분이 무너지면서 모든 게 헝클어진다. 전두환에게 쿠데타를 통해 획득한 대통령이란 지위는 침상으로 대변되는 천운이었다. 그러나 과도한 행운이었던 탓에 출발부터 다리가 깎인 운명이었다.

몸통이 꺾이니 크게 흉하다

二 : 剝牀以辨, 蔑, 貞凶.(박상이변, 멸, 정흉)
침상의 몸체가 깎였으니 욕된 것이고, 크게 흉할 것이다.

변(辨)은 침상의 몸체를 뜻한다. 몸통이 깎였다. 다리가 깎인 것보다 더 흉한 상황이 된 것이다. 침대가 버틸 수 없는 육중한 물체가 떨어지면 처음엔 다리 한두 개가 부러지지만, 더 심해지면 침대가 두 동강 난다. 이 같은 상황을 표현했다고 할 수 있다. 너무 과도한 행운은 그래서 불행의 시작이 될 뿐이다.

깎임은 허물이 아니다

三 : 剝, 无咎.(박, 무구)
깎아짐에 허물이 없다.

여기서 박(剝)은 더 이상 버티기 어려운 행운의 무게를 던져버리는 것이다. 소양에서 태음으로의 변화를 뜻한다. 억지로 붙들고 있는 것보다 허물이 덜하다. 예컨대 민주화 시위가 격해진 87년 전두환은 스스로 대통령이란 직을 벗어던지겠다고 공식 발표한다. 사실 그가 다시 계엄을 선포하고 친위 쿠데타를 일으킬 가능성이 높았고, 실제 준비도 했다. 그러나 그 길을 실행하지는 않고 자리에서 내려왔다. 또 다른 허물을 만들 행동을 하지 않은 것이며 순리를 따른 것이다.

껍질이 깎이니 흉하다

四 : 剝牀以膚, 凶.(박상이부, 흉)
껍질을 깎으니 흉하다.

부(膚)는 살갗, 껍질을 뜻한다. 초반의 과도한 행운을 벗어던졌으나 시원섭섭함 혹은 미련이 남을 수밖에 없다. 따라서 다시 한번 행운이 찾아오는 상황을 만들어 보려는 시도를 한다. 그러나 그것에 성공한다는 것은 어렵다. 이미 초반에 과도한 행운을 누렸고, 그것은 한없이 솟아나는 화수분이 아니다. 이미 미래의 행운까지도 당겨서 사용한 상태이기 때문에 이 같은 시도는 껍질이 깎이는 흉함만을 만든다.

전두환 대통령의 경우 자리에서 내려온 뒤에도 국가원로자문회의 등을 통해 수렴청정하려는 시도를 한다. 그러나 부끄러운 일만 만들었으며, 오히려 정치적 반대 세력으로부터 공격당하는 빌미가 됐고, 덕분에 백담사로 쫓겨나게 된다.

<hr />

균형감을 찾으면 불리함이 없다

五 : 貫魚以宮人寵, 无不利.(관어이궁인총, 무불리)
꼬챙이에 꿰어 놓은 물고기처럼 한 집 안에 있는 사람을 모두 똑같이 총애한다면, 불리함이 없다.

관(貫)은 꿰다, 뚫다의 뜻이다. 총(寵)은 사랑한다는 뜻의 애(愛)이다. 삶의 균형감과 일관성의 유지가 필요하다고 이야기하는 것이다. 두 번째 태음인 마지막 양괘(兩卦)에 대한 설명이다. 태음이 다시 이어지고 있으나 상황은 변했다. 가운데 양괘(兩卦)의 태음이 행운이 사라지는 과정이라면, 마지막 태음은 모든 걸 내려놓은 상태다. 무너짐은 회한이 큰 삶이라고 할 수 있다. 초반엔 감정 기복도 심하고, 세상을 탓할 수도 있고, 자괴감에 빠질 수 있다. 그러나 실컷 울고 나면 마음이 편해지는 순간이 온다. 그 순간 세상이 다시 보이고 균형감을 찾으면 불리할 것이 없다고 주역은 말한다.

六 碩果不食, 君子得輿, 小人剝廬.(석과불식, 군자득여, 소인박려)

충실한 과실을 먹지 못하니, 군자는 수레를 얻고,

소인은 집마저 허물어뜨릴 것이다.

태음이 마지막에 두 번 반복되는 괘에선 군자가 자주 등장한다. 앞서 본 것처럼 두 번째 태음에서는 세상에 대한 심미안을 얻을 수 있기 때문이다.

석(碩)은 크다, 충실하다는 뜻이다. 여(輿)는 수레이고, 려(廬)는 초가를 의미한다. 충실한 과일을 먹지 못했다는 것은 강한 아쉬움이 남는 상황이 찾아오는 것이다. 과거 좋았던 시절이었다면 충분이 먹었을 수 있는 데 현재의 조건에서는 불가능한 것이다.

그럼에도 불구하고 군자는 수레를 얻는다. 살아온 길을 돌이켜보고 잘 정리함으로써 인생의 깊은 뜻을 이해하게 된다. 군자의 수레는 전쟁터에 나가 전리품을 싣는 용도가 아닌 작은 기쁨을 담는 큰 그릇이다.

소인은 삶의 균형감을 찾지 못한 경우다. 남과 세상, 혹은 자신을 탓하다가 침대만이 아닌 집까지, 즉 인생을 허물어 버린다. 주역은 태음의 경우 군자의 길과 소인의 길을 나눈다. 군자는 내려놓음을 바탕으로 유유자적하는 삶을 사는 것이고, 소인은 없음을 한탄하면서 자신을 비루하게 만든다.

24 복괘復卦 ====== ☷☳

復, 亨. 出入无疾, 朋來无咎, 反復其道, 七日來復. 利有攸往. 복은 형통이다. 나가고 들어옴에 해가 없고, 벗이 와도 아무런 허물이 없다. 노를 반복하여 7일 만에 돌아오니, 가는 바가 있음이 이롭다.

初 : 不遠復, 无祗悔, 元吉. 멀리가지 않고 돌아오니 크게 후회하지 않으니 크게 길하다.

二 : 休復, 吉. 여유 있게 돌아오면 길하다.

三 : 頻復, 厲无咎. 자주 돌아옴이니, 위태로우나 허물이 없다.

四 : 中行獨復, 以從道也. 길을 가는 중에도 홀로 돌아가니, 도를 따르는 것이다.

五 : 敦復, 无悔. 두텁게 돌아오면 후회가 없다.

六 : 迷復, 凶, 有災眚. 用行師, 終有大敗, 以其國, 君凶, 至于十年不克征. 헤매면서 돌아오면 흉하다. 재앙이 발생하고, 군사가 되어도 끝내 패한다. 이러한 군사가 있는 나라의 임금 역시 흉하니 10년을 넘기지 못한다.

▌아니다 싶으면 돌아올 것

학교를 졸업한 뒤 여행사에 취직한 분이 계시다. 본인이 좋아하는 여행을 하면서 돈도 벌 수 있다고 좋아했다. 누구보다 열심히 일했고, 최선을 다했다. 그런데 IMF 금융위기가 터지면서 회사가 망했고, 그는 실업자가 됐다().

이후 친구들과 동업 형태로 조그만 여행사를 시작했다. 초반에 잘 되는 모습을 보이자 동업한 친구들끼리 갈등이 생겼다. 투명하지 못한 회계처리 탓에 분란이 생긴 것이다. 갈등이 심해지면서 회사는 내리막길을 걸었고 결국 문을 닫았다(☰☰).

이후 그는 독립해 과거 경험을 바탕으로 대형 여행사와 계약을 한 가운데 필리핀 현지에서 한국에서 오는 손님을 안내하는 일을 하게 된다. 자신의 한계를 인식한 가운데 큰 욕심 부리지 않고 능력껏 살고 있다(☰☰).

복(復)은 어딘가에 갔다 다시 돌아간다는 의미로 사용한다. 회복(回復), 복귀(復歸), 극기복례(克己復禮) 등에 사용된다. 이런 점에서 복괘에겐 다시 돌아가는 것이 중요하다. 하다 안 되면 미련을 두지 않고 물러날 줄 알아야 마지막에 열매가 생긴다.

중반까지 약한 운의 기운, 능력 부족이 이어진다. 그렇다고 아무것도 하지 않는 것은 아니다. 다만 성과가 적다. 따라서 실패하거나 성과가 없을 때 잘 돌아와야 한다. 이런 점에서 '내려놓음'이 강한 2번 곤괘(☰☰☰☰☰☰)와 다르다. 아울러 리스크 있는 행운을 감당하는 7번 사괘(☰☰☰☰☰☰)와 달리 노력이 능력 향상에 맞춰진다.

7일이 되어야 변한다

復, 亨. 出入无疾, 朋來无咎, 反復其道, 七日來復. 利有攸往.
(복, 형. 출입무질, 붕래무구, 반복기도, 칠일래복. 이유유왕)
복은 형통이다. 나가고 들어옴에 해가 없고, 벗이 와도 아무런 허물이 없다. 도를 반복하여 7일 만에 돌아오니, 가는 바가 있음이 이롭다.

나가고 들어감에 해가 없고 벗이 와도 허물이 없는 것은 지킬 것이 없기 때문이다. 그 도를 반복한다는 것은 무엇일까. 잃을 것도 없는 상황에서 능력을 쌓는 것이다. 능력 향상을 위해 이것저것 해보고 운의 기운이 강해질 수 있도록 여러 친구도 두루 만나는 것이다.

7일 만에 돌아온다는 것은 마지막 양괘(兩卦)에서 변화가 있다는 말이다. 18번 고괘(☴☶)의 괘사에 선갑삼일, 후갑삼일이란 문구가 나온다. 각 양괘(兩卦)에게 주어진 시간이 3일인 것이다. 즉, 첫 양괘(兩卦)가 3일, 두 번째도 3일, 세 번째도 3일이다. 1에서부터 9까지가 숫자의 근원이기 때문이다. 결국, 6일간 쌓은 내공이 7일째 발현된다는 것이다. 다가오는 방식은 행운이 아닌 능력의 고양이란 형태일 것이다.

멀리 가지 말 것

初 : 不遠復, 无祗悔, 元吉.(불원복, 무지회, 원길)
멀리가지 않고 돌아오니 크게 후회하지 않고 크게 길하다.

지(祗)은 다만, 단지란 뜻이 있다. 멀리 가지 않는다는 것은 무모한 일에 나서지 않거나 답답한 상황에서 '혹시나' 하면서 시간과 힘을 낭비하지 않는 것이다. 능력과 운이 없는 상황에서 꿈만 크다면 자칫 돌아올 수 없는 길을 떠나게 된다. 물론 성공하면 운명의 변화를 맞이할 것이다. 그 가능성이 작으면 돌아와야 한다.

이렇듯 돌아오면 결과적으로 길할 것이라고 주역은 말한다. 물론 아쉬움이 있을 것이다. 가보지 못한 길에 대한 미련도 있겠으나 돌아와야 한다.

여유 있게 돌아 올 것

二 : 休復, 吉.(휴복, 길)
여유 있게 돌아오면 길하다.

여유 있음은 돌아오는 속도를 뜻한다. 멈추면 비로소 보이는 것들이 많다. 오는 길을 잃어버렸더라도 여유 있게 돌아와야 한다. 그래야 길을 찾을 수 있다. 행운이 따른다면 급하게 돌아와도, 문제가 없을 것이다. 불행을 막아주는 기운이 자칫 천 길 낭떠러지로 발을 내딛는 불행을 막아 줄 수 있다. 그렇지 못한 상황에선 더 여유가 필요하다.

자주 돌아옴은 흉이 아니다

三 : 頻復, 厲无咎.(빈복, 려무구)
자주 돌아옴이니, 위태로우나 허물이 없다.

빈(頻)은 자주란 뜻이다. 빈번(頻繁)이란 말로 자주 사용된다. 원복(遠復)이 크고 멀게 갔다 오는 것이라면 빈복은 짧게 자주 갔다 돌아오는 것이다. 그 과정에서 위태로움은 있겠으나 허물은 없다고 이야기 한다.

혼자라도 돌아 올 것

四 : 中行獨復, 以從道也.(중행독복, 이종도야)
길을 가는 중에도 홀로 돌아가니, 도를 따르는 것이다.

길을 떠날 땐 여럿이 가기도 한다. 운의 기운이 약하고 모든 걸 해결할 능력이 부족하면 여럿이 도모하게 된다. 일이 풀리지 않는 모양을 보면서 돌아가야 함을 직관할 수 있다. 그 순간 다른 사람들은 '한 걸음 더'를 외친다. 아쉬움도 남고, 동지들의 만류도 부담이어서 계속 머무르는 것은 자신에게 주어진 순리를 따르는 게 아니다. 포기하기엔 투자한 시간과 노력이 아까울 수도 있다. 하지만 그 상황에서 돌아오는 게 순리라고 주역은 말하고 있다.

함께 도모했던 일이 성공적이어도 내 손에 들어오는 건 적을 가능성도 있다. 수고하는 것과 논공행상은 전혀 다른 차원이다. 행운의 그릇이 작으면 논공행상에서 밀리기 쉽다. 적은 일을 하고 많이 가져가는 사람이 있고, 많은 수고를 하고 적게 가져가는 사람이 있다. 어차피 잘 되도 나에게 돌아오는 게 적을 것이 예상된다면 미련을 버리고 돌아오는 게 맞다. 끝까지 따라가 성공하는 걸 본 뒤 빈손으로 돌아와야 한다면 더 억울할 것이다.

두터움은 도움이 된다

五 : 敦復, 无悔.(돈복, 무회)
두텁게 돌아오면 후회가 없다.

두텁게 돌아오는 것은 돌아오는 발걸음이 묵직한 것이다. 여행에서 진지한 깨달음을 얻은 사람의 모습으로 오는 것이다. 그 묵직함이 시간 속에너지고 내공일 것이다. 가끔 우린 여행을 떠난다. 돌아오는 걸음이 묵직하다면 많은 걸 얻은 것이다. 마지막 양괘(兩卦)에 대한 설명이다. 나가고 돌아옴을 여러 차례 반복한 가운데 이제 그 움직임이 두텁고 육중해졌다.

六 : 迷復, 凶, 有災眚. 用行師, 終有大敗, 以其國, 君凶, 至于十年不
克征.

(미복, 흉, 유재생. 용행사, 종유대패, 이기국, 군흉, 지우십년불극정)

헤매면서 돌아오면 흉하다. 재앙이 발생하고,

군사가 되어도 끝내 패한다. 이러한 군사가 있는 나라의

임금 역시 흉하니 10년을 넘기지 못한다.

미복은 혼란스럽게 돌아오는 것이다. 헤매면서 돌아왔다는 것은 순리를 인식 못 한 탓이다. 즉 두텁게 돌아오지 못하는 것이다. 육중하지 못한 가운데 오락가락하는 것이다. 특히 소음이 된 상황이기에, 과거보다 자신감이 넘치거나 자아가 강해졌을 확률이 높다. 따라서 돌아와야 할 타이밍임에도 불구하고 버티다 오히려 혼란에 빠질 확률이 높다. 이를 조심해야 한다는 것으로 이해할 수 있다.

이렇듯 순리를 이해하지 못하는 사람이 많아지면 개인뿐만 아니라 사회도 불행하게 된다. 전쟁에서 패하게 되고, 임금도 흉하며, 나라가 10년 이상 지속되기 어렵다. 이런 점에서 지도자에 대한 조언도 담고 있는데, 이는 7번 사괘(☷☷)와 구조가 같다. 사괘에서는 마지막에 나라를 세울 때 소인을 쓰지 말라는 주문을 하고 있다.

25 무망괘无妄卦

无妄, 元亨利貞, 其匪正有眚, 不利有攸往. 무망은 크고 형통하며, 바르면 이득이 있다. 바르지 않으면 재앙이 있다. 가는 것이 불리하다.

初 : 无妄, 往吉. 망동하지 않으니, 가면 길할 것이다.

二 : 不耕穫, 不菑畬, 則利有攸往. 밭을 갈지 않고 수확하며, 개간하지 않고 땅을 얻는다. 나아감이 이롭다.

三 : 无妄之災, 或繫之牛, 行人之得, 邑人之災. 무망의 재앙이니, 혹 메어 놓은 소를 행인이 얻게 되면 읍인에게 재앙이 닥친다.

四 : 可貞, 无咎. 바름을 지킬 수 있으면 허물이 없을 것이다.

五 : 无妄之疾, 勿藥有喜. 망동하지 않음의 병에는 약이 없으나 기쁨이 있다.

六 : 无妄, 行有眚, 无攸利. 망동하지 않고 행동하지만, 재앙이 있으면 이로운 바가 없다.

▌자만에 빠지지 말 것

무망(无妄)은 망동을 하지 않는다는 뜻이다. 자중자애할 필요가 있다. 재능과 운을 바탕으로 초반에 이루는 바가 있다. 그 성공에 취해 시야가 흐려지고, 한계치에 도달했음에도, 능력이 있는 것으로 착각한다. 운이 다하고 결과적으로 제자리로 돌아가게 된다.

대학교 3학년에 행정고시에 합격한 뒤 중앙부처에서 승승장구하던 분이 있었다. 50대 초반 모두가 선망하는 차관에 오르면서 공무원으로서 해 볼 수 있는 걸 다 했다. 또한, 부동산 투자에 능했던 부인 덕분에 돈도 많이 모았다(**=**).

그 뒤 그는 정치판에 뛰어드는 승부수를 던졌고, 국회의원에 당선됐다. 2004년 노무현 대통령 탄핵 바람을 타면서 인지도가 없었지만, 행운을 잡아 소양의 상황이 된 것이다. 사실 후보 시절엔 잘 할 것처럼 보였던 사람들이 국회의원에 당선된 뒤 밑천을 드러내는 경우가 허다하다. 운의 도움으로 당선됐음에도 불구하고, 실력이 출중해 된 것으로 착각해 망동하게 된다. 아울러 능력 이상의 행운을 누린 것이기도 하다. 그분 역시 크게 다르지 않았고 결과적으로 국회의원 전체가 욕먹는 데 일조하게 된다(**≡**).

다음 선거에서 떨어진 그분은 한동안 출중한 실력에도 불구하고 운이 나빠 떨어졌다고 믿었다. 다음 선거에서는 이길 수 있다고 생각하고 준비를 한다. 그러나 결과적으로 국회의원이 되었던 것 자체가 과도한 행운이었음을 깨닫고, 모든 걸 내려놓은 가운데 봉사 활동에 전념하면서 자발성에 기초한 지역 커뮤니티 활성화를 위해 노력하고 있다. 그러면서 오히려 지역주민으로부터 좋은 평가를 받는다. 그것이 다시 한번 선거에 도전해보게끔 하는 유혹을 만들지만, 국회의원이란 자리가 본인이 감당할 수 없음을 알기에 애써 외면한다고 한다(**≡**).

망동하면 재앙이 있다

无妄, 元亨利貞, 其匪正有眚, 不利有攸往.
(무망, 원형리정, 기비정유생, 불리유유왕)
무망은 크고 형통하며, 바르면 이득이 있다. 바르지 않으면
재앙이 있다. 가는 것이 불리하다.

생(眚)은 잘못이란 의미도 있고 재앙이라는 뜻도 있다. 기비정유생(其
匪正有眚)은 바르게 하지 않으면 재앙이 있다는 것이다. 운으로 버티는
데에는 한계가 있다. 버티기 힘들면 이런저런 편법과 꼼수가 눈에 들어
온다. 그와 같은 상황이 된다면 섣불리 나서지 말 것을 경고하고 있다.

요리에 재능 있는 친구가 기회를 얻어 스파게티 가게를 열었는데, 장
사가 잘 됐고, 맛집으로 소문이 났다. 그러자 투자자가 나타나 사업을 확
장했는데, 벽에 부딪히기 시작했다. 능력을 넘어선 상황이 된 것이다. 이
런저런 편법을 동원해 자금을 조달하고 거짓으로 돈을 대출받는데, 편법
과 거짓이 빌미가 돼, 회사가 삐거덕거린다. 스파게티 가게는 하락세로
접어들었고, 국내 최대의 이탈리안 레스토랑 프랜차이즈를 만들겠다는
꿈은 물거품이 되고 만다.

무망하면 길하다

初 : 无妄, 往吉.(무망, 왕길)
망동하지 않으니, 가면 길할 것이다.

망동하지 않으면서 가니, 길하다는 것이다. 초반 상황을 말한다고 볼
수 있다. 능력과 운이 잘 조화를 이룬다. 망동함으로써 일을 그르치거나
능력에 부치는 상황을 아직 맞이하지 않는다. 따라서 일이 잘 풀린다.

二 : 不耕穫, 不菑畬, 則利有攸往.(불경확, 불치여, 즉리유유왕)

밭을 갈지 않고 수확하며, 개간하지 않고 땅을 얻는다.

나아감이 이롭다.

경(耕)은 경작하다는 뜻이고, 획(穫)은 수확하다는 뜻이다. 치(菑)는 황무지를 개간하는 것이고, 여(畬)는 경작지다.

초반 성취를 바탕으로 높은 단계로 도약한다. 밭을 갈지 않았는데 수확하고 개간하지도 않았는데 땅이 생기는 일이 벌어진다. 관성의 법칙에 따라 능력과 관계없이 유의미한 성과가 나오는 것이다. 그 과정을 거쳐 소양으로 진입한다. 그런데 이것은 망동하는 계기를 만든다. 세상이 쉽게 보이도록 하는 탓이다. 망동하지 않기 위해선 그 순간 자신에게 제어를 잘 해야 한다.

三 : 无妄之災, 或繫之牛, 行人之得, 邑人之災.

(무망지재, 혹계지우, 행인지득, 읍인지재)

무망의 재앙이니, 혹 메어 놓은 소를 행인이 얻게 되면

읍인에게 재앙이 닥친다.

계(繫)는 매다, 이어 매다, 묶다의 뜻이 있다. 메어 놓은 소를 행인이 가져간다는 것은 불행의 조짐이 나타나기 시작하는 상황이 되었다는 것이다. 소양으로 넘어가면서 틈이 생기기 시작했고, 버틸 수 있는 것보다

더 큰 행운을 누림으로써 구멍이 만들어지고 엇박자가 난다.

그리고 이 같은 불행의 조짐을 막지 못하면 재앙으로 이어진다. 그 재앙은 특히 본인뿐만 아니라 이웃에게도 미친다. 내가 잘못됨으로써 선한 주변 사람들에게 의도하지 않은 피해를 입히게 된다. 이점을 간과하지 말고, 두텁게 행동해야 한다는 의미로 받아들일 수 있다.

바름을 지킬 것

四 : 可貞, 无咎.(가정, 무구)
바름을 지킬 수 있으면 허물이 없을 것이다.

운이 다하는 상황에 직면한 것이다. 그 순간 바름을 지키기는 쉽지 않다. 달콤한 성공의 기억이 마약 같기 때문이다. 4년간 국회의원을 한 뒤 다음 선거에서 패하면 능력 부족을 인정하고 깨끗하게 물러서기 힘들다. 바름을 지키지 못한 가운데 정적을 물고 늘어지면서 추한 꼴을 보이기도 한다. 그 순간 바름을 지켜야 한다고 주역은 말한다.

견디는 것도 고통이다

五 : 无妄之疾, 勿藥有喜.(무망지질, 물약유희)
망동하지 않음의 병에는 약이 없으나 기쁨이 있다.

무망지질(无妄之疾)은 망동하지 않음으로써 생기는 병이다. 미혹하는 일에 가슴이 답답해질 수도 있다. 과거의 영예를 가슴 속에 묻어야 하는 상황도 고통이다. 하면 될 것 같은 데, 그것을 참는 것도 힘들다. 그리고 그것을 해결해 줄 수 있는 약은 없다. 스스로 이겨내야 한다. 그러고 나면 기쁨이 있을 것이라고 주역은 말하고 있다.

재앙이 있으면 멈출 것

六 : 无妄, 行有眚, 无攸利.(무망, 행유생, 무유리)
망동하지 않고 행동하지만, 재앙이 있으면 이로운 바가 없다.

망동하지 않고 행동할 수 있는 상태가 되더라도 재앙이 다가오지 않는 것은 아니다. 국회의원 출마를 깔끔하게 접었지만 불현듯 기회가 다가오는 것처럼 느껴질 수 있고, 따라서 다시 출마 준비를 할 수도 있다. 그것이 재앙이 되지 않도록 해야 한다. 이로운 바가 없다.

소양 상태에서 누렸던 과도한 행운에 대한 대가 지불을 요구받을 수도 있다. 소양의 행운이 미래의 행운을 가져다 쓴 것일 수 있기 때문이다. 실제 앞서 예를 들었던 전직 국회의원분이 봉사 활동에 열심인 이유는 자신이 과분하게 누렸던 행운에 대한 대가를 지불해야 한다고 믿기 때문이다. 그것을 통해 재앙을 막을 수 있다고 믿는다. 즉, 행운에 대한 희망은 접었으나 불행이 닥치지 않도록 해 줄 수 있다고 생각하는 것이다.

26 대축괘大畜卦

大畜, 利貞, 不家食吉, 利涉大川. 대축은 이롭고 바르다. 집에서 밥을 먹지 않으면 길하니, 큰
내를 건너는 것이 이롭다.
初 : 有厲, 利已. 염려되는 바가 있으면 그치는 것이 이롭다.
二 : 輿說輹. 수레의 바퀴살이 떨어져나간다.
三 : 良馬逐, 利艱貞, 曰閑輿衛, 利有攸往. 좋은 말을 쫓아가고, 이익과 어려움을 바르게 구분
하고, 또한 한가한 수레를 잘 지키면, 나아감에 이로움이 있다.
四 : 童牛之牿, 元吉. 송아지 우리는 크게 길하다.
五 : 豶豕之牙, 吉. 거세한 돼지의 이빨은 길하다.
六 : 何天之衢, 亨. 하늘의 큰길을 따르니, 형통하다.

▌큰 축적이 필요하다

윈스턴 처칠은 대표적 금수저 출신으로, 1874년 유명 정치인 아버지와
재벌 어머니 사이에서 태어났다. 그러나 학교 성적은 바닥이었고 지능도
떨어졌다. 군인 외에는 할 수 있는 게 없다고 판단한 아버지가 육군사관
학교에 보내려 안간힘을 써 삼수 끝에 간신히 들어갔고, 성적도 신통치
않아 보병이 아닌 기병에 배치된다. 부모 잘 만난 덕분에 대영제국의 군
인이 되는 데 성공했으나 처칠은 쿠바, 인도 등 임지에서 큰 공적을 세우
지 못하면서 그만저만한 군인 생활을 한다(☳).

군인으로서 능력이 딸렸던 그는 종군기자란 일에 더 큰 흥미를 느끼게 된다. 군인인 동시에 종군기자로 전쟁에 참여하면서, 그 기록을 언론을 통해 보도하기 시작했다. 글쓰기란 새로운 재능을 발견한 셈이다. 그러던 와중 1899년 남아프리카 보어전쟁에 종군기자로서 참여했다가 포로가 되면서 절체절명의 위기에 빠진다(☵).

간신히 탈출하게 되는 데, 그 과정의 드라마틱함을 언론을 통해 알리면서 일약 전쟁 영웅으로 떠오른다. 위기가 기회가 된 것이다. 이를 통해 확보한 대중적 인기와 친화력, 능수능란한 말솜씨가 조화를 이루면서 그다음 해인 1900년 보수당 후보로 하원의원에 당선되었고, 정치인으로 거듭나는 데 성공한다(☲).

축(畜)은 9번 소축괘(☰☰☰ ䷈ 小畜卦)에서 한 번 본 것처럼 짐승 또는 비축하다는 뜻이다. 소축이 적은 비축을 뜻했다면, 대축은 큰 비축을 의미한다. 소축보다 더 많이 비축해야 태양으로의 전환이 가능해진다. 미래를 보면서 운과 능력의 엇갈림을 견디고 에너지를 축적해야 하며, 그 끝에 형통함이 있다.

집에서 밥 먹지 말 것

大畜, 利貞, 不家食吉, 利涉大川.(대축, 리정, 불가식길, 이섭대천)
대축은 이롭고 바르다. 집에서 밥을 먹지 않으면 길하니,
큰 내를 건너는 것이 이롭다.

집에서 밥을 먹지 말라는 것은 밖에 나가 배우고 만나고 행하라는 것이다. 그 과정이 순탄치는 않겠으나 쌓이면 크게 이루는 시간이 다가온다. 큰 강을 건너는 것도 권장하고 있다. 당장 성공이 어려울지라도 도전

하는 과정에서 자신을 한 단계 레벨 업 할 수 있다. 그리고 결국 큰 것을 이룬다.

위험하면 멈출 것

初 : 有厲, 利已.(유려, 리기)
염려되는 바가 있으면 그치는 것이 이롭다.

기(已)는 그치다는 뜻이다. 위태로운 사태가 다가오면 뚫고 나가기보다 적당한 선에서 멈춰야 한다는 것이다. 초반 상황에 대한 설명이다. 능력과 운이 맞아 떨어지지 않고, 또 뚫고 나가기 위한 내공이 부족한 탓에 무리할 필요가 없다. 물론 포기하라는 뜻은 아니다. 멈춘 뒤 때를 기다리거나 다른 방향으로 각도를 잡아야 한다. 초반 엇박자가 나는 순간 멈추고 반성하고, 그리고 축적한 뒤 다시 발걸음을 내디뎌야 한다.

바퀴살이 떨어져 나간다

二 : 輿說輹.(여설복)
수레의 바퀴살이 떨어져나간다.

날개를 달 수 있는 기회가 다가오지만 소화하지 못한다. 여(輿)는 수레다. 설(說)은 脫(탈)과 같은 뜻이다. 복(輹)은 바퀴살이다. 소축에도 같은 설명이 나오는데, 명품 자전거도 바퀴살 한두 개가 빠져버리면 무용지물이 된다.

三 : 良馬逐, 利艱貞, 曰閑輿衛, 利有攸往.

(양마축, 리간정, 일한여위, 리유유왕)

좋은 말을 쫓아가고, 이익과 어려움을 바르게 구분하고, 또한 한가

한 수레를 잘 지키면, 나아감에 이로움이 있다.

축(逐)은 쫓다, 뒤따르다, 달리다 등의 뜻이다. 좋은 말을 따라가는 것은 좋은 것에서 많은 것을 배워야 하는 걸 의미한다. 소양에서 소음으로 바뀐 상황으로 어쩌면 처음부터 다시 시작해야 한다. 잘 할 수 있는 분야를 찾은 상황에서 그 길을 잘 따라가야 한다. 동시에 이익과 어려움을 잘 구분해야 한다. 이는 배우는 자세로 사리 판단을 잘 해야 한다는 뜻이다.

주역에서 수레는 행운을 담는 그릇을 뜻한다. 그런데 그 수레가 한가하다. 새롭게 능력을 고양해가는 과정에서 행운이 다가올 가능성도 적고, 행운에 기대 뭔가를 해 볼 수 있는 상황도 아니다. 따라서 수레는 한가하다. 아직 운이 닿지 않기에 채울 수 있는 게 없지만 동시에 일종의 가능성이 존재하는 상태라고 할 수 있겠다. 그 가능성을 잘 유지해야 한다. 자칫 수레를 잃어버리거나 망가뜨리면 쏟아지는 운을 담을 수 없다.

四 : 童牛之牿, 元吉.(동우지곡, 원길)

송아지 우리는 크게 길하다.

동우(童牛)는 송아지, 곡(牿)은 소나 말을 기르는 우리를 뜻하는데, 동우지고(童牛之牿)는 송아지 우리로 간단히 해석하면 된다. 송아지는 당장 도움이 안 되지만 시간이 황소로 만들어 주기에 미래가 그 안에 담겨 있다. 따라서 우리 안에 송아지가 가득 있다면 길한 것이다.

이것이 '대축'의 또 다른 의미다. 소축괘는 베풂을 통해 이웃과 좋은 관계를 맺고 이를 바탕으로 운의 기운을 왕성하게 만들어야 한다. 그러나 대축은 송아지를 키우는 시간과 노력, 더 많은 에너지의 축적이 필요하다. 즉 재능을 키우는 노력을 해야 한다.

불필요한 것에 매달리지 말 것

五 : 豶豕之牙, 吉.(분시지아, 길)
거세한 돼지의 이빨은 길하다.

분(豶)은 거세를 의미하고, 따라서 분시(豶豕)는 거세된 돼지를 뜻한다. 숫돼지는 성질이 사나워 날카로운 이빨에 사람이 상하기 쉽다. 그렇다고 돼지의 이빨을 뽑을 수는 없다. 대신 택한 것이 거세하는 것이다. 도축해 식육으로 먹을 때 암돼지처럼 잡냄새가 없는 장점도 있다. 농가에서는 지금도 수돼지의 99%가 거세되고 있다.

결과적으로 거세된 돼지의 이빨은 불알을 포기하는 대신 얻게 되는 교환물인 셈이다. 돼지 입장에서도 불알을 까는 것이 이빨을 뽑는 것보다 낫다. 엇박자가 나는 상황에서 무엇인가를 포기해야 할 처지에 놓이게 되면, 버려야 할 것에 너무 매달릴 필요가 없다는 것으로 이해할 수 있을 것이다.

처칠의 경우 전쟁터에서 총 대신 펜을 들었다. 사실 군인에게 총은 가장 중요한 것이다. 그러나 그는 총 대신 펜을 듦으로써 군인 신분을 유지하면서 전쟁터에도 참여한다. 총을 내려놓은 것은 돼지의 불알을 거세하는 것과 같을 것이고, 그 과정에서 갖게 된 펜이 행운을 몰고 온다.

결국 형통하다

六 : 何天之衢, 亨.(하천지구, 형)
하늘의 큰길을 따르니, 형통하다.

구(衢)는 사거리, 큰 길거리 등의 뜻이 있다. 사통팔달의 큰길을 의미한다. 하늘의 큰길을 따른다는 것이다. 태양인 마지막 양괘(兩卦)에 관한 설명이다. 과도한 행운을 버티다 재능을 발견하게 되고, 그 기회를 잘 활용함으로써 재능과 운이 조화를 이룬 것이다.

27 이괘頤卦

頤, 貞吉, 觀頤, 自求口實. 턱을 관찰해 스스로 입안에 채울 것을 구한다.

初 : 舍爾靈龜, 觀我朵頤, 凶. 신령스런 거북이 집에서 나의 늘어진 턱을 바라본다. 흉하다.

二 : 顚頤, 拂經于丘頤, 征凶. 턱이 뒤집힌 것이다. 원칙에 어긋나게 턱이 위로 올라가 있다. 길을 나서면 흉하다.

三 : 拂頤, 貞凶, 十年勿用, 无攸利. 떨어진 턱은 흉하고, 10년간 사용하지 못하니 이로울 것이 없다.

四 : 顚頤, 吉, 虎視耽耽, 其欲逐逐, 无咎. 턱이 뒤집히니 길하다. 먹이를 노려보는 호랑이의 눈으로 그것을 구하기 위해 계속 가면 허물이 없을 것이다.

五 : 拂經, 居貞吉, 不可涉大川. 순리에서 벗어나지 않고, 바름에 머물러야 길하다. 큰 내를 건너서는 안 된다.

六 : 由頤, 厲吉, 利涉大川. 자연스러운 턱을 따르면, 위태로우나 길하고, 이익이 큰 강을 건너서 온다.

▌과한 행운의 고통

푸이는 청나라 마지막 황제의 이름이다. 1908년 3살의 나이로 청의 12대 황제가 되었으나 1911년 신해혁명이 일어나면서 자금성에서 감금 생활을 시작한다. 1924년 쫓겨난 뒤 여기저기 방랑을 하게 된다(☵).

일본이 1931년 중국 북동부를 점령하고, 만주국을 세운 뒤 푸이에게 집정을 요구한다. 푸이는 운명의 변화를 꾀할 수 있다고 판단한 가운데 황제에 오르지만 1945년 소련군에 체포되어 전범이 되었으며 1950년 8월 초 중국으로 압송되어 전범관리소에 수감된다. 1957년 자신의 죄상을 고백하는 형식으로 '내 죄악의 전반생' 이라는 반성문을 제출한 뒤 풀려나 뒤 베이징에서 정원사로 일한다(≖).

그리고 반성문을 토대로 한 《나의 전반생(我的前半生)》이라는 후일 〈마지막 황제〉로 영화화된 자서전을 정식 출간한다. 문장력을 인정받은 그는 1964년 전국정치협상회의 문사자료연구위원회로 전출되어 자료 전문위원을 역임하면서 인민정치협상회의 전국위원회 위원이 된다(≖).

이(頤)는 턱을 뜻한다. 위턱, 아래턱이 맞물려 음식물을 씹는다는 점에서 기르다, 양육하다의 뜻도 있다. 태수위탈함이(太守爲脫頷頤)란 고사성어가 있다. 태수가 되자 턱이 빠진다는 것으로 태수가 되는 복이 허사 없이 사라진다는 뜻이다. 음식은 복일 것이다. 그런데 그것을 소화시키기 위해서는 턱으로 잘 씹어야 한다. 턱이 빠져 씹지 못하면 음식은 아무 소용이 없다.

흙수저보다 금수저의 조건은 좋다. 그러나 턱이 작동하지 않으면 금수저도 무용지물이다. 이괘는 이 같은 인생을 설명한다.

스스로 먹을 것을 구함

頤, 貞吉, 觀頤, 自求口實.(이, 정길, 관이, 자구구실)
턱을 관찰해 스스로 입안에 채울 것을 구한다.

턱을 관찰한다는 것은 그것의 움직임과 쓰임새를 학습하는 것이다. 입으로 들어오는 것은 행운을 상징한다. 그것을 씹어 먹는 능력만 갖춘다면 진수성찬을 즐기는 데 큰 어려움이 없다. 그러면 태양으로 발전할 수 있다. 그것을 배우고자 하는 것이다.

사실 턱의 활용은 지극히 상식적인 것이다. 그것을 관찰해야 할 필요가 있을 정도로 턱의 움직임이 둔하다는 것은 타고난 운을 활용할 수 있는 능력이 극히 부족함을 뜻한다. 능력이 부족해서 일수도 있고, 행운이 너무 큰 탓일 수도 있다.

예컨대 젊은 시절 로또에 당첨돼 거액이 생겼다고 해보자. 그 돈을 어떻게 관리할 것인지 상식적인 길이 있으나 알지 못한다. 돈이 새어나가게 되어 있다. 돈만 사라지는 것이 아니라, 초반 운은 미래의 채무가 될 수 있기에 그에 따른 고난도 짊어져야 한다. 따라서 타인의 행운 관리법을 잘 배워 따라가려고 노력하는 것이다. 누군가에게는 간단한 학습이지만, 또 다른 사람에게는 무척 힘이 든 일이다.

모든 게 사라짐

初 : 舍爾靈龜, 觀我朶頤, 凶.(사이령구, 관아타이, 흉)
신령스런 거북이 집에서 나의 늘어진 턱을 바라본다. 흉하다.

사(舍)는 집이라는 뜻이 있다. 이(爾)는 어조사로 쓰이고, 령구(靈龜)는 영험한 거북을 의미한다. 타(朶)는 늘어지다는 뜻이다. 영험한 거북은 행운의 상징으로 그것이 집에 있는 데 나의 늘어진 턱을 보고 있다. 산타클로스 할아버지가 왔으나 선물을 담아줄 그릇이 없는 것이다. 3살에 황제가 된 어린 푸이에게 다가온 삶도 이와 같았다고 볼 수 있다.

二 : 顚頤, 拂經于丘頤, 征凶.(전이, 불경우구이, 정흉)

턱이 뒤집힌 것이다. 원칙에 어긋나게 턱이 위로 올라가 있다.

길을 나서면 흉하다.

전(顚)은 뒤집혔다는 뜻이고, 불(拂)은 거스르다, 어기다란 의미고, 경
(經)은 경전 혹은 일반적인 원칙을 말한다. 초반의 행운이 삶을 뒤집어
꼬아 버린 것이다. 그 상황에서 안타까움과 아쉬움에 발버둥을 치면 흉
할 수밖에 없다.

예전 어린 나이에 왕에 오르는 임금들이 있었다. 사실 평생 기다려도
오르지 못하는 사람들이 수두룩하다. 그런데 10살도 채 안된 나이에 한
나라의 임금이 된다는 것은 어떤 면에서 대단한 행운이 아닐 수 없다. 왕
위에 오르기 위해 형제간 권력투쟁도 없고 일찍 시작했기에 오랫동안 왕
노릇을 할 수도 있다. 그러나 그 행운이 언제나 기쁨은 아니다. 때론 삶
을 송두리째 뒤집어 놓는 과도한 행운이 될 수 있다. 적당한 행운은 행
복이지만 과도한 행운은 불행일 수 있다. 부정의 부정이 강한 긍정인 것
과 같은 맥락이 아닐까.

三 : 拂頤, 貞凶, 十年勿用, 无攸利.(불이, 정흉, 십년물용, 무유리)

떨어진 턱은 흉하고, 10년간 사용하지 못하니 이로울 것이 없다.

불(拂)은 떨친다는 뜻이다. 털어낸다는 의미가 있다. 불식(拂拭)시키

다, 불입금(拂入金) 등에 사용된다. 턱이 뒤집혀진 것에서 악화돼 떨어져 나갔다.

턱이 뒤집히고 뒤틀린 것을 넘어 이제 떨어져 나갔다. 완전히 기능을 상실했다. 턱이 뒤집힌 것이야 엇박자가 나더라도 음식을 조금이라도 소화시킬 수 있겠으나 떨어진 턱은 그것마저 불가능하다. 그리고 그것을 회복하는 데 10년이 걸리는 것이다. 꼬인 삶으로 인해 오랜 시간 아무것도 할 수 없다. 그 고통을 참고 견뎌야 운의 변화가 올 수 있다.

노파의 행운이란 것이 있다. 우연히 지하철에서 쓰러진 노파를 한 청년이 병원으로 옮겼는데, 노인은 얼마 안 돼 세상을 떠났고, 청년에게 유산을 남겼다. 벼락부자가 된 그는 돈을 물 쓰듯 했고, 돈이 전부 떨어진 뒤에도 취직할 수가 없었다. 푼돈처럼 느껴지는 월급을 위해 종일 일한다는 게 견디기 힘든 고통이었다. 낭비벽도 삶을 비참하게 만들었다. 같은 행운을 소망하면서 종일 지하철 노인석 앞을 전전했다고 한다.

떨어진 턱도 언젠가 자리를 찾는다

四 : 顚頤, 吉, 虎視耽耽, 其欲逐逐, 无咎.
(전이, 길, 호시탐탐, 기욕축축, 무구)
턱이 뒤집히니 길하다. 먹이를 노려보는 호랑이의 눈으로 그것을
구하기 위해 계속 가면 허물이 없을 것이다.

탐(耽)은 열중하다, 탐구하다, 노려보다 등의 뜻이 있고, 축(逐)은 쫓다, 구하다 등의 의미를 갖고 있다. 앞서 본대로 전이(顚頤)는 턱이 뒤집힌 것이다. 그런데 이미 뒤집혔던 턱이 다시 뒤집힌 것이다. 부정의 부정은 강한 긍정이다. 원래 위치로 돌아온 것이다. 비로소 씹을 수 있는 능

력이 생겼다. 대신 더 이상의 행운은 없다. 스스로 먹이를 찾아야 한다. 씹을 수 있는 것을 찾는 것이 문제가 됐다.

물론 당장 먹이를 찾기가 쉽지는 않을 것이다. 그럼에도 불구하고 호랑이의 눈을 하고 찾으러 나서야 한다고 말한다. 있는 것도 먹지 못했던 경험, 그것으로 인해 턱이 돌아가면서 고통받았던 시간 동안, 제대로 먹을 수만 있다면 소원이 없겠다는 생각을 했을 것이다. 이제 제대로 씹을 수 있기에 먹이를 찾는 눈에는 호랑이 눈의 강한 불빛이 쏟아진다.

바름에 머물면 길한다

五 : 拂經, 居貞吉, 不可涉大川.(불경, 거정길, 불가섭대천)
순리에서 벗어나지 않고, 바름에 머물러야 길하다.
큰 내를 건너서는 안 된다.

불(拂)은 떨어낸다는 뜻이다. 경(經)은 보편적 상식 등의 의미를 갖고 있다. 따라서 불경(拂經)은 보편적 상식이나 순리를 떨어내는 것이다. 즉, 이전까지 본인이 경전처럼 믿고 따르는 것을 떨어내는 것이다. 그가 믿고 따랐던 것은 예컨대 푸이가 황제에 복원되기를 희망하거나, 로또 당첨자가 같은 행운이 오기를 소망하는 것처럼 운이 부족한 상황에서 부질없는 것일 수 있다. 그렇기 때문에 바름에 머물러야 한다. 어쩌면 과도한 행운의 고통을 건너, 불운의 계곡을 넘어 자기 자리를 찾아간 것으로 볼 수 있다. 이는 곧 세상의 순리를 이해했다는 것이다. 그리고 바름에 머물면 길할 것이라고 주역은 말한다. 고통의 시간을 건너 길한 기운을 축적하는 시간이 온 것이다.

그리고 이제 큰 강을 건너가는 것은 불가능하다. 자칫 턱의 아귀가 들어맞기 시작했다고 강을 건너면 사용하기도 전에 물에 빠져 죽을 수 있다. 조급하게 나서지 말 것을 조언하고 있다.

자유로운 턱이 새로운 시작이다

六 : 由頤, 厲吉, 利涉大川.(유이, 려길, 이섭대천)
자연스러운 턱을 따르면, 위태로우나 길하고,
이익이 큰 강을 건너서 온다.

유(由)는 따르다, 말미암다, 쓰다, 행하다 등의 뜻이 있다. 이는 곧 턱에 의지하여 그것을 따르고 행한다는 것으로 볼 수 있다. 뒤집힌 턱이 자리를 잡아 자연스럽게 기능을 하기 시작한 것이다. 위태로움도 있지만 이제 턱을 자유롭게 사용할 수 있으니 길하다. 고난의 시간을 보내는 동안 쌓인 에너지가 개인의 능력과 역량이 된 것이다. 큰 강을 건너온 이득은 결과적으로 나의 발전일 것이다. 운명을 바꿀 수 있는 기반이 마련된 것이다. 푸이에게는 그가 쓴 반성문이 책과 영화로 유명해지는 상황을 의미할 것이다.

28 대과괘大過卦

大過, 棟撓, 利有攸往, 亨. 마룻대가 휜다. 가는 바가 있음이 이롭다. 형통하다.
初 藉用白茅, 无咎. 백모로 자리를 까니 허물이 없다.
二 枯楊生稊, 老夫得其女妻, 无不利. 마른 버드나무에 싹이 트고, 늙은 사내가 아내를 얻으니
이롭지 않음이 없다.
三 棟撓, 凶. 마룻대가 휘니 흉하다.
四 棟隆, 吉, 有它, 吝. 마룻대가 위로 솟으니 길하다. 그렇지 않으면 부끄러울 것이다.
五 枯楊生華, 老婦得其士夫, 无咎无譽. 마른 버드나무에 꽃이 피고 늙은 부인이 젊은 남편을
얻는다. 허물도 없으나 명예도 없다.
六 過涉滅頂, 凶, 无咎. 지나치게 건너다 이마까지 빠지니 흉하나, 허물이 없다.

▌큰 것이 지나간다

　1841년에 태어난 이토 히로부미는 별 볼 일 없는 가난한 농부의 아들로
태어났다. 그러나 메이지 유신 이후 새로운 시대로 접어들면서, 야망 있는
젊은이들에게 기회의 땅이 다가오고 있었다. 이토 히로부미는 메이지 시
대 지도자 중 한 명인 기도 다카요시와 관계를 맺으며 새로운 시대에 대
한 꿈을 키웠고, 정계 인물인 오쿠보 도시미치와 친분을 쌓아 미국 파견
사절단에 참가해 서양문물을 직접 배우고, 또 영어 실력도 쌓는다(☱).

　그 뒤 일본으로 돌아온 그는 메이지 유신에 따른 개혁이 본격화한 상

황에서 영어 실력을 인정받아 정부 요직을 역임했으며, 후원자였던 오쿠
보의 후원을 바탕으로 내무성 장관이 되고, 메이지 헌법을 제정하는 한
편 청일 전쟁에서 승리하면서 국민적 영웅이 된다(☰).

그 뒤 그는 대한제국과 을사늑약을 체결한 뒤 초대 통감에 취임하면서
사실상 조선의 지배자가 되는 행운을 누린다. 그러나 그것은 본인이, 그
리고 일본이 감당하기 어려운 과도한 행운이었으며 아시안 민중들의 불
행에 따른 반작용을 감당해야 하는 자리였다. 1909년 추밀원 의장 자격
으로 만주를 순방하던 중 하얼빈 역에서 안중근 의사에게 총격을 받고
사망한다(☳).

대과(大過)는 큰 것이 지나간다는 뜻이다. 한여름의 폭풍처럼 크고 거
대한 운이 지나간다. 소음 뒤 태양(☰)은 능력을 바탕으로 움직이는 가
운데 행운이 따르는 것이다. 고집스럽게 능력만으로 문제를 해결하기보
다 관계도 잘 풀어갔을 것이다. 그 와중에 구설도 생기고 과도한 행운에
따른 버거움도 발생한다. 처음엔 그것의 극복이 가능할 것이다. 그러나
어느 순간 본인이 감당하기 힘든 자리까지 간다. 태양에서 소양(☳)으
로 전환되는 것이다.

운이 쏟아지니 이롭다

大過, 棟撓, 利有攸往, 亨.(대과, 동요, 리유유왕, 형)
마룻대가 휜다. 가는 바가 있음이 이롭다. 형통하다.

동(棟)은 마룻대 혹은 용마루를 뜻하는데 기와지붕 꼭대기의 수평으
로 가로지른 부분을 의미한다. 요(撓)는 휜다는 의미다. 마룻대가 휘었
다는 것은 하늘에서 쏟아지는 에너지가 넘쳐나는 것으로 해석할 수 있

다. 나아감에 이득이 있고, 형통하다. 그런데 문제는 마룻대가 감당할 정도까지만 이로운 것이다. 하늘의 에너지가 감당하기 어려울 땐 마룻대가 부러질 수 있다.

받을 준비도 되어 있다

初 : 藉用白茅, 无咎.(자용백모, 무구)
백모로 자리를 까니 허물이 없다.

자(藉)는 자리를 깔다라는 뜻이고, 백모(白茅)는 야산에서 쉽게 구할 수 있는 군집을 이뤄 자라는 풀의 이름이다. 고대에 제사를 지낼 때 제기가 바닥에 닿는 것을 피하기 위해 백모를 깔고 그 위해 상을 차렸다. 따라서 백모를 깔았다는 것은 제사상을 받아들일 능력을 제대로 키웠음을 뜻한다. 초반에 대한 설명이다. 행운이 그 위에 내려앉을 수 있도록 한 것이다.

마른 나무에 싹이 튼다

二 : 枯楊生稊, 老夫得其女妻, 无不利.(고양생제, 노부득기여처, 무불리)
마른 버드나무에 싹이 트고,
늙은 사내가 아내를 얻으니 이롭지 않음이 없다.

고양생제(枯楊生稊)는 회춘을 뜻한다. 늙은 남성이 여자를 얻게 되는 이유도 마찬가지다. 불가능해 보였던 일들이 이뤄지는 것이다. 소음에서 태양(☳)으로의 변화가 일어나는 상황에 대한 설명이다.

예컨대 높은 경쟁률을 뚫고 사법고시에 합격한 뒤 검사에 임용되는 것이다. 전혀 다른 세상이 눈 앞에 펼쳐진다. 과거에 우러러봤던 사람들이 이제 자신에게 고개를 숙인다.

과도한 행운은 불행이다

三 : 棟橈, 凶.(동요, 흉)
마룻대가 휘니 흉하다.

휜 마룻대는 2중의 의미를 갖게 된다. 과하면 마룻대가 부러진다. 즉 능력에 비해 과도한 운이 문제를 만들 수 있기에 흉하다고 한 것이다.

예컨대 초임 검사가 돼 처음 발령받은 사무실의 형사에게 반말을 잘못했다 구설에 오르는 등의 일이 벌어지기도 한다. 인간적 한계가 드러나는 것이다. 능력에 버거운 자리에 오르면서 고생을 하기도 한다. 모든 것을 하나의 과정으로 받아들이고 극복한다면 태양의 상태를 유지한다. 그렇지 못하면 운의 변화가 발생한다.

바로잡으면 길하다

四 : 棟隆, 吉, 有它, 吝.(동륭, 길, 유사, 린)
마룻대가 위로 솟으니 길하다. 그렇지 않으면 부끄러울 것이다.

융(隆)은 높다, 높아진다는 뜻이다. 사(它)는 다르다, 어지럽다 등의 뜻이 있다. 마룻대가 솟아올랐다는 것은 운의 기운을 받아들일 수 있는 능력을 키움으로써 능력과 운이 조화를 이룬 상태가 된 것이다. 제대로 태양의 자리를 잡은 것이다. 따라서 길하다. 그렇지 않으면 부끄러움이 있을 수 있다고 이야기한다.

능력이 없는 것은 아니지만 간신히 지탱하고 있는 상태가 있다. 역기를 가볍게 들지 못하고, 힘겹게 들어 올리는 것이다. 휘어지는 마룻대가 위로 솟은 것은 위태롭게 서 있던 역사가 집중력을 발휘에 버거운 역기를 들어 올린 것이다. 여전히 힘들지만 버틸만한 상황이다. 그러면서 체력을 키워 무거운 것이 힘들지 않은 상황으로 이어진다. 그 과정에서 운을 바꿀 시간 속 에너지도 축적된다.

큰 행운이 찾아온다

五 : 枯楊生華, 老婦得其士夫, 无咎无譽.
(고양생화, 노부득기사부, 무구무예)
마른 버드나무에 꽃이 피고 늙은 부인이 젊은 남편을 얻는다.
허물도 없으나 명예도 없다.

이(二)에서 언급한 상황보다 한 발 더 발전했다. 싹의 틔움보다 꽃이 피는 게 어렵고, 노인이 젊은 아내를 얻는 것보다 늙은 부인이 청년을 얻는 게 더 힘들다. 그것이 가능해졌다는 것은 더 큰 행운이 찾아온 것이다. 태양에서 소양으로 넘어가는 상황을 설명한다.

검사로서 우여곡절을 겪으며 승승장구한 사람이 이를 바탕으로 국회의원에 도전에 나서고, 운 좋게 당선되었다. 가진 것 없던 사람이 큰 것을 이룬 것이다. 역기로 따지면 행운의 여신이 위에서 살짝 들어 주는 덕분에 정말 무거운 역기를 들어 올린 것이다. 사람들은 그것을 안다. 그러나 본인은 자신의 능력으로 들어 올렸다고 생각하면서 오만해진다. 질투심에 불을 지를 수 있고, 따라서 명예를 얻기에는 한계가 있다.

망동하거나 막히도록 하지 말 것

六 : 過涉滅頂, 凶, 无咎.(과섭멸정, 흉, 무구)
지나치게 건너다 이마까지 빠지니 흉하나, 허물이 없다.

과(過)는 지나치다는 뜻이고, 섭(涉)은 건너다, 걸어 돌아다니다, 간섭하다 등의 뜻이 있다. 과한 상태를 뜻한다고 할 수 있다. 멸정(滅頂)은 머리가 사라진다는 것이다. 즉 물에 빠져 죽는다는 것이다. 과유불급이란 의미로 받아들일 수 있다. 즉 무거운 역기를 감당하지 못해 몸이 땅속으로 파고들어 가 이마까지 잠기는 것이다.

마른 버드나무가 꽃을 피우더라도 여전히 마른 나무다. 꽃을 피우는데 에너지를 쏟아부으면 더 지치게 된다. 자신은 지친 상태인데 꽃만 보고 마치 줄기와 뿌리도 청춘인 양 착각해서는 안 된다. 그것을 착각하면 어떻게 될까. 망동을 하게 되고 더 심하면 모든 게 막혀 버리게 된다. 육(六)은 이를 조심할 것을 조언하고 있다고 할 수 있다. 이토 히로부미는 이를 깨닫지 못하고 망동을 하다 총에 맞아 목숨을 잃는다.

29 감괘坎卦

習坎, 有孚, 維心亨, 行有尚. 어려움이 일상이니, 믿음을 갖고 마음을 보존하면 형통하다. 가면 올라갈 수 있다.

初 : 習坎, 入于坎窞, 凶. 구덩이가 속의 또 다른 구덩이로 들어가니 흉하다.

二 : 坎有險, 求小得. 구덩이가 험난하면 구하는 것을 조금 얻을 것이다.

三 : 來之坎坎, 險且枕, 入于坎窞, 勿用. 구덩이가 오고 또 오니, 길이 험하고 또 앞길을 가로막는다. 깊은 구덩이에 들어가니 쓰지 말아야 한다.

四 : 樽酒, 簋貳, 用缶, 納約自牖, 終无咎. 한 동이의 술과 두 그릇의 밥을 질그릇에 담아, 내 집 창으로 들이고 내가면 끝내 허물이 없을 것이다.

五 : 坎不盈, 祗旣平, 无咎. 구덩이가 차지 않았으나 이미 평평하게 되었으니 허물이 없을 것이다.

六 : 係用徽纆, 寘于叢棘, 三歲不得, 凶. 밧줄로 묶어 감옥에 가둬 3년이 되어도 면하지 못하니 흉하다.

▌결국 마무리는 아름답다

영화 뷰티플 마인드의 실재 주인공이기도 한 1928년생 존 내시는 1945년 카네기공과대학에 들어간 후 6년 만에 프린스턴대에서 〈비협력 게임〉이라는 논문으로 박사학위를 받는 천재성을 보인다. 그의 논문은 그 뒤 학계에 큰 반향을 일으키는데, 덕분에 미국의 대표적 두뇌집단인 랜드연구소에서 근무하고, MIT에서 강의도 시작한다. 실력을 바탕으로 기회를 잡는 듯싶었으나 1954년 동성애자 혐의로 체포되면서 랜드연구소에서 해직되고, 이 때문에 1958년 30세의 젊은 나이에 수학계의 노벨

상인 필즈상 후보에 올랐으나 수상하지 못한다(☵).

정신상태가 불안정해진 내시는 1959년 조현병 진단을 받고 MIT 교수직에서도 물러났고, 이후 1980년 후반 조현병에서 회복될 때까지 입원과 퇴원을 반복하는 투병 생활을 지속한다. 비공식 제휴 형태로 프린스턴대학교에서 연구 생활을 이어나간다. 대단할 것 없는 삶이다. 정신분열과 싸워야 하는 그에게 그저 연구할 수 있다는 것만으로도 감사할 수밖에 없는 삶이었다(☵).

불행의 늪을 건너 평범해지던 그의 삶에 큰 행운이 다가온다. 박사학위 논문에서 만들었던 게임이론의 공로가 인정되면서 시간이 지난 시점인 1994년 노벨경제학상을 수상한다(☵).

감(坎)은 구덩이란 뜻이 있고, 같은 맥락에서 고생하다, 험난하다의 의미가 있다. 구덩이에 빠져 고생하게 되는 운명이다. 소음이 태음으로 바뀌는 것(☵)은 3번 둔괘(☵☳)와 8번 비괘(☵☷)에서 이미 보았듯이 갖고 있는 능력마저 상실하는 것이다. 능력에 대한 고집스러움, 본인 힘으로 문제를 해결하려다 두게 되는 무리수, 혹은 불의의 사고 등 여러 이유가 있겠다.

감괘의 출발은 소음이다. 소음의 특징은 능력으로 일을 풀어 가려는 경향이 강하다. 성공을 위해선 타인과의 교제가 필요한데, 스스로 해결하려고 한다. 구덩이를 파고 들어갈수록 사람과의 거리가 멀어지기에 도움을 받기 힘들다. 그러면서 운과의 거리도 멀어진다. 단절의 시간이 필요하다.

習坎, 有孚, 維心亨, 行有尚.(습감, 유부, 유심형, 행유상)
어려움이 일상이니, 믿음을 갖고 마음을 보존하면 형통하다.
가면 올라갈 수 있다.

구덩이에 빠지는 걸 배우고 익히는 것이니 어려움이 일상이고 그것에 익숙해진다는 의미다. 유(維)는 오직, 생각하다, 유지하다의 뜻이다. 즉 오롯이 마음을 유지하는 것이다. 상(尙)은 높이다, 숭상하다의 뜻이 있다.

구덩이에 습관적으로 매번 빠지면서 애써 벗어나려고 하지만 어렵다. 성격자체가 문제를 파고 들어가는 스타일인 탓이다. 그 상황이 좌절감을 몰고 온다. 모든 걸 운명으로 받아들이고 내려놓지도 못한다. 절망과 좌절이 깊어진다. 그럼에도 불구하고 삶에 대한 믿음을 갖고 마음이 무너지지 않도록 해야 한다. 그 마음이 유지된다면 언젠가 올라갈 수 있다고 주역은 조언한다.

初 : 習坎, 入于坎窞, 凶.(습감, 입우감담, 흉)
구덩이 속의 또 다른 구덩이로 들어가니 흉하다.

담(窞)도 구덩이이다. 뭔가를 찾기 위해 구덩이를 파기 시작했을 것이다. 스타일 자체가 파고들어 가는 성격이다. 일을 해결하기 위해 구덩이를 팠는데, 답이 나오지 않자, 더 깊게 들어가기 시작한다. 일이 꼬인 것 같은 생각이 들기도 하지만 끊지 못하고, 계속 그 안으로 휘말려 들어간다. 엉킨 실타래가 되고 너무 깊이 판 구덩이가 무너져 영원히 빠져나올 수 없는 신세가 될 수도 있다. 그 길을 가게 되니 흉하다는 게 주역의 설명이다. 그렇다면 어떻게 해야 할까? 구덩이에서 빠져나와야 한다. 그러나 조금 더 파보면 답이 나올 것 같은 마음이 더 강하다. 스스로 문제를 해결하려는 마음이 강하다.

험난해도 얻는 게 적다

二 : 坎有險, 求小得.(감유험, 구소득)
구덩이가 험난하면 구하는 것을 조금 얻을 것이다.

험난한 경험을 하게 되면 소득이 있을 것임을 이야기하고 있다. 그런데 조금 밖에 없다. 즉, 얻는 게 별로 없다. 고생했다면 그에 버금가는 소득이 있어야 하지만 그렇지 못함을 말하고 있다. 적은 소득을 대단한 것으로 착각할 확률도 있다.

발명가가 있다. 그는 자신이 만드는 무동력 발전기가 성공하면 세상을 크게 변혁시킬 것이라고 믿는다. 주변 사람이 모두 불가능하다고 만류한다. 그러나 인류의 진보적 성과는 처음엔 미친 짓이라는 비난에서 출발했다고 생각한다. 타인과 단절된 상태에서 발명에 더욱 몰두하며, 뭔가를 발견했다고 자랑스러워하지만 다른 사람의 눈에는 대단해 보이지 않는다.

三 : 來之坎坎, 險且枕, 入于坎窞, 勿用.

(래지감감, 험차침, 입우감담, 물용)

구덩이가 오고 또 오니, 길이 험하고 또 앞길을 가로막는다.

깊은 구덩이에 들어가니 쓰지 말아야 한다.

침(枕)은 베개, 말뚝, 잠자다, 가로막다 등의 뜻이 있다. 담(窞)은 구덩이란 뜻인데, 구덩이 옆에 있는 작은 구덩이란 의미가 강하다. 구덩이가 오고 또 오고, 때론 위험이 앞길을 가로막는다. 그리고 구덩이를 빠져나오는 게 아니라 더 깊은 구덩이로 들어간다. 소음에서 태음으로의 변화된 상황을 설명한다. 이제 완벽하게 구덩이에 빠져 버렸다. 더 이상 구덩이를 파는 것도 힘들다.

그 순간 이제 구덩이는 사용하지 말라고 주역은 말한다. 이제 내려놓아야 할 시간이 된 것이다. 앞서 24번 복괘(▦)에서는 막힐 조짐이 보이는 순간 원래 위치로 돌아간다. 그러나 감괘는 그렇지 못하다. 극복할 힘이 있다고 믿기에 끝장을 본 뒤 손을 놓게 된다.

四 : 樽酒, 簋貳, 用缶, 納約自牖, 終无咎.

(준주, 궤이, 용부, 납약자유, 종무구)

한 동이의 술과 두 그릇의 밥을 질그릇에 담아, 내 집 창으로 들이고 내가면 끝내 허물이 없을 것이다.

준(樽)은 술을 담는 그릇이란 뜻이고, 괘(簋)는 밥그릇이다. 이(貳)는 둘이라는 뜻이고, 부(缶)는 질그릇이다. 납(納)은 들여보내는 것이고, 약(約)은 내오는 것이다. 유(牖)는 집 벽 위의 창이다.

끝까지 가본 뒤 이제 손을 내려놓는 상황이 된다. 문이 아니 창으로 술과 밥을 들이고 내보내는 것이다. 여기서 집이 상징하는 것은 그가 파 놓거나 빠져든 구덩이일 것이다.

이제 구덩이를 파는 대신 가만히 앉아 그 안에서 평범하게 밥과 술을 먹으면서 시간을 보낸다. 아무것도 하지 않는 것일 수도 있고, 일상적인 일을 하면서 지내는 것일 수도 있다. 더 깊은 수렁에 빠진 상황에서 그렇다고 빠져나오기도 아직 어렵다. 주둔한다는 의미가 3번 둔괘(**≡≡≡≡≡**)와 이 점에서 맥이 닿는다. 소음 뒤 태음이 된 뒤엔 문제 해결을 위해 나설 필요도 있으나 아니다 싶으면 가만히 앉아 에너지를 축적하는 것도 방법이다.

五 : 坎不盈, 祇旣平, 无咎.(감불영, 지기평, 무구)
구덩이가 차지 않았으나 이미 평평하게 되었으니
허물이 없을 것이다.

영(盈)은 가득 찬다는 뜻이고, 지(祇)는 다만, 겨우, 때마침, 그러나 등의 접속사 역할을 한다. 구덩이가 차지 않았는데, 때마침 빈 구덩이가 가득해져 평평해졌다. 즉, 스스로 메운 것이 아닌 데 그렇게 되었다. 무엇이 이를 가능하게 만들었을까? 바로 시간 속 에너지이고 행운이 다가온 것이다.

감괘의 행운은 땅에서 하늘로 승천하는 것이 아닌 구덩이에서 평평한 땅으로 올라오는 것이다. 그것은 더 큰 불행을 막아주는 것이고, 새로움을 열 수 있도록 해주는 것이다. 존 내시의 예를 들자면 모든 걸 내려놓음으로써 정신 분열에서 벗어나는 한편 노벨 경제학상이란 큰 선물을 받게 되는 상황이 된 것으로 볼 수 있다.

변하지! 못하면 흉하다

六 : 係用徽纆, 寘于叢棘, 三歲不得, 凶.
(계용휘묵, 치우총극, 삼세부득, 흉)
밧줄로 묶어 감옥에 가둬 3년이 되어도 면하지 못하니 흉하다.

계(係)는 묶는다는 뜻이고, 휘(徽)와 묵(纆)은 줄을 뜻한다. 휘묵(徽纆)은 죄인을 묶을 때 사용했다고 한다. 치(寘)는 놓다는 뜻이고, 총(叢)은 다발이며 극(棘)은 가시나무다. 아울러 총극(叢棘)은 감옥을 뜻하기도 한다. 세(歲)는 해, 나이, 세월 등을 뜻한다. 주역에서 3세(歲)는 마지막 양괘(兩卦)를 의미한다.

밧줄에 묶어 감옥에 가둔다는 것은 보다 강력한 수단을 동원해 수렁에 빠지지 않도록 하는 것이다. 스스로 하기보다 억지로 당하는 것이다. 스스로 할 수 없는 상황에서 억지로 가만히 시간 속에 에너지를 쌓도록 했으나, 그 안에서 깨달음이 없다. 즉, 또다시 구덩이를 파는 것이다. 그러면 흉하다고 주역은 경고한다.

30 리괘離卦

離, 利貞, 亨, 畜牝牛吉. 암소를 기르면 길할 것이다.
初 : 履錯然, 敬之, 无咎. 앞으로 나감이 어긋나도, 공경하면(조심하면) 허물이 없다.
二 : 黃離, 元吉. 황색이 떨어지니 크게 길하다.
三 : 日昃之離, 不鼓缶而歌, 則大耋之嗟, 凶. 해가 기울어져 떨어지니, 흥겨운 노랫가락이 아니라, 늙은이가 탄식하는 것이니 흉하다.
四 : 突如其來如, 焚如, 死如, 棄如. 갑자기 닥쳐오니 불태우고, 죽이고, 버리는 것이다.
五 : 出涕沱若, 戚嗟若, 吉. 눈물을 줄줄 흘리며 근심하고 탄식하니 길하다.
六 : 王用出征, 有嘉折首, 獲匪其醜, 无咎. 왕을 따라 출정하여 적의 우두머리를 처단하고 도적의 추함을 포획하였으니 허물이 없을 것이다.

▌운이 평생 좋기 힘들다

시골에서 평범하게 살다가 서울로 올라온 분이 계셨다. 식당에서 아르바이트하다, 어느 날 모임에서 고향 선배이자 국회의원이 되고자 뛰고 있는 가난한 정치인을 만나게 된다. 그분이 도움을 청하자 자원봉사 형태로 돕기 시작했고, 다행히 공천도 받고 선거에서 당선이 됐다. 덕분에 국회의원 6급 비서가 된다(☵).

그 뒤 정치적 감각을 선보이는 한편 사람과의 관계를 잘 풀어가면서 모시는 의원에게 큰 도움을 주고, 시의원 출마를 권유받아 나갔다 당선된다. 그 뒤 능력 있는 시의원으로 거듭난다. 앞길이 열리는 것 같은 기분이 들었다(☰).

그러나 이후 시기와 질투를 하는 사람들의 모함이 있고, 해당 국회의원도 자신을 위협할 만큼 성장하자 경계하기 시작했다. 정적으로부터 공격을 받기 시작하면서 결국 공천을 받지 못한다. 그러나 큰 욕심 부리지 않고, 모든 걸 내려놓는다. 정치적 인맥을 바탕으로 좋은 평판을 유지한 덕분에 작은 식당을 운영하면서 지낸다(☰).

리(離)는 떠나다, 떼어 놓다의 의미가 있다. 떼어 놓는 것이 중요한 괘다. 행운이 따르는 상황에서 능력 발휘를 막는 제약을 떼어내면 운과 능력이 조화를 이룬다. 처음 다가온 행운이 떼어내는 데 도움을 주기도 한다.

때론 능력 발휘를 못 하는 이유가 사소한 것일 때도 있다. 마라토너가 풀코스를 달리는 도중 발가락 사이에 모래알이 끼면, 무척 작은 일이지만 실력을 보여주지 못한다. 이를 제거하는 게 중요하다.

아울러 마지막엔 운의 기운이 떨어져 나간다. 행운이 평생 따를 수는 없는 법. 특히 초중반의 행운은 미래의 것을 가져다 쓴 채무일 수 있다. 운이 사라지면서 소음으로 전환된다.

암소를 기르면 길하다

離, 利貞, 亨, 畜牝牛吉.(리, 리정, 형, 축빈우길)
암소를 기르면 길할 것이다.

암소는 땅과 대지를 뜻하고 하늘과 대비된 인간을 의미한다. 이는 곧 운의 기운을 뒷받침할 능력을 키우면 길하다는 것이다. 운에 기댄 삶이 아니라 어느 날 발견한 능력을 바탕으로 살아가야 한다.

初 : 履錯然, 敬之, 无咎.(리착연, 경지, 무구)
앞으로 나감이 어긋나도, 공경하면(조심하면) 허물이 없다.

리(履)는 밟다, 행하다의 뜻이고, 착(錯)은 어긋나다, 섞이다 등의 의미
가 있다. 연(然)은 그러하다, 틀림이 없다 등의 의미로 사용된다. 첫 양괘
(兩卦)에서 상효와 하효의 음양이 갈리며 엇박자가 나고 있다. 운의 기
운을 능력이 뒷받침하지 못한다.

그 상황에서 강조되는 것이 경(敬)이다. 경(敬)은 공경하다는 뜻과
함께 몸가짐이나 언행을 삼간다는 의미가 있다. 소양은 운 좋음을 자신
의 능력 때문으로 착각하기 쉽다. 반대로 풀리지 않으면 타인의 탓으로
쉽게 돌린다. 그것이 운과 능력의 엇박자를 가중시키는 원인으로 작용
한다.

공경은 이 같은 상황에서 겸손함을 유지하도록 해준다. 잘 된 것, 안
된 것과 관계없이 겸손하면 일이 잘 풀리든 엇박자가 나든 허물이 없다.

二 : 黃離, 元吉.(황리, 원길)
황색이 떨어지니 크게 길하다.

황색은 능력이 고양되지 못하도록 하는 제약이다. 그 제약을 떼어내는

것이다. 리괘의 핵심이 여기에 있다. 암소를 기르는 가운데 장애를 제거하면 운과 능력의 상승 에너지를 만들 수 있다.

골프 선수들은 잘못된 습관 하나를 고치기 위해 원포인트 레슨을 자주 받는다. 하나만 잘 바꾸면 비거리를 10% 이상 끌어올려 시합에서 좋은 성적을 거두게 된다. 앞서 예를 들었던 분의 경우 모시고 있던 분이 국회의원이 되면서 제약을 떼어내는 계기를 마련한 것으로 볼 수 있다. 제약이 떨어지면서 비상에 필요한 날개가 돋아났다.

새옹지마의 상황이 온다

三 : 日昃之離, 不鼓缶而歌, 則大耋之嗟, 凶.
(일측지리, 불고부이가, 즉대질지차, 흉)
해가 기울어져 떨어지니, 흥겨운 노랫가락이 아니라,
늙은이가 탄식하는 것이니 흉하다.

측(昃)은 기울다는 뜻이다. 고(鼓)는 두드리다는 뜻이고 부(缶)는 질그릇이다. 질(耋)은 늙은이를 뜻하고, 탄(嗟)은 탄식하다는 의미다. 중반 태양의 상황에 대한 묘사다. 이 같은 경우가 자주 있다. 과도한 행운이 결과적으로 질곡이 되는 것이다.

예컨대 최순실 사태의 주요 인물인 김종 차관이나 우병우 수석은 발탁되는 순간 대통령의 절대 권력을 배경으로 출세에 성공했다고 즐거워했을 것이다. 그러나 노랫가락 속에는 시간 속 에너지의 소진이 있고 해가 떨어지는, 즉 운이 다하는 상황에서 흥겨움은 탄식으로 바뀐다. 잔치는 흥겹지만, 그것이 끝나면 허탈해진다.

四 : 突如其來如, 焚如, 死如, 棄如.

(돌여기래여, 분여, 사여, 기여)

갑자기 닥쳐오니 불태우고, 죽이고, 버리는 것이다.

돌(突)은 갑자기란 뜻이다. 분(焚)은 불태운다는 것이고, 기(棄)는 버리다는 의미다. 행운은 사회적 관계에서 엘리베이터를 타고 순식간 지상에서 고층으로 이동시킨다. 실업자였던 사람이 대권후보를 잘 도와 공기업 사장이 되기도 한다.

당연히 사라질 때도 예고가 없다. 때론 불행이 겹쳐서, 힘든 일이 한꺼번에 밀려온다. 운이 떨어져 나감이 폭풍처럼 몰아친다. 대통령의 총애를 받아 보건복지부 장관이 됐는데, 생각지도 못한 전염병이 돌고, 대처가 미흡했다는 질타를 받으면서 쫓겨나기도 한다.

五 : 出涕沱若, 戚嗟若, 吉.(출체타약, 척차약, 길)

눈물을 줄줄 흘리며 근심하고 탄식하니 길하다.

체(涕)는 눈물이란 뜻이고, 타(沱)는 눈물이 흐르는 모양을 의미한다. 척(戚)은 근심하다는 뜻이고, 차(嗟)는 탄식하다는 뜻이다. 주역엔 이 같은 역설적 표현이 자주 등장한다. 근심하고 탄식하면 썩 좋은 게 아닌데, 길하다고 말한다.

눈물과 탄식은 불행을 내면적으로 소화한다는 점에서 외적인 것을 향해 표출하는 분노와 다르다. 경(敬)에서 모든 것이 출발했기에 이렇듯 불행을 내면으로 소화한다. 능력 없던 시간에 대한 기억이 겸손함을 유지하도록 만든다. 불행을 내 탓으로 돌리고, 겪어야 할 과정으로 이해한다. 이 같은 반성이 반작용 에너지를 만들고, 길함을 만드는 에너지가 된다.

이는 양괘(兩卦)의 마지막 소음의 상황에 대한 설명이다. 자신을 돌아보면서 반성하면 결국 길하다고 말하는 것이다. 사라진 행운의 기억보다 이미 고양된 능력에 감사할 줄 아는 힘이 있다.

<hr />

비온 뒤 더 굳어진다

六 : 王用出征, 有嘉折首, 獲匪其醜, 无咎.
(왕용출정, 유가절수, 획비기추, 무구)
왕을 따라 출정하여 적의 우두머리를 처단하고 도적의 추함을
포획하였으니 허물이 없을 것이다.

가(嘉)는 기쁘다는 의미이고, 획(獲)은 얻다 • 포획하다 등의 뜻이 있다. 비(匪)는 도적을 의미하고, 추(醜)는 추하다는 뜻이다. 왕을 따라 출정을 해 도적의 머리를 베고, 그 추함을 없앴다는 것이다. 불행을 극복한 상황에 대해 설명으로 비 온 후 땅이 더 굳어지듯이 한 단계 발전한 자신을 발견하게 된다는 것으로 해석할 수 있다. 능력이 마련된 상태에서 대인을 만나서 공을 세우는 일이 있을 수 있고, 그런데도 허물이 없다는 것은 자중자애할 수 있는 내공이 갖춰졌다는 의미로 받아들일 수 있다.

31 함괘咸卦

咸, 亨, 利貞, 取女, 吉. 함은 형통하며, 바르게 하면 이득이 있고, 여자를 취하면 길할 것이다.
初 : 咸其拇. 엄지발가락에 모여 있다.
二 : 咸其腓, 凶. 居吉. 장딴지에 응축되어 있으니, 움직이면 흉하고, 가만히 있으면 길할 것이다.
三 : 咸其股, 執其隨, 往吝. 그 넓적다리에 힘이 집중되니, 순리에 집중하며, 가면 부끄러울 것이다.
四 : 貞吉, 悔亡, 憧憧往來, 朋從爾思. 바르면 길하여 후회가 없으니, 갈피를 잡지 못한 채 왕래하면 벗만이 너의 생각을 따를 것이다.
五 : 咸其脢, 无悔. 등에 응축되니 후회가 없을 것이다.
六 : 咸其輔頰舌. 그 광대뼈와 뺨과 혀에 응축된다.

▌힘을 응축해 한 번에 터뜨리다

함(咸)은 남거나 빠진 것 없이 모두 전부란 뜻이 있고, 널리 미치다, 두루 미치다, 충만하다는 의미도 있다. 소음에서 태양으로 부풀어 올랐다 태음으로 소멸한다. 능력을 바탕으로 에너지를 쌓아가다 만개한 뒤 불꽃을 태우고 원점으로 돌아가는 운명이라고 할 수 있다.

미국 실리콘 밸리에는 밤을 새우며 일하는 젊은이들이 있다. 실력을 키워 세상을 놀라게 할 무엇인가를 개발해 기업을 키운 뒤, 나스닥에 상장하는 행운을 누린 후 플로리다 해변에서 편하게 사는 꿈을 꾼다. 이렇듯 젊었을 때 열심히 돈을 모은 뒤 어느 시점 그걸 바탕으로 편하게 살겠다는 생각을 하는 사람의 괘가 함괘라고 할 수 있다. 능력이 있기에 빠른 성공을 꿈꾸고, 그 욕망이 부지런함을 만들고, 그 부지런함이 운의 기운을 강하게 만드는 힘이 된다. 그런데 지구력이 부족한 경우도 있을 것이다.

방통은 제갈량에 버금가는 책사로 평가받는 인물이다. 제갈량이 와룡(臥龍)으로, 방통은 봉황의 새끼를 뜻하는 봉추(鳳雛)로 알려졌다. 그런데 재야에 있던 제갈량과 달리 봉추는 오나라의 하급 관리로 들어간다. 출세의 마음이 급했던 탓이리라. 그런데 오나라의 경우 시스템이 정비되어 있기에, 마땅한 자리가 없어 장수였던 주유의 종사에 머물러야 했다. 그 뒤 적벽대전에서 연환계를 펼치며 결정적인 역할을 했으나 크게 대접을 받지 못한다. 주유가 죽자 유비에게로 건너간다(☵).

유비에게 가서도 처음엔 큰 대접을 받지 못했다. 그런데 제갈량 등의 천거로 중책을 맡는다. 유비는 제갈량에게 당시 수도인 형주를 맡긴 가운데 방통과 함께 원정에 나선다. 드디어 기회가 왔고, 방통은 실력을 발휘하면서 곳곳에서 성과를 거둔다(☰).

그러나 방통은 마음이 급했다. 제갈량만큼 뛰어나다는 걸 보이고 싶은 마음도 있었을 것이다. 보다 빠른 진격을 독촉하다 목숨을 잃는다. 너무 서두르다 모든 걸 잃고 만 것이다(☶).

여자를 취하면 길하다

咸, 亨, 利貞, 取女, 吉.(함, 형, 리정, 취녀, 길)
함은 형통하며, 바르게 하면 이득이 있고, 여자를 취하면
길할 것이다.

여성을 취한다는 것은 능력을 키우며 때를 기다린다는 것이다. 초반의 상황이다. 5번 수괘(䷄)와 유사하지만, 시간과 깊이에서 차이가 있다. 수괘는 강태공의 예를 들었듯이 큰 기회를 기다리는 것이고, 오랜 기다림을 감내하면서, 기회가 오지 않음도 감수하는 것이다. 반면 함괘는 적당한 기회를 기다리고, 그것이 다가왔을 때 모든 것을 쏟아붓는 것이며, 그 뒤 원점으로 돌아가는 것을 담담하게 받아들인다. 그런 점에서 태양에서 태음(☷)으로의 전환이 방통과 달리 스스로 모든 걸 내려놓는 경우도 있을 것이다.

출발선에서 쏟아 부을 필요가 없다

初 : 咸其拇.(함기무)
엄지발가락에 모여 있다.

함괘는 신체 부위에 빗대 설명한다. 무(拇)는 엄지손가락 혹은 엄지발가락을 뜻하는 데, 여기서는 엄지발가락에 모든 기운이 응축되어 있다는 것을 의미한다. 발가락 끝에 모였다는 것은 출발점을 의미한다. 섣불리 모든 걸 쏟아부어서는 안 되고, 그럴 수 있는 상황도 아니다. 꽃도 피지 않은 나무에서 열매를 거둘 수는 없다.

조급히 움직이면 흉하다

二 : 咸其腓, 凶, 居吉.(함기비, 흉, 거길)
장딴지에 응축되어 있으니, 움직이면 흉하고,
가만히 있으면 길할 것이다.

비(腓)는 장딴지, 즉 종아리의 살이 불룩한 부분을 말한다. 함기비(咸
其腓)는 에너지가 장딴지로 올라온 상태다. 재능을 키우기 시작해 어느
정도 올라왔지만, 아직 나설 수 있는 상황은 아니다. 동시에 움직이고 싶
은 마음이 들기 시작하는 때이기도 할 것이다. 발가락에 에너지가 몰려
있을 때와 달리, 장딴지로 올라오면 걸을 수 있을 것 같은 마음이 든다.
그러나 이는 곧 육사 생도가 병장 계급장을 달고 전쟁터에 나가는 것과
같으리라. 조금 더 때를 기다려야 한다.

기다릴 줄 알 것

三 : 咸其股, 執其隨, 往吝.(함기고, 집기수, 왕린)
그 넓적다리에 힘이 집중되니, 순리에 집중하며, 가면 부끄러울 것이다.

고(股)는 넓적다리를 뜻한다. 에너지가 장딴지에서 넓적다리로 올라왔
다. 발가락에서 시작해 괘도에 진입하기 시작한 것이다. 조금 더 올라갈
수 있을지 그곳에 멈출지 아무도 모른다. 그 상황에서 너무 급하게 서두
르지 말라는 것이 주역의 조언이다.

예컨대 벤처 기업을 키우는 와중에 가능성이 보이면 매각을 하라는 제
안이 들어온다. 즉 장딴지에 힘이 올라온 상태의 기업을 사들여 본인들
이 최종 이득을 얻고자 하는 거대 자본이나 기업들이 등장한다. 그 제안을
따를 것인지 말 것인지 순리에 따라 잘 결정해야 한다. 본인의 능력과 행
운의 강도 등을 잘 파악해야 한다. 그런데 조급한 마음에 서두르면 부끄
러움이 있을 것이라고 주역은 말하고 있다.

四 : 貞吉, 悔亡, 憧憧往來, 朋從爾思.

(정길, 회망, 동동왕래, 붕종이사)

바르면 길하여 후회가 없으니, 갈피를 잡지 못한 채 왕래하면

벗만이 너의 생각을 따를 것이다.

동(憧)은 마음이 정해지지 않은 상태를 뜻한다. 즉 갈피를 잡지 못하고 우왕좌왕 몸만 부산히 움직이면 큰 소득이 없다는 것이다. 내가 얼마나 분주하게 뛰었는지 지켜본 친구들만 남아있게 된다. 조급하게 서두르는 것보다 더 좋지 않은 경우가 이와 같지 않을까.

예컨대 앞서 들었던 벤처 기업의 경우 기업을 매각하지 않고 조금 더 키우기로 결정하면 이런저런 아쉬움이 다가온다. 불길한 일이 벌어지거나 난관에 부딪히면 이미 팔고 빠졌어야 하는 아쉬움도 생긴다. 반대로 기업을 팔고 빠졌다면, 조금 더 키울 수 있었을 것 같은 미련이 남을 수도 있다. 이렇듯 갈피를 못 잡으면 안 된다는 게 주역의 조언이다. 맛있는 과일이 한여름의 땡볕을 버텨야 하듯이 한 번쯤 겪어야 할 고난의 과정으로도 볼 수 있을 것이다. 방통의 경우 이 순간 갈피를 잡지 못하고 서두르다 비운으로 인생을 끝낸 것으로 볼 수 있을 것이다.

五 : 咸其脢, 无悔.(함기매, 무회)

등에 응축되니 후회가 없을 것이다.

매(脢)는 등에 붙어 있는 살을 의미하는데, 맥락상 등으로 해석해도 될 듯 싶다. 다리와 대비되는 등은 결실을 매고 가는 곳이다. 두 발을 열심히 움직여 거둔 결실을 등에 지고 가는 것이다. 더 큰 욕심 부리지 않고 지난 여름의 풍성한 결실을 챙기면 후회가 없을 것임을 이야기하고 있다. 태양에서 태음으로 변해가는 상황에서의 지혜를 뜻한다.

때가 되면 물러날 것

六 : 咸其輔頰舌.(함기보협설)
그 광대뼈와 뺨과 혀에 응축된다.

보(輔)는 광대뼈, 협(頰)은 뺨, 설(舌)은 혀를 뜻한다. 시간이 지나면 등에 있던 에너지가 얼굴로 올라온다. 다리의 힘은 빠지고, 등은 꾸부정해진다. 모든 걸 쏟아부은 뒤 평범하게 사는 단계에 대해 말한다고 할 수 있다.

32 항괘恒卦

恒. 亨. 无咎. 利貞. 利有攸往. 항은 형통하여 허물이 없다. 바름을 지키는 것이 이롭고 가는 바
가 있음이 이롭다.

初 : 浚恒. 貞凶. 无攸利. 항구함을 깊게 하면 흉하여 이로운 바가 없다.

二 : 悔亡. 후회가 없어질 것이다.

三 : 不恒其德. 或承之羞. 貞吝. 그 덕이 항구하지 못하면, 때론 치욕을 받아들여야 한다. 부끄
러울 것이다.

四 : 田无禽. 밭에 짐승이 없다.

五 : 恒其德. 貞. 婦人吉. 夫子凶. 그 덕을 항구히 하면 바르니 부인은 길하고 남편은 흉하다.

六 : 振恒. 凶. 항구함을 흔드니 흉하다.

▌일관성을 잃지 말아야

시골 가난한 집에서 태어나 지방대를 졸업한 뒤 생업에 뛰어든 분이
계셨다. 그런데 삶에 아쉬움이 남았다. 뭔가 큰 것을 해보고 싶은 마음이
강했다. 어느 날 사법 고시 준비에 들어간다. 주변에서는 합격할 가능성
이 작다면서 만류했다. 그러나 해보지 않고 포기하는 게 더 후회스러울
것 같은 생각이 들었다(☵).

다행히 3년을 공부한 끝에 합격했고, 검사가 된다. 아울러 같은 고향
출신이 요직에 앉아 있으면서 승진이 보장되는 주요 보직을 맡을 수 있

었고, 수사에서도 두각을 나타내면서 승승장구했다. 남보다 빠르게 부장 검사로 진급하면서 질투의 대상이 되기도 했으나 주위의 부러움을 사기도 했다(☰).

그러던 와중, 평소 친분 있던 분이 청와대 비서실장이 되면서 민정수 석실에 발탁이 되고 이어 검사장 진급에 성공한다. 주변에서는 입지전적 인물이라고 스포트라이트를 받았다. 그러나 본인은 점점 능력을 넘어서는 행운을 움켜쥐었다는 생각이 든다. 이후 큰 욕심을 부리기보다 가늘고 길게 가는 길을 택한다(☵).

항(恒)은 변하지 않고 늘 그렇게 항구히 하다는 뜻이 있다. 즉 변함이 없고 일관성이 필요한 괘라고 할 수 있다. 태음에서 태양으로의 변환은 개천에서 용이 난 뒤 입지전적인 성공을 거두는 것이다. 여기에 태양에서 소양으로의 전환은 그 행운이 감당할 수 있는 것 이상으로 더 커지는 과정이라고 할 수 있다. 인성이 변하기 쉬운 조건이 아닐 수 없다. 그 과정에서 언제나 일관성을 유지해야 할 필요가 있는 괘라고 할 수 있을 것이다.

바름을 지키면 이롭다

恒, 亨, 无咎, 利貞, 利有攸往.(항, 형, 무구, 리정, 리유유왕)
항은 형통하여 허물이 없다. 바름을 지키는 것이 이롭고
가는 바가 있음이 이롭다.

형통하면서 허물이 없다. 앞서 본 것처럼 좋은 변화를 경험하는 괘이다. 따라서 형통하다. 다만 과도한 행운을 누리게 되기에 바름을 지켜야 한다. 그렇지 않을 경우 역풍에 시달리게 된다. 가는 바가 이로운 것은

행운이 따르기 때문이다.

깊게 파지 말 것

初 : 浚恒, 貞凶, 无攸利.(준항, 정흉, 무유리)
항구함을 깊게 하면 흉하여 이로운 바가 없다.

준(浚)은 깊다는 뜻을 갖고 있다. 강바닥의 모래를 파내는 것을 준설(浚渫)이라고 한다. 물이 흘러서 바다로 가지 않게 하려고 땅을 깊게 파 물을 더 많이 보관하려고 하면 어떻게 될까. 썩는다. 오히려 물이 흐르도록 해야 한다.

초반 상황을 이야기한다고 할 수 있다. 현재 내가 있는 곳에서 땅을 깊게 파서는 안 된다. 그것은 마음속에 회한을 만드는 일이 될 수 있다. 여기저기 흘러가면서 닻을 내리기에 적확한 장소를 찾아야 한다. 초반에 깊게 파면 헤어나지 못하는 구덩이가 될 수 있다. 물이 흐르도록 하는 것처럼 에너지가 움직이도록 해야 한다.

후회가 없다

二 : 悔亡.(회망)
후회가 없어질 것이다.

고이지 않고 흘러가면 후회가 없을 것임을 말하고 있다. 꼭 움켜쥐고 있어야 보존할 수 있는 사람이 있고, 반대인 경우가 있다. 머무르지 않고 움직임으로써 설사 얻는 것이 없더라도 후회가 없다. 일단 해보고 싶은 걸 해보았기 때문이고, 어디까지 갈 수 있는지 경험했기 때문이다. 앞서 예를 들었던 분의 경우 사법 시험에 떨어졌더라도, 하고 싶었던 걸 해보 았고, 자신의 한계가 어딘지 깨달았기에 후회는 없었을 것이다.

덕을 베풀 것

三 : 不恒其德, 或承之羞, 貞吝.(불항기덕, 혹승지수, 정린)
그 덕이 항구하지 못하면, 때론 치욕을 받아들여야 한다.
부끄러울 것이다.

승(承)은 받아들이다라는 뜻이다. 수(羞)는 부끄러움, 수줍음, 미워함 등의 뜻을 갖고 있다. 항괘의 키워드는 덕(德)이다. 과도한 행운엔 질투 가 따라붙는다. 그걸 달래는 것이 덕이다. 행운을 본인 능력에 따른 것으 로 착각해서도 안 된다. 그 착각이 상대의 질투심 혹은 적개심을 유발하 는 독선으로 비춰질 가능성이 높다. 그렇지 않으면 때론 치욕을 받아들 여야 하고, 부끄러운 일이 벌어질 확률이 높다.

덕의 유지는 곧 태양이 된 이후에도 초반 능력과 운이 없던 상태의 겸 손한 마음가짐을 유지하는 것으로 볼 수 있다. 즉, '사람이 변했다'는 말 을 들으면 안 되는 것이다.

사냥에 나서지 말 것

四 : 田无禽.(전무금)
밭에 짐승이 없다.

전(田)은 사냥이란 뜻도 있어, 사냥을 하지만 짐승을 못 잡는다는 해석도 가능하다. 간단하게 밭에 짐승이 없다고 보아도 된다. 밭에 짐승이 없든 사냥을 했는데 잡지 못하든 더 이상 손에 쥘 게 없다는 점에서 차이는 없다. 코스 요리가 전부 나왔고 식사는 끝났으며, 남은 것은 커피일 뿐이다. 태양으로서 능력의 한계치에 도달한 것이다. 그 순간이 왔다고 판단되면 지금의 것을 보존, 즉 항구히 하는 것이 우선이다. 자칫 짐승을 잡겠다고 무리하게 나섰다 무소득을 넘어 역풍을 만들 수도 있다.

덕을 항구히 할 것

五 : 恒其德, 貞, 婦人吉, 夫子凶.(항기덕, 정, 부인길, 부자흉)
　그 덕을 항구히 하면 바르니 부인은 길하고 남편은 흉하다.

덕(德)에 관한 이야기가 다시 나온다. 결과적으로 항구히 하기 위해선 덕을 베풀어, 적을 만들지 말아야 한다. 이제 지키는 것이 중요하다. 교제와 함께 소양의 상태를 유지하는 데 필요한 것이 덕이다. 덕을 베풂으로써 사람들의 질투심을 줄일 수 있고, 좋은 만남을 통해 현상을 유지할 수 있으며, 나아가 나를 도울 수 있는 누군가를 만날 수 있다. 그것이 필요한 상황이다.

능력을 바탕으로 승진하던 회사원들도 어느 순간 한계를 느끼고 줄을 잡아 승진하려 나서고, 그 행운을 움켜쥔 사람이 높은 자리에 오른다. 이런 과정을 거쳐 조직은 무능한 사람으로 채워지게 되어 있다는 게 피터의 원리이고, 항괘와 깊은 연관이 있다. 그 자리에 오르는 행운을 얻었다면 그 뒤 해야 할 일은 그것을 잘 지키는 것이다.

그런데 조직의 입장은 다르다. 이는 곧 무능한 사람들로 조직이 가득

찼다는 말이다. 그래서 부인은 길하지만, 남편이 흉하다. 부인은 개인이고, 남편은 조직이라고 보면 될 것이다. 피터의 원리가 주장하는 바는 이에 따라 정기적으로 정리해고를 해, 무능한 사람을 솎아내야 한다는 것이다.

흔들지 말 것

六 : 振恒, 凶.(진항, 흉)
항구함을 흔드니 흉하다.

항구함을 흔들면 흉하다. 그것이 흔들리면 찍히게 되어 있다. 기업이 무능한 간부를 퇴출시키려고 나설 때 중심을 잘 잡고 있으면 그나마 버틸 수 있다. 어떤 흠집도 나지 않기 때문이다. 반대로 과도한 욕심이나 집착으로 무리수를 두면 항구함이 흔들리고 결국 흉한 결과를 가져온다.

33 둔괘遯卦

遯. 亨. 小利. 貞. 둔은 형이고 작은 이득이 있고, 바름이 있다.
初 : 遯尾. 厲. 勿用有攸往. 꼬리에서 물러나니 위태롭다. 더 나아가지 말아야 한다.
二 : 執之用黃牛之革, 莫之勝說. 황소의 가죽으로 잡아매니 벗길 수 없다.
三 : 係遯, 有疾厲, 畜臣妾, 吉. 물러섬에 주저하면, 병과 염려가 있게 된다. 신첩을 기르는 것이
길하다.
四 : 好遯, 君子吉, 小人否. 좋게 물러남이니, 군자는 길하고 소인은 그렇지 않다.
五 : 嘉遯. 貞吉. 아름답게 물러남이니 바르게 하면 길하다.
六 : 肥遯. 无不利. 여유 있게 물러남이니 이롭지 않음이 없다.

▌물러날 때를 잘 알아야 함

1936년에 태어난 김우중은 1960년 연세대를 졸업한 뒤 잠시 직장을 다니다 1967년 32세에 자본금 55만 원으로 무역회사인 대우 실업을 세운 뒤 대우건설, 대우증권, 대우전자, 대우조선 등을 연달아 설립한다. 1974년 수출 1억 달러를 달성하는 성공신화를 썼고, 젊은이들의 우상이 된다(═).

이후 그는 1981년에 (주)대우를 창립하고 회장 자리에 올랐다. 1982년 대우그룹을 출범시킨 뒤 새한자동차를 인수하며 재계 4위로 발돋움한다. 또한, 1993년 세계경영을 선포한 후 1997년 IMF 구제금융 위기에서

400% 이상이었던 부채비율에도 불구하고 쌍용을 인수하는 등 확장정책을 이어나가면서 재계 2위에 올라선다(☰).

그러다 일본 노무라 증권이 1998년 10월 '대우에 비상벨이 울린다'는 보고서를 발표하면서 잠재되어 있던 부실과 위기가 터져 나오기 시작했고, 이후 계열사를 41개에서 10개로 줄이는 등 구조조정을 단행하고 삼성그룹과의 빅딜도 추진하나 실패한다. 1999년 11월 경영 포기 및 회장직을 사퇴한 뒤 도피 생활을 하다, 2005년 검찰 조사를 받고, 징역 8년 6개월, 벌금 1000만 원, 추징금 17조 9천 253억 원의 형을 구형받는다(☷).

둔(遯)은 물러서다, 도망친다는 의미가 있다. 은둔(隱遯) 등의 단어에 사용되고 있다. 초반과 중반까지는 태양의 괘로 승승장구하지만, 마지막에는 운도, 능력도 다한다. 태양이 연속해서 이어지는 다른 괘인 1번 건괘(☰☰☰), 13번 동인괘(☰☰☱), 44번 구괘(☰☰☴)와 달리 마지막이 태음이다. 무너지는 고통이 클 것이고 따라서 잘 물러나는 것이 중요하다. 다른 괘와 달리 이번 괘의 효사는 마지막 양괘(兩卦) 즉 물러나는 태음의 상황에 대해 집중적으로 설명한다. 그 시간이 무엇보다 중요하기 때문이다.

형통하나 이득이 작다

遯, 亨, 小利, 貞.(둔, 형, 소리, 정)
둔은 형이고 작은 이득이 있고, 바름이 있다.

둔은 사실 크게 나쁠 게 없다. 처음부터 끝까지 좋게 유지한다는 것이 얼마나 어려운가. 그래도 빛나는 시간을 경험하는 괘이기에 형통하고 큰 것을 이룰 수도 있다. 그러나 큰 이득은 없다. 마지막에 많은 것이 사라지는 탓이다.

버티면 위태롭다

初 : 遯尾, 厲, 勿用有攸往.(둔미, 려, 물용유유왕)
꼬리에서 물러나니 위태롭다. 더 나아가지 말아야 한다.

꼬리는 무너짐의 끝을 뜻한다. 모든 것이 상당히 무너진 뒤 물러나면 위태롭다는 것이다. 초반과 중반 일이 풀리지만, 막판에 운이 다하면서 모든 게 사라질 위기가 시작된다. 예컨대 잘 나가던 정치인이 스캔들에 휘말려 모든 게 무너질 수 있는 상황에 직면한다. 물러나는 것이 상책이지만 미련이 남아 미적거리며 버티기에 들어간다. 반전 가능성이 1%이어도 거기에 희망을 건다. 운명을 바꿀 수 있는 능력과 힘이 있다는 판단에서다. 모든 걸 뜻대로 할 수 있을 것 같은 오만함도 한몫을 한다. 그러다 꼬리에서 쫓겨나듯 밀려난다. 빠른 결단을 내렸다면 그래도 앞문으로 걸어 나올 수 있었으나, 버티고 버티다 뒷문으로 야반도주를 하게 된다.

전쟁에서 승세가 기울면 미련을 버려야 한다. 나라를 창업했던 능력 있는 군주도 운이 다하는 상황에서 버틸 수는 없다. 깔끔하게 접고 바닥에서 다시 시작하는 게 오히려 확률이 높다. 적군이 성벽을 넘어 목을 칼에 겨눌 때까지 버티면 부질없이 목숨만 잃는다.

• 제2부 64괘의 이해

二 : 執之用黃牛之革, 莫之勝說.(집지용황우지혁, 막지승설)
황소의 가죽으로 잡아매니 벗길 수 없다.

황소 가죽으로 잡아맸다는 것은 무척 강하게 묶은 것이다. 운의 다함을 막거나 벗길 수 없는 상태라는 뜻이다. 태양이 두 번 연속되었다는 건 그만큼 높이 올랐다는 것이다. 예컨대 등산으로 따지면 7000m 고지에 오른 것이다. 거기서 이제 더 이상 오를 힘이 없고, 기상 상황도 좋지 않다. 만일 1000m 고지라면 비바람이 몰아쳐도 뚫고 나갈 수 있다. 그러나 7000m 고지의 비바람은 다르다.

태양이 두 번 지나간 뒤 찾아온 태음은 그만큼 거센 바람이 몰아치고 산사태의 정도가 낮은 산과는 비교도 되지 않을 만큼 강력하다. 그러나 성공했던 과거의 기억이 그것을 뚫고 갈 수 있을 것 같은 고집을 만들어 낸다. 그러나 그것은 황소의 가죽으로 잡아맨 것이고 따라서 인간의 힘으로 벗기기 힘든 것이다.

三 : 係遯, 有疾厲, 畜臣妾, 吉.(계둔, 유질려, 축신첩, 길)
물러섬에 주저하면, 병과 염려가 있게 된다. 신첩을 기르는 것이 길하다.

계(係)는 매다는 뜻이고, 축(畜)은 기르다는 뜻이고 신(臣)은 남자 노예, 첩(妾)은 여자 노예를 뜻한다. 물러섬에 매여 있다는 것은 과거 성공을 떠나보내기 아쉬운 상태를 다시 한번 표현했다.

여기서 포인트는 신첩을 기르는 것이 길하다는 조언이다. 신첩은 신분에 국한되지 않고 따르는 사람들로 볼 수 있다. 본인이 아닌 그들이 잘될 수 있도록 돕는 것이다. 그래야 후일을 도모할 수도 있고, 최소한 외롭지 않게 남은 삶을 살 수 있다.

좋게! 물러나야 한다

四 : 好遯, 君子吉, 小人否.(호둔, 군자길, 소인부)
좋게 물러남이니, 군자는 길하고 소인은 그렇지 않다.

성공에 대한 기억을 행복하게 간직한 가운데 떠나는 것이다. 그런데 군자는 길하고 소인은 그렇지 않다. 군자는 모든 걸 내려놓을 줄 아는 사람인 반면 소인은 그렇지 못하기 때문이다.

군자는 초야에 묻혀 살더라도 그 내려놓으므로 새로운 명예를 만든다. 반대로 소인은 과거에 매달려 있으며 현실을 받아들일 만큼 넓지 못하다. 미련과 아쉬움이 본인을 괴롭힌다. 노무현 대통령이 세상을 등지면서 했던 말처럼 '모든 게 운명이고 누구도 탓할 필요가 없다'는 생각이 군자의 길이다.

아름답게 물러나면 길하다

五 : 嘉遯, 貞吉.(가둔, 정길)
아름답게 물러남이니 바르게 하면 길하다.

정상에 있을 때 물러나야 한다고 이야기한다. 그래야 아름답기 때문이다. 둔괘는 특히 그렇다. 조용필은 한때 대한민국 최고의 가수였다. 지금은 모습을 잘 드러내지 않지만, 그러나 여전히 '가왕'이란 타이틀을 갖고 있다. 조용히 사는 삶에 대한 아쉬움과 화려한 무대에 서고 싶은 유혹도 있을 것이다. 그러나 그는 자신의 운명을 알고 있고, 그래서 오히려 모두의 기억 속에 아름답게 남아 있다.

여유롭게 물러나면 불리할 것이 없다

六 : 肥遯, 无不利.(비둔, 무불리)
여유 있게 물러남이니 이롭지 않음이 없다.

여유 있게 물러남은 박수 칠 때 떠나는 것이다. 마음의 여유를 가지란 뜻으로 볼 수 있다. 과거에 대한 미련을 버리고 호젓하게 떠나면 이롭지 않은 것이 없다는 게 주역의 설명이다.

34 대장괘大壯卦

大壯. 利貞. 이득이 있고 바르다.

初 : 壯于趾. 征凶. 有孚. 힘과 용기가 발가락에 모여 있으니 나아감은 흉이다.

二 : 貞吉. 바르게 하면 길할 것이다.

三 : 小人用壯, 君子用罔, 貞厲, 羝羊觸藩, 羸其角. 소인은 힘을 쓰고, 군자는 그물을 사용한다. 바르더라도 염려가 많다. 숫양이 울타리에

四 : 貞吉, 悔亡, 藩決不羸, 壯于大輿之輹. 바르게 하면 길하여 후회가 없어질 것이니, 울타리가 터지니 다치지 않는다. 큰 수레의 당토가 튼튼하다.

五 : 喪羊于易, 无悔. 쉽게 양을 잃어도 후회가 없을 것이다.

六 : 羝羊觸藩, 不能退, 不能遂, 无攸利, 艱則吉. 숫양이 울타리에 부딪혀 물러날 수도 없고 나아갈 수도 없어 이로운 바가 없다. 어렵지만 길할 것이다.

▌크게 길하다

링컨은 1809년에 가난한 이주민의 아들로 태어났고, 가게 점원이나 선원으로 일하면서 젊은 시절을 보낸다. 다만 책 읽기를 포기하지 않았다. 주변 사람과 교류도 활발해 당선에 실패했으나 주의회 선거에 입후보하기도 한다(☷).

인생의 반전은 변호사 공부를 시작하면서이다. 2년간 공부해 1836년 변호사 시험에 합격한 뒤 변호사로 개업한다. 그의 능력이 발굴된 것인데, 여기에 윌리엄 헌던이란 친구를 만나, 변호사로 큰돈을 벌었으며 이

를 바탕으로 주의회 의원으로 4차례 당선되기도 한다(☰).

그는 그 뒤 다시 한번 도약을 꿈꾼다. 노예제 합법화를 주장하는 민주당에 맞서 공화당에 입당한 그는 1860년 미합중국 대통령 선거에 출마해 당당히 선출된 뒤 남북전쟁을 승리로 이끌면서 노예제 해방을 끌어낸다(☰).

장(壯)은 건장하다는 뜻이다. 크게 건장한 괘이다. 태음(☷)에서 태양(☰)으로 드라마 같은 반전이 이뤄지고, 거칠었던 초반을 넘어서면서 모든 게 잘 되어간다. 14번 대유괘(☰☰☰), 43번 쾌괘(☰☰☰)와 비교해 대장괘의 경우 아무것도 없는 상태에서 극적 반전이 발생한다. 이는 초반 큰 고통의 존재를 뜻한다. 내면적 능력을 옭아매고 세상 기운이 들어오지 못하도록 하는 단단한 껍질을 부숴야 하는 고난을 감내하는 것이다. 아울러 그것을 유지하고 끌고 갈 수 있는 장부의 기질을 갖췄다.

이득이 있고 바르다

大壯, 利貞.(대장, 이정) 이득이 있고 바르다.

이득이 있고, 바름이 있다. 건괘와 비교해 크고 형통(元亨)하다고 이야기하지는 않는다. 능력이 부족한 상황이 출발점인 탓이다. 모든 사람은 동일한 능력을 갖고 있고, 같은 존엄이 있다는 근대 철학의 관점과는 다르다. 사람의 타고난 차이를 인정한다고 볼 수 있다.

初 : 壯于趾, 征凶, 有孚.(장우지, 정흉, 유부)

힘과 용기가 발가락에 모여 있으니 나아감은 흉이다.

지(趾)는 발이란 뜻이다. 발에 힘이 모였다는 것은 아직 때가 아니란 의미다. 건괘의 잠용(潛龍)과 의미가 다르다. 잠용은 용의 형상을 갖췄지만, 에너지 재생이 힘든 미성숙 상태라면, 장우지(壯于趾)는 능력과 운 모두 부족한 상태다. 일을 도모하면 고꾸라질 수밖에 없다. 발끝의 힘이 온몸으로 퍼질 때까지 기다리고 노력해야 한다.

二 : 貞吉.(정길) 바르게 하면 길할 것이다.

태음에서 태양으로 변화되는 포인트에 대한 설명이다. 능력은 막연하고, 운의 기운도 없는 상황에서 성공의 욕망을 바탕으로 최선을 다한다. 그 과정이 힘들고 고단하며 유혹에 빠지기도 쉽다. 그러나 그것을 잘 버팀으로써 길한 상황을 만들어 낼 수 있다.

三 : 小人用壯, 君子用罔, 貞厲, 羝羊觸藩, 羸其角.

(소인용장, 군자용망, 정려, 저양촉번, 리기각)

소인은 힘을 쓰고, 군자는 그물을 사용한다. 바르더라도 염려가

많다. 숫양이 울타리에 부딪히지만 뿔만 고달프다.

지양(羝羊)은 숫양을 뜻하고, 촉(觸)은 닫는다, 찌르다는 뜻이 있고, 번(藩)은 울타리이다. 리(羸)는 고달프다는 뜻이다. 어떻게 해야 할까? 멈춰야 할까. 아니다. 특별한 방법은 없다. 그저 열심히 해야 할 뿐이다. 그것은 시간 속에 에너지를 쌓는 과정이다.

소인은 힘을 쓰고 군자는 그물을 사용한다. 군자가 보다 지능적으로 행동한다. 그렇다고 군자가 성공하는 것은 아니다. 군자든 소인이든 뿔이 고달픈 고통을 감내해야 한다. 그래야 제대로 된 태양으로 자리를 잡는다. 아울러 아직 성공의 갈증이 해소되지 못해 목이 마른 상황을 뜻한다고도 할 수 있다.

四 : 貞吉, 悔亡, 藩決不羸, 壯于大輿之輹.

(정길, 회망, 번결불리, 장우대여지복)

바르게 하면 길하여 후회가 없어질 것이니, 울타리가 터지니

다치지 않는다. 큰 수레의 당토가 튼튼하다.

바르게 하면 후회가 없음을 다시 한번 강조하며 시작한다. 그 뒤 울

타리가 터지는 시간이 온다고 말한다. 울타리는 터지지 않고 뿔만 아픈 상황에서, 울타리는 터지고 뿔은 아프지 않은 상황이 됐다.

뿔이 더 강해져서일까? 울타리가 약해져서일까? 둘 다인 것이다. 울타리도 약해졌고, 뿔도 강해졌다. 나의 능력도 좋아지고 운의 기운을 막던 울타리도 약해진 것이다. 아울러 부서질 땐 아프지 않다. 태권도 선수가 벽돌을 격파할 때도 잘 갈라지면 크게 아프거나 다치지 않는다. 운이 풀리는 상황이 이와 같다. 울타리를 벗어나니 큰 수레가 있다. 당토는 앞에서 여러 번 나왔지만 바큇살이다. 수레가 크고 바큇살이 튼튼하면 많은 것을 싣고 먼 길을 갈 수 있다. 태양의 시간이 오래 지속됨을 뜻한다.

사라진 양은 채워진다

五 : 喪羊于易, 无悔.(상양우역, 무회)
쉽게 양을 잃어도 후회가 없을 것이다.

상(喪)은 잃는다는 뜻이다. 능력이 뒷받침되고 운이 따르더라도 고난은 있다. 동시에 딛고 일어설 힘도 존재한다. 앞서 울타리를 뚫지 못하던 상황과 많이 바뀌었음을 뜻하기도 한다. 병이 없는 것은 몸에 병균이 없어서가 아닌, 그것을 이겨낼 힘이 있기 때문이다. 쉽게 양을 잃어도 후회가 없는 까닭도 극복할 수 있기 때문이다. 능력이 안 되면 하늘이 도울 것이고, 따라서 후회는 없다. 투자에 실패해도 하나 배웠다는 마음으로 툭 털고 가야 한다. 매달릴 필요가 없다. 시간 속에 에너지로 쌓였기 때문이다.

六 : 羝羊觸藩, 不能退, 不能遂, 无攸利, 艱則吉.

(저양촉번, 불능퇴, 불능수, 무유리, 간즉길)

숫양이 울타리에 부딪혀 물러날 수도 없고 나아갈 수도 없어

이로운 바가 없다. 어렵지만 길할 것이다.

촉(觸)은 접촉하다는 뜻이다. 오(五)가 손해를 보는 상황을 말한다면 마지막은 난관에 부딪힌 상황을 묘사하고 있다. 진퇴양난에 빠진 것이다. 그러나 상황을 뚫고 갈 힘이 있다. 따라서 어렵지만 길하다고 주역은 말한다. 태양이 계속된다는 것은 난관이 없다는 뜻이 아닌 헤쳐 나갈 힘이 있다는 것이다.

35 진괘晉卦

晉, 康侯用錫馬蕃庶, 晝日三接. 승진의 상으로 말을 하사 받았는데, 그 말이 하루 세 번이나 교섭을 했다.

初 : 晉如摧如, 貞吉, 罔孚, 裕, 无咎. 나가고 물러감에 바름을 지키면 길하고, 믿음으로 덮으면 넉넉하고 허물이 없을 것이다.

二 : 晉如愁如, 貞吉, 受玆介福, 于其王母. 근심하면서 나아가면, 바르고 길하니, 왕모에게서 큰 복을 받을 것이다.

三 : 衆允, 悔亡. 대중의 신임을 얻으니 후회가 없어질 것이다.

四 : 晉如鼫鼠, 貞厲. 나아가는 것이 다람쥐와 같으니, 바르더라도 위태롭다.

五 : 悔亡, 失得勿恤, 往吉, 无不利. 후회가 없어질 것이니 잃고 얻음을 근심하지 않으면 가는 데 길하여 이롭지 않음이 없다.

六 : 晉其角, 維用伐邑, 厲, 吉, 无咎, 貞吝. 뿔에 나아감이니, 읍을 정벌하는 데 이용하면 염려가 있으나 길하고, 허물이 없으나 바르더라도 부끄러울 것이다.

▌행운을 즐길 것

유선은 아두로 알려진 유비의 아들이자 촉한의 두 번째 황제다. 흔히 무능한 황제로 알려져 있으나 실상 부실한 능력에도 불구하고 혼란스러웠던 삼국시대에 누구와 비교할 수 없을 정도로 긴 40년간 황제 자리를 지켰다. 207년에 태어난 유선은 219년 유비가 한중왕이 되면서 왕태자에 오르고, 221년 황제가 되면서 황태자로 신분이 바뀐다. 그리고 223년 유비가 사망하면서 17세로 황제로 등극한다. 능력에 비해 초고속으로 승진한 것이다. 본인 능력이라기보다 조상 탓이 클 것이다(☷).

황제가 된 뒤 그는 능력 부족을 받아들이고 무리하지 않는 한편 행운을 즐긴다. 초반 대부분의 일은 제갈량에게 맡기고, 234년 그가 죽자 동윤, 비의와 같은 중신을 중심으로 나라를 지탱한다(☷).

그러나 행운이 계속될 수 없는 법. 환관 황호 등을 신임하면서 부정부패가 심해지고 나라가 기울기 시작한다. 263년 위가 침공해오자 결사 항전을 주장했던 5남 유심 등의 주장을 물리치고 항복을 한다. 본인 능력을 알기에 저항하지 않고 평화적으로 무혈입성을 허락한 것이다. 이후 인질로 위에 잡혀 있었으나 망한 왕조에 대한 회한보다는 과도한 행운인 황제란 중압감에서 벗어난 내려놓음의 모습으로 살아간다. 덕분에 위나라의 의심을 사지 않은 가운데 여생을 마친다(☳).

진(晋)은 나아간다는 뜻이다. 능력이 부족하나 운의 기운이 강하기에 나아갈 수 있다. 그릇에 난 구멍을 메우는 대신, 소풍 가듯 좋은 기운을 즐기는 것이다. 그러나 운의 기운은 바닥을 드러내고, 그 순간 모든 것이 멈춘다. 갈 수 있을 때 가고, 멈출 때 후회를 하지 않는다면 나쁘지 않은 삶을 산 것이다.

행운이 이어 진다

晉, 康侯用錫馬蕃庶, 晝日三接.(진, 강후용석마번서, 주일삼접)
승진의 상으로 말을 하사 받았는데,
그 말이 하루 세 번이나 교접을 했다.

강(康)은 아름다운 명예이고, 후(侯)는 통상 '승진한 신하'로 풀이를 한다. 석(錫)은 하사받다는 뜻으로, 석마(錫馬)는 말을 하사받았다는 의미로 볼 수 있다. 번(蕃)은 증식을 뜻하고, 서(庶)는 많음을 의미한다.

승진한 신하가 많은 말을 하사받았는데, 그것이 번창하게 증가했다는 것이다. 승진도 행운의 상징이고, 그로 인해서 하사 받은 말의 뜻하지 않은 번식도 또 다른 행운이다. 첫 행운이 기반 마련을 의미한다면, 두 번째 행운은 축적하고 확장하는 데 쏟아진 행운이다. 바랄 것이 없다. 유선의 경우 아버지 유비가 황제가 되면서 황태자 자리를 하사받는 행운을 누린 뒤, 그와 더불어 받은 선물인 제갈량 등 훌륭한 신하가 번식에 성공해 영토를 넓히는 행운도 누렸다고 할 수 있다.

바름을 지키면 길하다

初 : 晉如摧如, 貞吉, 罔孚, 裕, 无咎.
(진여최여, 정길, 망부, 유, 무구)
나가고 물러감에 바름을 지키면 길하고,
믿음으로 덮으면 넉넉하고 허물이 없을 것이다.

최(摧)는 물러난다는 뜻으로 해석되며, 망(罔)은 그물이란 뜻이 있고 덮는다는 의미로도 사용된다. 유(裕)는 넉넉하다는 의미가 있다. 망부(罔孚)는 믿음을 그물로 덮는 것이다. 맞고 틀림을 가리지 않고, 있는 그대로 받아들이는 것이다.

같은 맥락에서 나설 때와 물러날 때 바름을 지키는 것은 본인 능력을 잘 파악하는 것이다. 할 수 있는 것과 없는 것을 구분하는 것이다. 그보다 더 중요한 것은 믿음을 갖고 살아가는 것이다. 믿음은 곧 덕을 베푸는 일이고, 상대의 신임을 얻는 방법이다. 그러면 길하다고 이야기한다. 결과적으로 욕심을 부리는 대신 강한 운의 기운에 몸을 맡기는 것이다.

二 : 晉如愁如, 貞吉, 受兹介福, 于其王母.

(진여수여, 정길, 수자개복, 우기왕모)

근심하면서 나아가면, 바르고 길하니,

왕모에게서 큰 복을 받을 것이다.

자(兹)는 이에, 여기에를 뜻하고, 왕모는 통상 조모(祖母)를 의미한다. 조상으로 해석해도 될 것이다. 조심스럽게 행동함으로써 큰 행운을 얻는 상황을 묘사하고 있다.

주어진 행운은 내가 스스로 만든 것이 아니다. 나는 처음부터 끝까지 능력이 부재한 상태다. 오만해지는 순간 무너지게 되어 있다. 그 행운이 나의 능력 때문인 것으로 착각해서도 안 된다. 그것이 바로 근심하면서 나아가는 모습일 것이다.

만일 유선이 자중자애하지 않고 오만한 모습을 보였다면 황제 자리는 제갈량에게 돌아가지 않았을까. 유비도 능력이 뛰어났던 인물은 아니었다. 그러나 최소한 겸손하게 신하를 대하고 자만하지 않으면 자리를 지킬 수 있고, 나아가 유능한 신하들이 땅을 넓혀 올 수 있음을 알고 있었다. 그것도 큰 복이 아닐 수 없다. 유선이 그 복을 타고났다고 유비는 생각했을 것이다.

三 : 衆允, 悔亡.(중윤, 회망)

대중의 신임을 얻으니 후회가 없어질 것이다.

윤(允)은 믿음을 뜻한다. 윤의 기운으로 일을 풀어야 하기에 타인의 신임이 중요하다. 소양에게 필요한 덕목으로 주역이 강조하는 대목이다. 신하들이 황제를 믿지 못하고, 백성이 황제를 의심하면, 그 순간 유선과 같은 인물은 땅으로 고꾸라지게 되어 있다.

초반의 행운은 좋은 부모를 만나는 등 어쩌면 타고난 것일 수도 있다. 그러나 두 번째 행운은 이렇듯 대중의 신임을 통해 스스로 만들어 가는 것이다. 실상 유선은 무능했다기보다 이 같은 처세법을 아는 황제였기에 40년간 자리를 보존할 수 있었다.

경솔하지 말 것

四 : 晉如鼫鼠, 貞厲.(진여석서, 정려)
나아가는 것이 다람쥐와 같으니, 바르더라도 위태롭다.

석서(鼫鼠)는 다람쥐다. 다람쥐는 빠르지만 가볍고, 움츠러든 모습을 보인다. 그런 모습은 바르더라도 위태롭다. 빠름은 능력으로 대결하려는 태도의 일면이다. 본인은 민첩하다는 생각이 들겠지만, 타인의 시선에선 가볍고 경솔해 보인다. 따라서 위태로움이 다가온다.

이는 곧 행운이 바닥나는 상황, 즉 소양에서 태음으로 전환되는 상황에서 벌어지는 일을 묘사하고 있다. 앞서 유선이 환관들에게 둘러싸여 가볍게 처신하는 것과 같은 맥락이다. 그러면서 위나라의 침공을 자초하게 된다. 그것이 한나라를 정통으로 생각하는 후대의 중국 사학자들에게는 안타까움이었으리라. 아울러 다람쥐처럼 행동하는지 늘 조심하고 자신을 돌아보라는 의미로도 받아들일 수 있다.

부자가 삼 대 가기 어렵다는 속담이 있다. 할머니가 큰 재산을 남겼다면 본인의 아버지도 편하게 살았을 것이고, 손자는 태어나서부터 불편함 없이 살았을 것이다. 할머니가 주변 사람에게 많은 은덕을 베풀었다면 그것 또한 자신의 행운으로 돌아올 것이다. 그 행운이 영원할 수는 없고, 손자가 누리는 것이 마지막일 수 있다.

잃고 얻음에 근심하지 말 것

五 : 悔亡, 失得勿恤, 往吉, 无不利.(회망, 실득물휼, 왕길, 무불리)
후회가 없어질 것이니 잃고 얻음을 근심하지 않으면
가는데 길하여 이롭지 않음이 없다.

얻은 것도 하늘의 것이고, 잃은 것도 하늘의 것이다. 가진 것 없이 길을 나서 하늘의 도움으로 얻은 것이니 집착은 화를 키울 뿐이다. 얻었다고 기뻐할 필요도, 잃었다고 근심할 필요도 없다. 운이 다하는 상황이 도래하면 순응해야 한다. 소풍을 끝내고 돌아오는 아이처럼 허탈함이 있을 수 있지만, 근심할 필요가 없다고 주역은 이야기한다. 행운은 나 자신이 통제할 수 있는 것이 아니다.

끝까지 가지 말 것

六 : 晉其角, 維用伐邑, 厲, 吉, 无咎, 貞吝.
(진기각, 유용벌읍, 려, 길, 무구, 정린)
뿔에 나아감이니, 읍을 정벌하는 데 이용하면 염려가 있으나
길하고, 허물이 없으나 부끄러울 것이다.

뿔로 나간다는 것은 다시 한번 나아가보는 것이다. 그렇다면 더 많이 얻을 수 있을까. 그렇지는 못하다. 좋은 것도 있지만 그렇지 않은 것도 있다. 기회가 찾아오면 위태롭겠으나 길할 수 있고, 바르더라도 부끄러울 수도 있다. 딱히 나쁘지도 않지만 크게 얻는 것 역시 없다. 재주만 부리고 이익은 다른 사람이 가져갈 확률도 높다.

36 명이괘明夷卦

明夷, 利艱貞. 어려움 속에서도 바르게 하는 것이 쉽지 않다.

初 : 明夷, 于飛, 垂其翼, 君子于行, 三日不食. 有攸往, 主人有言. 날아가는데 그 날개를 늘어뜨린다. 군자가 떠나감에 3일을 먹지 못한다. 길을 떠나는 데, 집 주인의 의심이 있다.

二 : 明夷, 夷于左股, 用拯馬壯, 吉. 왼쪽 다리를 다치나 건장한 말의 도움을 받으니 길할 것이다.

三 : 明夷于南狩, 得其大首, 不可疾貞. 남쪽에서 사냥하여 큰 머리를 얻었다. 질병이 없고, 바르다.

四 : 入于左腹, 獲明夷之心, 于出門庭. 왼쪽배로 들어가 명이의 운명을 깨닫고, 문 뜰로 나온다.

五 : 箕子之明夷, 利貞. 기자와 같은 사람이 명이이니 바르게 함이 이로울 것이다.

六 : 不明晦, 初登于天, 後入于地. 밝지 못하고 어두우니, 처음에는 하늘에 오르고 뒤에는 땅속으로 들어간다.

▌불운도 운명일 때가 있다

기자(箕子)는 상나라 마지막 왕인 주왕의 숙부로 알려졌다. 주왕은 '주지육림'으로 유명했던 상나라의 마지막 임금으로 포악했는데, 주왕으로부터 반란의 의심을 받자 기자는 머리를 풀어헤치고 미친 척까지 한다. 그런데도 감옥에 갇혀야 했다. 그러다 상나라가 멸망하고 주나라가 건국된 이후 풀려나게 된다(☷).

이후 주왕조를 세운 무왕이 그를 찾아와 대화를 나눴고, 그의 박학다식함과 통찰력에 감탄한다. 능력을 인정받은 것이다. 실제 둘이 나눈 대화 내용이 〈서경(書經)〉의 홍범편에 기록되어 있다. 기자는 출세의 꿈에 부풀었을 것이다.

그러나 주왕조는 상나라 사람을 신분적으로 차별하며, 사실상 오랑캐로 취급했다. 그때의 낙인이 지금도 이어지는 데 소위 '상놈'이란 욕설의 '상'이 상나라 사람을 뜻한다. 땅을 가질 수 없어 상업에 종사했는데, 여기서 '상인(商人)'이란 단어와 상놈이란 욕이 생겼다. 따라서 기자는 신분적 제약 탓에 출세하지 못한다(☰).

기자는 이후 상나라 유민을 끌고 주나라를 벗어나 북으로 이주해 그곳에서 살았다고 한다. 모든 걸 포기하고 작은 사냥감에 만족하면서 그 안에서 살았던 것이다(☰).

명이의 명(明)은 밝다는 뜻이고, 이(夷)는 오랑캐를 의미한다. 그런데 명이의 해석이 다양하다. 해 뜨는 동쪽 오랑캐로 해석해 우리나라를 칭한다고 보거나, 주나라에 의해 멸망한 상나라 마지막 임금이라고 보는 경우도 있다. 상처로 해석해 밝은 상처로 해석하기도 한다.

말 그대로 명석한 오랑캐로 보면 될 것이다. 명석하지만 오랑캐이기에 신분적 제약으로 출세가 어렵다. 지금도 재일교포가 일본에서 성공하기 쉽지 않고, 우리나라에서도 외국인이 성공하기는 어렵다. 능력을 키워도 행운이 뒤따르기 힘든 존재가 바로 명이인 것이다. 조선 시대의 서자 출신도 여기에 해당될 것이다.

지금은 덜하지만, 계급 구조가 공고하고 계층 간 이동이 어려울 땐 능력이 있어도 성공하기 어렵다. 양반 상놈의 구분이 명확했던 조선 시대가 대표적이었을 것이다. 실력은 있으나 신분이 미천할 경우 시대적 불운을 경험할 수밖에 없다.

明夷, 利艱貞.(명이, 리간정)
어려움 속에서도 바르게 하는 것이 이롭다.

간(艱)은 고난과 같은 어려움을 뜻한다. 신분 상승에 제약이 주어지면 사실 바르게 하기가 어렵다. 왜냐하면, 사회에 대한 불만이 쌓이기 때문이다. 삐딱선을 타기 쉽다. 그와 같은 불만이 축적돼 혁명이 발생하기도 한다. 주역은 이 같은 반역보다는 바르게 하는 것이 이롭다고 말한다. 반역이 성공하는 경우는 아니기 때문이리라.

初 : 明夷, 于飛, 垂其翼, 君子于行, 三日不食, 有攸往, 主人有言.(명이, 우비, 수기익, 군자우행, 삼일불식, 유유왕, 주인유언)
날아가는데 그 날개를 늘어뜨린다. 군자가 떠나감에 3일을 먹지 못한다. 길을 떠나는 데, 집 주인의 의심이 있다.

날개를 늘어뜨리는 것은 스스로 능력을 펴지 못하는 것이다. 기가 죽어서 지낸다. 능력이 있는지 없는지조차 구별이 되지 않는다. 총총걸음으로 길을 떠나보지만 3일을 먹지 못한다. 운이 따르지도 않는 것이다. 길을 떠나려고 하면 주인의 의심이 있다. 혹시 다른 마음을 품는 건 아닌지 의심이 들기 때문이다. 초반 태음의 상황을 뜻한다. 능력이 근원적으로 없는 경우도 있겠으나 그것을 발현하기 어려운 상황에 처한 경우도 있을 것이다. 주눅이 들었기 때문이다. 주인이 지속적으로 의심하는 상황에서 뜻을 펼치거나 뭔가를 모색하는 게 쉽지 않다.

무너지지! 않는다

二 : 明夷, 夷于左股, 用拯馬壯, 吉.(명이, 이우좌고, 용증마장, 길)
　왼쪽 다리를 다치나 건장한 말의 도움을 받으니 길할 것이다.

고(股)는 정강이 넓적다리를 뜻한다. 증(拯)은 구원하다, 돕다의 뜻으로 사용됐다. 길을 계속 가는 군자는 급기야 다리를 다친다. 그러나 건장한 말의 도움을 받게 된다. 명이괘의 행운은 승천이 아닌 불운을 극복하도록 해주는 것이다. 즉 불행한 일이 있을 때, 그것을 막아 준다. 말 역시 목표를 향해 빨리 달려야 할 때는 오지 않고, 움직일 수 없는 상황에서 찾아온다. 기자에게 행운은 아마도 상나라의 멸망이었을 것이다. 그렇지 않았다면 그는 감옥에서 목숨을 잃지 않았을까. 그가 목숨을 부지할 수 있었던 것은 역설적이게도 조국이 멸망했기 때문이다.

작은 성공이 있다

三 : 明夷于南狩, 得其大首, 不可疾貞.
　(명이우남수, 득기대수, 불가질정)
　남쪽에서 사냥하여 큰 머리를 얻었다. 질병이 없고, 바르다.

수(狩)는 사냥이라는 뜻이다. 남쪽 땅에서 머리 큰 것을 잡았다. 한 건 올린 것이다. 따라서 질병이 없고 바르다. 고통 속에 버틴 대가를 지불받은 것이다. 태음에서 소음으로 전환된 두 번째 양괘(兩卦)의 상황을 설명한다. 날개를 펴지 못하고, 굶고, 다리를 다치는 고통을 극복한 가운데 작은 성취를 이룬다. 노력의 대가를 지불받는 것이다.

기자의 예로 들자면 주나라 무왕과의 대화가 서경에 편입될 정도의 상황을 의미할 수 있다. 그의 학식과 능력이 인정받게 된다. 이는 곧 질병이 사라진 것으로 볼 수 있다.

운명을 깨달을 것

四 : 入于左腹, 獲明夷之心, 于出門庭.
(입우좌복, 획명이지심, 우출문정)
왼쪽배로 들어가 명이의 운명을 깨닫고, 문 뜰로 나온다.

왼쪽 배(腹)로 들어갔다는 것은 시작이 고통이었다는 걸 의미한다. 그 고통 끝에 명이의 마음을 얻었다. 즉 명석한 오랑캐의 운명을 깨달은 것이다. 결과적으로 사회적으로 성공하기 힘든 존재임을 깨달은 것이다. 좌절하고 분노하는 대신 꽃이 핀 뜰로 여유 있게 나온다. 그래도 죽지 않고 살아 있는 것만으로도 감사할 일 아닌가. 기회가 오지 않음을 체념하고 내려놓았다고 할 수 있다. 들판에 나가 큰 것을 성취하는 대신 작은 집을 소박하게 가졌으나 집안을 다스리는 한편, 최선의 삶을 사는 것이다.

기자가 명이다

五 : 箕子之明夷, 利貞.(기자지명이, 리정)
기자와 같은 사람이 명이이니 바르게 함이 이로울 것이다.

앞서 설명했던 바와 같이 주역은 기자와 같은 사람을 명이로 보고 있다. 포악한 왕의 횡포에서 벗어났으나 그에게 행운은 없다. 적의 적은 동지가 될 수 있기에 기자는 주왕조에서 도약하고 싶은 마음이 있었을 것이다.

그런데 그것이 좌절되는 순간 분노가 솟구쳤을 가능성도 있다. 따라서 바름을 유지하기가 쉽지 않았을 것이다. 그러나 그는 그 바름을 유지한다. 운명을 끝낸 상왕조를 복원하는 것도 주왕조에서 출세를 하는 것도 힘든 상황에서 모든 것을 운명으로 받아들인다.

운명을 거스르지 말 것

六 : 不明晦, 初登于天, 後入于地.(불명회, 초등우천, 후입우지)
밝지 못하고 어두우니, 처음에는 하늘에 오르고
뒤에는 땅속으로 들어간다.

회(晦)는 어둡다는 뜻이다. 마음이 어둡다는 것은 본인의 불운에 불만을 품고 국가를 뒤집으려는 마음을 품는 경우일 것이다. 처음엔 하늘로 올라가는 것 같은 생각이 들 것이다. 예컨대 기자의 경우 상왕조를 복원해 스스로 왕이 되는 꿈을 꿀 수 있다. 그런데 그걸 실천하면 목숨마저 부지하기 힘든 상황에 빠질 수 있다. 이미 주나라가 굳건하게 자리를 잡는 시점에서 반역은 곧 3대가 멸족을 면치 못하는 길이기 때문이다.

운의 기운이 없는 상황에서 무리하게 도전하면, 그것이 처음엔 환상을 만들거나 잠시 성공하는 듯 보이지만 결과적으로 더 큰 불행을 가져올 수 있다고 주역은 경고한다.

37 가인괘家人卦

家人. 利女貞. 여자가 바르면 이롭다.
初 : 閑有家, 悔亡. 집안이 한가하니 후회가 없다.
二 : 无攸遂, 在中饋, 貞吉. 나아갈 곳이 없어도 푸짐한 음식을 베풀면 길할 것이다.
三 : 家人嗃嗃, 悔厲, 吉, 婦子嘻嘻, 終吝. 가인이 엄하니 후회하고 위태로우나 길하다. 부인과
자녀들이 희희락락하면 끝내 부끄러움을 당할 것이다.
四 : 富家, 大吉. 집안을 부유하게 하는 것은 크게 길하다.
五 : 王假有家, 勿恤, 吉. 왕이 잠시 집에 오니 근심할 것이 없다. 길하다.
六 : 有孚, 威如, 終吉. 믿음과 위엄이 있으면 끝까지 길하다.

▌집에서도 할 일은 한다

가인괘의 대표적 인물이 다산 정약용이지 않을까? 그는 28세에 과거
에 급제하며 벼슬길에 오른다. 이후 10년간 정조의 총애 아래 승승장구
하고 1793년 수원성을 설계하는 등 업적을 남긴다(☰). 그러나 1800년
정조가 세상을 뜨면서 운의 기운이 꺾이고 강진으로 18년간 유배를 가
게 되고, 출세 대신 학문적 업적을 키운다(☵). 유배가 풀려 57세에 고향
인 마현으로 돌아오면서 혹시나 했을 것이다. 그러나 임금의 부름은 없
었다. 그러자 출세를 접고 실학을 집대성하는 데 힘을 쏟는다. 집은 한가

했으나 후회가 없는 삶을 살았다고 할 수 있다(☵).

가인은 집에 있는 사람이다. 밖으로 돌기보다 집에서 안정을 유지해야 한다. 내면에 충실해야 하고, 작은 것에서 구설이 시작될 수 있으므로 언행에 신중해야 한다. 초반 능력과 운이 결합해 눈부신 성공을 거두지만 운의 기운이 사라진다. 초반 상승세를 믿고 움직이면 불리한 상황이 된다.

여자가 길하다

家人, 利女貞.(가인, 리여정)
여자가 바르면 이롭다.

양괘(兩卦) 중 하효가 여성을 상징하는데, 전부 양효다. 여성의 기운이 강한 것이다. 반면 상효는 초반엔 양효지만 이후 음효가 지속된다. 운의 기운은 사라지는 것이다. '집사람'은 가인인 동시에 여성을 뜻한다. 이 같은 상황에서 필요한 것은 좋은 집사람이 되는 것이다.

승승장구할 것 같던 사람이 갑자기 무너지면 마음도 무너질 수 있다. 권세를 누리던 정치인이 하루아침에 나락으로 떨어지는 경우를 우리는 텔레비전에서 종종 본다. 떨어질 만해 떨어진 사람도 있으나, 의지와 무관한 소위 '바람' 때문에 무너지는 경우도 많다. 재수가 없어 고꾸라졌다는 억울함이 가득해지면, 술로 세월을 보내게 되고 삶이 피폐해진다. 바르게 해야 이롭다.

初 : 閑有家, 悔亡.(한유가, 회망)
집안이 한가하니 후회가 없다.

집안이 한가하다는 것은 찾는 사람이 없어 북적거리지 않음을 뜻한다. 집에 있을 시간이 없기에 집안이 조용하다. 태양의 상황이다. 여기저기 밖으로 다니는 시간이 많음을 뜻한다. 초반 잘 나갈 때 너무 일을 벌이지 말라는 뜻으로도 볼 수 있다. 너무 많이 펼쳐 놓으면 후일 뒷수습이 힘든 탓이다. 잘 나간다고 첩을 두세 명씩 두고, 일꾼도 너무 많이 고용하면 후일 감당하기 어려운 상황에 처할 확률이 있는 탓이지 않을까?

잘 나가게 되면 상의하려는 사람, 부탁하려는 사람, 줄을 대려는 사람들로 집이 북적거릴 확률도 높다. 잘나갈 때 너무 그와 같은 교류에 빠지면 후일 후회가 몰려올 확률이 높다는 충고로도 이해할 수 있다.

二 : 无攸遂, 在中饋, 貞吉.(무유수, 재중궤, 정길)
나아가 구하지 않아도 푸짐한 음식이 수중에 주어지니 길하다.

유(攸)는 장소란 뜻으로 해석되고, 수(遂)는 나아가다는 뜻이고, 궤(饋)는 (음식을) 보내다, 식사 등의 뜻이 있다.

억지로 애써 구하지 않아도 수중에 풍부한 음식이 주어진다. 가만히 있어도 행운이 다가오는 것이다. 일이 술술 풀린다. 이는 곧 꿀벌이 꽃을 찾아오는 것과 같은 이치라고 볼 수 있다.

三 : 家人嗃嗃, 悔厲, 吉, 婦子嘻嘻, 終吝.

(가인학학, 회려, 길, 부자희희, 종린)

가인이 엄하니 후회하고 위태로우나 길하다. 부인과 자녀들이

희희락락하면 끝내 부끄러움을 당할 것이다.

학(嗃)은 엄하다는 뜻이다. 갑작스럽게 운의 기운이 사라진 것에 대한 후회가 있을 것이고, 그에 따른 위태로움이 있을 것이다. 정약용에게도 갑작스러운 유배가 만든 회한이 있을 것이고, 혹시 목숨까지 잃는 건 아닌가 하는 두려움이 있었을 것이다. 그 모든 것이 엇나가지 않도록 하기 위해선 자신과 집안에 대한 엄격함이 필요하다. 부자희희(婦子嘻嘻)는 이렇듯 엄격하지 못한 상태를 뜻한다고 할 수 있다. 그러면 결국 부끄러움을 당할 것이라고 주역은 말한다.

四 : 富家, 大吉.(부가, 대길)

집안을 부유하게 하는 것은 크게 길하다.

출세 대신 집안을 부유하게 할 필요가 있다고 말한다. 집안을 부유하게 하는 것은 단지 돈을 많이 벌라는 뜻은 아니다. 3000년 전엔 더욱 그렇다. 다양한 면에서 풍부함을 갖추는 것이다. 다산은 많은 책을 집필했고, 제자를 양성했다. 그러면서 실학이라고 하는 학문의 일가(一家)를 이뤘고 수많은 제자를 두었다. 제자도 자식이라고 본다면, 출세를 접는 대

신 자식 풍년을 맞은 셈이다. 집안을 부유하게 하는 것은 이렇듯 내공을 바탕으로 학문에서, 혹은 특정 분야에서 일가를 이루는 것이다.

앞서 태양의 상황에서 집을 한가하게 해야 하는 것과 대비된다. 잘나 갈 때는 괜한 구설을 만들지 않기 위해 집을 한가하게 해야 하지만 운이 사라진 상황에서는 내면(집)을 풍부하게 해야 한다.

경계는 풀린다

五 : 王假有家, 勿恤, 吉.(왕가유가, 물휼, 길)
왕이 잠시 집에 오니 근심할 것이 없다. 길하다.

가(假)는 거짓, 가짜란 뜻도 있고 비슷한 맥락에서 임시, 잠시라는 뜻도 있다. 가정(假定)은 임시로 정한다는 뜻이고, 가량(假量)은 어림짐작이란 뜻으로 쓰인다. 왕이 온 이유는 그의 학식에서 한 수 배우기 위한 것일 수도 있고, 그가 이룬 성과를 직접 보기 위해서일 수도 있다. 집안을 풍부하게 만든 것에 대해 인정해주는 것이다. 그러나 거기까지가 끝이다. 그 능력을 활용하지는 않는다. 그런데도 길한 것은 왕이 그에 대한 경계심을 풀었기 때문이다.

능력은 있으나 운이 닿지 않는 사람 가운데 혁명을 꿈꾸는 사람이 등장한다. 세상을 뒤집음으로써 운의 기운을 만드는 것이다. 이 같은 의심의 눈초리를 거둔 것으로 볼 수 있다. 그러면 나의 근심도 풀리게 된다.

六 : 有孚, 威如, 終吉.(유부, 위여, 종길)
믿음과 위엄이 있으면 끝까지 길하다.

위엄은 자신에 대한 위엄이다. 자존심과 자긍심을 무너뜨리지 말아야 한다. 왕이 한 번 방문해 그의 능력을 인정하면 '혹시나' 하는 생각이 들 것이다. 마음이 들뜨기 시작한다. 기대감이 올라가면서 불안감도 엄습하고, 안절부절 못한다. 믿음과 위엄이 사라진다. 잔잔한 호수에 돌이 날아들었다고 해야 할까. 그 순간 평정심을 찾고 믿음과 위엄이 필요하다. 운명이 어떻게 바뀔지 미래는 알 수 없으나 믿음과 위엄이 있다면 끝까지 길할 수 있다고 주역은 말한다.

38 규괘睽卦

睽, 小事吉. 작은 일에서 길하다.

初 : 悔亡, 喪馬, 勿逐自復, 見惡人, 无咎. 후회가 없어질 것이니 말을 잃고 쫓아가지 않아도 스스로 돌아오니 나쁜 사람을 만나도 허물이 없을 것이다.

二 : 遇主于巷, 无咎. 골목에서 주인을 만나니 허물이 없을 것이다.

三 : 見輿曳, 其牛掣, 其人天且劓, 无初有終. 수레를 끄는 것을 보는데, 소가 끌고, 그것을 끄는 사람은 이마에 문신을 새기고 코를 베인 죄인이니 처음은 없으나 마침은 있다.

四 : 睽孤, 遇元夫, 交孚, 厲无咎. 어긋나서 외롭다. 종국에 훌륭한 남편을 만나 믿으며 교류하니, 위태로우나 허물은 없을 것이다.

五 : 悔亡, 厥宗噬膚, 往何咎. 후회가 없어질 것이니, 사당에 올라 고기를 씹는데, 무슨 허물이 있겠는가.

六 : 睽孤, 見豕負塗, 載鬼一車. 先張之弧, 後說之弧, 匪寇, 婚媾, 往遇雨則吉. 어긋나 외롭다. 돼지 등에 진흙이 묻은 걸 보고, 귀신을 실은 수레를 보니, 처음엔 고독을 베풀고, 나중엔 고독에서 벗어나게 하는 것이다. 도적이 아니라 혼인할 짝을 만나니, 가서 비를 마주하면 길하다.

▌행운을 키울 사람을 찾을 것

유비는 황실과 먼 친척이란 타이틀과 난세란 시대적 배경을 등에 업고 등장한다. 황건적의 난이 일어나자 무리를 모아 토벌군에 참가하여 전공을 세우면서 현위라는 벼슬길에 오른다. 이후 유비는 천하를 도모하지만, 선을 넘지 못하고, 나아감과 물러섬을 반복한다. 뚜렷한 실적이 없으나 공손찬, 조조, 원소, 유표 등에게 차례로 의탁하는 행운을 누리면서 일가를 유지한 가운데 때를 기다린다(☵).

그가 한계를 뚫고 나가는 해결책으로 택한 것이 제갈량의 스카우트다.

삼고초려 끝에 제갈량 영입에 성공한 뒤 승승장구한다. 제갈량의 계략으로 오나라 손권과 동맹하여 적벽 전투에서 조조를 대파하고 형주를 확보한다(☲).

그 뒤 유비는 제갈량, 장비, 조운, 방통 등과 함께 익주로가 촉을 수중에 넣는다. 아울러 219년 한중을 공격해, 한중왕이 되었으며, 220년 조비가 한헌제의 양위를 받아 위의 황제가 되자, 221년 그도 황제에 오른다(☰).

규(睽)는 어긋난다, 서로 떨어져 있다는 뜻이다. 조화롭지 못한 것이다. 행운이 능력과 조화를 이루기까지 많은 시간이 필요하다. 능력 부재 상황에서 다가오는 행운은 소화할 수 없다. 도약하기에 역부족인 이유가 여기에 있다. 따라서 꿈이 있다면 고통의 시간을 버텨야 한다.

그 과정에서 운의 기운은 불행을 막아주는 역할을 한다. 차를 몰고 골목을 나가다 행인을 살짝 쳤다. 그런데 피해자가 황급히 내린 운전자의 얼굴을 보더니, "크게 다친 곳 없으니 그냥 가라"고 말한다. 사실 운전자는 당시 음주 운전 상태였다. 경찰이 출동했다면 처벌받아야 했던 상황. 운이 좋았다고 할 수 있다. 운전자의 선한 인상이 중요한 역할을 했으리라. 초반 규괘의 행운은 천운의 따름보다 장애물을 제거해주는 경우가 많은 것으로 볼 수 있다.

시작은 작다

睽, 小事吉.(규, 소사길)
작은 일에서 길하다.

큰 행운은 없지만 작은 행운에서 길하다. 100억짜리 행운은 없으나 100만 원짜리가 반복된다면 대박이 터지는 것이다. 더 낫지 않을까? 작은 일에서 길하다는 것은 또한 큰일을 도모할 능력이 되지 않기 때문이다. 내가 잡을 수 있는 행운의 크기가 작다. 크게 벌리면 리스크도 크다. 실상 유비의 경우 사람을 만나는 것에서만 길했다. 싸움을 잘하는 것도 큰 그림의 전투를 벌일 수 있는 지략도 모자랐다. 스스로 이 같은 전투에 나선 경우 거의 매번 패했다. 그만큼의 능력이 되지 않은 것이다. 대신 그는 큰 판을 그릴 수 있는 제갈량이나 방통과 같은 책사를 얻고, 관우나 조자룡과 같은 명장을 얻는 재주가 있었다. 작지만 무척 중요한 능력을 갖추고 있었다. 이것도 작은 일에서 길하다고 말한 이유 중 하나일 것이다.

물론 능력이 부족한 가운데 행운이 따르는 상황에서, 다가오는 행운만 믿는 가운데 너무 크게 판을 벌이지 말라는 뜻으로도 받아들일 수 있을 것이다.

불행은 해소된다

初 : 悔亡, 喪馬, 勿逐自復, 見惡人, 无咎.
(회망, 상마, 물축자복, 견악인, 무구)
후회가 없어질 것이니 말을 잃고 쫓아가지 않아도 스스로
돌아오니 나쁜 사람을 만나도 허물이 없을 것이다.

말을 잃어버렸는데, 쫓아갈 필요가 없다. 왜냐하면, 스스로 복구하기 때문이다. 말은 중요한 운송 수단이자, 자산일 수 있다. 이를 분실한 것은 개인 택시기사가 택시를 도둑맞은 것과 같다. 그런데 이 같은 불행이 오더라도 회복 된다. 행운이 불행을 커버해주는 형태로도 찾아오기 때문이다. 나쁜 사람을 만나도 허물이 없는 이유도 같은 맥락으로 볼 수 있

다. 그 안에서 전화위복의 계기가 마련된다.

二 : 遇主于巷, 无咎.(우주우항, 무구)
골목에서 주인을 만나니 허물이 없을 것이다.

항(巷)은 골목이다. 주역에서 주인은 좋은 운을 뜻한다. 규괘의 초반 행운은 골목에 있다. 큰길로 나가면 머리만 어지러울 뿐이고 무엇이 행운인지도 모르는 상황이 된다. 골목길에서 우연히 마주치는 행운을 누려야 하는 것이다.

아울러 골목은 어둡고 침침한 곳이다. 사건·사고가 은밀하게 벌어지는 장소도 골목이다. 깡패에게 골목길로 끌려갔는데, 그곳에서 지나가는 경찰을 만나는 것이다. 따라서 허물이 사라진다. 초반 유비는 잘 나가는가 싶은 순간 여지없이 패했다. 그러나 그것이 자연스럽게 다시 복구되기를 반복한다. 나아감과 물러섬을 반복하는 가운데 공손찬, 조조, 원소, 유표 등에게 차례로 의탁하는 행운이 바로 골목에서 주인을 만나는 모습일 것이다.

三 : 見輿曳, 其牛掣, 其人天且劓, 无初有終.
(견여예, 기우체, 기인천차의, 무초유종)
수레를 끄는 것을 보는데, 소가 끌고, 그것을 끄는 사람은 이마에
문신을 새기고 코를 베인 죄인이니 처음은 없으나 마침은 있다.

여(輿)는 수레이고, 예(曳)는 끌다의 뜻이다. 체(掣) 역시 끌다의 뜻이다. 천(天)은 이마에 무신을 새겨 넣는 형벌이고, 의(劓)는 코를 베이는 형벌이다. 어긋남이 무엇인지 설명하고 있다. 수레는 운을 담을 수 있는 그릇이다. 그런데 그것을 끌고 가는 사람이 죄인이다. 누구도 선뜻 죄인을 돕고 싶어 하지 않는다. 도망간 말이 돌아오고, 골목길에서 주인을 만나는 행운은 있지만, 행운이 담기지 않는다. 운과 그릇의 엇나감이다. 아직 능력이 부족한 죄인인 탓이다.

따라서 처음엔 아무 소득이 없다. 그러나 마지막엔 있다고 말한다. 죄인의 부족함으로 수레를 끌고 가다 보면 시간 속으로 에너지가 쌓이기 때문이다. 그 에너지가 결실을 맺을 수 있는 힘이 된다. 아울러 형벌의 과정은 몽괘와 마찬가지로 행운의 대가를 지불하는 과정으로 볼 수 있다. 행운을 담는 수레를 끌고 감에 있어 죄인처럼 늘 낮은 곳에서 겸손해야 함을 뜻한다고도 볼 수 있다.

훌륭한 남편이 필요하다

四 : 睽孤, 遇元夫, 交孚, 厲无咎.(규고, 우원부, 교부, 려무구)
어긋나서 외롭다. 종국에 훌륭한 남편을 만나 믿으며 교류하니,
위태로우나 허물은 없을 것이다.

부조화가 고독으로 이어진다. 꿈이 크지만, 능력 부족을 절감하면서 외롭다. 유비는 황실의 친척이라는 단 하나의 행운과 영웅의 등장을 바라는 혼란스러운 시대를 배경으로 출세에 나선다. 그러나 일이 계속 꼬인다. 조조처럼 문제를 해결할 능력이 부족하다. 부족해 보이는 그를 선뜻 돕겠다는 사람도 없다. 관우와 장비가 우직한 소처럼 수레를 앞에서

끌지만 늘어진 유비의 귀가 흉해 보이기에 고독하기만 하다.

여기서 다시 한번 강한 운의 기운이 다가온다. 훌륭한 남편을 만나는 것이다. 유비에게 훌륭한 남편이 된 것이 바로 제갈공명이다. 제갈공명을 책사로 스카우트하는 데 성공하면서 유비는 대륙의 3분의 1을 지배하는 황제가 된다.

여기서 다시 한번 교(交)가 나온다. 소양(⚏)에게 주역이 자주 하는 조언이 바로 교(交)이다. 사람과의 관계에서 문제를 풀어야 한다는 것이다.

엇나감을 벗어난다

五 : 悔亡, 厥宗噬膚, 往何咎.(회망, 궐종서부, 왕하구)
후회가 없어질 것이니, 사당에 올라 고기를 씹는데,
무슨 허물이 있겠는가.

궐(厥)은 오르다는 뜻이고, 종(宗)은 조상을 모신 사당이며, 서(噬)는 씹다는 뜻이고, 부(膚)는 고기다. 여러 어긋남이 있고, 그것이 고난으로 이어지지만 결국 조상의 음덕으로 좋은 음식을 먹게 되는 것이다. 마지막 양괘(兩卦)의 상황을 설명한 것이다. 엇나감에서 벗어나 큰일을 도모하게 된다.

六 : 睽孤, 見豕負塗, 載鬼一車. 先張之弧,

後說之弧, 匪寇, 婚媾, 往遇雨則吉.

(규고, 견시부도, 재귀일거. 선장지호, 후설지호, 비구, 혼구, 왕우

우즉길)

어긋나 외롭다. 돼지 등에 진흙이 묻은 걸 보고, 귀신을 실은 수레를

보니, 처음엔 고독을 베풀고, 나중엔 고독에서 벗어나게 하는 것이다.

도적과 혼인을 하더라도, 가서 비를 마주하면 길하다.

시(豕)는 돼지이고, 부(負)는 등이며, 도(塗)는 진흙이다. 장(張)은 베
푼다는 뜻이고 설(說)은 벗어난다는 의미다.

어긋나는 동안 겪었던 많은 고통이 결과적으로 능력을 고양하거나 숨
은 재능을 폭발시키는 에너지로 활용이 된 것이다. 고통은 새옹지마의
출발이다. 자식이 말을 타고 놀다 떨어져 다리를 상하는 불행이 징집을
피하게 됨으로써 죽음을 면하는 행운의 출발점이 되는 것이다.

아울러 여러 우여곡절을 겪는 까닭은 태양이 된 탓이기도 하다. 소양
상태라면 그 일을 대신해 줄 누군가를 찾으면 그만이다. 그러나 태양이
되었기에 그 모든 일을 스스로 해야 한다. 특히 도적을 만났을 경우 비를
만나 씻어버리면 길하다고 말한다. 반성과 깨달음의 과정을 거치는 것으
로 이해할 수 있다.

39 건괘蹇卦 ▦

蹇, 利西南, 不利東北, 利見大人. 貞吉. 서남으로 가면 이롭고, 동북으로 가면 이롭지 않으며, 대인을 만나는 것이 이로우니 바르면 길할 것이다.

初 : 往蹇, 來譽. 가면 어렵고 가지 않으면 명예로울 것이다.

二 : 王臣蹇蹇, 匪躬之故. 왕의 신하로서 어려움에 처하는 것은 자신이 만든 것이 아니다.

三 : 往蹇, 來反. 가서는 어렵고 돌아오면 원래대로 될 것이다.

四 : 往蹇, 來連. 가서는 어렵고 돌아오면 수레가 있다.

五 : 大蹇, 朋來. 큰 어려움은 친구를 만들어 준다.

六 : 往蹇, 來碩, 吉, 利見大人. 가면 어렵고 돌아오면 큰 인물이 된다. 길하고, 대인을 만나는 이득을 얻는다.

▋ 가면 어렵고 대인을 만날 것

서울대를 졸업한 뒤 미 하버드대에서 경제학 박사 학위를 받은 분이 있었다. 교수직 제의를 거절하고, 금융회사에 들어가 화제를 불러일으켰다. 그러나 실수였다. 생각보다 하찮은 직장에 불만이 컸다. '내가 이런 곳에서 일할 사람이 아니다'란 말을 동료들에게 자주 했고, 그것이 발단이 돼 다툼이 잦아졌다. 결국 '여기 아니면 갈 데 없나!'라는 말과 함께 버럭 화를 내고 무작정 직장을 그만둔다().

그 뒤 과거 경험과 전혀 상관없는 언론사 기자에 도전장을 던진다. 학벌과 경력이 출중했기에 경제신문에 스카우트 된다. 그 안에서 마찰은 없었으나 스스로 고립되어 갔다. 결국, 5년쯤 생활하다 그만둔다. 그 뒤 새로운 기법의 데이터 분석 방식을 도입한다면서 연구소를 설립하고 사업을 시작해, 초반엔 신선한 기법이 주목을 받았고 잠시 돈을 벌기도 했으나 이런저런 분란과 소송에 휘말려 결국 문을 닫는다.(☵).

그 뒤 직장을 구했으나 너무 좋은 학벌과 경력으로 인해 갈 곳이 오히려 없어 방황하게 된다. 처음부터 한국에 들어와 좌고우면하지 않고 교수를 했으면 어땠을까 하는 후회를 가끔 토로한다(☵).

건은 절름발이란 뜻이고, 이런 맥락에서 순조롭지 못하거나 불행하다는 의미도 갖고 있다. 어긋난 것이고 조화를 이루지 못한다. 능력이 있어 큰일을 도모하고 싶어 하지만 운이 곤궁해 절름발이가 된다.

운이 따르지 않는 이유는 본인의 강한 자부심 탓에 타인에게 덕을 베풀지 못하거나, 교제를 쉽게 못 하는 성품때문일 수도 있고, 강직한 철학에 기인할 수도 있다. 특히 건괘는 마지막에 태음이 된다. 출세의 꿈을 내려놓게 되는 것이다. 혹은 하고 싶은 게 많아 능력을 허비하거나 운을 모으지 못하기도 한다.

어려운 길을 택하지 말 것

蹇, 利西南, 不利東北, 利見大人. 貞, 吉.
(건, 리서남, 불리동북, 이견대인, 정, 길)
서남으로 가면 이롭고, 동북으로 가면 이롭지 않으며,
대인을 만나는 것이 이로우니 바르면 길할 것이다.

방향이 등장할 땐 예외 없이 서남은 유리하고 동북은 불리하다고 말한다. 동북은 동북 3성을 포함한 지역으로 춥고 험하고 거칠다. 반면 서남은 평지여서 따뜻하고 성정이 유순하다. 서남을 추천하는 것은 어려운 길을 택하지 말라는 것이다.

아울러 대인을 만나는 것이 유리하다고 말한다. 상효가 전부 음괘인 상황에서 하늘의 기운이 있는 대인에게 의탁해 일을 도모하는 것이 필요하다. 천운으로 묘사되는 주인(主人)과 대인(大人)은 그런 점에서 다르다. 만일 대인을 잘 만날 경우 강태공처럼 5번 수괘(☵☰)로 운명이 변화될 수도 있을 것이다.

가면 어렵다

初 : 往蹇, 來譽.(왕건, 래예)
가면 어렵고 가지 않으면 명예로울 것이다.

건(蹇)은 여기서 어려움을 의미하고 이와 대비되는 예(譽)는 명예롭다로 해석될 수 있다. 길을 떠난다면 서남쪽으로 방향을 잡고 대인을 만나는 걸 염두에 두고 가야 하는데, 그보다 더 좋은 것은 떠나지 않는 것이다. 고난이 있더라도 부딪혀보겠다는 욕망을 말릴 수는 없지만 가능하면 머물러 있으라고 충고한다. 운이 따르지 않기에 부끄러운 일이 생길 확률이 높다. 가만히 내면을 쌓으면 설사 출세에 실패해도 부끄럽지 않게 살 수 있다.

二 : 王臣蹇蹇, 匪躬之故.(왕신건건, 비궁지고)
왕의 신하로서 어려움에 처하는 것은 자신이 만든 것이 아니다.

궁(躬)은 자신을 말하고, 고(故)는 연고 까닭이다. 만일 왕의 신하가 됐음에도 불구하고 어려움에 처한다면 그것은 본인 때문이 아니다. 즉 실력이 부족해서가 아니다. 운이 따르지 않는 탓이다.

능력이 출중할수록 조직에서 조화롭지 못하거나, 다양한 이유로 적응하지 못한다. 주변의 질투와 질시가 있고, 때론 자신의 신념을 지키다 충돌을 일으키기도 한다. 이런저런 구설에 휘말리면서 자존심에 큰 상처를 입는다. 능력이 있다고 꼭 성공하는 것은 아니다.

돌아오면 원래대로 된다

三 : 往蹇, 來反.(왕건, 래반)
가서는 어렵고 돌아오면 원래대로 될 것이다.

끊임없이 떠나고 싶은 마음이 있을 수 있다. 이것저것 해보고 싶은 것이 많아서일 것이다. 아울러 한 곳에 머물면 싫증도 쉽게 낼 것이다. 그러나 같은 성정으로 인해 운의 기운과 조화를 이루지 못한다. 자꾸 밥솥 뚜껑을 여는 탓에 쌀이 설익어 버린다. 이같은 성격일 경우 뭔가 도모하면 오히려 어려움을 겪게 된다. 다행인 것은 돌아오면 원래 자리가 된다는 점이다. 능력이 있는 탓이다.

四 : 往蹇, 來連.(왕건, 래련)
가서는 어렵고 돌아오면 수레가 있다.

돌아온 뒤 다시 나가기를 반복하게 된다. 그런데 어느 순간 돌아와 보니 수레가 있다. 특히 연(連)은 높은 신분의 사람들이 타던 수레다. 오늘로 따지면 벤츠 S500이라고 해야 할까. 나가서 했던 고생이 시간 속 에너지를 쌓았음을 뜻한다. 나가고 들어오는 과정에서 경험에너지가 축적됐고, 네트워크도 만들어졌다. 그 안에서 나의 재능을 알아보고 도와줄 수 있는 사람을 만날 수도 있을 것이다. 그 모든 것이 한 번쯤 큰 기회를 제공한다. 앞서 들었던 분의 경우 사업을 시작해 초기 큰돈을 벌었던 상황을 말한다고 보면 될 것이다.

어려울 때 만나는 게 친구다

五 : 大蹇, 朋來.(대건, 붕래)
큰 어려움은 친구를 만들어 준다.

수레는 행운을 담는 그릇의 의미가 있다. 그릇은 마련됐으나 그 안에 운이 담기지 않는다. 행운이라고 생각했던 게 오히려 큰 어려움을 만든다. 그런데 그것으로 끝이 아니다.

그 큰 어려움이 친구를 만들어 주는 것이다. 하나가 가면 다른 하나가 오는 법이다. 큰 어려움의 고통은 친구가 생기게 하는 기쁨을 준다. 진정한 친구는 어려울 때 만난다. 그 친구는 곧 나에게 박씨를 물어다 주는 강남 제비와 같다. 결과적으로 고난 속에서 운명을 바꿔 줄 대인을 만나게 되는 것이다.

六 : 往蹇, 來碩, 吉, 利見大人.(왕건, 래석, 길, 이견대인)
가면 어렵고 돌아오면 큰 인물이 된다. 길하고,
대인을 만나는 이득을 얻는다.

석(碩)은 크다는 뜻이다. 대학자를 석학(碩學)이라고 부르기도 한다. 석좌교수도 마찬가지다. 다시 한번 나갔다 어려움을 겪지만 돌아와 보니 이제 석학이 되어 있는 것이다. 출세해 재상이 되지는 못했으나 일가를 이루는 대학자가 된다.

아울러 큰 사람을 만나는 것이 이롭다고 말한다. 춘추전국시대 노나라 출신 공자는 사실 나갔다 들어오기를 반복했다. 그때마다 많은 것을 배웠고 큰 학자가 되었다. 하지만 대인과 만남에는 실패하면서 전국을 떠돌아야 했다. 자신을 등용할 것으로 굳게 믿었던 위나라에서 버림받은 뒤 공자는 "누가 나를 써주기만 한다면 1년만 되어도 좋고, 3년이면 성과를 낼 텐데"라고 탄식을 했다. 이와 같은 대인을 만난다면 큰 이득이 된다고 주역은 말하고 있다. 그러나 사실 딱 맞아 떨어지는 대인을 만나기는 쉽지 않다. 강태공이 대인을 못 만나 낚시만 하다 끝났을 경우 석학이 되지 않았을까.

40 해괘解卦

解, 利西南, 无所往, 其來復吉, 有攸往, 夙吉. 서남으로 가면 이로우니 갈 곳이 없으면 돌아오는 것이 길하다. 갈 곳이 있으면 신속히 가는 것이 길할 것이다.

初 : 无咎. 허물이 없다.

二 : 田獲三狐, 得黃矢, 貞吉. 세 마리 여우를 사냥하고, 여기에 황색 화살을 얻으니 바르면 길할 것이다.

三 : 負且乘, 致寇至, 貞吝. 차를 탔으면서도 짐을 지고 있으니, 도적이 이르게 한다. 바르더라도 부끄러울 것이다.

四 : 解而拇, 朋至斯孚. 엄지발가락을 해결하면 벗이 믿을 것이다.

五 : 君子維有解, 吉, 有孚于小人. 군자는 해결책을 찾으면 길할 것이고 소인들의 신망의 대상이 된다.

六 : 公用射隼于高墉之上, 獲之, 无不利. 공이 높은 성벽 위의 매를 쏘아 잡으니, 이롭지 않음이 없다.

▎다가오는 행운을 잘 잡을 것

해(解)괘는 엉켜있던 실타래가 풀리는 형상이다. 괘의 출발이 태음으로 운도 능력도 없으나 중반을 넘어가며 운명의 도움을 받는다. 아무것도 없는 상태에서 기회를 처음 잡게 되고, 다시 한번 행운의 기회를 얻는다. 출세를 위해 능력을 키우는 방법이 있고, 운의 기회를 찾는 것이 있을 수 있다. 그 가운데 해괘는 후자의 방식으로 인생을 풀어가는 것이다.

시골에서 직장 생활하던 분이 계셨다. 그러던 어느 날 서울에서 잘나가던 매형이 정치에 뛰어들면서 고향에 내려와 도움을 청했다. 매형의 능력을 알고 있는 그분은 선뜻 도움을 주기로 했고, 선거 캠프에 합류해 회계를 담당했다(==).

그 뒤 매형은 국회의원이 되었고, 그분은 4급 보좌관으로 여의도 국회에 입성한다. 평범한 직장인에서 고급 공무원이 됐고, 텔레비전에서나 보던 유명한 연예인까지 찾아와 본인에게 이런저런 아양을 떠는 걸 목격한다(==).

그 뒤 그는 보좌관을 그만두고 국회 생활을 할 때 뜻이 맞았던 후배들을 모아 같은 당 대선 후보를 적극적으로 돕기 시작한다. 그리고 해당 후보가 대통령이 되면서 정부 산하기관의 높은 자리로 옮겨간다(==).

갈 곳이 있으면 신속히 움직일 것

解, 利西南, 无所往, 其來復吉, 有攸往, 夙吉.
(해, 리서남, 무소왕, 기래복길, 유유왕, 숙길)
서남으로 가면 이로우니 갈 곳이 없으면 돌아오는 것이 길하다.
갈 곳이 있으면 신속히 가는 것이 길할 것이다.

숙(夙)은 빨리, 신속을 뜻한다. 서남향의 추천은 험지를 택하지 말라는 것이다. 초반 운이 좋지 않은 상황에서 위험할 수 있다. 아울러 위험이 보이면 돌아올 것을 추천한다. 즉 서두를 필요가 없다. 그러나 갈 곳이 있으면 신속히 가라고 조언한다. 빠르게 터를 잡고 하늘의 도움을 받으라는 것이다. 최선은 갈 곳이 생겨 신속히 가는 것이고, 두 번째는 서남으로 가는 것이고, 세 번째가 동북으로 가는 것이다.

갈 곳이 있다는 것은 기댈 언덕이 있다는 것으로 해석할 수 있다. 성공하기 위해선 성공한 사람 옆에 있어야 한다는 격언이 있다. 주변에서 성공한 사람을 찾을 수 있다면 일단 그곳에 몸을 맡겨야 한다.

허물이 없다

初 : 无咎.(무구)
허물이 없다.

초반 허물없는 삶을 산다. 특별한 능력도 없고, 행운이 있는 것도 아니다. 이렇듯 평범한 사람에게 행운이 다가오기도 한다. 능력이 출중하지 않기에 다른 마음을 품지 않을 것이며, 행운에 감사할 수 있는 상식이 있기 때문이다. 그래서 착하고 성실하면 언젠가 기회가 생긴다고 말한다.

행운은 몰려서 온다

二 : 田獲三狐, 得黃失, 貞吉.(전획삼호, 득황시, 정길)
세 마리 여우를 사냥하고, 여기에 황색 화살을 얻으니
바르면 길할 것이다.

꿩 먹고 알 먹고의 상황이다. 사냥에 나서 여우 세 마리를 잡는 행운을 얻었는데, 거기에 누군가 잃어버린 금 화살을 얻었다. 태음에서 소양으로 넘어가는 상황에 대한 설명이다. 앞서 들었던 예에서 매형이 국회의원에 당선되는 것도 기쁜 일인데, 본인이 4급 공무원으로 출세를 하게된다.

기회가 보이는 곳에서 묵묵히 맡은 바 일을 하면서 행운을 맞이한 것이다. 금방 오지 않을 수도 있다. 시간 속에 에너지가 축적되어야 하기 때문이다. 아울러 행운은 언제 어떤 모습으로 다가올지 누구도 알 수 없다. 다만 시간 속에 에너지를 축적해가면 그 시간이 조금씩 다가옴을 감으로 느낄 뿐이다.

차를 탔으면 짐은 내려놓아야 한다

三 : 負且乘, 致寇至, 貞吝.(부차승, 치구지, 정린)
차를 탔으면서도 짐을 지고 있으니, 도적이 이르게 한다.
바르더라도 부끄러울 것이다.

부(負)는 등에 물건을 지는 것이다. 승(乘)은 수레에 타는 것이고, 치(致)는 불러오다, 초대하다의 뜻이고, 구(寇)는 도적이다. 차에 올라타면 보따리를 대개 내려놓는데, 들고 있다. 안에 담긴 화살이 걱정되기 때문이다. 그것이 오히려 화를 불러일으킬 수 있다.

갑작스럽게 다가온 행운을 과도하게 움켜쥐고 있으려고 해서는 안 된다는 것이다. 처음부터 내 것은 없다. 사라지는 것에 대해 안달할 필요도 없다. 차를 탔으면 짐을 내려놓는 것이 자연스럽다. 너무 소중하다고 들고 있는 것이 오히려 순리에서 벗어난다.

앞선 예에서 보좌관이 된 처남은 새로 들어온 유능한 서울의 인재들과 어깨싸움을 시작한다. 그러면서 이런저런 분란을 자초하게 된다. 그것이 결과적으로 본인에게 부끄러운 일들을 만들어 낸다.

四 : 解而拇, 朋至斯孚.(해이무, 붕지사부)
엄지발가락을 해결하면 벗이 믿을 것이다.

사(斯)는 곧이란 뜻이다. 엄지발가락의 일은 작지만, 무척 중요한 일일
수 있다. 미세한 혈관이 막혀도 목숨을 잃는다. 엄지발가락을 해결하는
것은 이렇듯 작지만 중요한 문제의 해결이 필요한 것으로 볼 수 있다. 실
제 평범한 사람일 땐 문제가 없던 사람이 과도한 행운을 움켜쥐게 되면
'사람이 변했다'는 평판을 듣게 된다. 이 같은 문제를 해결해야 한다.

세심해져야 한다는 뜻으로도 볼 수 있다. 엄지발가락의 문제는 누구도
신경 쓰지 않는 작은 문제일 수 있다. 그것에 신경 쓴다는 것은 세심함
을 보이는 것이고, 작은 것까지 생각하는 자세가 되어 있다는 것이다. 사
람을 감동시키는 것은 크고 좋은 선물일 수도 있지만, 모두가 잊고 있던
생일을 기억해 작은 선물을 하는 것일 수도 있다. 벗은 행운의 상징이다.
따라서 작은 문제가 해결되면 다른 행운이 찾아올 수 있음을 이야기하
고 있다.

해결책을 찾으면 길하다

五 : 君子維有解, 吉, 有孚于小人.(군자유유해, 길, 유부우소인)
군자는 해결책을 찾으면 길할 것이고 소인들의 신망의 대상이 된다.

앞서 말했던 엄지발가락의 문제에 대한 해결책을 찾으면 친구가 찾아
오고, 따라서 길할 것임을 말하고 있다. 마지막 소양 상황을 설명하고 있

다. 해결책을 찾음으로써 소인들의 신망의 대상이 된다.

소양에서 소양으로의 전환은 개인 능력을 크게 고양시킴으로써 이뤄지는 것은 아니다. 제갈공명이란 인재의 도움을 받게 됨으로써 유비가 행운을 껴안은 것처럼 도움을 끌어 올 수 있어야 한다. 처음 소양인 본인보다 높은 곳의 도움이라면 두 번째는 아래로부터의 도움일 수도 있다. 나를 믿고 따르는 사람을 얻음으로써 신망을 끌어들일 수 있다.

매를 쏘아 잡다

六 : 公用射隼于高墉之上, 獲之, 无不利.

(공용사준우고용지상, 획지, 무불리)

공이 높은 성벽 위의 매를 쏘아 잡으니, 이롭지 않음이 없다.

준(隼)은 매이고, 용(墉)은 높은 성벽을 뜻한다. 획(獲)은 얻는다는 뜻이다. 매가 상징하는 것은 난공불락의 적이거나 고귀한 무엇일 것이다. 누구도 하기 힘든 일을 해냈다는 것으로 이해할 수 있다. 당연히 이롭지 않음이 없다. 결과적으로 막혔던 일들이 잘 해결되는 것이다. 즉, 어려움을 극복하고 뜻한 바를 이루게 된다.

41 손괘損卦

損, 有孚, 元吉, 无咎, 可貞, 利有攸往. 曷之用. 二簋, 可用享. 믿음이 있으면 크게 길하며 허물이 없으며, 바를 수 있으며 가는 바가 있음이 이롭다. 어디에 쓰이는가. 두 그릇으로도 제사를 지낼 수 있다.

初 : 已事遄往, 无咎, 酌損之. 일을 끝내면 빨리 떠나야 허물이 없을 것이다. 손해를 보았다는 생각이 들 것이다.

二 : 利貞, 征凶, 弗損益之. 바름을 지키는 것이 이롭고, 가면 흉하다. 덜지도 더하지도 않아야 한다.

三 : 三人行, 則損一人, 一人行, 則得其友. 세 사람이 가면 한 사람은 손해를 본다. 한 사람이 가면 벗을 얻는다.

四 : 損其疾, 使遄有喜, 无咎. 병으로 손해를 보더라도, 빠르게 하면 기쁨이 있다. 허물이 없을 것이다.

五 : 或益之十朋之龜, 弗克違, 元吉. 십붕의 가치가 있는 거북의 이득이 있는데, 그것이 어긋난 것이 아니면, 크게 길하다.

六 : 弗損益之, 无咎, 貞吉, 利有攸往, 得臣无家. 손익과 무관하게 살면, 허물이 없고, 끝까지 길하며, 나아가 행하매, 집 없는 신하를 만나니 이롭다.

▌ 손해는 빨리 잊고 전진할 것

고려 무인 정권의 정점에 있는 최충헌은 당대 최고의 무반 가문 출신이었다. 정중부가 무신정변을 단행하면서 본격적인 무인시대가 펼쳐지고, 그 역시 초반 출세의 길을 달리는 행운을 얻는다(☳).

그러나 날개도 펴보기 전 이의민이 집권하면서 배척당하기 시작한다. 견제가 심했던 것이다. 승진도 못 한 가운데 낮은 신분 출신들이 상급자로 군림하는 것을 지켜봐야 했다. 진주 안찰사직에서 파면된 뒤엔 20여 년 한직에 머무르는 신세가 되었다(☶).

오십을 바라보던 최충헌은 1196년 배척받던 세력을 규합해 이의민과 추종 세력을 제거하는 쿠데타에 성공한다. 대권을 장악한 그는 17년간 고려 무신 집권기 지배자로 최고 권력을 향유했다. 최충헌이 갈아 치운 왕은 명종을 포함하여 신종·희종·강종에 이르기까지 4명이나 됐다(☰).

손(損)은 덜어내는 것이고 그래서 손해를 보는 것이다. 소양에서 태음으로의 변화(☷)는 갑작스러운 행운이 불행의 단초가 되는 것이다. 4번 몽괘(☷)는 첫 행운이 주는 어리석음에 대해 경계해야 하고, 23번 박괘(☷)는 초반 행운을 깎아 먹고 살아야 하고, 27번 이괘는 (☷)는 턱이 빠지는 고통을 감내해야 한다고 했다. 손괘도 마찬가지로 손해를 감수해야 한다. 하지만 손괘의 경우 마지막은 태양이 위치한다. 손해를 미래를 위한 투자로 인식해야 한다.

부모님에게 꽤 많은 상속 재산을 받은 청년이 그 행운을 사기로 날리고 삶이 피폐해지면서 죄책감에 자살까지 생각하게 된다. 그런데 이를 악물고 고난의 시간을 견뎌내 큰 사업가가 된다. 이 같은 경우가 손괘에 해당 될 것이다.

원래 갖고 있는 것은 없다

損, 有孚, 元吉, 无咎, 可貞, 利有攸往. 曷之用. 二簋, 可用享.
(손, 유부, 원길, 무구, 가정, 리유유왕. 갈지용. 이궤, 가용향)
믿음이 있으면 크게 길하며 허물이 없으며, 바를 수 있으며 가는 바가 있음이 이롭다. 어디에 쓰이는가. 두 그릇으로도 제사를 지낼 수 있다.

갈지용(曷之用)은 어디에 쓰이는가란 뜻이다. 궤(簋)는 대나무로 만든 제기를 뜻한다. 갑자기 모든 걸 잃고 나면 큰 손해를 보았기에 깊은 절망에 빠진다. 그러나 원래 가진 것은 아무것도 없었다고 생각하면 마음이 가벼워진다. 살면서 많은 게 필요한 것 같지만 생각하기에 따라 많은 것이 필요하지 않다. 밥과 국 두 그릇으로도 제사를 지낼 수 있고, 조상의 음덕을 기원할 수 있다. 그런 마음가짐이 있어야 비로소 마지막 큰 행운이 나에게 온다. 아울러 다가온 큰 행운도 가벼운 마음으로, 즉 없으면 말고의 대범한 마음으로 운영할 수 있다.

빨리 잊을 것

初 : 已事遄往, 无咎, 酌損之.(이사천왕, 무구, 작손지)
일을 끝내면 빨리 떠나야 허물이 없을 것이다.
손해를 보았다는 생각이 들 것이다.

천(遄)은 빠르다는 뜻이고, 작(酌)은 짐작하다, 참작하다라는 뜻이 있다. 이사천왕(已事遄往)은 일이 끝나면 빨리 떠나야 한다는 것이다. 즉 매달려서는 안 된다. 일이 뜻대로 되지 않았을 수도 있고, 뜻대로 됐으나 내게 떨어지는 것이 적을 수도 있다. 상속받은 전 재산을 투자했는데, 사기를 당했다고 해보자. 상실감이 무척 클 것이다. 그래도 툭 털어버릴 수 있어야 한다. 손해를 보았다는 생각이 들더라도 잊어야 한다. 매달리면 더 엉킬 확률이 높다. 손괘에서 이것이 핵심이다. 재빨리 버릴 줄 알아야 새로운 것을 잡을 수 있다.

더하지도 덜지도 말 것

二 : 利貞, 征凶, 弗損益之.(리정, 정흉, 불손익지)

바름을 지키는 것이 이롭고, 가면 흉하다. 덜지도 더하지도 않아야 한다.

손해를 깨끗이 털고 나왔더라도 마음이 진정되지 않은 가운데 여기저기 나서면 흉할 것이라고 주역은 말한다. 새로운 도전으로 손해를 만회하고자 하는 마음이 강하게 들지만 마음뿐이다. 오히려 사람을 피폐하게 만든다. 아직 문제를 극복할 수 있는 내적 에너지가 부족한 탓이다.

더하거나 덜어낼 생각을 하지 말고 있는 그대로 받아들이면서 묵묵히 가야 한다. 불속익지(弗損益之)는 당장의 손익에 크게 신경을 쓰지 말라는 뜻이다. 중요한 것은 미래를 위한 에너지의 축적이기 때문이다. 손해도 이익도 대반전을 위한 에너지로 활용할 수 있어야 한다.

벗을 얻을 것

三 : 三人行, 則損一人, 一人行, 則得其友.
(삼인행, 즉손일인, 일인행, 즉득기우)
세 사람이 가면 한 사람은 손해를 본다.
한 사람이 가면 벗을 얻는다.

삶에서 쉽게 경험할 수 있는 이야기다. 셋이 여행을 하면 마음이 더 잘 맞는 둘이 있을 수밖에 없고, 따라서 나머지 한 명은 외톨이가 된다. 여러 면에서 손해를 보는 것이다. 그런데 혼자 가게 되면 여행 중에 누군가를 만나고 그 만남에서 우정이 생기기도 한다.

그렇다면 혼자 가란 말인가, 여럿이 같이 가란 말인가? 둘 중 하나를 추천하고 있는 것은 아니라고 할 수 있다. 각각의 경우 생길 수 있는 상황을 이야기해줄 뿐이다. 셋이 가면 한 명이 손해를 보는 데, 그것이 나일 수 있다. 이를 감안해 행동해야 한다. 혼자 가는 것 역시 결론적으로 친구를 얻겠으나 상당 기간 외로움을 견뎌야 한다. 선택은 각자의 몫이다.

동시에 벗을 얻는 것이 중요함을 말하고 있다. 어떤 선택이든 벗과 함께해야 한다. 셋이 가는 것은 출발을 벗과 함께 하는 것이고, 혼자 가는 것은 마지막에 벗을 얻는 것이다.

빠르게! 갈 것

四 : 損其疾, 使遄有喜, 无咎.(손기질, 사천유희, 무구)
병으로 손해를 보더라도, 빠르게 하면 기쁨이 있다. 허물이 없을 것이다.

가운데 양괘(兩卦)의 상황, 운도 따르지 않고, 능력도 막혀있는 상황에 대해 말하고 있다. 태음에서 태양으로 전환하는 과정에 대해 주역은 알을 깨고 나오는 시련과 같은 예를 자주 거론한다. 이것도 비슷한 맥락으로 볼 수 있다. 사람을 만나고 일을 행함에 있어서 손해가 있다면 있는 대로 가라는 것이다. 손해에 머뭇거리고 주저하기보다 빠르게 털고 움직여야 한다. 모든 고난과 시련은 시간 속 에너지로 축적되는 탓이다.

어긋나지! 않는 지 살필 것

五 : 或益之十朋之龜, 弗克違, 元吉.(혹익지십붕지구, 불극위, 원길)
십붕의 가치가 있는 거북의 이득이 있는데,
그것이 어긋난 것이 아니면, 크게 길하다.

붕(朋)은 고대 중국의 화폐 단위다. 옛날에는 조개를 화폐로 사용했는데, 조개 두 개가 1붕이었다고 한다. 위(違)는 어긋나다, 어기다는 뜻으로 쓰인다. 위헌(違憲)과 같은 말에 사용된다.

운명이 극적으로 반전되는 상황을 묘사하고 있다. 에너지가 쌓여 어느 순간 큰 이득이 다가온다. 그런데 염두에 두어야 할 것이 있다. 순리에 어긋난 것인지를 따져보는 것이다. 과거의 영광을 되찾고자 하는 마음이 강할 경우 자칫 요상한 유혹에 빠지기 쉽다. 여기에 대비를 잘해야 한다. 그렇지 않으면 자신의 피부를 깎이는 고통이 다가올 수 있을 것이다.

손익을 초월할 것

六 : 弗損益之, 无咎, 貞吉, 利有攸往, 得臣无家.
(불손익지, 무구, 정길, 리유유왕, 득신무가)
손익과 무관하게 살면, 허물이 없고, 끝까지 길하며,
나아가 행하매, 집 없는 신하를 만나니 이롭다.

손익과 무관하게 살 수 있는 시간이 됐다. 과거의 손해가 결국 시간 속 에너지가 돼 다시 내려온다는 것을 큰 성공을 통해 깨달았다. 이제 손해를 보면 투자로 생각하고 이득을 보면 언젠가 빠져나갈 수 있는 돈으로 덤덤하게 바라본다. 그런 시간이 되면 허물이 없어지고, 크게 길하다.

또한, 길을 나서면 집 없는 신하를 만나게 된다. '집 없는 신하'는 주군을 만나지 못한 유능한 인재를 뜻한다. 손발이 돼 나의 능력을 배가시켜줄 누군가를 만난다는 것이다.

42 익괘益卦

益. 利有攸往, 利涉大川. 가는 바가 있음이 이롭고, 큰 바다를 건너는 것이 이롭다.

初 : 利用爲大作, 元吉, 无咎. 크게 일으키는 것이 이로우니, 크게 길하여야 허물이 없을 것이다.

二 : 或益之十朋之龜, 弗克違, 永貞吉, 王用享于帝, 吉. 십붕의 값어치가 있는 거북을 얻는 이득이 생기는 데, 어긋남이 없으면, 끝까지 길하고, 왕이 황제의 제사를 지내도 길하다.

三 : 益之用凶事, 无咎, 有孚中行, 告公用圭. 이익을 흉한 일에 사용하면, 허물이 없다. 행하는 중에 믿음이 있으면 공에게 고할 때는 규를 사용한다.

四 : 中行, 告公從, 利用爲依, 遷國. 일을 행하는 가운데, 공에게 고하고 따르니, 나라를 옮기는 일에 따라 나설 수 있다.

五 : 有孚惠心, 勿問元吉, 有孚惠我德. 베푸는 마음을 믿으니, 크게 길함에 대한 의문을 가질 필요가 없다. 나의 덕을 베푸는 것을 신뢰하라.

六 : 莫益之, 或擊之, 立心勿恒, 凶. 이익이 없거나 혹은 공격을 하거나 또는 당하거나, 처음 세운 마음(초심)을 유지하지 못하면 흉하다.

▌초반 이익을 잘 유지할 것

젊은 시절 큰 업적을 이룬 위인들이 있다. 그리고 초반의 명성을 바탕으로 삶이 유지된다. 예컨대 유명한 과학자가 번뜩이는 창의력과 통찰력으로 세상을 깜짝 놀라게 하는 박사 논문을 썼다고 해보자. 덕분에 좋은 대학의 교수가 되고 그의 명성이 전 세계에 자자하다. 그 뒤 여러 논문을 계속 발표하지만 별로 큰 반향이 없다. 그런데도 박사 논문에서 이룬 업적의 명성으로 명예로운 삶을 산다. 과거만큼 스타성을 발휘하지는 못하지만, 성실히 꾸준히 연구함으로써 나이 들어 석학으로 인정받게 된다.

아인슈타인은 26살 되던 해 베른 특허국에서 근무하면서 상대성 이론을 발표해 세상을 깜짝 놀라게 했다. 이후 일반 상대성 이론을 발표하는 등의 성과도 있긴 했으나 젊은 시절 업적과 비교해 견줄 것이 못 된다. 대신 나이가 든 후엔 세계 평화를 위한 그의 노력이 오히려 더 각광을 받는다.

올림픽에서 영웅으로 떠오른 경우도 익괘가 될 가능성이 높다. 젊은 시절 실력과 승운을 바탕으로 스타가 되지만 체력적 한계에 부딪히면 은퇴를 한다. 이후 운동 혹은 다른 영역에서 꾸준히 실력을 쌓아 다른 면모로 본인의 재능을 발휘하기도 한다.

손괘와 대비되는 익괘는 초반에 얻게 된 이득을 잘 활용하라고 말한다. 물론 그 이익이 어느 순간 사라진다. 태양(⚌) 뒤에 태음(⚏)이 오면서 크게 흥했다 무너진다. 그러나 잔상이 유지되고, 거기서 이익을 얻는 것이다. 모든 것이 사라진 듯 보여도 쌓인 에너지가 시간 속에 존재한다. 그것이 이익이 될 수 있음을 이해해야 한다.

큰 바다를 건너는 것이 이롭다

益, 利有攸往, 利涉大川.(익, 리유유왕, 리섭대천)
가는 바가 있음이 이롭고, 큰 바다를 건너는 것이 이롭다.

손괘와 달리 적극적으로 일에 나서라고 주역은 권고한다. 능력과 운이 맞아 떨어져 초반에 큰일을 이룰 수 있기 때문이다.

初 : 利用爲大作, 元吉, 无咎.(리용위대작, 원길, 무구)
크게 일으키는 것이 이로우니, 크게 길하여야 허물이 없을 것이다.

먹을 수 있을 때 많이 먹어야 한다. 능력 있고, 운의 기운이 강하면 초반에 크게 일으켜야 한다. 앞서 예를 들었듯이 운동선수의 경우 스타로 살아가는 것은 젊은 시절이 처음이자 마지막일 가능성이 높다. 크게 일으켜 성과가 크면 오랜 시간 버틸 수 있다.

예컨대 피겨스케이팅 김연아 선수는 20대 초반 대한민국 최초로 동계 올림픽 피겨스케이팅에서 금메달을 땄고 은퇴를 했다. 크게 이루었기에 설사 태음의 삶이 유지된다 하더라도 바름을 지키는 한 그녀가 이룬 명성이 지속적으로 이득이 될 것이다.

二 : 或益之十朋之龜, 弗克違, 永貞吉, 王用享于帝, 吉.
(혹익지십붕지구, 불극위, 영정길, 왕용향우제, 길)
십붕의 값어치가 있는 거북을 얻는 이득이 생기는 데, 어긋남이 없으면, 끝까지 길하고, 왕이 황제의 제사를 지내도 길하다.

손괘와 마찬가지로 십붕의 가치가 있는 거북에 대해 이야기를 하고 있다. 다만 앞쪽에 배치됐다. 태양의 위치가 다르기 때문이고, 따라서 의미도 다르다. 타고난 능력과 강한 운의 기운으로 처음에 큰 성취를 하게 된다. 그것이 인생의 마지막까지 이용되는 에너지가 되고, 왕이 황제의 제사를 지내는 데 활용되기도 한다.

三 : 益之用凶事, 无咎, 有孚中行, 告公用圭.

(익지용흉사, 무구, 유부중행, 고공용규)

이익을 흉한 일에 사용하면, 허물이 없다. 행하는 중에

믿음이 있으면 공에게 고할 때는 규를 사용한다.

규(圭)는 옥으로 만든 믿음의 표석을 뜻하는 데, 쉽게 말해 공의 신뢰를 보여주는 표식이라고 할 수 있다. 초반에 얻은 이익을 흉사에 사용해야 한다고 말한다. 태양에서 태음으로 바뀐 변한 상황에 대해 이야기 하고 있다. 성공한 때에 얻은 이득을 사용함으로써 태음의 시간을 버텨야 한다.

무예가 출중해 승승장구하던 장수가 싸움터에 나가 다리가 잘리는 한편 전쟁에서도 크게 패하면서 모든 걸 잃어버린다. 전쟁터에서는 생과 사가 갈리고 승자와 패자가 엇갈린다. 태양처럼 떠오르던 사람이 어느 순간 무너지는 걸 운명처럼 받아들여야 한다. 몸도 상했을 뿐 아니라 패전에 대한 질책으로 왕으로부터 버림을 받는다.

그러나 고난 속에서 그가 이뤘던 과거 공적을 바탕으로 중심을 잡아야 한다. 잘나가던 시절 왕에게 하사받았던 신임을 스스로 유지하는 것이다. 그러면 다시 기회가 온다고 주역은 말하고 있다.

四 : 中行, 告公從, 利用爲依, 遷國.(중행, 고공종, 리용위의, 천국)

일을 행하는 가운데, 공에게 고하고 따르니, 나라를 옮기는
일에 따라 나설 수 있다.

 의(依)는 따르다는 것이고, 천국(遷國)은 천도를 뜻하는 것으로 나라를 옮긴다는 말이다. 태음의 시련 속에서도 믿음을 유지하면 결과적으로 원래 위치로 돌아갈 수 있음을 뜻한다. 큰일을 하는 데 역할을 할 수 있다.
 물론 과거처럼 전쟁의 선봉에서 큰 업적을 이루는 것은 아니다. 그러나 과거에 이뤘던 성취를 바탕으로, 고난 속에서 쌓은 에너지를 바탕으로 중요한 역할은 할 수 있다.
 태양으로 시작하는 운명은 태양을 지속하고 싶을 것이다. 그러나 의도치 않게 어느 순간 나락으로 떨어지며 좌절하는 경우도 있다. 그러나 높이 올라갔다 떨어진 모든 과정은 누구도 경험할 수 없는 소중한 자산이다. 그것 역시 나의 이익이다. 괘명이 익인 이유가 여기에 있다. 초반에 만든 소중한 자산이 지속적으로 이익을 준다. 크게 성공했을 때 쌓아놓은 것이 보험금의 역할을 하는 것이다.

베풀 것

五 : 有孚惠心, 勿問元吉, 有孚惠我德.
(유부혜심, 물문원길, 유부혜아덕)
베푸는 마음을 믿으니, 크게 길함에 대한 의문을 가질 필요가 없다.
나의 덕을 베푸는 것을 신뢰하다.

 혜(惠)는 주다 베풀다는 뜻이다. 덕을 베푸는 것은 결과적으로 운의 기운을 좋게 만드는 것으로 볼 수 있다. 그것은 시간 속에 에너지를 쌓

는 것이고, 종국에 나의 이익이란 형태로 돌아온다.

사실 태양에서 태음으로 떨어지는 것은 가파르게 무너진 것이다. 잘나가던 사람이 하루아침에 무너지면 스스로 애처롭고, 음지로 숨어든다. 비록 다리 잘린 장수지만 그가 할 수 있었던 경험에 감사하면서, 베푸는 것이다.

그리고 그 과정에서 나만의 고유한 영역을 구축했다. 마지막 소음은 태양과 태음의 굴곡 속에서 쌓은 나만의 향기가 담긴 내공이 있다는 의미가 강하다. 그 내공을 베푸는 것이 필요하다고 주역은 말하고 있다.

초심을 잃지 말 것

六 : 莫益之, 或擊之, 立心勿恒, 凶.
(막익지, 혹격지, 입심물항, 흉)
이익이 없거나 혹은 공격을 하거나 또는 당하거나,
처음 세운 마음(초심)을 유지하지 못하면 흉하다.

소음 상태에서 자주 등장하는 조언과 유사하다. 즉 운이 따르지 않기에 마음이 혼란스러울 수 있음을 조심하라는 것이다. 그런데 특별한 것이 한 가지가 있다. 이익이 없음을 주의하라고 말한다. 즉 이익이 없는 일에 너무 나서지 말라는 뜻으로 볼 수 있다. 왜냐하면 도와준 뒤 돌아오는 게 없으면 깊은 좌절에 빠질 수 있기 때문이다. 덕을 베풂을 강조했던 다른 경우의 소음과 비교해 그 차이를 이해해보는 것도 흥미롭다.

43 쾌괘夬卦

夬, 揚于王庭, 孚號有厲, 告自邑, 不利卽戎, 利有攸往. 왕의 조정에서 이름을 날리더라도, 위태로움이 있음을 잊지 않고, 그것을 읍민에게 이야기해야 한다. 병장기를 사용하는 것은 불리하며, 나아가는 것이 유리하다.

初 : 壯于前趾, 往不勝爲咎. 크고 강한 기운이 발가락 앞쪽에만 몰려 있으니, 나서면 이길 수 없고, 허물만 남는다.

二 : 惕號, 莫夜有戎, 勿恤. 근심을 알리는 신호가 있으니, 어두운 밤이라도 병장기가 있으니 근심하지 마라.

三 : 壯于頄, 有凶. 君子夬夬獨行, 遇雨若濡, 有慍无咎. 크고 강한 기운이 광대뼈에 몰려있으면 흉하다. 군자가 혼자 과단성 있게 빠르게 가다가, 비를 만나 젖지만 불쾌하더라도 허물이 없다.

四 : 臀无膚, 其行次且, 牽羊悔亡, 聞言不信. 엉덩이에 살이 없으니 나아가려 해도 나아가지 못한다. 양을 이끌면 후회가 없다. 들은 말은 믿지 말라.

五 : 莧陸夬夬, 中行无咎. 비름나무가 있는 땅을 과단성 있게 빠르게 가니, 가는 길에 허물이 없다.

六 : 无號, 終有凶. 큰 소리로 부를 곳이 없으면, 끝내 흉하다.

▌과단성 있게 달려갈 것

조조는 여러 분야에서 재능을 드러냈다. 손자병법에 주석을 붙인 《위무주손자(魏武註孫子)》라는 저술도 남기고, 시부(詩賦)에도 뛰어난 재주를 보였다. 유능한 신하가 되고자 했으나 황제는 힘이 없고 간신이 넘치는 난세에서 이런저런 모략을 견뎌야 했다. 결국, 폭정을 일삼던 동탁을 살해하려던 음모가 발각되면서 간신히 목숨을 건진 가운데 낙양을 탈출해 고향으로 숨는다. 그때 목숨을 잃었다면 역사적 인물로서 조조는 없었을 것이다(☵).

이후 동탁를 몰아내는 연합군에 힘을 보탬으로써 재기의 발판을 마련한 뒤 연주(兗州)를 평정하여 연주목으로 임명된다. 결정적으로 그가 행운을 거머쥐는 승부수는 195년 후한의 마지막 임금인 한헌제가 장안을 탈출했을 때, 황제를 보호하기 위해 군대를 보낸 것이다. 이후 그는 헌제를 자신의 보호 아래 둠으로써 후한 조정을 장악하였을 뿐 아니라, 황실의 권위를 배경으로 세력을 크게 확대할 수 있었다. 제도를 정비하고 수많은 인재를 등용하여 위(魏) 건국의 기반을 마련했다(≡).

조조는 202년 원소가 죽은 뒤 하북(河北) 지방 공략에 나서, 207년 북부를 통일했다. 이후 승상의 지위에 오른 뒤 중국 통일을 위한 남정(南征)에 나서 형주(荊州)를 점령했으나, 적벽에서 손권과 유비 연합군에 패하여 형주의 일부를 도로 내주었다. 216년에는 스스로를 위왕(魏王)으로 봉하고 황제와 마찬가지의 권력과 위세를 행사하였다(≡).

쾌(夬)는 터놓다, 정하다, 결정하다의 뜻이 있다. 과단성 있게 결정하고 밀고 가는 불도저 같은 추진력이 있는 쾌다. 초반 본인의 능력을 과신한 가운데 과도하게 일을 추진하다 불운한 상황에 빠지기도 한다. 조조가 목숨을 잃을 수 있었던 상황에 빠진 것과 같은 맥락이다. 그러나 그 위기를 극복함으로써 전화위복이 된다. 재능을 바탕으로 운을 당기면서 성공하기 시작한다. 강한 자신감과 카리스마가 있고, 운의 기운을 끌어당길 수 있게끔 관계도 잘 풀어간다.

이 같은 사람에게 존재하는 문제는 뭘까. 강한 카리스마 탓에 쉽게 꺾일 수 있고, 주변의 시기와 모함이 있을 수 있다는 것이다. 그것에 대한 대비가 필요하다고 주역은 말한다.

위태로움을 잊지 말 것

夬, 揚于王庭, 孚號有厲, 告自邑, 不利卽戎, 利有攸往.

(쾌, 양우왕정, 부호유려, 고자읍, 불리즉융, 리유유왕)

왕의 조정에서 이름을 날리더라도, 위태로움이 있음을 잊지 않고,

그것을 읍민에게 이야기해야 한다. 병장기를 사용하는 것은

불리하며, 나아가는 것이 유리하다.

양(揚)은 드날리다라는 뜻이다. 호(號)는 큰 소리로 부르는 것이다. 융(戎)은 병장기, 군사, 싸움 등을 뜻한다. 호(號)에 대한 해석이 중요하다. 호는 호각, 신호 등의 단어에 쓰이며, 호가 말하는 부르짖음은 조짐을 알려주는 신호다. 따라서 조정에서 크게 대접을 받더라도 위태로움이 있음을 알리는 신호에 대한 믿음을 유지해야 한다고 말한다.

앞서 이야기했듯이 강한 능력을 갖고 있기에 적이 많을 가능성이 높다. 고졸 출신이 고시에 합격해 고위 공무원이 되고, 출중한 능력을 바탕으로 출세 가도를 달리면 주변의 시기가 늘어난다. 스스로 오만해질 확률도 높고, 그것이 뒷말이 나오는 근거가 될 수도 있다. 출중한 능력을 보였던 조조 역시 여러 위태로움에 시달려야 했다. 따라서 이 같은 경우 주변의 질투, 스스로의 오만함을 경계해야 하는 데 이를 알려주는 신호에 민감해야 한다.

읍민에게 고하는 것은 가까운 사람에게 처한 상황을 알려야 한다는 뜻이다. 즉 내 편을 항상 옆에 두어야 한다는 것이다. 이 같은 점을 염두에 둔 가운데 나아가면 유리하다.

아울러 병장기를 사용하지 말라고 말한다. 질시와 모함을 극복하거나 본인 출세를 위해 가급적이면 폭력적 방식으로 대항하지 말라는 뜻이다. 폭력을 사용하는 것이 간단하고 쉽고 깔끔한 방법같지만 오히려 주변의 분노와 질투를 강하게 만들 수 있다.

힘이 충만해질 때까지 기다릴 것

初 : 壯于前趾, 往不勝爲咎.(장우전지, 왕불승위구)
크고 강한 기운이 발가락 앞쪽에만 몰려 있으니,
나서면 이길 수 없고, 허물만 남는다.

강한 기운이 발가락 앞쪽에만 몰려 있는 상태에서 앞으로 나아가면 쓰러지고 상처만 남는다. 이길 수 없고, 허물만 남는다. 소음에서 출발했기에 사람과의 관계가 아닌 능력을 바탕으로 일을 풀어가는 성향이 강하며, 자긍심이 강하다. 자존심에 상처를 입는 것을 견디지 못한다. 그러나 아직 힘이 충분히 온몸으로 퍼지지 않은 상태에서 자존심 회복을 위한 싸움은 허물만을 남길 뿐이다.

조조의 경우 초반 동탁을 주살하려는 계획을 세우나 실패하고, 목숨을 잃을 위기에 처한 뒤 도주하게 된다. 아직 강한 기운이 발가락에 있는 상태에서 일을 도모하다 불운한 상황에 직면하게 되는 것이다.

신호에 귀 기울일 것

二 : 惕號, 莫夜有戎, 勿恤.(척호, 막야유융, 물휼)
근심을 알리는 신호가 있으니, 어두운 밤이라도 병장기가 있으니
근심하지 마라.

척(惕)은 두려워하다, 근심하다란 뜻이 있고 언행이나 행동을 조심한다는 의미도 있다. 즉 두려움과 근심 때문에 언행과 행동을 조심하는 것이다. 호(號)는 부른다는 뜻이다. 모(莫)는 없을 '막' 으로 쓰이기도 하고,

(해가) 저물 '모'로 쓰이기도 한다. 모로 해석하면 '어두운 밤이라도 병
장기가 있으니'가 된다.

어두운 밤 두려운 일이 다가옴을 알리는 신호가 울리더라도 병장기가
있으니 두려워할 필요 없다. 앞서 병장기를 사용하지는 말라고 했다. 그
러나 그것이 있음을 잊지는 말아야 한다. 아직 때가 아닌 상황에서 어디
서 어두운 그림자가 엄습할지 모르는 불안감이 있다. 그 신호를 잘 파악
하고 있어야 한다.

고집스럽지 말 것

三 : 壯于頄, 有凶, 君子夬夬獨行, 遇雨若濡, 有慍无咎.
(장우규, 유흉, 군자쾌쾌독행, 우우약유, 유온무구)
크고 강한 기운이 광대뼈에 몰려있으면 흉하다. 군자가 혼자 과단성
있게 빠르게 가다가, 비를 만나 젖지만 불쾌하더라도 허물이 없다.

구(頄)는 광대뼈를 뜻하고, 유(濡)는 젖다는 뜻이고, 온(慍)은 불쾌하
다는 말이다. 광대뼈에 기운이 몰렸다는 것은 말로만 일을 풀어가는 상
황으로 볼 수 있다. 그러면 흉하다. 행동이 필요하다. 옷이 젖더라도 과단
성 있게 걸어야 한다. 고집스러워도 안 되지만 그렇다고 너무 우유부단
해도 안 된다는 것으로 해석될 수 있다. 두 번째 양괘(兩卦)인 태양의 상
황을 설명한다.

보지 않은 것은 믿지 마라

四 : 臀无膚, 其行次且, 牽羊悔亡, 聞言不信.

(둔무부, 기행차차, 견양회망, 문언불신)

엉덩이에 살이 없으니 나아가려 해도 나아가지 못한다.

양을 이끌면 후회가 없다. 들은 말은 믿지 말라.

둔(臀)은 엉덩이이고, 부(膚)는 살갗을 말한다. 차(次)는 다음이란 뜻
과 함께 머뭇거리다란 의미도 있다. 견(牽)은 끌다라는 말이다. 상처가
생겨 엉덩이 피부의 살갗이 없다. 실수했거나, 사고가 났거나, 너무 달려
서 그럴 것이다. 어쨌든 장벽이 나타났다. 따라서 전진할 수 없다. 그땐
멈춰야 한다. 조조의 경우 적벽에서 크게 패한 것이 이 같은 상황에 직면
한 것이라고 볼 수 있다.

그리고 가만히 양의 무리를 끌어야 한다. 양의 무리를 이끈다는 것은
방어막이 될 집단의 도움을 받는 것이다. 마지막 태양으로 변환하는 과
정에 대한 설명이다. 소음에서 태양으로의 전환은 능력을 바탕으로 한
과단성 있는 행동이 큰 역할을 했다. 그러나 태양에서 더 높은 태양으로
의 도약을 위해선 도와줄 수 있는 사람들이 있어야 한다. 양의 무리가
상징하는 것이 이와 같다.

들은 말을 믿지 말라는 것은 각종 음해에 대해 조심하라는 뜻이다. 말
은 듣되 보지 않은 것을 믿어서는 안 된다. 과단성 있게 가다 보면 말이
쉽게 나온다. 엉덩이에 살이 떨어져 멈칫거리는 순간이 오면 말은 더 무
성해진다. 그 고비를 넘겨야 새로운 도약이 가능하다.

장애물을 뚫고 갈 것

五 : 莧陸夬夬, 中行无咎.(현륙쾌쾌, 중행무구)

비름나무가 있는 땅을 과단성 있게 빠르게 가니, 가는 길에 허물이 없다.

현(莧)은 비름이라는 한해살이 풀을 의미한다. 비름의 크기는 4~12㎝ 정도가 된다. 거추장스럽지만 그 정도 장애를 헤치면서 가는 것이 큰 문제가 안 된다. 사실 과단성 있는 사람에게 풀밭은 장점을 발휘할 수 있는 기회다. 본인의 진가를 발휘할 수 있기 때문이다. 아무나 갈 수 없는 길을 헤쳐가면서 본인의 능력을 과시할 수 있다.

호각 소리에 귀를 기울일 것

六 : 无號, 終有凶.(무호, 종유흉)
호각이 사라지면 끝내 흉하다.

마지막 양괘(兩卦), 즉 태양의 상태에서 경계해야 할 일에 대한 조언이다. 이제 누구도 건드릴 수 없는 대단한 지위에 올랐을 수 있다. 그 순간 무척 뿌듯하지만, 경계해야 함을 알리는 호각 소리가 사라질 수 있다. 누구도 대적하지 못하고, 자신의 능력에 대한 오만함도 커진다. 그러면 끝내 흉할 것이라고 말한다. 능력자를 무너뜨리는 건 타인이 아닌 본인이다. 스스로 두려워하고 경계하도록 만드는 호각 소리를 유지해야 성공을 지속할 수 있다.

위세가 대단해진 조조에게 한헌제를 폐위하고 황제에 오를 것을 주변에서 권고했다. 그러나 조조는 스스로 황제가 되지 않았다. 선을 넘어서지 않는 것이 경계심을 유지하는 조조의 방법이었다고 볼 수 있다.

44 구괘姤卦

姤, 女壯, 勿用取女. 여자가 강성하다. 여자를 취하지 말아야 한다.

初 : 繫于金柅, 貞吉, 有攸往, 見凶, 羸豕孚蹢躅. 금으로 만든 고동목이 있으니, 길하다. 가는 곳에서 흉함을 본다. 야윈 돼지가 불안해하며 이리저리 배회한다.

二 : 包有魚, 无咎, 不利賓. 물고기를 포장해 갖고 있으니 허물이 없다. 손님에게 이롭지 않다.

三 : 臀无膚, 其行次且, 厲, 无大咎. 엉덩이에 살갗이 없으면, 가는데 머뭇거리니 위태로우나 큰 허물은 없을 것이다.

四 : 包无魚, 起凶. 포장한 물고기가 없으니 흉함이 일어날 것이다.

五 : 以杞包瓜, 含章, 有隕自天. 냇버들로 오이를 싸는 것이니 아름다움을 머금으면 하늘에서 떨어지는 것이 있으리라.

六 : 姤其角, 吝, 无咎. 뿔에서 만나니 궁색하나 허물이 없다.

▌모든 걸 얻고 과분한 행운도 누리다

이성계의 아버지는 원나라 영토로 편입되어 있던 쌍성총관부 지역을 관장하던 변방 세력이었다. 그러다 공민왕이 반원(反元) 정책을 취하자 이성계와 그의 아버지는 고려를 도와 쌍성총관부 회복에 큰 공을 세운다. 이후 이성계는 중앙 무대에 명함을 내밀게 되고, 20여 년간 각종 전투에서 승리하면서 승승장구했다(☰).

원에 이어 등장한 명나라가 쌍성총관부 지역을 다시 내놓으라고 요구하는 일이 발생한다. 이에 분개한 고려는 요동 정벌을 기획했고, 이성계는 이에 반대했으나 어쩔 수 없이 출정한다. 이성계로서는 요동으로 넘어가도 죽고, 돌아가도 죽는 사면초가의 상황에 몰렸다. 고심 끝에 위화도에서 회군하면서 왕명을 거역하고 쿠데타를 감행했는데 성공한다. 당시 최고 실권을 누리던 최영을 몰아내고 전권을 장악한다(═).

그런데 여기서 한 발 더 나아간다. 고려를 없애고 조선을 개국하는 것이다. 그러나 그것은 본인이 감당하기 힘든 과도한 행운이었다. 이후 이방원을 필두로 자식들이 벌이는 골육상잔의 권력다툼인 왕자의 난을 눈 뜨고 봐야만 했다. 결국, 한숨을 토해내며 모든 걸 내려놓고 고향인 함경도에 가 버린다. 그래서 나온 말이 함흥차사였다(☳).

구(姤)는 만나다, 우아하다, 아름답다는 뜻이 있다. 세상을 아름답게 만나는 것이다. 아름다운 만남이 예정된 상황이기에 몸을 던져도 허물이 없다. 도전을 권장하면서 조심해야 할 일들, 고난에 대한 대처법에 대해 이야기하고 있다. 출발이 태양에서 시작해 태양으로 이어지는 점이 1번 건괘(☰)와 같은데, 마지막에 소양으로 끝난다는 것이 다르다. 즉 마지막 행운은 과분한 것이었다.

능력을 과신하지 말 것

姤, 女壯, 勿用取女.(구, 여장, 물용취녀)
여자가 강성하면 여자를 취하지 말아야 한다.

여자가 강하다는 것은 능력이 있다는 것이다. 그런데 취하지 말라고 조언한다. 역설적으로 보이지만 마지막 하효가 음인 탓이다. 주체적 능력이 강하지만 집착해서는 안 된다. 능력을 과도하게 넘어서는 상황에 부딪히지 않도록 경고하는 것이다.

初 : 繫于金柅, 貞吉, 有攸往, 見凶, 羸豕孚蹢躅.
(계우금니, 정길, 유유왕, 견흉, 리시부척촉)
금으로 만든 고동목이 있으니, 길하다. 가는 곳에서 흉함을 본다.
야윈 돼지가 불안해하며 이리저리 배회한다.

견(繫)는 매다, 묶다는 뜻이다. 니(柅)는 수레바퀴의 회전을 멈추게 하는 나무로써 고동목이라 불린다. 주차 브레이크라고 할까. 리(羸)는 파리하다, 핏기가 없다는 뜻이고, 부(孚)는 믿다 이외에도 달리다, 기르다, 붙이다 등의 뜻이 있다. 핏기가 없는 돼지가 머뭇거리고 있는 것이다. 척촉(蹢躅)은 불안해하며 이리저리 배회한다는 뜻이다.

금으로 만든 고동목은 훌륭한 브레이크다. 금니(金柅)가 있어 길한 까닭은 필요할 때 멈출 수 있기 때문이다. 43번 쾌괘(☰☰)에서 말한 호(號)와 비슷한 역할을 한다. 다만 호가 외부의 경계 신호라면 금니는 스스로 판단해 밟을 때를 결정해야 하는 도구다. 출발선의 차이 때문에 다른 것이 요구된다. 쾌괘의 경우 불운한 상황에서 호각소리를 경계 삼아 뚫고 나가야 하고, 구괘는 능력에 비해 과도하게 떨어지는 행운 안에 있는 비수를 염두에 둔 가운데 브레이크를 잘 밟아야 한다. 이것이 태양 즉 운과 능력의 조화를 가능하게 만든다.

훌륭한 브레이크를 갖고 있기에 필요할 때 절제할 수 있고, 따라서 태양에서 태양으로의 변환이 가능하다. 야윈 돼지가 배회하는 흉함을 직관하고 브레이크를 밟아 속도를 조절하는 것이다.

二 : 包有魚, 无咎, 不利賓.(포유어, 무구, 불리빈)
물고기를 포장해 갖고 있으니 허물이 없다. 손님에게 이롭지 않다.

포장한 물고기는 문제 해결의 실마리를 제공하는 비상수단이다. 그것이 행운일 수도 능력일 수도 있다. 이렇듯 특별한 수단을 갖고 있다면 다른 사람에 비해 유리하다. 따라서 손님은 불리하다. 손님을 두려워할 필요가 없고, 따라서 편하게 대할 수 있다. 경쟁상대가 못 되는 탓이다.

이성계에게는 쌍성총관부 지역이 물고기와 같은 존재였을 것이다. 언제든 동원할 수 있는 본인 세력을 갖고 있기에 중앙무대에서도 믿는 구석이 있었다. 그렇다고 오만하지도 않았다. 스스로 절제하는 성능 좋은 브레이크가 있기 때문이다.

三 : 臀无膚, 其行次且, 厲, 无大咎.(둔무부, 기행차차, 려, 무대구)
엉덩이에 살갗이 없으면, 가는데 머뭇거리니 위태로우나
큰 허물은 없을 것이다.

둔(臀)은 볼기를 뜻하고 부(膚)는 살갗을 의미한다. 차(次)와 차(且)는 모두 머뭇거림을 의미한다. 쾌괘에서도 나왔던 효사다. 가다 보면 암초에 부딪히게 되어 있다. 위태로움을 만들겠으나 극복할 수 있다는 것이다. 그리고 그것을 극복함으로써 한 단계 도약할 수 있다. 위기를 기회로 전환하는 셈이다.

이성계의 경우 결과적으로 위화도의 상황이 이와 같았다고 할 수 있다. 그는 폭우가 쏟아지는 위화도에서 강을 어느 쪽으로 건널지 머뭇거릴 수밖에 없었고, 결국 방향을 틀어 고려 땅으로 향한다.

비상수단이 없을 땐 조심할 것

四 : 包无魚, 起凶.(포무어, 기흉)
포장한 물고기가 없으면 흉함이 일어날 것이다.

비상수단이 사라졌고 흉함이 앞쪽에서 스멀스멀 일어서고 있다. 그런데 구괘는 이를 막아 줄 장치가 있다. 바로 브레이크다. 물고기가 문제를 해결하는 특별한 행운이라면, 브레이크는 흉함을 피해 가는 방어적 수단이다. 물고기의 존재를 잘 판단하고 사라졌다 싶으면 브레이크를 밟아야 할지 결정해야 한다. 즉 한계점을 인식하는 것이다. 물론 이성계가 고려를 무너뜨리고 개국을 하듯이 한 발 더 나가야 하는 상황이라면 어쩔 수 없이 가야 할 것이다.

하늘에서 떨어지는 것이 있다

五 : 以杞包瓜, 含章, 有隕自天.(이기포과, 함장, 유운자천)
냇버들로 오이를 싸는 것이니 아름다움을 머금으면
하늘에서 떨어지는 것이 있으리라.

기(杞)는 냇버들이고, 과(瓜)는 오이다. 함(含)은 품고 있다는 뜻이고, 장(章)은 글, 문장, 시문의 절, 악곡의 단락이다. 즉 냇버들로 오이를 싸듯 아름다움이 있다. 그 위로 하늘에서 행운이 내려온다. 마지막 양괘(兩卦)로의 변화를 설명한다.

지속적으로 행운이 따르고 있다. 첫 행운이 과거에서 주어진 것이라면, 두 번째는 스스로 만든 것이고, 세 번째는 하늘에서 내려온 것이다. 문제는 행운이 능력으로 감당할 수 있는 수준을 넘어선다는 것이다. "능력이 부족한 데 하늘의 도움으로 성공했다"고 깨닫는 것이다. 그 마음이 들 때 필요한 것 역시 브레이크다. 행운이 과분하다고 판단되면 그것에 감사하고 멈출 수 있어야 한다.

벅찬 행운도 허물이 없다

六 : 姤其角, 吝, 无咎.(구기각, 린, 무구)
뿔에서 만나니 궁색하나 허물이 없다.

뿔에서 만난다는 것은 끝에 도달했다는 것이다. 마지막에 행운이 쏟아졌는데, 그냥 쏟아진 게 아니고 적은 가능성이 현실이 된 벅찬 천운이 쏟아진 것이다. 행운이 버겁기까지 하다. 한편으로는 브레이크를 활용한 절제를 통해 행운과 능력을 조화시키지 못한 것으로 볼 수도 있다.

높은 단계일수록 큰 능력을 요구받는다. 서울시장에게 요구되는 능력과 대통령에게 요구되는 능력은 다르다. 서울시장에서 능력을 발휘해 칭찬을 받았고, 참여하는 데 의의를 두고 대선에 참여했는데, 운이 따르면서 덜컥 대통령에 당선되어 버린 것이다.

직을 수행하는 데 있어 한계를 느낄 수 있다. 사람들은 실망감을 표출한다. 서울시장 할 때는 유능했는데 이상하게 변했다고 질책한다. 그것이 자존심을 상하게 만든다. 본인의 한계점에 도달했음을 느끼는 순간이라고 할 수 있다. 필요한 것은 그 한계를 인정하는 것이다. 그러면 허물이 없다. 이성계 역시 스스로 한계를 느끼고 왕위를 물려준 가운데 내려오는 결단을 발휘한다. 가정사의 불행이지만 그것에 뒤엉키지 않고 개인적으로 브레이크를 밟은 것으로 볼 수 있다. 그랬기에 어쩌면 조선 500년이 이어질 수 있었을 것이다.

45 췌괘萃卦

萃, 亨, 王假有廟, 利見大人, 亨利貞, 用大牲吉, 利有攸往. 임금이 종묘에 나가 제사를 드린다. 대인을 만나는 것이 이롭다. 형통하고 바르게 하는 것이 이롭다. 큰 제물을 받치는 것이 길하다. 가는 바가 있음이 이롭다.

初 : 有孚不終, 乃亂乃萃, 若號, 一握爲笑, 勿恤, 往无咎. 믿음이 있으나 끝까지 가지 못한다. 모이는 것이 혼란스러울 것이다. 만일 위기의 신호를 잘 포착하면 손 한번 잡는 짧은 시간에 웃는 상황이 되니 근심하지 말고 가면 허물이 없을 것이다.

二 : 引吉, 无咎, 孚乃利用禴. 끌어당기면 길하니, 허물이 없을 것이다. 진실함이 있어야 제사를 지냄이 이득이 있다.

三 : 萃如嗟如, 无攸利, 往无咎, 小吝. 탄식하며 모으니, 유리할 것이 없고, 나아가도 허물은 없으나 작은 고통이 따른다.

四 : 大吉, 无咎. 크게 길하면 허물이 없다.

五 : 萃有位, 无咎, 匪孚, 元永貞, 悔亡. 모아감에 질서가 있으니, 허물이 없다. 믿음이 없더라도, 크게 영원히 바르면 후회가 없다.

六 : 齎咨涕洟, 无咎. 탄식과 눈물, 그리고 콧물이 줄줄 흐른다. 허물이 없다.

▌인생의 핵심을 경험하다

701년에 태어난 이태백의 출생은 잘 알려지지 않았다. 타고난 문사임엔 틀림없었다. 아울러 관직에 나가고 싶은 욕망도 컸다. 그러나 기회가 오지 않았다. 젊은 시절 전국 각지를 유람하면서 교제를 해보지만 관직에 나가는 것은 쉽지 않았다. 강한 자아가 운을 끌어들이는 데 걸림돌이 된 것이다. 따라서 교제를 통한 관직 진출에도 실패한다(☱).

그러면서 은거하는 지식인들과 술로 세월을 보내면서 조금씩 무너지는 자아를 느낀다. 완전히 무너졌으면 태음이 되었을 것이다. 그런데 마

흔을 넘겨 당시 수도였던 장안에 유람차 온 이태백은 행로난(行路亂)
이란 시를 짓는다. 그런데 순식간에 화제가 되면서 당시 황제이던 현종
의 귀에 들어가 조정에서 그것도 왕과 시문을 나누는 가까운 자리에서
일하게 된다. 드디어 원하던 관직에 그것도 높은 자리로 들어선 것이다
(☰).

　궁에서의 삶은 거칠 것이 없었다. 양귀비에게 먹을 갈게 하고 당시 세
도가 하늘을 찔렀던 환관 고력사에게 신발을 벗기게 했다. 스스로 대단
하다는 착각을 했으나 그는 과분한 행운의 고통 속에 있었을 것이다. 지
속적으로 황제 측근과 마찰을 일으켰고, 현종이 양귀비에 빠져 주색을
일삼는 것에 환멸을 느껴 다시 궁에서 나와 산동성을 근거로 해 시를 쓰
면서 세월을 보낸다. 56세이던 755년 안사의 난을 계기로 조정에 재입성
을 하지만 대역죄인으로 체포돼 감옥에 갇힌 뒤 유배가 된다(☰☰).

　췌(萃)는 모으다 도달하다 기다리다 등의 뜻이 있다. 발췌(拔萃) 등의
단어에 쓰인다. 즉 핵심이나 중요한 것만 모으는 것이다. 몸에 중요한 것
만 모인 상태는 야윈 상태이기에, 야위다, 초췌하다 등의 의미로도 사용
된다. 소음 뒤 소양(☰☰☰)은 능력을 바탕으로 과분한 자리로 도약하게 된
다. 그러나 그것이 몸에 맞지 않음을 깨닫게 된다. 스스로 혹은 강제로
밀려나 모든 걸 접은 가운데 살아가게 된다. 어쩌면 인생에서 겪을 수 있
는 중요한 모든 걸 발췌해서 경험하고 살아가는 인생이라고 할 수 있다.

큰 희생이 유리하다

萃, 亨, 王假有廟, 利見大人, 亨利貞, 用大牲吉, 利有攸往.
(췌, 형, 왕가유묘, 이견대인, 형리정, 용대생길, 리유유왕)
임금이 종묘에 나가 제사를 드린다. 대인을 만나는 것이 이롭다.

형통하고 바르게 하는 것이 이롭다. 큰 제물을 바치는 것이 길하다.
가는 바가 있음이 이롭다.

생(牲)은 제사에 쓰는 짐승이나 소를 뜻한다. 이런 점에서 희생을 말하기도 한다. 큰 희생 혹은 큰 제물을 사용하면 길하다는 것이다. 가장 큰 희생은 무엇일까. 본인의 능력을 제물로 바치는 것이 아닐까. 더불어 그 능력을 소비할 대인을 만나는 것이 필요하다. 결과적으로 재능을 잘 유지한 가운데 큰 제사를 올리면서 대인을 만나 날개를 펼 수 있어야 한다.

위기의 신호를 잘 포착할 것

初 : 有孚不終, 乃亂乃萃, 若號, 一握爲笑, 勿恤, 往无咎.
(유부부종, 내란내췌, 약호, 일악위소, 물휼, 왕무구)
믿음이 있으나 끝까지 가지 못한다. 모이는 것이 혼란스러울 것이다.
만일 위기의 신호를 잘 포착하면 손 한번 잡는 짧은 시간에 웃는
상황이 되니 근심하지 말고 가면 허물이 없을 것이다.

악(握)은 손으로 쥔다는 뜻이다. 초반의 상황이다. 재능에 대한 믿음이 있고 그것으로 시동을 걸어보지만 끝까지 가지 못한다. 아직 운이 따르지 않기 때문이다. 따라서 모이는 것도 혼란스럽고, 그 혼란이 위기를 만들기도 한다. 여기서 포인트는 위기를 알리는 신호를 잘 포착하는 것이다. 그렇지 못하면 몸만 희생당하게 된다. 반대로 신호의 뜻을 잘 감지하면 화를 면하고 웃는 상황이 된다. 위기를 알려줄 호각이 있다면 근심하지 말고 가도 상관없다고 주역은 조언한다.

二 : 引吉, 无咎, 孚乃利用禴.(인길, 무구, 부내리용약)

끌어당기면 길하니, 허물이 없을 것이다. 진실함이 있어야

제사를 지냄이 이득이 있다.

약(禴)은 상왕조 시대 봄에 지내던 간소한 제사를 뜻한다. 끌어당겨야 길하다는 것은 적극적으로 움직여야 함을 뜻한다. 감나무 밑에서 기다린다고 기회가 오는 것은 아니다. 아울러 원하는 바를 이루기 위해선 행운의 도움이 필요하다. 제사는 그 행운을 모으는 것이고, 그 과정에서 진실함이 필요하다고 주역은 말한다.

三 : 萃如嗟如, 无攸利, 往无咎, 小吝.

(췌여차여, 무유리, 왕무구, 소린)

탄식하며 모으니, 유리할 것이 없고, 나아가도 허물은 없으나

작은 고통이 따른다.

일이 풀리지 않아 탄식이 쌓이면 유리할 것이 없다. 회의감은 나섬을 주저하게 만든다. 하지만 가는 것이 필요하고 그것에 큰 허물은 없다. 하지만 작은 고통은 있다. 그것을 감내하고 가야 한다. 그런데 고통스럽고 모든 게 풀리지 않는 그 순간이 아침이 밝기 전 추운 새벽의 모습일 가능성이 높다.

이태백이 마흔이 넘어 장안에 와 행로난(行路難)이란 시를 짓는 순간

이 이와 같았을 것이다. 재능을 발휘하지 못했던 삶에 대한 탄식, 인재를 알아보지 못하는 세상, 오로지 향락에만 빠져있는 황제에 대한 분노가 그 안에 담겨 있었을 것이다. 그런데 탄식이 담긴 시가 장안의 화제가 되면서 운명의 변화가 발생한다.

큰 행운으로 길하다

四 : 大吉, 无咎.(대길, 무구)
크게 길하며 허물이 없다.

가운데 양괘(兩卦)를 설명한 것이다. 행운이 찾아왔는데, 생각보다 크게 길하다. 원칙적으로 크게 길한 것이고 허물이 없다고 주역은 말한다. 이런 점에서 현대적 의미에서 제사는 베풀면서 공덕을 쌓는 것으로 이해할 수 있다. 이태백이 헌종의 총애를 받으면서 양귀비, 그리고 실세 환관과 나름 실력을 겨루는 위치에 올라선다.

모아감에 질서가 있어야 한다

五 : 萃有位, 无咎, 匪孚, 元永貞, 悔亡.
(췌유위, 무구, 비부, 원영정, 회망)
모아감에 질서가 있으니, 허물이 없다. 믿음이 없더라도,
크게 영원히 바르면 후회가 없다.

그 길함을 유지하는 데 한 가지 조건이 있다. 다가오는 행운을 정리하는 데 질서가 있어야 한다. 그렇지 않으면 들어온 행운은 빠져나가게 되

어 있다. 갑작스럽게 들어온 행운은 홀연히 사라질 가능성을 갖고 있기 때문이다. 질서를 유지하는 데 필요한 것이 바름을 지키는 것이다. 행운을 쟁취하는 과정이 혼란스럽고, 때론 순리에 벗어났더라도 그것을 유지할 때는 순리에 따라야 한다.

눈물을 흘리니! 허물이 없다

六 : 齎咨涕洟, 无咎.(재자체이, 무구)

탄식과 눈물, 그리고 콧물이 줄줄 흐른다. 허물이 없다.

재자(齎咨)는 한숨을 쉰다는 것이고, 체(涕)는 눈물, 이(洟)는 콧물을 의미한다. 행운이 사라진 마지막 태음의 상황을 표현한다. 탄식과 눈물은 쟁취한 행운의 대가이다. 홀연히 왔다 사라진 행운은 탄식과 눈물을 만들 수도 있다. 미련과 아쉬움의 표현이지만 아울러 운명으로 받아들여야 한다.

궁궐을 빠져나온 이태백에게도 아쉬움은 컸을 것이다. 그래서 다시 한 번 입성을 시도하지만 부질없는 짓임을 깨닫는다. 이후 궁궐이 자신의 몸에 맞지 않는 옷임도 깨닫고, 모든 감정을 시에 담아 승화시켰기에 시선(詩仙)이란 후대의 평가를 받을 수 있었다.

46 승괘升卦

升, 元亨, 用見大人, 勿恤, 南征吉. 대인과의 만남을 활용하면, 근심이 없고, 남쪽으로 가면 길할 것이다.
初 : 允升, 大吉. 마땅히 올라가니 크게 길하다.
二 : 孚乃利用禴, 无咎. 진실함으로 제사를 지내야 하고, 그러면 허물이 없을 것이다.
三 : 升虛邑. 빈 고을에 올라가는 것이다.
四 : 王用亨于岐山, 吉, 无咎. 왕이 기산에서 제사를 지내니 길하고 허물이 없을 것이다.
五 : 貞吉, 升階. 바름을 지키면 길하니 계단을 오를 것이다.
六 : 冥升, 利于不息之貞. 어둡게 올라가니, 쉬지 않고 바름을 지키는 것이 이로울 것이다.

▌거위 하늘을 날다

승은 오르다는 뜻이다. 췌괘와 비교해 태음이 맨 앞으로 옮겨 온 것이 다르다. 하지만 전혀 다른 운명이 된다. 괘를 보면 양효(陽爻)가 땅속에서 솟아올라 비행기처럼 비상하는 모양을 하고 있다. 아무것도 없는 것에서 출발해, 능력을 개발한 뒤, 그 뒤 운이 뒷받침되는 시간을 맞게 된다. 능력을 키운 뒤, 능력을 넘어선 곳까지 옮겨가는 것이다.

지방대 출신의 한 청년이 기자의 꿈을 꾸며 언론 고시를 준비한다. 그러나 시험은 만만치 않았다. 번번이 떨어졌고, 시험 운도 좋지 않았다

(☷). 그러다 인터넷 신문사를 스스로 만들었고 열심히 했다. 노력한 끝에 어느 정도 자리를 잡는다(☷). 그리고 어느 날 연달아 특종을 크게 하면서 본인과 신문사의 이름을 세상에 알리고, 벤처펀드로부터 큰 금액의 투자를 받고 종합 포털 사이트를 만든다(☷). 이와 같은 운명의 과정을 겪는 것으로 볼 수 있다.

남쪽으로 가는 것이 길하다

升, 元亨, 用見大人, 勿恤, 南征吉.
(승, 원형, 용견대인, 물휼, 남정길)
대인과의 만남을 활용하면, 근심이 없고, 남쪽으로 가면 길할 것이다.

대인이 등장하는데, 다른 곳에서 사용된 이견대인(利見大人)이 아닌 용견대인(用見大人)이다. 즉 대인을 만나는 것을 활용하라는 것이다. 사실 초반 태음의 상태에서 대인에게 이득이 될 무엇을 주기 어렵다. 간신히 소음의 상태에 올라섰을 때도 마찬가지다. 대인도 자선 사업가는 아니기에 무작정 모든 사람에게 도움을 주지 않는다.

이 같은 상황이더라도 그를 이용할 수는 있다. 대인으로부터 배우고 느끼고 하는 등을 할 수 있기 때문이다. 현대적 관점에서 보면 성공한 이들의 책을 읽고 또 강연에도 참가할 수 있다. 직접 도움을 받기는 어렵지만, 그들이 말하는 숨소리와 말소리에서 많은 걸 느낄 수 있기 때문이다. 이것이 용견대인(用見大人)의 한 예라고 할 수 있다.

初 : 允升, 大吉.(윤승, 대길)
마땅히 올라가니 크게 길하다.

윤(允)은 진실, 마땅하다, 승낙하다 등의 뜻이 있다. 마땅히 올라간다
는 것은 상승의 과정이 부드럽다는 걸 의미한다. 장애가 없기에 행운을
잡아 상승해 도착하는 곳이 높다. 따라서 더 크게 길하다.

승괘는 11번 태괘(≡≡≡≡)와 초반이 닮은꼴이다. 아무것도 없는 것에서
시작해 조금씩 무엇인가를 이뤄간다. 차이는 태괘가 조금 낮더라도 단단
하게 오르지만, 승괘는 능력을 넘어설 정도로 상승하는 것이다. 따라서
승괘가 더 높이 오를 수 있다. 마땅히 올라갈 운명이지만 초반 아무것도
아닌 상황에서는 불안감을 느낄 수 있다. 그런 경우 크게 걱정하지 말 것
을 조언하는 것으로도 볼 수 있다.

二 : 孚乃利用禴, 无咎.(부내리용약, 무구)
진실함으로 제사를 지내야 하고, 그러면 허물이 없을 것이다.

앞서 췌괘와 같은 효사를 반복하고 있다. 진실하게 제사를 지내야 행
운이 다가온다고 말한다. 즉 현대적 의미로 인덕을 쌓아야 한다. 이런 점
에서 현대적 의미에서 제사는 베풀면서 공덕을 쌓는 것으로 이해할 수
있다.

11번 태괘(≡≡≡≡)의 경우 능력을 갈고 닦는데 좀 더 포커스를 맞추지

만, 승괘는 행운을 만들 수 있는 에너지도 축적하는 경향이 있는 것이다. 따라서 조상의 은덕을 위해 정성을 다해 제사를 지낸다.

사실 제사를 잘 지낸다고 조상이 도와준다는 말은 현대적 관점에서 납득이 잘 가지 않는다. 그런데도 사람들은 경험적으로 제사를 잘 지내 손해 보는 경우 못 봤다고 말한다. 돌아가신 분들에게 정성을 다하는 사람은 살아 있는 사람, 그리고 본인에게 행운을 물어다 줄 수 있는 사람에게도 진심과 정성을 다하기 때문이지 않을까 싶다.

한 때 잘나가던 친구가 일찍 죽었다. 아는 분은 매년 그의 기일이 되면 그가 묻혀있는 묘소를 찾았다. 그러기를 몇 년째, 어느 날 그곳을 찾은 다른 사람들을 만나게 되고, 그가 묵묵히 남들에게 굳이 알리지 않고 묘소를 매년 찾았다는 사실을 다른 사람들이 알게 된다. 신의 있는 친구로 소문이 났고 망자 주변 사람 가운데, 크게 성공한 분이 이를 알고 스카우트를 한다. 믿을 만한 사람으로 판단했기 때문이다.

이런 점에서 사람과의 관계를 잘 풀어가는 것은 좋은 인연을 맺기 위해 노력하는 것도 있겠지만 정성을 다하는 것도 포함될 것이다. 제사를 지낸다는 것은 이렇듯 남들이 알아주든 말든 인연이 닿는 사람들에게 정성을 다하는 것으로 볼 수 있다.

막막하다

三 : 升虛邑.(승허읍)
빈 고을에 올라가는 것이다.

아무것도 없는 상태에서 능력이 생긴 상태를 설명하고 있다. 뿌듯할 것이다. 그러나 주어진 것은 고을일 뿐이다. 이제 채워야 한다. 빈 고을은 아무것도 없기에 막막한 동시에 무한의 기회가 제공되는 곳이다.

도움이 있을 것이다

四 : 王用亨于岐山, 吉, 无咎.(왕용향우기산, 길, 무구)
왕이 기산에서 제사를 지내니 길하고 허물이 없을 것이다.

왕이 기산에서 제사를 지내준다는 것은 타인들이 성공을 기원해주는 것이다. 맨땅에서 시작해 꾸준하게 올라간 사람을 돕는다는 걸 의미한다. 빈 고을에 올라선 자가 해야 할 것은 타인의 도움을 얻는 것이다. 그리고 그곳에서 열심히 하는 모습을 본 사람들이 돕기 시작한다. 그것도 왕 정도 되는 높은 사람이 밀어주는 것이다.

땀을 드리는 마음으로

五 : 貞吉, 升階.(정길, 승계)
바름을 지키면 길하니 계단을 오를 것이다.

다시 한번 상승기류를 타며 계단을 오른다. 즉 높은 단계로 올라서는 것이다. 마지막 소양의 상태를 설명한다. 사실 지금은 계단이 별 것 아니다. 그러나 예전엔 계단이 지금의 엘리베이터와 같았다고 할 수 있지 않을까. 등산을 생각해보자. 계단이 있는 곳은 오르기 쉽기에 빠르게 오른다. 지금이야 엘리베이터도 있고, 에스컬레이터도 있으나 예전엔 계단이 가장 빠르고 편하게 오르는 길이었을 것이다. 그 계단을 오르는 것이다. 현대적으로 표현하면 에스컬레이터를 타는 것으로 볼 수 있다.

六 : 冥升, 利于不息之貞.(명승, 이우불식지정)

어둡게 올라가니, 쉬지 않고 바름을 지키는 것이 이로울 것이다.

명(冥)은 어둡다는 뜻이다. 때론 길이 무척 어두울 수 있다. 능력을 넘어서는 곳에 오른 이상 막막하고 길이 보이지 않는 순간이 자주 등장한다. 중요한 것은 쉬지 않고 걷는 것이다. 사방이 어둡다고 멈춰서도 안 되고, 두려움에 급히 달려서도 안 된다. 아무것도 없는 상태에서 실력을 만들어낸 경험을 바탕으로 과분한 행운이 무너지지 않도록 차분하게 바닥을 다져나가는 것이다. 역시 중요한 것은 바름을 지키는 것이다.

47 곤괘困卦

困, 亨, 貞, 大人吉, 无咎, 有言不信. 곤은 형통하고 바르다. 대인은 길하고, 허물이 없다. 말이 있어도 믿지 않을 것이다.

初 : 臀困于株木, 入于幽谷, 三歲不覿. 나무 그루터기에 불편하게 앉아 있다. 깊은 골짜기로 빠져드니, 3년간 보이지 않는다.

二 : 困于酒食, 朱紱方來, 利用享祀, 征凶, 无咎. 술과 음식에 곤궁한데 주불이 왔다. 제사를 지내는 것이 이롭다. 정복하려면 흉하다. 그러나 허물은 없을 것이다.

三 : 困于石, 據于蒺藜, 入于其宮, 不見其妻, 凶. 돌에 부딪혀 가시덤불에 의지한다. 집에 들어가도, 아내를 볼 수 없으니 흉하다.

四 : 來徐徐, 困于金車, 吝, 有終. 오기를 서서히 함은 쇠수레에 곤궁하기 때문이니 부끄러우나 마침이 있을 것이다.

五 : 劓刖, 困于赤紱, 乃徐有說, 利用祭祀. 코를 베이고 다리를 절단당하는 형벌을 받으니, 적불을 받는데 곤궁함이 있다. 서서히 벗어남이 있으니 제사를 지내는 것이 이롭다.

六 : 困于葛藟, 于臲卼, 曰動悔有悔, 征吉. 칡넝쿨 위의 난관이니, 어려움이 한꺼번에 몰려와 상황이 위태롭고 급박하다. 후회하고 또 후회한다면, 나아가서 길할 것이다.

▌행운의 대가를 피곤하게 치루다

조선 16대 왕 인조는 선조의 다섯째 아들인 정원군의 맏아들로 1595년 태어났다. 광해군이 왕위에 오른 뒤 정원군과 그 가족은 탄압을 받았는데, 결국 동생인 능창군이 모반죄로 엮여 17세에 극형에 처해지고, 아버지 정원군도 화병으로 세상을 떠난다. 선조의 총애를 받았지만, 인조는 광해군 눈에 밟히지 않으려 애를 쓴 덕분에 목숨을 부지할 수 있었다(☱).

대신 조용하고 은밀하게 복수를 준비했는데, 신경진·구굉과 같은 인조의 외척세력, 이귀·이서·김류·장유·심기원·김자점 등 소외된 서인 문신집단을 결집해 반정을 준비하고 성공한다.

반정에 성공했으나 그가 오른 왕의 자리는 능력을 넘어서는 것이었다. 그 후유증으로 모역사건과 고변, 이괄의 난이 이어진다. 특히 논공행상에 불만을 품은 이괄이 서울로 쳐들어와 도망을 가야만 했다. 그런데도 왕위를 보존한다(☵).

이괄의 난이 정리된 뒤엔 청나라와 전쟁에 휘말려 남한산성에서 항전하다 항복을 한다. 그 뒤 8여 년의 인질 생활 끝에 소현 세자가 귀국했지만, 인조는 청나라가 본인 대신 세자를 왕위에 앉히는 것은 아닌지 불안했고, 소현세자는 귀국 두 달 만에 독살로 추정되는 돌연사를 한다. 이로써 인조는 왕위를 보존한다(☵).

곤(困)은 기운 없이 나른하다, 졸리다, 지치다, 괴로움을 겪다 등의 뜻이 있고, 피곤(疲困), 곤란(困難), 빈곤(貧困) 등에 쓰인다. 곤(困)은 나무가 상자에 갇혀있는 상태로 외부로 뻗어가는 데 답답함이 있고 따라서 피곤한 것이다. 불운한 상황에서, 이를 극복하고 과분한 행운을 얻는데, 그 엇박자를 해소할 수 있는 돌파구를 찾지 못해 곤궁함을 겪게 된다.

대인이 길하다

困, 亨, 貞, 大人吉, 无咎, 有言不信.
(곤, 형, 정, 대인길, 무구, 유언불신)
곤은 형통하고 바르다. 대인은 길하고, 허물이 없다.
말이 있어도 믿지 않을 것이다.

큰 사람이 길하다는 이야기하고 있다. 대인의 풍모가 있을 경우 결과적으로 능력 부족을 넘어선 행운을 견딜 수 있고 때론 잘 활용할 수 있다. 마지막에 유언불신(有言不信)이 왔다. 사람의 말을 잘 듣지 않는 것이다. 이유는 출발이 소음인 탓이다. 자신에 대한 믿음이 강하고, 능력으로 승부를 하려는 기질이 있다. 따라서 사람의 말을 믿는 데 한계를 드러낸다. 그 상황에서 능력을 넘어서는 행운이 다가왔다. 그것을 지키기 위한 방식으로 타인에 대한 믿음이 아닌 의심을 택하는 것이다. 인조의 경우 워낙 말수가 적었던 탓도 있으나 이 같은 의심 때문에 말을 듣거나 믿는 것이 적었다.

기회는 천천히 온다

初 : 臀困于株木, 入于幽谷, 三歲不覿.
(둔곤우주목, 입우유곡, 삼세부적)
나무 그루터기에 불편하게 앉아 있다. 깊은 골짜기로 빠져드니,
3년간 보이지 않는다.

둔(臀)은 엉덩이고, 주목(株木)은 나무의 그루터기다. 유(幽)는 깊다 어둡다, 귀신 등의 뜻이 있다. 유곡(幽谷)은 깊은 골짜기를 의미한다.

초반 상황으로 볼 수 있다. 불운한 상황이 계속되는 것이다. 주목에 불편하게 앉아있기를 계속하다 때에 따라 깊은 수렁에 빠져들어 3년간 보이지 않는 시련까지 겪게 된다. 인조의 경우 아버지와 동생이 죽고 나서 광해군의 견제를 묵묵하게, 깊은 유곡에 숨어있는 은자와 같이 견디는 시간을 보낸 것이 같은 맥락으로 볼 수 있다.

二 : 困于酒食, 朱紱方來, 利用享祀, 征凶, 无咎.

(곤우주식, 주불방래, 리용향사, 정흉, 무구)

술과 음식에 곤궁한데 주불이 왔다. 제사를 지내는 것이 이롭다.

정복하려면 흉하다. 그러나 허물은 없을 것이다.

그러다 먹고 사는 것까지 곤궁한 상황에 도달한다. 그런데 시간으로 따지면 가장 추운 새벽이 된 것이다. 즉 곧 해가 뜰 시간이 임박했음을 의미하는 게 곤궁한 시간이다. 이제 죽든 살든 덤벼야 한다. 그 순간 삶이 풀리기 시작한다. 불(紱)은 끈, 제복이란 뜻이 있는데, 주불(朱紱)은 주홍색 앞 가리개로써 왕이 입는 옷에 달린 자주색 끈이다. 주불방래(朱紱方來)는 신하에 대한 임명권이 있는 왕이 왔다는 뜻으로 행운이 찾아온 것이다. 인조의 경우 광해군을 몰아내기 위해 사람들이 뜻을 모아 몰려오는 상황을 뜻한다고 할 수 있다.

三 : 困于石, 據于蒺藜, 入于其宮, 不見其妻, 凶.

(곤우석, 거우질려, 입우기궁, 불견기처, 흉)

돌에 부딪혀 가시덤불에 의지한다. 집에 들어가도,

아내를 볼 수 없으니 흉하다.

거(據)는 의지하다는 뜻이고, 질려(蒺藜)는 가시나무를 뜻한다. 돌처럼 단단한 벽에 부딪혀 가시방석에 앉아 있다. 불편하게 앉아 있는 이유는 갑작스럽게 다가온 행운이 불안정한 탓이다. 쿠데타로 갑자기 조선반도를 장악한 상황에서 어디서 어떤 반란이 일어날지 몰랐던 인조도 마찬가지였다. 앞서 본대로 온갖 음모가 난무했고, 이괄의 난이란 반란이 실제 일어나기도 했다.

거기에 집에 가도 아내가 없다. 과도한 행운을 버틸 수 있는 내적 동력이 약한 것이다. 즉 능력이 부족하다. 처음엔 능력이 있어서 시작했으나 다가온 행운이 본인이 감당할 수 있는 것 이상의 능력을 요구했다. 인조의 경우도 권력 투쟁에 밀려 은거하고 있던 당시엔 나라를 통치할 능력이 있어 보였으나 막상 되고 나니 생각보다 만만치 않음을 깨달았을 것이다.

수레가 무겁다

四 : 來徐徐, 困于金車, 吝, 有終.(래서서, 곤우금거, 린, 유종)
오기를 서서히 함은 쇠수레에 곤궁하기 때문이니 부끄러우나
마침이 있을 것이다.

수레는 행운을 담는 그릇인데, 쇠로 만들어졌다. 무거워 끌고 다니기 힘들다. 운이 떨어지기는 하지만 너무 육중해 부담이 크다. 따라서 곤궁함이 있을 수밖에 없다. 그러나 희망은 있다. 언젠가 끝이 있기 때문이다.

五 : 劓刖, 困于赤紱, 乃徐有說, 利用祭祀.

(의월, 곤우적불, 내서유열, 리용제사)

코를 베이고 다리를 절단당하는 형벌을 받으니, 적불을 받는데

곤궁함이 있다. 서서히 벗어남이 있으니 제사를 지내는 것이 이롭다.

의(劓)은 죄인의 코를 베이는 형벌이고, 월(刖)은 발을 자르는 형벌을 의미한다. 적불(赤紱)은 높은 신분의 신하들이 두르는 띠다. 목표는 적불이다. 그런데 그곳으로 가다 큰 어려움을 만나게 된다. 형벌을 받는 것이다. 소양에서 형벌이 자주 등장하는데 바로 행운의 대가를 지불하는 가장 강력한 방식을 뜻한다.

인조의 경우 세자를 비롯한 500여 명의 신하가 지켜보는 가운데 청 태종을 향해 삼배구고두(三拜九叩頭)의 굴욕적인 예를 올린다. 이를 바탕으로 목숨과 임금의 자리를 보존한다.

역시 제사를 잘 지내야 한다고 주역은 말한다. 성공하기 위해선 하늘과 조상의 도움이 필요한 탓이다.

六 : 困于葛藟, 于臲卼, 曰動悔有悔, 征吉.

(곤우갈류, 우얼올, 왈동회유회, 정길)

칡넝쿨 위의 난관이니, 어려움이 한꺼번에 몰려와 상황이

위태롭고 급박하다. 후회하고 또 후회한다면, 나아가서 길할 것이다.

갈류(葛藟)는 칡넝쿨이다, 얼(䫜)은 불안하다란 뜻이고 올(卼)은 위태롭다는 뜻이다. 난관이 계속 몰려오지만, 종국에는 행운이 올 것임을 이야기하고 있다. 어렵고 힘들지만 종국엔 길할 것이라고 주역은 말한다. 이것이 의미하는 것은 무엇일까.

벌과 모욕, 곤궁과 난관을 견디는 대가로 행운이 찾아온다는 것이다. 곤궁함을 참고 견딤으로써 행운이 다가오는 상태를 유지하는 것이다. 인조의 경우 청나라 황제에 대한 굴욕적인 행위를 함으로써 목숨을 부지하고, 나아가 자기 아들까지 비명횡사시킴으로써 임금의 자리를 유지하게 된다.

48 정괘井卦

井, 改邑不改井, 无喪无得, 往來井井, 汔至亦未繘井, 羸其瓶, 凶. 읍은 옮겨가면서 우물은 그대로 두니, 줄어들지도 늘어나지도 않으며, 오고 가는 사람들만이 우물을 사용하다. 물이 고 갈되고, 두레박줄도 끊어지고, 두레박은 깨어졌으니 흉하다.

初 : 井泥不食, 舊井无禽. 우물에 진흙이 있어 먹지 못하니 오래된 우물에는 짐승도 없다.

二 : 井谷射鮒, 甕敝漏. 우물 바닥에 물이 나오는 구멍이 있으나 붕어에게만 댈 수 있고, 두레 박이 깨져 샌다.

三 : 井渫不食, 爲我心惻, 可用汲, 王明並受其福. 우물을 청소해 깨끗해도 사람이 먹지 않아, 마음속으로 슬퍼하나, 길어서 쓸 수 있으니 왕이 현명하면 함께 복을 받을 것이다.

四 : 井甃, 无咎. 우물을 수리하면 허물이 없을 것이다.

五 : 井冽, 寒泉食. 우물이 깨끗하여 차가운 샘물을 먹는다.

六 : 井收, 勿幕, 有孚, 元吉. 우물을 사용하는데 제약이 없다. 믿음이 있어 크게 길하다.

▌실력을 다듬어 행운을 부르다

염경엽 전 넥센 감독은 학창시절 야구 천재로 통했다. 고교 시절 대충 연습해도 2, 3안타를 쳤고, 바짝 노력해 고2 때 고려대 입학이 정해진다. 프로에서도 타격 연습하느라 손바닥 한 번까진 적이 없었으나 수비와 주루 능력으로 주전을 꿰찼다. 그런데 불운이 다가온다.

팀에 박진만이란 뛰어난 유격수가 들어온 것이다. 그러면서 후보로 밀린다. 퍼뜩 정신이 들어 1년간 손바닥에서 피가 나도록 노력했으나 마음만 급했고, 몸은 경직되어 갔다. 타고난 재능에만 의존하다 더 좋은 선수가 나타나는 불운을 이겨내지 못한 것이다(☷).

후보 선수로 밀린 뒤 야구에 대한 본격적인 공부를 시작했다. 프런트 직원 혹은 코치로서 야구계에 머물면서 선수들을 면밀하게 관찰하고, 미국 야구 서적을 구해서 번역하고 정리하는 등 실력을 쌓은 것이다. 그러나 행운은 다가오지 않았다. 그럼에도 불구하고 때가 오길 기다렸다(☷).

그리고 다시 행운이 찾아왔다. 스타 출신이 아님에도 불구하고 최연소 프로야구 감독이 된 것이다. 선수 시절 타율인 '1할 9푼 5리짜리 감독'이라는 비아냥이 따라붙었고, 성공하기 힘들 것이라는 분석이 많았다. 능력을 넘어선 행운을 누렸다는 것이다. 그러나 하위권을 전전하던 팀을 부임 첫해 4위로 끌어올렸고, 매년 포스트 시즌에 진출하는 성과를 거둔다(☷).

정(井)은 우물을 뜻한다. 우물은 늘 한 자리에 있다. 대신 사람들이 몰린다. 우물의 성공은 여기에 있다. 샘솟는 물을 제공해 사람들이 찾도록 해야 한다. 사람들이 떠나면 우물은 도태된다.

변화에 적응하지 못하면서 무용지물이 되는 능력이 많다. 지금도 많은 직업이 변화에 적응 못 해 사라진다. 그런데 그 상황에서 좌절하지 않고 능력을 가다듬는다. 정괘의 두 번째 소음이 이와 같다. 이 같은 능력을 바탕으로 행운을 맞이하게 된다. 마지막 양괘(兩卦)의 상황인 것이다.

사람이 사라진다

井, 改邑不改井, 无喪无得, 往來井井, 汔至亦未繘井, 羸其瓶, 凶.
(정, 개읍불개정, 무상무득, 왕래정정, 흘지역미율정, 이기병, 흉)
읍은 옮겨가면서 우물은 그대로 두니, 줄어들지도 늘어나지도 않으며, 오고 가는 사람들만이 우물을 사용하다. 물이 고갈되고 두레박 줄도 끊어지고, 두레박은 깨어졌으니 흉하다.

흘(汔)은 물이 고갈된다는 뜻이며, 정(繘)은 두레박 줄을 의미한다. 따라서 미율정(未繘井)은 두레박 줄이 없다는 뜻이다. 마른 우물에 두레박이 제대로 있을 리가 없다. 이(羸)는 깨졌다는 뜻이고, 병(瓶)은 두레박을 의미한다.

마을이 옮겨가면서 사용이 뜸해진 우물은 조금씩 손상된다. 물이 줄어들기 시작하고 두레박 줄도 끊어진다. 깨진 유리창을 그대로 방치한 건물은 더 많은 창문이 깨지는 등 무법천지가 된다. 시작은 작은 유리창의 깨짐이지만 건물 전체가 흉물이 된다. 우물도 마찬가지 과정을 겪는다.

능력은 있으나 운이 따르지 않는 첫 상황을 묘사하고 있다. 때론 우물엔 잘못이 없는 경우도 있다. 그러나 시대가 바뀐 것이다. 그저 평범하던 우물에 불운이 닥쳤다. 더 좋은 선수가 들어오면 원래 주전은 후보가 되어야 하는 불운을 겪게 된다.

짐승도 사라진다

初 : 井泥不食, 舊井无禽.(정니불식, 구정무금)
우물에 진흙이 있어 먹지 못하니 오래된 우물에는 짐승도 없다.

능력이 있어도 시대에 적응 못 하면 무너지게 되어 있다. 읍민이 사라진 우물엔 진흙이 쌓여 흙탕물이 되고, 짐승조차 먹지 않는 상황이 된다. 완전히 망가진 것이다.

컴퓨터가 없던 시절 예쁜 글씨로 공문서 작성을 하던 직장인이 있었다. 중요한 문서는 그분이 직접 손으로 써서 외부로 보냈다. 그런데 컴퓨터가 보급되기 시작하면서 일이 줄었다. 그리고 급기야 모든 문서를 컴퓨터로 작성하면서 그가 할 수 있는 일이 사라졌다. 소음에서 태음으로의 변화에 직면한 것이다. 우물의 상황이 이와 같다고 할 수 있다.

붕어의 우물이 되다

二 : 井谷射鮒, 甕敝漏.(정곡사부, 옹폐루)
우물 바닥에 물이 나오는 구멍이 있으나 붕어에게만 댈 수 있고,
두레박이 깨져 샌다.

부(鮒)는 붕어란 뜻이고, 옹(甕)은 두레박, 폐(敝)는 깨다, 루(漏)는 물
이 샌다는 뜻이다. 우물 바닥이 진흙으로 덮이면서 물이 솟는 구멍도 조
금씩 막히게 된다. 결과적으로 새롭게 샘솟는 물이 적으면서 우물은 그
기능을 상실한다. 조금씩 나오는 우물은 고작 바닥에 사는 물고기가 목
을 축일 정도가 되어 버린 것이다. 그래도 붕어에게는 먹일 수 있으니 완
전히 죽은 것은 아니다.

깨끗해져도 운이 천천히 온다

三 : 井渫不食, 爲我心惻, 可用汲, 王明並受其福.
(정설불식, 위아심측, 가용급, 왕명병수기복)
우물을 청소해 깨끗해도 사람이 먹지 않아, 마음속으로 슬퍼하나,
길어서 쓸 수 있으니 왕이 현명하면 함께 복을 받을 것이다.

설(渫)은 파내다, 준설하다란 뜻이 있다. 준설해 깨끗하다란 뜻으로 해
석할 수 있다. 급(汲)은 물을 긷는다는 뜻이다. 병(並)은 함께라는 뜻이
다. 다시 각성하고 우물을 깨끗하게 청소해 물이 솟는 구멍을 넓혔다. 다

시 기능이 복원되었지만 한번 끊어진 사람들의 발길은 쉽게 오지 않는다. 앞서 염경엽 감독의 예를 들자면 야구에 대해 다시 공부를 시작하면서 열정을 불태우지만, 초반 기회를 얻지 못하는 상황과 유사하다.

능력을 복원했음에도 불구하고 아직 운의 기운이 돌아오지 않은 것이다. 슬프지 않을 수 없다. 게을렀던 시간을 후회하게 된다. 그럼에도 불구하고 주역은 언젠가 회복될 수 있기에 용기를 잃지 않을 것을 조언하고 있다. 현명한 왕이 들어서서 그 우물의 진가를 알아주는 때가 올 것을 믿는 것이다. 두 번째 소음의 상황이다.

한 발 더 나아갈 것

四 : 井甃, 无咎.(정추, 무구)
우물을 수리하면 허물이 없을 것이다.

추(甃)는 벽돌을 쌓거나 우물을 수리하다는 뜻이 있다. 벽돌을 쌓아 수리한다고 볼 수 있다. 바닥을 청소하는 것에서 한발 더 나아가는 것이다. 깨끗한 물의 공급뿐 아니라 무너진 벽돌도 다시 쌓는 것이다. 일종의 리모델링이다. 그 과정에서 에너지가 축적될 것이다. 좋은 운이 찾아오길 마냥 기다리기보다 꾸준히 자신의 내면을 준비하라는 뜻으로 이해될 수 있다. 아울러 한 발 더 나갈 필요가 있다. 단순한 우물의 복원으로는 부족하다. 과거보다 발전된 한 칼이 더 있어야 한다.

五 : 井洌, 寒泉食.(정렬, 한천식)
우물이 깨끗하여 차가운 샘물을 먹는다.

렬(洌)은 깨끗하다는 뜻이다. 우물 바닥을 깨끗이 하고, 주변을 정리하고 수리를 하면 원래보다 더 좋아진다. 상처가 난 뒤 살이 더 단단해지듯이 이제 예전보다 더 차갑고 시원한 물을 제공한다. 그러면서 현명한 왕이 길을 왕래하다 물맛을 보고 기막힘에 감탄을 했을 것이고, 점차 많은 사람이 이용하게 됐을 것이다. 능력을 복원하는 과정에서 시간 속에 에너지가 쌓였고, 그것이 좋은 기운을 몰고 온 것이다.

예쁜 글씨로 기업의 문서를 작성하다 컴퓨터의 등장으로 자리에서 물러난 분은 펜글씨 학원의 강사를 하기도 했는데, 학원 역시 컴퓨터 보급으로 학생 수가 점차 줄고 있었다. 그렇지만 한글의 매력을 느낀 그는 더 예쁘게 쓰는 법을 연구하고 다듬기 시작했고, 그러던 어느 날 한글 폰트를 개발하는 소프트웨어 회사에서 그의 글씨체를 큰돈 주고 사겠다고 나섰다. 컴퓨터 화면에서 그의 글씨가 다시 살아난 것이다. 인기를 얻어 돈을 벌었으며 광고물이나 옷의 디자인에도 사용되기 시작했다.

六 : 井收, 勿幕, 有孚, 元吉.(정수, 물막, 유부, 원길)
우물을 사용하는데 제약이 없다. 믿음이 있어 크게 길하다.

수(收)는 거두다 이외에도 물을 긷는다는 뜻이 있다. 막(幕)은 장막 군막의 뜻이 있다. 접근이 어렵게 장막을 친다는 뜻으로 볼 수 있는데, 물막(勿幕)은 이 같은 제약을 두지 않는 것이다. 즉, 우물을 마음껏 사용하게 하는 것이다. 모든 사람이 우물을 깨끗하게 사용할 것이라는 믿음이 있기에 가능하고, 그 믿음에 보답해 사용하는 사람들도 조심해서 우물을 사용하게 된다.

소음에서 소양으로의 전환은 본인의 능력에 행운이 덧붙여진 것이다. 그것을 자신의 능력 때문으로 착각해 우물에 장막을 치면 안 된다. 주어진 행운에 감사해 하면서 자신의 능력을 차별 없이 자유롭게 이용하도록 할 때 오히려 크게 길할 수 있다고 주역은 설명한다.

49 혁괘革卦

革, 己日乃孚, 元亨, 利貞, 悔亡. 이미 날이 올 것을 믿을 것이니 크게 형통하고 바르게 하여야 이로워서 후회가 없어질 것이다.
初 : 鞏用黃牛之革. 황소의 가죽으로 단단히 묶여있다.
二 : 己日, 乃革之, 征吉, 无咎. 이미 날이 되어서 변혁하니, 가면 길하여 허물이 없을 것이다.
三 : 征凶, 貞厲, 革言三就, 有孚. 가서 흉할 경우 바르게 하고 위태로운 마음을 가져야 한다. 변혁해야 한다는 말을 세 번 하면 믿음이 생긴다.
四 : 悔亡, 有孚改命, 吉. 후회가 없어질 것이니 믿음이 있으면 명을 바꾸어 길할 것이다.
五 : 大人虎變, 未占有孚. 대인은 호랑이로 변하니, 점을 치지 않고도 믿는다.
六 : 君子豹變, 小人革面, 征凶, 居貞吉. 군자는 털갈이 하듯 변하고 소인은 표면만 바꾸는 정도에 그친 가운데 가면 흉하고 바른데 처하면 길하다.

▌강한 에너지로 운명을 바꾼다

제갈량은 181년에 태어났으며, 춘추전국시대의 명재상 관중에 비교되었으나 세상에 나가지 않고, 뽕나무를 관리하고 밭을 갈았다. 그가 교외에 머물렀던 것은 주인을 만나지 못한 탓이다. 함부로 나갈 경우 몸만 상할 것임을 알기 때문이다(☱).

그러던 와중 유비로부터 삼고초려의 예우를 받아 책사가 된 뒤 유비를 도와 적벽대전을 승리로 이끌며 형주를 장악하고 익주를 차지한다. 유비는 황제가 됐고, 제갈량은 승상에 올랐다(☲).

유비, 관우, 장비가 모두 죽은 뒤 제갈량은 유선에게 〈출사표〉를 올리고 위나라 정벌에 나선다. 초반 승운이 따르는 듯했으나 아끼던 마속이 장합에게 패하면서 원정에 실패한다. 이후 네 차례 더 군대를 이끌고 위나라를 공격했으나 사마의를 비롯한 적의 방어를 깨트리지 못한 가운데 거듭된 원정으로 국력과 국운은 쇠퇴한다. 그 역시 전쟁 중 병사한다(☰☰).

혁은 가죽이란 뜻과 변혁 혹은 개혁의 의미가 있다. 가죽을 벗기는 과정을 혁명이라고 할 수 있다. 혁명의 주체는 능력은 있으나 운이 따르지 않는 소음인인 경우가 많을 것이다. 지배의 틀이 공고화되어 상승할 여지가 없고 세상은 난세다. 불만은 고조되고, 이들은 출세의 방식으로 세상을 뒤집는 것을 머리로 떠올린다.

하지만 혁명에 성공하는 것과 유지하는 것은 다르다. 전쟁에서 이기는 능력과 다스리는 것은 분야가 다르다. 혁명도 같은 맥락에서 성공한 뒤 새로운 능력을 발휘해야 한다. 성공도 어렵겠으나 유지는 더 힘들다.

때가 온다

革, 己日乃孚, 元亨, 利貞, 悔亡.(혁, 이일내부, 원형리정, 회망)
이미 날이 올 것을 믿을 것이니 크게 형통하고 바르게 하여야
이로워서 후회가 없어질 것이다.

차분히 준비하면서 뜻을 펼칠 날이 오길 기다리는 것이다. 혁명은 서서히 이뤄지는 경우도 있으나 갑작스러운 변화가 발생하기도 한다. 차분히 준비하면서 세상의 흐름을 잘 살피면 혁명의 날을 맞을 수 있다. 무너지기 시작한 세상은 스스로 바로 서지 못하며, 변화는 뒤로 돌릴 수 없다.

혁명은 세상을 뒤집는 것이기에 바름이 있어야 한다. 바름은 이미 뒤

틀린 것을 곧게 펴는 것이다. 세상의 문제를 적시하고, 벗겨내야 할 가죽을 명확히 한가운데, 이를 바탕으로 바름을 세워야 한다. 그럴 경우 실패해도 후회는 없다. 혁명은 바름을 실천하는 것이기 때문이다.

황소 가죽으로 묶다

初 : 鞏用黃牛之革.(공용황우지혁)
황소의 가죽으로 단단히 묶여있다.

공(鞏)은 공고하다, 혹은 묶는다는 뜻이 있다. 같은 내용이 33번 둔괘(===::)에도 나왔었다. 운이 따르지 않음은 무엇으로도 막을 수 없다는 걸 뜻했다. 여기서도 같은 맥락이다. 굳이 억지로 풀려고 할 필요가 없다. 때가 되면 풀어지는 법. 그 시간을 기다려야 한다.

때가 되었다

二 : 己日, 乃革之, 征吉, 无咎.(이일, 내혁지, 정길, 무구)
이미 날이 되어서 변혁하니, 가면 길하여 허물이 없을 것이다.

소음 뒤 태양(===)의 변화가 일어나는 과정에 대한 설명으로 이해할 수 있다. 혁명은 주체적 준비만이 아닌 운이 따라야 성공한다. 혁명의 기운이 충만해야 하고, 준비하는 주체와 조화가 맞아야 한다. 그 상황에서 당연히 나아가면 길할 것이고 허물이 없다.

三 : 征凶, 貞厲, 革言三就, 有孚.(정흉, 정려, 혁언삼취, 유부)

가서 흉할 경우 바르게 하고 위태로운 마음을 가져야 한다.

변혁해야 한다는 말을 세 번 하면 믿음이 생긴다.

가는 바가 길하지만 그렇다고 고난이 없는 것은 아니다. 혁명은 세상을 뒤집는 것이기에 당연히 저항이 있고, 누군가의 희생이 필요하다. 늘 위태로운 마음이 있어야 바르게 진행된다. 아울러 생각보다 상황이 좋지 않을 경우도 있다. 생각보다 저항이 심한 것이다. 그럴 경우에도 바르게 행동해야 할 필요가 있다. 더불어 위태로운 마음을 가져야 한다.

그렇다고 혁명의 성공을 불안해할 필요는 없다. 주역은 정반대의 이야기를 한다. 혁언삼취(革言三就)는 이 같은 흉한 상황에서 자신감을 갖고 믿음을 강화하라는 것이다. 그러면 몸속에 성공을 이끌기 위한 에너지가 솟아날 것이다. 이미 시작됐다면 끝장을 봐야 하는 탓이다.

四 : 悔亡, 有孚改命, 吉.(회망, 유부개명, 길)

후회가 없어질 것이니 믿음이 있으면 명을 바꾸어 길할 것이다.

운명이 바뀔 수 있음을 이야기하고 있다. 찬란한 태양이 된 것이다. 하늘의 도움을 받아 길이 열린다. 적벽대전에서 동남풍이란 천운이 따르면서 제갈량은 조조군을 물리친다. 유비는 천하의 3분의 1을 차지할 수 있는 길을 열었고, 제갈량은 책사로서 세상에 본인의 이름을 각인시킨다.

五 : 大人虎變, 未占有孚.(대인호변, 미점유부)
대인은 호랑이로 변하니, 점을 치지 않고도 믿는다.

대인이 호랑이가 되고, 점을 치지 않고도 믿는다는 것은 세상이 이제 그를 중심으로 움직이기 시작한 탓이다. 좋은 듯 보이지만 호랑이가 되었다는 것은 한편으로는 독선적인 사람이 되었음을 뜻한다. 이 같은 고집스러움은 운의 기운을 끌어당기는 데 제약으로 작용한다. 실제 적당한 견제가 사라진 뒤 막강한 권한을 보유하면서 악수를 두는 경우가 허다하다. 연못에 메기가 있어야 오히려 미꾸라지가 튼튼해지는 것과 같은 맥락이다.

六 : 君子豹變, 小人革面, 征凶, 居貞吉.
(군자표변, 소인혁면, 정흉, 거정길)
군자는 털갈이 하듯 변하고 소인은 표면만 바꾸는 정도에
그친 가운데 가면 흉하고 바른데 처하면 길하다.

독선적인 모습에 대한 비판이 있자 바뀔 것을 다짐하고 변화를 모색한다. 그런데 털만 예전 것에서 새 것으로 바꾸었다. 그리고 변했다고 이야기한다. 더 멋진 털을 갖게 된 호랑이는 과거보다 오히려 더 독선적으로 변했을 수도 있다. 이러면 흉하다는 것이다. 바르게 처신해야 한다고 강조한다.

사실 독재자를 무너뜨리고 혁명에 성공한 이들의 경우 본인 의지와 달리 시간이 지난 뒤 과거 악인들을 닮아가는 경우가 많다. 그 상황에서 깨달음을 얻어 그 같은 길에서 벗어나면 괜찮겠지만 털갈이만 한 뒤 마치 새로운 사람이 된 양 이야기하면 타도 대상이 될 수 있다. 이래서는 안 된다는 것으로도 이해할 수 있다.

50 정괘 鼎卦

鼎, 元吉, 亨. 정은 크게 형통하다.

初 : 鼎顚趾, 利出否, 得妾以其子, 无咎. 솥이 뒤십어졌으나 나쁜 것을 끼내는 데 이롭다. 첩을 얻어 그 아들까지 얻으니 허물이 없을 것이다.

二 : 鼎有實, 我仇有疾, 不我能卽吉. 솥에 실한 음식물이 있고, 내 적의 시기(질병)가 있다. 내가 취하지 않는 것이 곧 길함이다.

三 : 鼎耳革, 其行塞, 雉膏不食, 方雨虧悔, 終吉. 솥의 귀가 떨어져 나가, 들고 나가는데 막혀서 꿩의 기름진 고기를 먹지 못하는데, 비까지 내려 후회가 이어지나 끝내 길할 것이다.

四 : 鼎折足, 覆公餗, 其形渥, 凶. 솥의 발이 부러져서 공에게 바칠 음식을 엎었으니 온 몸이 젖어 흉하다.

五 : 鼎黃耳金鉉, 利貞. 솥에 황색귀와 금 고리를 걸었다. 바르게 하는 것이 이롭다.

六 : 鼎玉鉉, 大吉, 无不利. 솥이 옥으로 만든 고리를 걸었으니, 크게 길하여 이롭지 않음이 없다.

▌행운의 대가를 잘 견딜 것

정(鼎)은 고대에 발이 셋 달린 제사 때 사용하던 솥이다. 정괘는 강한 운의 기운을 갖고 출발해, 능력과 운이 조화를 이루고, 그것이 더 많은 행운을 가져오는 과정을 겪는데, 그것을 솥을 통해 설명했다. 다리 셋 달린 솥은 그중 하나가 부러지면 쉽게 넘어지고, 자칫 안에 담긴 음식이 쏟아지는 불상사가 벌어질 수 있다. 음식이 행운을 상징한다고 했을 때, 구멍이 뚫려 새어나가는 것과 진배없다.

그런데 한 가지 차이가 있다. 안에 있는 불순물도 밖으로 뱉어낸다는 것이다. 소양에서 태양으로 전환하는 것, 즉 능력 부족을 채우는 방법 중 하나가 내면의 불순물을 뱉어내는 것일 수 있다. 그러면 깨끗한 그릇이 되면서 담을 수 있는 능력이 고양된다.

크게 길하다

鼎, 元吉, 亨.(정, 원길, 형)
정은 크게 형통하다.

괘사는 크게 길하고 형통하다는 단순한 말로 마무리를 했다. 상효가 모두 양효이기에 운이 따르고 형통하다.

나쁜 것을 꺼내는 데 이롭다

初 : 鼎顚趾, 利出否, 得妾以其子, 无咎.
(정전지, 리출부, 득첩이기자, 무구)
솥이 뒤집어졌으니 막힌 것을 꺼내는 데 이롭다.
첩을 얻어 그 아들까지 얻으니 허물이 없을 것이다.

전(顚)은 뒤집는다는 뜻이다. 솥이 뒤집히면 담긴 음식이 쏟아지고, 이는 곧 행운이 사라지는 엇박자의 상황처럼 보인다. 그런데 전화위복이다. 바닥에 감춰진 나쁜 것을 꺼냈기 때문이다. 솥이 능력을 발휘하지 못했던 이유는 솥 안에 담긴 불순물 때문에 음식을 온전히 보전하지 못했던 것이다. 독약이 든 솥에 담기는 모든 음식은 독극물로 변한다. 솥이 뒤집히는 언뜻 불행하게 보이는 일이 행운을 가져다준 것이다.

갑작스럽게 사고가 나는 바람에 예약한 비행기를 타지 못하고, 중요한 계약이 깨질 위기에 처했다. 운이 참 안 좋은 것이다. 그런데 타고 가기로 했던 비행기가 추락하면서 탑승자 전원이 사망했다. 비행기를 놓치는 순간 불행하다고 생각하겠으나 결과적으로 그것은 나쁜 일을 막아 준 행운이었다. 다음 날 계약 장소에 도착했을 때 위로를 한껏 받으면서 생각보다 좋은 조건으로 계약을 체결한다.

이후 솥은 온전하게 행운을 담는 기능을 시작한다. 첩을 얻었는데 훌륭한 아들이 함께 따라오는 행운을 누리는 것이다.

질투를 조심할 것

二 : 鼎有實, 我仇有疾, 不我能即, 吉.(정유실, 아구유질, 불아능즉, 길)
솥에 실한 음식물이 있고, 내 적의 시기(질병)가 있다.
내가 취하지 않는 것이 곧 길함이다.

구(仇)는 동반자 또는 적이란 뜻이 있다. 짝과 적이 동전의 양면인 셈이다. 질(疾)은 병이란 뜻도 있고 시기한다는 뜻도 있다. 시기함이 커지면 병이 되기도 한다. 즉(即)은 가까이 하다란 뜻이다.

과실이 생기면 누군가 시기하게 마련이다. 친구가 적이 되기도 한다. 그것을 조심해야 한다. 특히 정괘의 경우 무능했던 사람이 큰 행운을 얻었다고 생각하는 경우가 많을 것이다. 그것에 배 아파하는 사람이 있는 것이다. 이럴 경우 섣불리 솥에 있는 음식을 취하지 않는 것이 길하다고 주역은 말한다. 상대의 시기심을 자극할 가능성이 높기 때문이다.

예컨대 대박을 터뜨린 흥부에게 배가 몹시 아팠던 놀부가 찾아와 이런저런 어깃장을 놓은 뒤 화초장을 들고 가겠다고 한다. 흥부는 이를 순순히 내준다. 흥부의 행동이 이렇듯 적의 시기가 있을 때, 한발 물러서는 태도일 것이다.

솥의 귀가 떨어지는 고난이 찾아 온다

三 : 鼎耳革, 其行塞, 雉膏不食, 方雨虧悔, 終吉.
(정이혁, 기행색, 치고불식, 방우휴회, 종길)
솥의 귀가 떨어져 나가, 들고 나가는데 막혀서 꿩의 기름진 고기를
먹지 못하는데, 비까지 내려 후회가 이어지나 끝내 길할 것이다.

솥의 귀는 위로 두 귀처럼 삐죽이 돋고, 가운데에 구멍이 있어 긴 나무로 꿰어 들도록 되어 있는 부분이다.(그림 참조)
혁(革)은 솥귀가 떨어져 나간 것이고, 색(塞)은 막혔다, 치(雉)는 꿩, 고(膏)는 고기를 뜻한다. 휴(虧)은 불쾌한 감정으로 탄식한다는 뜻이 있다.

꿩고기를 넣고 한참 음식을 끓였는데, 귀가 떨어지면서 그것을 들고 갈 수 없다. 망가진 솥이 낭패를 만든 것이다. 그런데 거기에 비까지 내려 음식 안으로 빗물이 들어간다. 엎친 데 겹친 것이다. 이 같은 고난은 성공의 대가를 지불하는 과정이다. 그것을 이겨내야 행운은 온전히 내 것이 된다.

四 : 鼎折足, 覆公餗, 其形渥, 凶.(정절족, 복공속, 기형악, 흉)
솥의 발이 부러져서 공에게 바칠 음식을 엎었으니 온 몸이 젖어 흉하다.

복(覆)은 엎지르다이고, 속(餗)은 안에 담긴 음식을 의미한다. 형(形)은 음식의 형상이고, 악(渥)은 젖는다는 뜻이다.

음식을 쏟는 상황이 벌어진다. 여기서 중요한 것은 솥의 발이 부러졌다는 것이다. 이는 곧 균형의 상실이다. 균형감을 잃으면 흉하다는 뜻으로 이해할 수 있다. 특히 균형감의 상실이 중요한 음식을 엎어버리는 상황까지 까도록 해서는 안 된다.

五 : 鼎黃耳金鉉, 利貞.(정황이금현, 리정)
솥에 황색귀와 금 고리를 걸었다. 바르게 하는 것이 이롭다.

현(鉉)은 솥귀이고, 정이(鼎耳)와 같은 말이다. 운의 기운이 강해지면서 금고리라는 신분 상승을 이룬다. 마지막 소양의 상태에 대한 설명이다.

이렇듯 새로운 행운을 얻는 데 필요한 것이 바르게 하는 것이다. 그것은 시간 속에 새로운 에너지를 쌓는 과정일 것이다. 그 시간이 지나면 어느 순간 행운이 다가온다.

六 : 鼎玉鉉, 大吉, 无不利.(정옥현, 대길, 무불리)

솥이 옥으로 만든 고리를 걸었으니, 크게 길하여 이롭지 않음이 없다.

오(五)의 설명과 같은 맥락으로 이해할 수 있다. 그런데 금과 달리 옥은 세련되고 우아하다. 금귀가 권위와 더불어 질투와 시기를 이겨낼 단단함을 표현했다면 옥은 그것을 넘어선 차원에 도달했음을 뜻한다.

51 진괘震卦

震, 亨. 震來虩虩, 笑言啞啞, 震驚百里, 不喪匕鬯. 진은 형이다. 우레가 두렵지만, 웃고 말함이 즐거우니, 우레가 백리를 놀라게 하여도, 숟가락과 향기 가득한 술잔을 잃지 않는다.
初 : 震來虩虩, 後笑言啞啞, 吉. 우레가 두려움을 몰고 오나, 그 뒤 웃고 말함이 즐거우니 길하다.
二 : 震來厲, 億喪貝, 躋于九陵, 勿逐, 七日得. 우레가 올 때, 많은 재화를 잃고, 미련 없이 떠나 높은 언덕에 올라 제물을 찾지 않으니 7일 만에 다시 얻을 것이다.
三 : 震蘇蘇, 震行无眚. 우레가 불안하여도, 두려워 조심하며 그 안에서 행하면 재앙이 없을 것이다.
四 : 震遂泥. 우레가 드디어 진흙이 된다.
五 : 震往來, 厲, 億无喪, 有事. 우레가 가고 오기에 두려우나, 크게 잃을 것은 없고, 일만이 있다.
六 : 震索索, 視矍矍, 征凶, 震不于其躬, 于其鄰, 无咎, 婚媾有言. 우레가 찾아왔을 때 눈을 두리번거리면서 나아가는 것이 해롭다. 우레가 나에게 미치지 않고 이웃에게 미칠 때 경계하면 허물이 없을 것이다. 혼인을 구하는 이야기가 있을 것이다.

▌ 행운을 두렵게 접수할 것

철종은 사도세자의 서자의 손자로 정상적인 상황에서는 왕위에 오를 수 없는 신분인 데다, 천주교 신봉 문제로 신유박해 때 강화도로 유배돼, 사실 일가가 목숨을 부지하기조차 힘든 상황이었다. 다행히 순조의 노력으로 간신히 목숨은 건졌다. 대신 신분이 양민으로 격하됐다. 따라서 철종도 강화도에서 나무꾼, 행상, 농사를 지으며 살았다. 한편으론 관가에서 본인들을 죽이려 오는 건 아닌지 불안해했다고 한다(☷).

그런데 헌종이 후사 없이 죽자 순조의 양자 자격으로 왕위를 잇게 된다. 기본 절차를 무시한 계승으로 당시 외척이자 세도가인 안동김씨와 풍양조씨 입장에서 힘없는 왕이 필요했기 때문에 이루어진 것이다. 어쨌든 철종에게는 행운이었다. 다만 과도한 행운이었다. 학문적 소양이 부족하다는 이유로 안동김씨가 모든 정무를 처리했고, 일반 백성까지 서자, 서출, 강화도령이라고 비하하는 수모를 겪는다(☷).

수모를 겪는 동안 나름대로 실력을 키워 친정을 시작했고, 관리들의 부정, 비리를 지적하며 왕권 강화에 힘쓴다. 하지만 하늘은 그의 편이 아니었다. 세도가의 압력을 이겨내기엔 역부족이었고 자식 없이 살다 죽는다(☷).

옛사람들은 천둥을 하늘의 노여움으로 생각했다. 그런데 천둥은 자연에만 존재하지 않았다. 자신을 억압하는 사회적 관계도 천둥 같은 두려움의 대상이었다. 천둥소리에 움츠러든 상황이 지속되지만 그치는 날도 온다. 평소보다 더 깨끗하고 맑은 하늘을 구경하는 행운을 얻는다. 태음이 소양으로 전환한다. 천둥처럼 몰아치는 폭정이 멈추는 것이다.

천둥을 그치게 할 힘은 없었으나 그친다는 것은 알고 있다. 따라서 버텨야 한다. 버팀은 곧 시간 속에 에너지를 쌓는 것이다. 햇볕이 내리쬐는 일이 벌어지고, 볕을 이용해 움츠러들었던 몸을 펴고, 할 수 있는 일을 찾아 능력을 고양시킨다.

● ……………… 우레가 두려워도 숟가락과 술잔을 놓지 않는다 ……………… ●

震, 亨. 震來虩虩, 笑言啞啞, 震驚百里, 不喪匕鬯.
(진, 형, 진래혁혁, 송언아아, 진경백리, 불상비창)
진은 형이다. 우레가 두렵지만, 웃고 말함이 즐거우니, 우레가 백리를 놀라게 하여도, 숟가락과 향기 가득한 술잔을 잃지 않는다.

혁(虩)은 두려워하다는 뜻이다. 혁혁(虩虩)은 두려워하는 모양이다.
상(喪)은 잃는다는 뜻이고, 비(匕)는 숟가락, 창(鬯)은 창주 또는 술을
담는 잔을 의미한다. 창주는 향기 나는 풀 등을 사용하여 빚어낸 향기로
운 술의 이름이다.

우레가 두려운 것은 그 자체가 아닌 그 소리가 만든 마음속 공포다. 마
음으로 두려워하지 않는다면 그것은 빗줄기에 섞인 시끄러운 소리일 뿐
이다. 천둥소리 속에서도 웃고 즐길 수 있다면, 들고 있는 숟가락과 술잔
을 떨어뜨리는 일은 없을 것이다.

혹 두렵더라도 후에 웃으면 길하다

初 : 震來虩虩, 後笑言啞啞, 吉.(진래혁혁, 후소언아아, 길)
우레가 두려움을 몰고 오나, 그 뒤 웃고 말함이 즐거우니 길하다.

설사 우레에 대한 공포감이 생기더라도, 그것이 그친 뒤 웃을 수 있으
면 길하다. 일이 힘들어도 시간이 지난 뒤 웃고 추억할 수 있으면 길한
것이다.

매일 직장 생활로 힘든 하루를 보낸다. 언제 해고될지 모르는 두려움
이 있고, 저조한 실적을 질책하는 상사의 불호령이 언제 떨어질지 몰라
괴롭다. 그래도 집에 가면 사랑스러운 마누라와 귀여운 아이들이 있다.
그들의 얼굴을 보면 모든 피로가 사라진다. 그들이 나에겐 가장 큰 행운
이고 하늘이 준 선물이다. 이것이 서민 혹은 태음인 인생의 전형적인 단
면이 아닐까

二 : 震來厲, 億喪貝, 躋于九陵, 勿逐, 七日得.

(진래려, 억상패, 제우구릉, 물축, 칠일득)

우레가 올 때, 많은 재화를 잃고, 미련 없이 떠나 높은 언덕에 올라

제물을 찾지 않으니 7일 만에 다시 얻을 것이다.

억(億)은 숫자 단위이기도 하지만 많음을 뜻하기도 한다. 제(躋)는 오르다는 뜻이고, 능(陵)은 고개다. 천둥에 놀라 재화를 잃었으나 미련을 두지 않고 높은 언덕에 오른 뒤 쫓지 않으면 다시 얻을 수 있다. 다시 얻는 것은 행운의 모습이다. 여기서 행운은 더 높은 자리로 오르는 것이기보다 잃은 것을 다시 회복하거나 불행을 막아주는 것이다.

폭정이 심해지면 전부 빼앗기기도 한다. 민초들이 택할 수 있는 건 정든 자리를 떠나는 것이다. 짓고 있던 농작물과 가축 등을 잃어버려야 하는 상황에 직면한다. 현대 사회에서 이 같은 폭군은 없겠지만 갑작스럽게 기업에서 해고되면서 일자리를 잃기도 한다. 분하고 원망스러운 상황이다. 그러나 주역은 7일 만에 다시 얻을 것이라고 말한다.

三 : 震蘇蘇, 震行无眚.(진소소, 진행무생)

우레가 불안하여도, 두려워 조심하며 그 안에서 행하면

재앙이 없을 것이다.

소소(蘇蘇)는 무서워 불안해하는 모습이다. 생(眚)은 재앙이라는 뜻이

다. 우레가 무서움을 몰고 오겠으나, 그 안에서 행하는 행위에는 재앙이 없다. 여기서 우레는 갑작스럽게 닥친 행운이 몰고 온 공포감을 뜻한다고 할 수 있다. 이런 점에서 앞선 효(爻)의 우레와는 다른 맥락이다. 예컨대 아무것도 없는 여자에게 부잣집 아들이 사랑을 고백하고 결혼을 청해온다고 해보자. 모두가 꿈꾸는 신데렐라의 꿈이 실현되는 것이다.

그렇다면 마냥 기쁘기만 할까? 아니다. 기쁨보단 두렵고 불안한 마음이 클 것이다. 혹시나 자신을 농락하고 버리는 것은 아닌지 의구심이 생길 것이다. 그렇다고 버릴 수 없다. 이 같은 상황에서 두려움을 갖고 조심스럽게 행해야 재앙이 없다고 주역은 말한다. 철종 역시 마찬가지였을 것이다. 왕이 되긴 했으나 세도가의 속내는 뻔한 것이다. 따라서 두렵고 조심스럽게 행동해야 했다.

진흙 속에! 빠지다

四 : 震遂泥.(진수니)
우레가 드디어 진흙이 된다.

수(遂)는 드디어, 두루, 이루다, 나아가다 등의 뜻이 있다. 간단히 해석하면 우레가 진흙으로 나아간 것이다. 우레와 천둥, 그에 동반된 큰비는 나일강, 황허강 주변 땅을 비옥하게 만들었다. 천둥과 우레가 동반된 큰비가 지나간 자리에 행운의 옥토가 만들어진 것이다. 진흙은 특히 고대문명 도시의 건물을 짓는 벽돌의 재료이기도 하다. 결과적으로 태음과 소양을 거치며 우레의 공포를 견딘 노력이 결실을 맺기 시작한 것이다. 철종 역시 마찬가지다. 스스로 왕이 될 수 있는 자질을 조금씩 쌓아갔을 것이다.

五 : 震往來, 厲, 億无喪, 有事.(진왕래, 려, 억무상, 유사)

우레가 가고 오기에 두려우나, 크게 잃을 것은 없고, 일만이 있다.

우레가 여전히 두렵기는 하지만 이제 대단한 공포는 아니다. 본인의 내공도 이미 쌓였기 때문이다. 그러나 더 이상의 행운도 없다. 철종의 예를 들어 설명하자면 제대로 된 왕 행세를 하기 시작하는 순간 주변 세도가들이 등을 돌린다. 따라서 운을 물어다 줄 사람이 없다. 아울러 그들을 대신해 본인을 지탱해 줄 세력도 없다. 번거롭게 이런저런 해야 할 일, 골치 아픈 일만 들어난다. 운이 다한 상태이기 때문이다.

六 : 震索索, 視矍矍, 征凶, 震不于其躬, 于其鄰, 无咎, 婚媾有言.
(진색색, 시확확, 정흉, 진불우기궁, 우기린, 무구, 혼구유언)

우레가 찾아왔을 때 눈을 두리번거리면서 나아가는 것이 해롭다.

우레가 나에게 미치지 않고 이웃에게 미칠 때 경계하면 허물이

없을 것이다. 혼인을 구하는 이야기가 있을 것이다.

색(索)은 찾다, 찾아오다는 뜻이다. 검색하다 모색하다 등에 쓰이는데, 면밀하게 찾는 것이다. 확(矍)은 두리번거린다, 혹은 놀라 돌아본다는 뜻이다. 궁(躬)은 나이고, 린(鄰)은 이웃이다.

운이 다한 상황이기 때문에 오히려 불행한 일이 벌어질 가능성이 높다. 따라서 늘 경계해야 한다. 그러나 겁을 먹은 표정은 숨겨야 한다. 그

러면 스스로 약점이 잡힐 수밖에 없기 때문이다. 이 같은 시간을 버티고 견디면 혼인을 구하는 이야기가 나온다. 즉 나를 도와줄 수 있는 누군가를 만날 수 있는 것이다. 그 긴 시간을 버틸 수 있느냐가 관건일 것이다. 부잣집에 시집갔으나 본인 목소리를 내기 시작하면서 시어머니와 남편에게 구박받는 며느리는 결국 자식이 성장해 자신의 든든한 뒷배가 될 때까지 기다려야 한다. 다만 도적과 혼인함을 경계해야 한다.

52 간괘艮卦

艮其背, 不獲其身, 行其庭, 不見其人, 无咎. 등에 그치면 몸을 얻지 못하며 뜰에 가서는 사람을 보지 못한다. 허물이 없을 것이다.

初 : 艮其趾, 无咎, 利永貞. 발에 그쳐 허물이 없으니 끝까지 지키면 이롭다.

二 : 艮其腓, 不拯其隨, 其心不快. 장딴지에 그쳤다. 따르는 것을 얻지 못하니 마음이 유쾌하지 못하다.

三 : 艮其限, 列其夤, 厲薰心. 허리에 그쳐서 등과 하체를 갈라놓으니 위태로움이 마음에 생긴다.

四 : 艮其身, 无咎. 몸에 그침이니 허물이 없다.

五 : 艮其輔, 言有序, 悔亡. 광대뼈에 그쳐서 말에 순서가 있으면 후회가 없어질 것이다.

六 : 敦艮, 吉. 두텁게 그치니 길하다.

▌끝없이 내려놓고 멈출 것

양녕대군의 아버지 태종은 원경왕후와의 사이에서 4남 4녀를 두었고, 8명의 후궁에게서도 8남 13녀라는 많은 자녀를 얻었다. 양녕대군은 그 가운데 장남으로 태어나는 큰 행운을 누렸다. 특히 그가 태어날 당시 아버지 이방원(李芳遠)은 왕이 아니었으나 6년 뒤 조선의 제3대 국왕이 된다. 아울러 양녕은 10세 때 이제(李褆)라는 이름을 하사받았고 왕세자에 책봉되면서 일찌감치 승계가 결정되기도 했다. 그러나 이후 그는 점차 세자의 모범에서 어긋나는 행실을 반복하면서 폐위된다. 능력에 비해 과도한 행운이 다가왔던 것이다(☷).

세종이 된 충녕대군에게 자리를 물려준 뒤 폐출된 양녕대군은 주로 경기도 이천에 거주했다. 정치적 분란의 가능성을 우려한 신하들은 세종에게 그를 처단할 것을 요구하기도 했다. 사태를 알고 있는 양녕대군은 조용히 시, 서예, 음악 등 예술적 재능을 선보이면서 풍류객으로 살아가면서 목숨을 유지한다. 궁궐에서 벗어남으로써 오히려 감성적 표현에 뛰어난 재능을 발견했다고 해야 할까. 그의 작품은 지금도 높은 가격으로 거래된다고 한다(☷).

세종이 죽은 뒤 양녕대군은 종친의 어른이라는 위치에 올라서지만, 단종, 문종으로 이어지며 혈육끼리 죽이고 죽는 상황을 목격하게 되고, 이후 보다 속세를 벗어나 유유자적한 삶을 살아간다(☷).

간(艮)은 그치다, 멈춘다는 뜻이 있고, 이런 맥락에서 가난하다, 어렵다는 의미를 갖고 있다. 46번 승괘(☷☴)가 양효의 상승을 형상화했다면 간괘는 가라앉음을 보여주고 있다. 소양에서의 소음으로 변화(☶)는 운의 기운과 개인 능력을 교환하는 것이다. 그 뒤 태양이 온다면 26번 대축괘(☶☰)가 된다. 시간 속 에너지가 축적되어 태양으로 나가는 것이다. 간괘는 대축괘가 될 만큼 노력하지 않은 상태로 보면 될 것이다. 이럴 경우 적절한 시점에서 멈추는 것이 나을 수 있다.

허물이 없다

艮有背, 不獲其身, 行其庭, 不見其人, 无咎.
(간기배, 불획기신, 행기정, 불견기인, 무구)
등에 그치면 몸을 얻지 못하며 뜰에 가서는 사람을 보지 않으면,
허물이 없을 것이다.

획(獲)은 얻는다는 뜻이다. 괘사가 강조하고 있는 것은 등에 그치면 안 된다는 것이고, 그것은 어정쩡한 상황에서 멈춰 서는 것이다.

등을 구부린 구부정한 상황에서 스톱한 것이다. 결국, 행운도 사라질 뿐만 아니라 감춰진 능력도 드러나지 못한다. 손에 든 것을 확실히 버려야 다른 것을 얻을 수 있다.

첫 행운을 지킬 것

初 : 艮其趾, 无咎, 利永貞.(간기지, 무구, 리영정)
발에 그쳐 허물이 없으니 끝까지 지키면 이롭다.

발에 그친다는 것은 시작에서 멈춘다는 것이다. 일찍 멈추는 것이 다행이다. 아무것도 없는 가운데 쏟아진 행운을 경험했다면 그것에 만족해야 한다. 그때가 가장 좋은 시절인 것이다.

그리고 그것을 지키는 것이 이롭다고 주역은 추천한다. 불필요하게 낭비하지 말라는 뜻으로 해석할 수 있다.

젊은 나이에 갑작스럽게 로또에 당첨되는 등의 행운이 생겼다고 해보자. 그럴 경우 아무것도 하지 말고 지키는 것이 유리할 것이다. 이것저것 사업을 하면 오히려 손해를 볼 가능성이 높다. 그게 가능하다면 최선의 선택이 되는 것이다.

그러나 간괘의 운명을 걸어가는 경우 여기서 그치기엔 아쉬움이 클 가능성이 높다. 뭔가 해보고 싶은 마음이 강할 가능성이 높다. 실력이 있다고 생각하기 때문이다. 태양으로 발전하는 성공에 대한 꿈이 피어날 것이다.

二 : 艮其腓, 不拯其隨, 其心不快.(간기비, 부증기수, 기심불쾌)
장딴지에 그쳤다. 따르는 것을 얻지 못하니 마음이 유쾌하지 못하다.

비(腓)는 장딴지를 뜻한다. 증(拯)은 건지다, 구원하다, 돕다는 뜻이 있다. 발가락의 에너지가 장딴지로 올라왔다. 일이 진행된 것이다. 그런데 원하는 것을 얻지 못한다. 초반의 행운을 바탕으로 태양으로 발전하기 고대했으나 실패한다. 따라서 마음이 불편하다. 양녕대군이 이쯤에서 그친 것으로 볼 수 있을 것이다. 본인의 능력 부족을 인정하고 아버지로부터 인정받지 못함을 수긍한 가운데 마음이 유쾌하지는 않지만, 동생에게 세자의 지위를 물려주게 된다고 할 수 있다.

왕위를 얻지 못했기에 마음에 아쉬움과 불쾌함이 있을 것이다. 그러나 포기한 이상 미련을 둘 필요는 없다. 덕분에 그래도 양녕대군이 왕으로서의 자질은 부족했으나 동생에게 깔끔하게 자리를 물려줄 정도의 성정을 갖췄으며, 예술적 재능이 있던 왕자로 기억되고 있다.

三 : 艮其限, 列其夤, 厲薰心.(간기한, 렬기인, 려훈심)
허리에 그쳐서 등과 하체를 갈라놓으니 위태로움이 마음에 생긴다.

간(限)은 허리이다. 열(列)는 벌리다는 뜻이고, 인(夤)은 등의 뼈나 살로 해석된다. 결과적으로 허리에서 멈추면 몸의 상체와 하체가 갈라지고 엇박자가 난다. 마음에 염려가 생길 수밖에 없다. 훈(薰)은 향초, 향내 등의 뜻이 있는데, 훈심(薰心)은 마음으로 보면 될 것이다.

장딴지에서 멈추지 않고, 허리까지 올라온 가운데 멈췄다. 어차피 멈춰야 할 것이라면 미리 멈췄어야 했는데 미련 탓에 너무 오래 끌고 온 것이다. 따라서 등과 하체가 갈라져 버린다. 위태로운 마음도 생긴다. 양녕대군이 마지막까지 버티고 버틴 경우로 볼 수 있지 않을까. 일찍 그쳤을 때보다 더 위태로운 상황에 직면할 가능성이 높다.

내려놓으면 편하다

四 : 艮其身, 无咎.(간기신, 무구)
몸에 그침이니 허물이 없다.

몸에 그쳤다는 건 결과적으로 깨끗하게 모든 걸 받아들이고 그쳤다는 것이다. 발끝에서 그칠 수도, 장딴지에서 혹은 등에서 그칠 수도 있다. 어쨌든 그치기로 한 뒤 그 모든 것을 몸으로 받아들이면 허물이 없을 것이라는 게 주역의 설명이다. 발끝에서 그쳤더라도 시간이 지난 뒤 스멀스멀 움직이고 싶은 마음이 생길 수 있다. 이런 가능성이 없어졌다는 의미로 해석할 수 있다. 궁궐을 떠난 양녕이 한양과의 인연을 완전히 끊은 상황 등으로 이해할 수 있을 것이다.

말에 순서가 있으면 길하다

五 : 艮其輔, 言有序, 悔亡.(간기보, 언유서, 회망)
광대뼈에 그쳐서 말에 순서가 있으면 후회가 없어질 것이다.

보(輔)는 광대뼈란 뜻이 있다. 에너지가 이제 얼굴로 올라온다. 몸에 힘이 빠진 것이다. 대신 살아온 경험을 일목요연하게 정리해 이야기할 수 있다면 후회가 없을 것이라고 이야기한다.

두터우면 길하다

六 : 敦艮, 吉.(돈간, 길)
두텁게 그치니 길하다.

돈(敦)은 두텁다는 뜻이다. 두텁게 그치는 것은 그침을 무겁게 받아들이는 것이다. 신중한 행동이 곧 길함을 가져온다. 끝없이 어떤 미련이 있을 수 있다. 초반의 행운이 일종의 마약 같은 역할을 할 수 있다. 가끔 문득 다시 도전하면 예전의 꿈을 이룰 수 있을 것 같은 미련이 생길 수도 있다. 그 모든 걸 두텁게 닫아 둘 필요가 있다는 게 주역의 설명이다.

53 점괘 漸卦

漸, 女歸吉, 利貞. 여자가 시집가야 길하다. 바르게 하는 것이 이롭다.

初 : 鴻漸于干, 小子厲, 有言, 无咎. 기러기가 점차 과녁에 다가가니 자녀가 위태롭고 여러 말이 있으나, 허물은 없다.

二 : 鴻漸于磐, 飮食衎衎, 吉. 기러기가 반석에 나아가니 마시고 먹는 것이 즐거우니 길하다.

三 : 鴻漸于陸, 夫征不復, 婦孕不育, 凶, 利禦寇. 기러기가 평원으로 나오고, 정복에 나선 남편은 돌아오지 않고, 부인은 임신하여도 기르지 못해 흉하다. 도적을 막는 것이 이롭다.

四 鴻漸于木, 或得其桷, 无咎. 기러기가 나무로 나아가, 혹시 가지를 얻으면 허물이 없을 것이다.

五 鴻漸于陵, 婦三歲不孕, 終莫之勝, 吉. 기러기가 높은 언덕에 나아감이니 부인이 3년 동안 임신하지 못한다. 끝내 이기지 못하니, 길하다.

六 鴻漸于陸, 其羽可用爲儀, 吉. 기러기가 육지로 왔으니 그 깃을 본보기로 삼을 만하니 길하다.

▌점차 소멸해가는 운과 능력

이중섭은 평안남도 평원에서 1916년에 태어난다. 아버지는 일찍 세상을 떴으나 할아버지가 큰 부자였기에 부족할 것 없는 삶을 살았다. 성장한 뒤엔 그의 형 중석이 사업에 성공하면서 지원을 받는다. 거기에 예술적 재능을 타고 났다. 오산학교에서 만난 미술 교사 임용련, 백남순은 당시엔 극히 드물게도 프랑스에서 유학한 인재였으며, 그들로부터 그림 공부를 하는 행운을 누린다. 이후 동경제국대 미술학교에 입학했다 동경문화학원으로 옮기는 등 유학을 통해 실력을 쌓았고, 모든 과정에서 형이 아낌없는 금전적 지원을 함으로써 걱정 없는 삶을 살았다. 유머도 있고, 훤칠한 외모를 소유하기도 했다(☰).

세상 부족할 것 없는 그에게 불행이 닥친 것은 8·15 광복이었다. 그의 형이 부르조아 친일 부역자로 몰리면서 김일성 정권으로부터 모든 재산을 강탈당할 뿐만 아니라 손가락질의 대상이 된다. 나이 서른에 갑작스럽게 가난해진 것이다. 그 뒤 한국전쟁을 틈타 부산으로 피난 온 뒤 그림으로 돈을 벌기 시작한다. 실력을 인정받아 벌기는 했으나 모으지 못했다. 풍족하게 살았던 탓에 버는 족족 써버렸다. 젊은 시절의 과도한 행운에 대한 채무를 갚았던 것으로 볼 수도 있지 않을까. 따라서 이때부터 가난한 생활이 시작된다(☵).

결국, 사랑했던 일본인 아내와 자식을 일본으로 보내야 했고, 정신분열 등으로 불우한 생활을 한다. 1956년 정신이상과 함께 과도한 음주에 따른 간염으로 세상을 떠난다(☵).

점(漸)은 차츰, 점점이란 뜻으로 천천히 나아가거나 스며드는 것을 의미한다. 시간이 흐를수록 운에 이어 능력도 사라지면서 음효가 늘어난다. 12번 비괘(☰☷)와 비교해 중간의 양괘(兩卦)가 소양이 아닌 소음이다. 37번 가인괘와(☲☴)와 비교했을 땐, 마지막 양효가 태음이란 점이 다르다. 가인괘의 대표적 인물로 정약용을 들었다. 유배지에서 때를 기다리다 학문에만 전념한 경우다. 점괘는 때를 기다리다 모든 걸 접는 운명으로도 볼 수 있다.

시집가는 것이 길하다

漸, 女歸吉, 利貞.(점, 여귀길, 리정)
여자가 시집가야 길하다. 바르게 하는 것이 이롭다.

주역에서 여성은 하효를 상징한다. 시집을 가는 것은 상효인 남성과 결합하는 것이다. 운과 능력이 조화를 이뤄야 길함이 발생한다.

初 : 鴻漸于干, 小子厲, 有言, 无咎.(홍점우간, 소자려, 유언, 무구)
기러기가 점차 과녁에 다가가니 자녀가 위태롭고 여러 말이 있으나,
허물은 없다.

홍(鴻)은 기러기고, 간(干)은 방패, 과녁 등의 뜻이 있다. 나의 방패는 상대의 과녁이기 때문이다. '창과 방패'에서 창이 겨누는 것이 방패이고, 창을 막는 것이 방패이다. 점차 방패 혹은 과녁으로 나아간다는 것은 상대가 방어하고 있는 목표지점에 다가가는 것이다.

목표에 접근할수록 더 고난이 발생하고 이런저런 말이 나온다. 성공을 위해선 경쟁자도 물리쳐야 하고 난관도 헤쳐 나가야 한다. 이 같은 상황을 표현했다고 볼 수 있다. 특히 자녀가 위태롭다는 말은 현재에 취해 미래에 대한 대비가 부실한 상황으로 볼 수 있다. 어쨌거나 좋은 상황에 놓인다.

二 : 鴻漸于磐, 飮食衎衎, 吉.(홍점우반, 음식간간, 길)
기러기가 반석에 나아가니 마시고 먹는 것이 즐거우니 길하다.

반(磐)넓고 평평한 바위를 의미하고, 간(衎)은 즐기다, 기뻐하다는 뜻

이 있다. 기러기가 반석으로 나아간 것이다. 반석은 산에서 튀어나온 바위다. 반석에 올라섰다는 표현을 자주 하는데, 굳건한 위치를 확보했음을 뜻한다. 방패를 뚫고 반석에 올랐으니 이긴 것이다. 태양의 상황을 의미한다.

기러기는 그곳이 굳건할 것으로 믿는다. 따라서 먹고 마시는 것이 즐겁다. 미래를 위한 준비보다는 상황을 즐긴 것이다. 다소간의 오만함이 반영된 것으로 볼 수 있다. 그 반석을 굳건히 지킨다면 큰 문제는 없을 수도 있다. 그런데 운명의 변화가 발생한다.

과유 불급

三 : 鴻漸于陸, 夫征不復, 婦孕不育, 凶, 利禦寇.
(홍점우륙, 부정불복, 부잉불육, 흉, 리어구)
기러기가 평원으로 나오고, 정복에 나선 남편은 돌아오지 않고,
부인은 임신하여도 기르지 못해 흉하다. 도적을 막는 것이 이롭다.

잉(孕)은 임신하다는 뜻이고, 어(禦)는 막는다는 뜻이고, 구(寇)는 도적이다. 기러기가 산에서 육지로 내려와 새로운 도전에 나섰다. 사실 그것은 본인이 원한 것일 수도 있고 아닐 수도 있다. 태양에서 소음으로의 전환은 권력투쟁에서 밀려나는 등 갑작스럽게 불운한 상황이 다가오는 것이다. 이중섭이 북한에서 부산으로 이주한 것이 바로 평원으로 나온 것이라고 할 수 있다.

그런데 남편이 돌아오지 않는다. 즉 운의 기운이 사라진 것이다. 거기에 부인이 임신하여도 기르지 못한다. 부인은 개인의 능력을 말한다. 임신할 수는 있으나 기르지 못한다. 누군가 가져가는 것이다. 이중섭의 경

우 그림을 그리는 재능으로 돈을 벌지만, 술집에서 전부 가져간다. 이제 필요한 것은 정복이 아닌 아이를 훔쳐가는 도적을 막는 것이 된다. 그러나 성공적이지 못한 경우가 많다.

나무로 후퇴하다

四 : 鴻漸于木, 或得其桷, 无咎.(홍점우목, 혹득기각, 무구)
기러기가 나무로 나아가, 혹시 가지를 얻으면 허물이 없을 것이다.

각(桷)은 서까래 혹은 옆으로 뻗은 나뭇가지다. 나무로 올라간 것은 승부를 건 싸움에서 패해 도망친 것이다. 거기서 얻은 나뭇가지는 자신을 보호할 수 있는 무기라고 할 수 있다. 아무것도 없는 상태에서 그나마 몸을 보호할 수 있는 무기가 있다면 퇴각하는 데 유리하다.

언덕으로 물러난다

五 : 鴻漸于陵, 婦三歲不孕, 終莫之勝, 吉.
(홍점우릉, 부삼세불잉, 종막지승, 길)
기러기가 높은 언덕에 나아감이니 부인이 3년 동안 임신하지 못한다.
끝내 이기지 못하니, 길하다.

높은 언덕은 임시 거처인 나무에서 빠져나와 도달한 피신처다. 그곳에서 운도 따르지 않고 임신도 하지 못한다. 주체적 역량까지 소진된 것이다. 임신은 하되 기르지 못하는 것과 임신 자체도 못하는 상황은 다르다. 전자는 능력은 있으나 운의 기운과 결합하지 못하는 것이고, 후자는 능력 자체가 상실된 것이다.

그런데 길하다고 했다. 설사 임신을 해 아이를 낳고 길러 다시 들판으로 나가 반석에 오르려고 시도해도 결과가 눈에 보이는 탓이다. 포기함으로써 오히려 더 좋을 수 있다고 주역은 말한다.

다시 육지로 그러나 다른 모습으로

六 : 鴻漸于陸, 其羽可用爲儀, 吉.(홍점우륙, 기우가용위의, 길)
기러기가 육지로 왔으니 그 깃을 본보기로 삼을 만하니 길하다.

의(儀)는 본보기로 해석할 수 있다. 기러기가 다시 육지로 왔는데, 사람들이 존경을 표한다. 빛나는 태양이 되었기에 존경한다기보다 모든 걸 내려놓음으로써 세상을 읽는 지혜의 빛을 제공하기 때문이다. 모든 도전이 승리할 수는 없다. 승자가 있으면 패자도 존재하고, 패자의 태도도 세상이 제대로 돌아가도록 하는 데 중요하다. 이중섭 역시 비참하게 삶을 끝냈으나 그가 남긴 예술혼과 작품은 많은 사람의 본보기가 되고 있다고 할 수 있다.

54 귀매괘歸妹卦

歸妹, 征凶, 无攸利. 누이동생을 시집보내니, 가면 흉하고 이로운 바가 없다.

初 : 歸妹以娣, 跛能履, 征吉. 누이동생을 첩으로 시집보내니, 절름발이가 걷고자 함이며 나아가면 길하다.

二 : 眇能視, 利幽人之貞. 애꾸눈이 잘 보고자 함이며, 유인의 바름이 있으면 이득이 있다.

三 : 歸妹以須, 反歸以娣. 마땅히 시집을 가는데, 결과적으로 첩으로 결혼한다.

四 : 歸妹愆期, 遲歸有時. 혼기를 놓쳐 누이를 결혼시키니 늦은 출가의 때가 있다.

五 : 帝乙歸妹, 其君之袂, 不如其娣之袂良, 月幾望, 吉. 누이를 제을에게 결혼시키매, 정실의 소매가 첩의 좋은 소매보다 못하다면, 이룸의 때가 가까운 것이니 길하다.

六 : 女承筐, 无實, 士刲羊, 无血. 无攸利. 여자가 광주리를 받드나 내용물이 없고, 남자가 양을 찌르나 피가 없으니, 이로운 바가 없다.

▌첩으로 들어가 정실이 되다

측천무후는 중국 역사 최초이자 최후의 여황제이다. 그녀는 아버지가 죽은 뒤 첩이었던 어머니와 함께 쫓겨나 궁핍한 생활을 한다. 그런데 사냥에 나왔던 당태종의 눈에 띄어 하급 하궁인 재인이 되어 운이 풀리는 듯했다. 그러나 무려 12년간 태종의 승은을 받지도 못한 가운데, 엎친 데 겹친 격으로 태종이 죽은 뒤 당시 황실 전통에 따라 비구니가 된다(☶).

거기서 모든 게 끝났다면 측천무후는 없었을 것이다. 그런데 그녀는 황실에 있는 동안 태자를 유혹해 그와 몰래 정을 통하는 관계를 만들어 놓았다. 따라서 그가 부르면 운명이 바뀌는 것인데, 한동안 소식이 없었다. 그러자 이런저런 수단을 써 고종이 그녀를 다시 부르게 만들었고, 드디어 황제의 비가 된다(☷).

그녀는 그 뒤 황후의 자리를 차지하는데, 거기에 만족하지 않고 고종이 안질과 두통으로 정사를 돌보지 못하자 수렴청정에 나서면서 중국 역사의 최초이자 최후인 여황제 자리에 오른다(☰).

귀매괘는 점(漸)괘와 반대로 양효가 늘어난다. 11번 태괘(☰☷)와 같이 작은 것이 가고 큰 것이 오는데, 하효가 아닌 상효가 먼저 양효로 바뀌는 점이 다르다. 행운이 먼저 움직인 것이다. 시집을 잘 가 팔자를 고치는 괘라고 할 수 있는데, 귀매(歸妹)는 누이동생을 시집보낸다는 뜻이다.

가면 흉하다

歸妹, 征凶, 无攸利.(귀매, 정흉, 무유리)
누이동생을 시집보내니, 가면 흉하고 이로운 바가 없다.

귀(歸)는 돌아가다 따르다 등의 뜻이 있고, 이런 맥락에서 시집가다라는 의미가 있다. 여성이 시집가는 것은 부모님 집에 의탁해 살다 본인 장소로 가는 것이다. 그런데 나아가면 흉하고 유리할 게 없다고 말한다. 섣불리 시집을 가서는 안 되는 것이다. 내적 준비를 하며 시간을 기다려야 한다. 아울러 신랑 될 사람이 찾아오도록 해야지 여기저기 신랑을 찾아다녀서는 안 된다. 따라서 은밀한 작업이 필요하다.

初 : 歸妹以娣, 跛能履, 征吉.(귀매이제, 파능리, 정길)

누이동생을 첩으로 시집보내니, 절름발이가 걷고자 함이며

나아가면 길하다.

제(娣)는 첩을 의미한다. 파(跛)는 절름발이를 의미하고, 리(履)는 걷는다로 해석될 수 있다. 정실로 시집가고자 한다면 비슷한 처지의 남성을 만나야 한다. 반면 첩은 신분과 지위가 본인보다 높은 사람에게 시집가게 된다. 이는 곧 상효가 양으로 바뀌는 것이다. 대감 집에 첩으로 들어가는 것은 능력에 비해 많은 운의 기운을 확보하는 것이다. 능력 있는 집에 양아들로 가는 것도 같은 맥락이라고 할 수 있을 것이다.

첩으로 가는 이유는 절름발이가 걷고자 하기 때문이다. 16번 예괘(:::::)에서 미달이 아빠의 예를 들면서, 잘 준비해서 좋은 곳에 시집장가를 가는 운명에 대해 이야기했다. 첩은 그보다 더 높은 곳에 낮은 지위로 가는 것이다. 이유는 절름발이이기 때문이다. 능력과 운이 따르지 않는 절름발이지만 꿈을 꾸기 때문에, 자존심을 접고 큰 곳에 들어가는 것이다.

二 : 眇能視, 利幽人之貞.(묘능시, 리유인지정)

애꾸눈이 잘 보고자 함이며, 유인의 바름이 있으면 이득이 있다.

묘(眇)는 애꾸눈을 뜻하고, 유(幽)는 그윽하다, 깊다 등의 뜻이 있는

데 이런 맥락에서 깊고 그윽한 존재를 의미하기도 한다. 유령(幽靈) 등의 단어에 사용된다. 유인(幽人)은 유령까지는 아니겠으나 다소 신비스러움을 가진 존재를 뜻한다고 할 수 있다. 뭔가 신비감이 있으면서 바름을 유지해야 시집가기 유리하다는 것으로 이해할 수 있다. 또한, 괘사나 예괘에서 설명했듯이 작업 진행이 은밀해야 함을 뜻한다고 볼 수도 있다.

결국 첩이다

三 : 歸妹以須, 反歸以娣.(귀매이수, 반귀이제)
마땅히 시집을 가는데, 결과적으로 첩으로 결혼한다.

수(須)는 반드시, 모름지기란 뜻이 있다. 이제 정말 시집갈 시간이 됐다. 적당한 상대가 있다면 기회를 잡아 시집을 가야 한다. 사실 이런 점에서 앞서 설명한 16번 예괘(☰☰☰)와 여기까지 비슷하다. 그러나 예괘는 시집가는 것 자체가 인생 최고의 목적이다. 즉 첩에 만족하는 것이다. 그러나 귀매계는 도약을 위한 플랫폼을 마련하는 것으로써 의미가 있을 뿐이다.

늦은 출가는 때가 있다

四 : 歸妹愆期, 遲歸有時.(귀매건기, 지귀유시)
혼기를 놓쳐 누이를 결혼시키니 늦은 출가는 때가 있다.

건(愆)은 허물, 나쁜 병, 지나치다 등의 뜻이 있다. 지(遲)도 더디다, 늦다, 지체하다의 뜻이 있다. 때를 기다리다 혼기를 놓쳤다는 것은 기회를 잃어버렸다는 의미다. 그렇다고 모든 것이 끝난 것은 아니다. 하지만 늦어질수록 마음이 조급하다. 마음이 조급하면 덜컥 이것도 저것도 아닌 곳으로 시집가게 된다. 눈높이를 낮추고, 전략도 수정하지만 역시 타이밍을 잘 잡아야 한다.

첩이지만 왕비의 대접을 받는다

五 : 帝乙歸妹, 其君之袂, 不如其娣之袂良, 月幾望, 吉.
(제을귀매, 기군지몌, 불여기제지몌량, 월기망, 길)
누이를 제을에게 결혼시키매, 정실의 소매가 첩의 좋은 소매보다
못하다면, 이룸의 때가 가까운 것이니 길하다.

몌(袂)는 소매를 뜻한다. 첩으로 시집가더라도 소매가 정실의 것보다 아름다운 순간이 오고, 그때가 달이 차오른 시간이고, 모든 것이 해소되는 때이다. 마지막에 있는 태양을 의미한다. 소실로 시집갔지만, 정실의 지위를 누리는 것이다.

앞서 측전무후도 마찬가지다. 시종으로 들어갔다 태조의 첩이 된 뒤 궁중 암투에서 이미 있던 황후를 몰아내고 그 자리를 차지해 버린다. 유사한 사례는 역사에 허다할 것이다. 제을과 관련된 스토리도 크게 다르지 않다. 제을은 상왕조의 마지막 두 번째 임금이다. 그에게 첫아들이 생겼는데, 정실이 아닌 첩을 통해서다. 아들을 출산한 첩은 정실 못지않은 대접을 받게 된다.

물론 그의 아들이 왕이 되지는 못했다. 정실의 아들이 왕이 되는데, 그가 상나라 마지막 임금이자 '주지육림'으로 이름을 날린 주왕이다. 반면

맏아들이자 첩의 아들이었던 미자(微子)는 상(商)왕조가 멸망한 뒤 주
(周) 성왕(成王)에 의해 제후로 임명된다.

절제할 것

六 : 女承筐, 无實, 士刲羊, 无血. 无攸利.
(여승광, 무실, 사규양, 무혈, 무유리)
여자가 광주리를 받드나 내용물이 없고, 남자가 양을 찌르나
피가 없으니, 이로운 바가 없다.

승(承)은 받들다는 뜻이고, 광(筐)은 광주리를 의미한다. 규(刲)는 찌
르다, 베어 가르다, 혹은 죽이다는 뜻이다. 이것은 고대의 혼례 의식 가
운데 종묘에 제사 지내는 풍속을 묘사한 것이다. 대나무 광주리와 양의
피는 제사를 지낼 때 반드시 필요한 물건으로 남자는 양을 잡아 피를 받
고 여자는 광주리에 제물을 준비한다. 그런데 광주리에는 든 것이 없고
양을 잡으나 피가 없다. 즉 제사를 지낼 수 없는 것이다.

소실에서 시작해 정실의 지위를 누리게 되면 포악해지기 쉽다. 숨죽여
살던 시절에 대한 복수심이 불타오르기 때문이다. 이 같은 행태가 이로
울 바 없다고 말하는 것이다. 연산군의 마음을 사로잡은 장녹수가 대표
적일 것이다. 결과적으로 불운한 최후를 맞게 된다.

55 풍괘豊卦

豊, 亨, 王假之, 勿憂, 宜日中. 풍은 형이다. 왕이 다가오니, 근심하지 말라. 마땅히 해가 중천에 있다.

初 : 遇其配主, 雖旬, 无咎, 往有尙. 짝이 되는 주인을 만나니, 비록 10년이 걸려도 허물이 없고, 나아가면 숭상함이 있다.

二 : 豊其蔀, 日中見斗, 往得疑疾, 有孚發若, 吉. 풍요의 기운이 문 앞 차양에 있다. 한낮에 북두칠성을 본다. 나아가면 의심의 병통을 얻으리니, 믿음으로 펼쳐야 길하다.

三 : 豊其沛, 日中見沫, 折其右肱, 无咎. 풍요의 기운이 가득하다. 한낮에 별을 본다. 오른 팔뚝이 부러지나 허물이 아니다.

四 : 豊其蔀, 日中見斗, 遇其夷主, 吉. 풍의 기운이 문 앞 차양에 있다. 한 낮에 북두칠성이 보인다. 평탄한 주인을 만나면 길하다.

五 : 來章, 有慶譽, 吉. 아름다운 문장을 구사할 수 있다면, 경사와 명예가 있고 길하다.

六 : 豊其屋, 蔀其家, 闚其戶, 闃其无人, 三歲不覿, 凶. 집을 성대하게 치장하여 스스로 사는 곳을 가렸다. 엿보았으나 인기척이 없다. 오랫동안 사람이 보이지 않으면 흉하다.

▌오랜 시간 풍요를 준비하다

가난한 집에서 태어난 분이 계시다. 아버님이 일찍 돌아가시면서 정상적인 학교생활을 하지 못했고, 대학 가는 것도 불가능했다. 독학으로 인터넷 관련 기술 등을 배우면서 이런저런 직장을 다니고 장사를 하며 종잣돈을 모았다(☵). 종잣돈을 투자해 온라인 쇼핑몰을 세웠고, 치열한 생존경쟁 끝에 회사를 키우는 데 성공했다. 연 매출 100억 원이 넘기도 했다(☲). 그러나 너무 무리한 탓에 갑작스럽게 몸이 망가져 회사를 정리하고 후배들에 대한 컨설팅과 자금 투자하는 일에만 집중하고 있다(☵).

풍(豊)은 풍년들다, 우거지다 무성하다 등의 뜻으로 사용된다. 태음에서 태양으로의 변화는 껍질을 깨는 고통을 통해 갇혀있는 잠재력을 폭발시키는 한편, 외부의 기운을 받아들여 풍요로운 상태로의 전환이다. 이 같은 과정을 34번 대장괘(䷡)에서 한 번 본 바 있다. 풍괘는 그 뒤 운의 기운이 사라지는 과정을 겪는다.

왕이! 다가온다

豐, 亨, 王假之, 勿憂, 宜日中.(풍, 형, 왕가지, 물우, 의일중)
풍은 형이다. 왕이 다가오니, 근심하지 말라. 마땅히 해가 중천에 있다.

가(假)는 거짓으로 쓰일 땐 '가'로 읽고, 멀다는 뜻일 땐 '하', 그리고 이르다로 쓰일 땐 '격'으로 읽는다. 여기선 격으로 해석했다. 의(宜)는 마땅하다는 뜻이다. 왕의 다가옴은 고난 끝에 행운이 오는 것이다. 고통과 불안이 있기에 근심을 몰고 오겠으나 걱정 말라는 주문을 한다. 응당 껍질은 깨지고 행운이 능력과 결합하기 때문이다.

10년간 허물이 없다

初 : 遇其配主, 雖旬, 无咎, 往有尙.(우기배주, 수순, 무구, 왕유상)
짝이 되는 주인을 만나니, 비록 10년이 걸려도 허물이 없고,
나아가면 숭상함이 있다.

배(配)는 나누다란 뜻 이외에 짝짓다 혹은 짝이란 뜻이 있다. 배려, 배필 등의 단어에서 사용된다. 함께 나눌 수 있는 짝을 만나는 것이다. 수

(雖)는 그러나, 비록~하여도 등의 뜻이 있다. 순(旬)은 10일 혹은 10년
이란 뜻으로도 쓰인다. 오랜 시간이 걸린다는 의미로 이해할 수 있을 것
이다.

우기배주(遇其配主)는 평생 함께할 무엇을 찾거나 만나게 된다는 것
으로 볼 수 있다. 그것은 부자가 되겠다는 목표이거나 특정 분야에서 장
인이 되겠다는 계획일 수도 있다. 그것이 당장 급하게 이뤄지지는 않는
다. 따라서 10년이 걸린다. 10년이면 강산이 변하는 세월이다. 즉 긴 시
간의 노력이 필요하다. 그것이 때론 고통이겠으나 허물은 없다고 주역은
말한다. 아울러 그 시간이 지나면 나를 알아봐 주는 사람을 만나게 되어
있다. 평범하지만 꿈이 있는 사람들에게 해주는 조언이다.

아울러 나아가면 숭상함이 있다. 인생의 목표를 세우고 그것을 꾸준히
이뤄가는 삶이 주는 장인정신에 대해 사람들은 존경심을 표하게 된다.
이 같은 숭상함을 뜻한다고 할 수 있다.

낮에 북두칠성을 보다

二 : 豐其蔀, 日中見斗, 往得疑疾, 有孚發若, 吉.
(풍기부, 일중견두, 왕득의질, 유부발약, 길)
풍요의 기운이 문 앞 차양에 있다. 한낮에 북두칠성을 본다.
나아가면 의심의 병통을 얻으리니, 믿음으로 펼쳐야 길하다.

부(蔀)는 문 혹은 차양을 뜻한다. 풍요로움이 아직 나에게 오지는 않
고 차양에 걸려 있다. 그런데 그 차양 너머로 북두칠성이 보인다. 북두칠
성은 예전부터 음양이 행하는 모든 걸 다스린다고 믿는 별이다. 늘 제자
리에 있기에 천상의 중심으로 생각됐다. 농사의 절기를 보는 기준이 되

기도 했다.

그런데 한낮에 북두칠성을 보는 건 불가능하다. 이는 곧 남들이 보지 못하는 걸 본다는 것일 수 있다. 요새 말로 한다면 이상한 말을 하는 괴짜일 수 있다. 아직 증명되지 못했으나 보이지 않는 관계를 파악해내는 통찰력이 있는 경우도 있을 것이다. 따라서 그의 말이 다른 사람에겐 이상하게 들린다. 인정받지도 못한다.

나아갔을 때 의심을 병통을 얻는 이유가 여기에 있다. 재능도 없어 보이는 사람이 큰 꿈을 갖고 이상한 말을 하면 타인의 눈엔 의심스러움이 생길 수밖에 없다. 그럼에도 불구하고 본인이 생각한 것에 대한 믿음이 있어야 한다고 주역은 말한다.

이것이 아니더라도 큰 꿈을 꾸면서 가는 길에 모진 고난이 도사리고 있을 확률이 높다. 비록 본인이 좋아하는 일을 하더라도 그 고통의 시간을 견뎌야 원하는 목표에 도달할 수 있는 것이다.

━━━━━━━━━━━━━ **태양이 사라지다** ━━━━━━━━━━━━━

三 : 豐其沛, 日中見沫, 折其右肱, 无咎.
(풍기패, 일중견매, 절기우굉, 무구)
풍요의 기운이 가득하다. 한낮에 별을 본다.
오른 팔뚝이 부러지나 허물이 아니다.

패(沛)는 넘쳐 흐르다, 충족하다 왕성하다란 뜻이 있다. 매(沫)는 상(商)대의 수도. 지금의 허난(河南)성 탕인(汤阴)현 남쪽에 있던 곳의 지명을 뜻하기도 하고 작은 별을 의미하기도 한다. 여기서는 설마 했던 것이 진짜 이뤄진 것을 의미한다고 볼 수 있다. 스타가 됐다. 절(折)은 꺾다, 부러지다 등의 뜻이 있다. 굉(肱)은 팔뚝을 의미한다.

두 번째 양괘(兩卦)인 태양의 상황을 설명한 것이다. 10년간 다듬어 온 실력과 남들이 보지 못한 미래를 예측하고 준비한 것이 맞아 떨어지면서 성공을 거둔 것이다. 이상하게 보던 사람도 그를 다시 보기 시작할 것이다. 그런데 그 순간 팔뚝이 부러진다. 팔뚝의 부러짐은 성공에 대한 대가의 지불로 볼 수 있다. 팔뚝이란 희생을 통해 행운이 몰고 올 반작용을 극복하는 것이다.

평탄한 주인을 만나면 길하다

四 : 豐其蔀, 日中見斗, 遇其夷主, 吉.(풍기부, 일중견두, 우기이주, 길)
풍요의 기운이 문 앞 차양에 있다. 한 낮에 북두칠성이 보인다.
평탄한 주인을 만나면 길하다.

이(夷)는 오랑캐란 뜻도 있고, 온화한, 평탄한 등의 뜻이 있다. 풍요의 기운이 또다시 문 앞 차양에 있다. 그러나 앞에서 본 것과는 다르다. 앞의 것은 들어오는 과정에서 문 앞에 걸렸던 것이라면 이제 빠져나가는 상황에서 문 앞에 걸린 것이다. 앞선 것이 해가 뜰 때의 붉은 노을이라면 이제 해가 질 때의 붉은 노을이다. 운의 기운이 빠져나가고 있는 셈이고, 이 같은 상황에서 만나야 할 주인은 평탄한 사람이다. 리스크가 크거나 이루기 어려운 목표는 멀리하기 시작해야 한다.

출세를 접으면 길하다

五 : 來章, 有慶譽, 吉.(래장, 유경예, 길)

아름다운 문장을 구사할 수 있다면, 경사와 명예가 있고 길하다.

장(章)은 글 문장이란 뜻과 함께 시문의 절과 단락을 뜻한다. 책에 있는 제1장, 제2장에서의 장이 바로 장(章)이다. 초야에 묻힌 선비를 떠올리게 하는 문구다. 태양에서 소음으로 변화가 이뤄지는 곳에서 이와 유사한 효사들이 자주 등장한다. 출세를 접고 학문에 정진하거나 혹 다가올 때를 기다리는 것일 수 있다.

집을 오래 비우면 흉하다

六 : 豐其屋, 蔀其家, 闚其戶, 闃其无人, 三歲不覿, 凶.
(풍기옥, 부기가, 규기호, 격기무인, 삼세부적, 흉)
집을 성대하게 치장하여 스스로 사는 곳을 가렸다. 엿보았으나
인기척이 없다. 오랫동안 사람이 보이지 않으면 흉하다.

규(闚)는 엿보다는 뜻이고, 격(闃)은 고요하다 혹은 인기척이 없다는 뜻이다. 적(覿)은 보다는 뜻이다. 겉은 화려하지만, 내실이 없는 상황을 연상하게 한다. 겉은 화려하게 치장했으나 안에는 사람이 없다. 인기척이 없음은 집주인이 그 안에 머물지 않고 이곳저곳 돌아다니는 것이다. 실속이 없음을 뜻한다고 할 수 있다. 그럴 경우에는 겉보기엔 풍요로워 보일지라도 흉하다고 주역은 말하고 있다.

56 여괘旅卦

旅, 小亨, 旅貞吉. 조금 형통하고, 바르게 여행하면 길하다.

初: 旅瑣瑣, 斯其所取災. 여행이 구차하게 이뤄지니, 이는 재앙을 취하는 것이다.

二: 旅即次, 懷其資, 得童僕, 貞. 여행함에 있어 숙소가 있고, 쓸 노자가 있고, 동복이 있으니 바르다.

三: 旅焚其次, 喪其童僕, 貞厲. 여행 중 그 숙소를 불사르고, 그 동복을 잃으니 위태롭다.

四: 旅于處, 得其資斧, 我心不快. 여행지에서 돈과 권력을 얻었다. 마음이 불쾌하다.

五: 射雉, 一失亡, 終以譽命. 꿩을 쏴 화살 하나를 잃으면, 명예로운 운명으로 마무리 할 수 있다.

六: 鳥焚其巢, 旅人先笑, 後號咷, 喪牛于易, 凶. 새가 그 둥지를 불사르니, 나그네가 그걸 보고 처음에는 웃지만, 뒤에 부르짖으며 슬프게 운다. 쉽게 소를 잃어 흉하다.

▌인생은 결국 공수래공수거

아는 분은 한국전쟁 당시 나룻배와 민박을 운영했는데, 피난민들이 몰리면서 큰돈을 벌었다. 한국전쟁이란 비극이 돈을 벌 수 있는 기회를 제공한 셈이었다. 이렇게 모은 돈으로 논과 밭을 샀고, 사둔 땅이 개발 바람과 맞물려 크게 가격이 올랐다(☶).

이후 경제가 본격적으로 성장하기 시작하면서 건설 경기가 호황이란 사실을 인지한 그분은 빌라와 아파트 건축에 나선다. 농사를 짓고 나룻배를 운영하면서 키웠던 사업적 감각이 잠재력을 폭발시키면서 큰돈을 벌었다(☰).

그러다 무리하게 자금을 끌어들여 지은 빌라의 준공허가가 나지 않아 큰 곤욕을 치른다. 이후 권력의 필요성을 느껴 정치에 뛰어드는 데 선거 과정에서 무리하게 돈을 쓰는 바람에 기업은 부도가 나고 그 역시 빈털터리가 된다(☷).

여는 여행하다 혹은 나그네라는 뜻이다. 길을 떠나는 운명이다. 소양에서 태양으로의 변화(☳)를 공유하는 괘는 대유(☰☲), 리(☲☲), 정(☲☴)이 있었다. 그 가운데 정괘는 솥 안의 불순물을 토해내고, 리괘는 황색을 떨어냈다. 즉, 능력을 깨우는 과정을 거친다. 반면 대유괘와 여괘는 행운이 문득 다가오는 경우가 많다고 할 수 있다. 대유괘는 그것으로 큰 도약을 하는 반면 여괘는 그렇지 못하다.

바르게 여행하면 길하다

旅, 小亨, 旅貞吉.(려, 소형, 려정길)
조금 형통하고, 바르게 여행하면 길하다.

크게 형통하지 않지만 그렇다고 형통하지 않은 것도 아니다. 작은 형통함이 있고, 바르게 여행하면 길하다. 초반 행운이 있는 상태에서 출발한다. 그러나 그것이 결국 태음으로 마무리된다. 행운에 올라타고 여행하듯 인생을 살지만 결국 많은 걸 내려놓는 상황으로 끝난다. 더하기 빼기를 해보니 남는 게 별로 없다. 따라서 작은 형통함이다. 여행은 낯선 곳을 구경하는 기쁨이지만 동시에 그 끝은 원래 있던 자리로 돌아가는 것이다. 결국 원래 자리로 돌아가게 되는 것이다.

初 : 旅瑣瑣, 斯其所取災.(려쇄쇄, 사기소취재)

여행이 구차하게 이뤄지니, 이는 재앙을 취하는 것이다.

쇄(瑣)는 자질구레하다, 부스러지다, 천하다는 뜻이다. 취(取)는 취하다는 뜻이고, 앙(災)은 재앙이란 의미다.

초반에 가져야 할 자세에 대해 설명하고 있는 게 아닐까. 구차하게 여행을 한다는 것은 복을 걷어차는 것이다. 행운이라는 것은 타인과 좋은 교류를 통해 만들어진다. 따라서 구차한 여행은 행운이 들어오는 걸 막게 되고 이는 곧 재앙을 불러들이는 것과 다름없다.

二 : 旅卽次, 懷其資, 得童僕, 貞.(려즉차, 회기자, 득동복, 정)

여행함에 있어 숙소가 있고, 쓸 노자가 있고, 동복이 있으니 바르다.

차(次)는 장소, 거처란 뜻이고, 회(懷)는 품다, 임신하다, 싸다는 뜻이 있고, 자(資)는 재물 자본이란 의미로 사용된다. 복(僕)은 종이란 뜻이다.

잘 곳과 쓸 돈 그리고 동복을 얻는다. 사실 숙소와 노자와 종복이 있다면 보통 사람 입장에서 얻을 수 있는 걸 전부 얻은 것이다. 지금으로 따지면 본인 집이 있는 가운데, 관리인을 둬야 할 정도로 큰 건물이 있는 상태가 아닐까. 여괘가 누리는 행운에 대해 이야기하고 있는 것으로 볼 수 있다.

三 : 旅焚其次, 喪其童僕, 貞厲.(려분기차, 상기동복, 정려)

여행 중 그 숙소를 불사르고, 그 동복을 잃으니 위태롭다.

숙소를 불사르고 동복을 잃는다는 것은 무엇일까. 본인에게 행운으로 다가왔던 것을 잃는다는 것이다. 그럴 경우 위태롭다. 이는 곧 태양으로 성공하더라도 본인이 원래 갖고 있던 것을 잃어버려서는 안 된다는 것이다. 예컨대 더 큰 성공을 위해 원래 가진 건물을 팔아 자금을 마련하는 등의 일에 나서면 안 된다. 당장 크게 성공하는 듯 보이지만 여괘의 운명은 결국 모든 게 사라진다. 따라서 너무 많은 걸 투자하면, 즉 요샛말로 올인을 하면 나중에 심각한 위기에 처할 수 있음을 경고한 것으로 이해할 수 있다.

四 : 旅于處, 得其資斧, 我心不快.(려우처, 득기자부, 아심불쾌)

여행지에서 돈과 권력을 얻었다. 마음이 불쾌하다.

부(斧)는 도끼란 뜻인데, 권력의 의미를 가진 것으로 이해된다. 태양으로 전환된 상태를 의미한다. 돈과 권력은 숙소와 노자 그리고 동복이 가져오는 행운보다 몇 배는 더 큰 행운일 것이다. 그러나 마음이 불쾌하다. 내가 얻은 것을 유지하는 데 어려움을 느끼는 것이다. 크게 성공했는데 그 성공의 결실에 마음이 불편하다면 결국 그것을 언젠가 내려놓아야 할 시간이 다가온다는 걸 짐작할 수 있지 않을까.

五 : 射雉, 一失亡, 終以譽命.(사치, 일실망, 종이예명)

꿩을 쏴 화살 하나를 잃으면, 명예로운 운명으로 마무리 할 수 있다.

치(雉)는 꿩이란 뜻이다. 예(譽)는 기리다, 즐기다, 찬양하다 등의 의미가 있고, 이런 맥락에서 왜곡된 것을 바로잡아 명예롭게 한다는 의미도 있다. 명(命)은 운명, 목숨, 생명, 운수 등의 뜻이 있다.

날아가는 꿩을 잡기 위해 화살을 쏘았는데, 그것을 분실했다. 꿩을 잡았을 수도 있고 그렇지 않을 수도 있다. 어쨌든 화살을 잃어버렸다. 그런데 명예로운 운명이 찾아왔다. 불필요한 것을 버리고 나니 명예가 온 것이다. 결과적으로 태음으로 끝날 운명이라면 스스로 내려놓는 것이 명예로운 방식일 것이다. 내게 다가온 행운에 마음이 불편하다면 화살 하나 잃는 마음으로 내려놓는 것이다. 그러면 명예롭게 여행을 마무리할 수 있다.

六 : 鳥焚其巢, 旅人先笑, 後號咷, 喪牛于易, 凶.

(조분기소, 려인선소, 후호도, 상우우역, 흉)

새가 그 둥지를 불사르니, 나그네가 그걸 보고 처음에는 웃지만,

뒤에 부르짖으며 슬프게 운다. 쉽게 소를 잃어 흉하다.

분(焚)은 불사르다는 뜻이고, 소(巢)는 새집이란 의미다. 새가 자기 집을 불태우는 것을 보고 멍청하다고 비웃는다. 그런데 후일 본인도 자기

손으로 스스로 집을 불태우게 된다.

남의 실수를 보고 사람들은 본인은 그 같은 우를 범하지 않을 것이라고 생각한다. 그리고 실수를 저지른 사람을 비웃는다. 그런데 결국 본인도 같은 실수를 저지르게 되는 것이다. 남의 실수를 비웃기보다 그것을 반면교사로 나에게는 그 같은 일이 벌어지지 않도록 해야 한다.

내가 무슨 짓을 해도 남자 친구가 영원히 내 곁에 있으리라는 착각을 하다가 그가 떠난 뒤 통곡하는 일은 없어야 한다. 마지막 태음이 비극적으로 다가오는 상황에 대한 설명이다.

57 손괘巽卦

巽, 小亨, 利有攸往, 利見大人. 작은 형통함이 있다. 가는 것이 이롭고, 대인을 만나면 이롭다.
初 : 進退, 利武人之貞. 나아가고 물러감이 무인의 올바름이 있으면 이롭다.
二 : 巽在牀下, 用史巫紛若吉, 无咎. 제사상아래에서는 공손하니, 이를 바탕으로 사관과 무당을 왕성하게 사용하면 길하고 허물이 없을 것이다.
三 : 頻巽, 吝. 너무 공손하면 부끄러움을 초래할 것이다.
四 : 悔亡, 田獲三品. 후회가 없어질 것이니 사냥해서 큰 성과를 거둔다.
五 : 貞吉, 悔亡, 无不利, 无初有終, 先庚三日, 後庚三日, 吉. 처음은 없으나 마침은 있다. 처음 3일, 마지막 3일이 길하다.
六 : 巽在牀下, 喪其資斧, 貞凶. 상아래 공손하게 있으니, 돈과 권력을 잃어버리면 크게 흉하다.

▌ 공손함이 부족해도 지나쳐도 문제

성품이 강직했던 이순신은 조정을 향해 바른말을 잘해 우여곡절을 겪지만 이광, 류성룡의 추천으로 47세에 전라좌도 수군절도사가 된다. 이후 외침에 대비해 전선을 제조하고 군비를 확충한다. 1592년 4월 임진왜란이 발발하자, 철저히 준비했던 것을 유감없이 발휘하면서 백전백승을 거두고 국민적 영웅이 된다(☰).

그러나 원균 등이 전쟁이 소강상태에 빠진 틈을 타 이순신과 류성룡 등을 탄핵하고, 이순신은 옥사에 갇히는 신세가 되었다. 이후 간신히 백의종군하면서 권율의 수하로 들어간다. 이순신에 이어 수군통제사가 된 원균이 잘 했다면 그는 비운의 인물로 역사에 기록되었을 확률이 높다. 그러나 원균이 칠천량 전투에서 대패하면서 이순신은 다시 수군으로 복귀한다. 그러나 그에게 주어진 것은 고작 13척의 배뿐이다. 최악의 상황인 것이다(☴).

그러나 그는 명량해전에서 13척의 배로 극적인 승리를 거두는 등 연전연승하면서 국민적 영웅이 된다. 영웅의 명성은 임금보다 더 높았으며, 그것은 곧 본인이 감당할 수 있는 것 이상의 행운이었다(☴).

손(巽)은 부드럽다, 유순하다, 공손하다는 뜻이 있다. 태양에서 소음으로 변화(☴)를 공유하는 괘는 9번 소축괘(䷈), 37번 가인괘(䷤), 53번 점괘(䷴)가 있다. 운의 기운이 사라진 뒤 소축은 작은 축적을 통해 다시 도약하는 것이고, 가인은 출세보다는 개인의 능력을 키우는 데 집중하는 것이다. 점괘는 점차 운의 기운, 개인의 기운이 사라지면서 평범하게 되어간다. 반면 손괘는 바람처럼 다시 하늘로 솟아오른다.

대인을 만나는 것이 이롭다

巽, 小亨, 利有攸往, 利見大人.(손, 소형, 리유유왕, 이견대인)
작은 형통함이 있다. 가는 것이 이롭고, 대인을 만나면 이롭다.

작은 형통함이 있다. 태양에서 소음으로 변하는 것은 운이 갑작스럽게 막히는 것이다. 그런데 그것이 다시 풀려 행운이 찾아온다. 따라서 형통함은 있으나 한 번 운이 막히는 과정을 거치기에 작은 형통함이다.

아울러 대인을 만나는 것이 유리하다고 말한다. 주역에서 대인과 만남은 행운이다. 능력을 알아주는 대인을 만나면서 초반 큰 성공을 거둘 수 있고, 아울러 마지막에도 자신을 알아봐 주는 대인을 만나면서 운이 풀린다. 이순신에게 대인은 류성룡이었다고 할 수 있을 것이다.

무인의 올바름이 필요하다

初 : 進退, 利武人之貞.(진퇴, 리무인지정)
나아가고 물러감이 무인의 올바름이 있으면 이롭다.

무인의 올바름이란 맺고 끊음이 확실한 것이다. 소축, 가인, 점괘의 경우 문인의 올바름이 더 중요했다. 그래서 대표적 가인괘로 정약용을 꼽기도 했다. 문인은 밤하늘 유성처럼 가늘고 길게 가는 무엇이 있다면 무인은 맺고 끊음이 칼로 목을 베듯 정확하다. 무인의 올바름이란 원래 아무것도 없었다는 듯 툭 털고 일어서는 것이다. 따라서 운이 다하는 시점에서 미련 없이 떠나거나 정반대로 강한 적개심을 가질 확률이 높다.

제사상 앞에서는 부드러울 것

二 : 巽在牀下, 用史巫紛若吉, 无咎.(손재상하, 용사무분약길, 무구)
제사상 아래에서는 공손하니, 이를 바탕으로 사관과 무당을 왕성하게 사용하면 길하고 허물이 없을 것이다.

상(牀)은 평상을 뜻하고, 사(史)는 사관으로 보았고, 무(巫)는 무당 무녀란 뜻이 있다. 사관은 점을 쳐 운세를 알아보고, 무는 가무로 신을 즐겁게 한 사람이다. 분(紛)은 어지럽다, 번잡하다는 뜻이 있다.

사관과 무당이 제를 올리는 상 앞에서는 부드러워야 하고, 이를 바탕으로 사관과 무당이 왕성하게 움직이도록 해야 한다는 것이다. 무인(武人)의 기개를 갖고 있지만 운의 기운을 만드는 일엔 겸손해야 함을 뜻한다. 무인이 인간관계를 엮어 가면서 운의 기운을 만들기는 어렵다. 그가 해야 할 일은 천운이 다가올 수 있도록 정성을 다하는 것이다. 조상과 신의 덕을 기원하는 자리에서 겸손해야 한다.

아울러 군권을 쥐고 있는 자에겐 겸손해야 한다는 뜻으로도 해석할 수 있다. 적에겐 무인의 기개가 필요하지만 같은 편에 대해선 부드러워야 한다.

자주 겸손하면 부끄럽다

三 : 頻巽, 吝.(빈손, 린)
너무 공손하면 부끄러움을 초래할 것이다.

공손함에도 정도가 있다. 너무 공손해도 안 되는 것이다. 두 번째 양괘(兩卦)인 소음으로 전환되어 가는 상황에 대한 설명이다. 혹여 사라지는 운을 살리기 위해 비굴할 정도로 공손해서는 안 된다는 것이다. 이는 곧 무인의 기개가 꺾이는 것이다. 공손하되 무인의 기개는 유지해야 한다.

사냥에서 성과를 거둔다

四 : 悔亡, 田獲三品.(회망, 전획삼품)
후회가 없어질 것이니 사냥해서 큰 성과를 거둔다.

그렇다면 무인은 무엇으로 말해야 하는가. 바로 전쟁터에서다. 전쟁터에 나가 큰 업적을 이루는 전공을 세운다. 적장의 목을 베거나 혹은 중요한 성을 빼앗았을 것이다. 마지막 소양으로의 전환하는 과정을 설명한다고 할 수 있다. 즉, 큰 싸움에 도전해 큰 성과를 만드는 것이다. 실력 있는 가수(아티스트)가 때를 만나 대박을 터뜨리는 것과 비교해 봐도 흥미롭다. 무인의 기개를 갖고 있는 자는 대박이 아닌 사냥에서 큰 전과를 거둠으로써 소양으로 상승한다.

그가 전쟁에 다시 나갈 수 있는 이유는 어쩌면 다른 장수들이 패전했거나 목숨을 잃었기 때문일 수 있다. 덕분에 그에게 기회가 온 것이다. 그리고 거기서 공을 세운다. 무인에게 다가오는 행운은 이렇듯 전쟁에 나가서 공을 세우는 것이다. 3품은 세 가지 중요한 물건으로 볼 수 있을 것이다.

처음과 끝이 길하다

五 : 貞吉, 悔亡, 无不利, 无初有終, 先庚三日, 後庚三日, 吉.
(정길, 회망, 무불리, 무초유종, 선경삼일, 후경삼일, 길)
처음은 없으나 마침은 있다. 처음 3일, 마지막 3일이 길하다.

경(庚)은 별, 일곱째 천간, 나이, 길, 도로(道路), 다시금, 더욱더, 변화한다는 뜻이 있다. 손괘의 특징은 처음과 끝에 운이 풀린다는 점이다. 그것을 선경 3일 후경 3일로 표현했다. 처음 이룬 성과는 우여곡절 끝에 사라진다. 그러나 마지막에는 다시 이루는 시간이 온다. 결과가 나오는 순간까지 시간이 필요하고, 충분히 숙성되어야 한다.

六 : 巽在牀下, 喪其資斧, 貞凶.(손재상하, 상기자부, 정흉)
상아래 공손하게 있으니, 돈과 권력을 잃어버리면 크게 흉하다.

자(資)는 돈이라는 뜻이고 부(斧)는 도끼란 뜻이다. 상아래 공손하게 있다. 돈과 권력을 잃어버린다는 것은 중요한 핵심을 분실한다는 것이다. 이순신과 같이 큰 공을 세우는 경우, 국민들로부터 영웅 대접을 받는다. 이 같은 국민적 지지를 바탕으로 전쟁을 촉발했던 무능한 임금을 몰아내고 새로운 시대를 만들어 가는 경우도 역사에 많다. 현대 사회에서도 아이젠하워를 포함해 전쟁을 승리로 이끈 이들은 국가 지도자로 쉽게 성장한다. 따라서 정치적 측면에서는 정적이 생길 수밖에 없다. 이런 점에서 선조도 이순신의 명성을 두려워했다.

이 상황에서 이순신에게 자부(資斧)가 없으면 흉할 수밖에 없다. 전쟁에서 공을 세웠음에도 불구하고 임금으로부터 목숨을 부지하기 힘든 경우도 발생하는 것이다. 국민적 영웅이 된 뒤 아무런 방어막 없이 임금 앞에 공손히 알현하는 순간 오히려 흉함이 다가오기 쉬운 것이다. 선택은 쿠데타를 하거나 스스로 물러나는 것이다. 이순신은 그래서 마지막 전투에서 후자를 택한 것이 아닐까 싶다.

58 태괘兌卦 ䷹

兌. 亨. 利貞. 형통하고 이득이 있으며 바르다.

初 : 和兌. 吉. 조화하여 바뀌니 길하다.

二 : 孚兌. 吉. 悔亡. 진심으로 바꾸니 길하고 후회가 없을 것이다.

三 : 來兌. 凶. 다가와 기뻐하니 흉하다.

四 : 商兌未寧. 介疾有喜. 변화를 생각함에 편안하지 않으면, 질병이 끼어들겠으나 기쁨이 있다.

五 : 孚于剝. 有厲. 믿음이 벗겨지니 위태로움이 있다.

六 : 引兌. 바꿈을 이끌어야 한다.

▌자연스럽게 변화할 것

장영실은 신분사회였던 조선에서 탁월한 공학적 능력을 갖추고 태어난 평범한 사람이었다. 나아가 모친의 신분 탓에 관노가 되는 시대적 불운 속에서 살아야 했다. 계급사회인 조선 시대엔 이렇듯 출중한 능력에도 불구하고 불운할 수밖에 없는 이들이 많았다(☱).

그러나 세종이란 명군이 살던 시대였다는 점에서 그는 불행 속에 다행인 세상에 태어났다. 궁중 기술자로 제련(製鍊) · 축성(築城) · 농기구 · 무기 등의 수리에 뛰어난 능력을 발휘하자, 중국으로 유학을 보내 각종 천문기구를 익히고 돌아오게 했으며, 정5품이 되면서 관노의 신분에서도 벗어났다. 조선 시대란 점을 감안할 때 상당히 누리기 힘든 행운을 얻은 셈이다(⚌).

이후 장영실은 자동 물시계인 자격루 제작에 성공해 정4품으로 승진했고, 4년 뒤 또 하나의 자동 물시계인 옥루(玉漏)를 완성한다(⚌).

태(兌)는 바꾸다 교환하다의 뜻 이외에도 기뻐하다, 곧다는 의미가 있다. 바꿈으로써 기쁨이 생기는 것이다. 운이 없는 상태에서 출발했지만, 소양으로 전환되고, 이후 능력과 운이 조화를 이루는 상태로 발전하는 기쁨을 누린다. 변화를 통해 본인을 발전시키는 데, 모든 것이 조화롭게 이뤄질 때 가능한 것이다. 결과적으로 태괘는 끊임없이 스스로 변화를 추구해야 하는 괘이다.

이득이 있다

兌, 亨, 利貞.(태, 형, 리정) 형통하고 이득이 있으며 바르다.

형통하고, 이득이며 바르다. 가운데 소양은 능력 부족을 느낄 정도로 큰 기회가 온 것으로 보면 될 것이다. 예컨대 작은 신문사에서 능력을 인정받아 큰 신문사로 스카우트되는 기회를 잡아 들어가는 것이다. 그런데 노력을 바탕으로 기회를 잘 활용해 크게 성공한다.

조화로우면 길하다

初 : 和兌, 吉.(화태, 길) 조화하여 바뀌니 길하다.

조화롭게 바꾸니 길하다는 것은 변화 과정이 순탄하면 길하다는 것이다. 작은 연못에서 큰 강으로 가게 되면 시기하는 사람도 있고, 능력의 한계를 느끼는 경우도 있을 것이다. 그 과정에서 능력을 키워갈 뿐 아니라 조화를 이뤄야 운의 기운도 강해진다. 따라서 조화와 균형이 중요하다.

진심을 다하면 길하다

二 : 孚兌, 吉, 悔亡.(부태, 길, 회망)
진심으로 바꾸니 길하고 후회가 없을 것이다.

변화가 진심이어야 한다는 것이다. 소음에서 소양으로의 변화 과정에 대한 설명이다. 이 같은 변화는 장영실에서 본 것처럼 신분상 혹은 지위 상 큰 변화를 수반하는 것일 확률이 높다. 따라서 진실로 변하지 않는다면 감당할 수 없는 상황을 맞게 된다.

억지로 하면 흉하다

三 : 來兌, 凶.(래태, 흉) 다가오는 변화는 흉하다.

본인이 만들어가는 변화가 아닌, 외부에서 다가오는 변화는 흉하다는 것이다. 주체적으로 변화를 만들어 가야지 세태에 휩쓸리는 것은 이롭지 않은 것이다.

四 : 商兌未寧, 介疾有喜.(상태미령, 개질유희)

변화를 생각함에 편안하지 않으면, 질병이 끼어들겠으나 기쁨이 있다.

상(商)는 생각하다란 뜻으로 이해되고, 령(寧)은 편안하다는 뜻이 있다. 개(介)는 사이에 끼다로 이해할 수 있다. 초구의 화태(和兌)와 대립한다. 사실 변화의 과정이 조화롭지 못한 경우도 있을 것이다. 때론 편안하지 않을 때도 있다. 특히 과도한 행운에 따라 본인이 스스로 바꿔야 하는 많은 것에 대한 불안함도 있을 것이다. 그것이 질병을 만들 가능성이 높다. 그러나 기쁨이 있다. 이는 곧 성취의 기쁨일 것이고 변화가 만든 희열일 것이다.

五 : 孚于剝, 有厲.(부우박, 유려)

믿음이 벗겨지면 위태로움이 있다.

박(剝)은 벗기다란 뜻이 있다. 즉 없애는 것이다. 박탈(剝脫), 박피(剝皮) 등의 단어에 사용된다. 앞서 박괘에서 살펴본 바가 있다. 변화에 대한 믿음이 사라져서는 안 되며 끊임없이 본인을 바꿀 수 있어야 한다. 소양에서 태양으로 전환된 뒤 나태해지거나 오만해져 변화를 소홀히 할 수 있는 상황에 대한 경고로 이해될 수 있다.

六 : 引兌.(인태) 바꿈을 이끌어야 한다.

래태(來兌)와 대별되는 것이다. 억지로 끌고 오는 대신 스스로 끌어내야 한다고 이해할 수 있다. 사람들을 끌어들여 바꿔야 한다는 것으로 이해할 수 있다.

59 환괘渙卦

渙, 亨, 王假有廟, 利涉大川, 利貞. 왕이 종묘에 있고, 큰 내를 건너는 이로움이 있고, 이롭고 바르다.

初: 用拯馬壯吉. 건장한 말이 도우니 길하다.

二: 渙奔其机, 悔亡. 빠르게 팔걸이로 흩어지니 후회가 없다.

三: 渙其躬, 无悔. 몸으로 흩어지니 후회가 없다.

四: 渙其羣, 元吉, 渙有丘, 匪夷所思. 붕당의 무리를 흩으니 크게 길하다. 언덕을 흩어버리니 보통사람이 생각할 수 있는 것이 아니다.

五: 渙汗其大號, 渙王居, 无咎. 땀을 흘리며 크게 소리쳐 흩어지니, 왕이 기거하는 곳에 흩어지고, 허물이 없다.

六: 渙其血, 去逖出, 无咎. 그 피를 흩어버리고 멀어져 가면 허물이 없다.

▎사라지는 게 아닌 흩어질 뿐

실력이 출중했던 문익점은 1360년 문과에 급제한 뒤 성균관을 거쳐 1363년 중서문하성 종육품 좌정언(左正言)이 되었다. 같은 해 문익점은 원나라 사신단에 서장관으로 뽑히는 등 장래가 촉망되는 신하였다(≡).

원나라에서 있을 때, 충선왕의 셋째 아들인 덕흥군이 함께 머물고 있었다. 그런데 원나라가 그를 앞세워 공민왕을 몰아내려는 계획을 세웠고 원나라에 있던 탓에 문익점이 여기에 휘말리게 된다. 그리고 고려를 침입했으나 패하고 만다. 이 상황에서 문익점은 승승장구하던 과거의 관직을 모두 포기하고 고국으로 돌아와 고향으로 내려간다(==).

대신 문익점은 전혀 다른 방면으로 눈을 돌린다. 목화의 대량생산이다. 이를 통해 백성들의 헐벗은 고통을 해결할 수 있다고 생각했다. 목면 종자를 장인에게 부탁해 심었는데, 간신히 한 포기가 살아남았고 이를 잘 번식해 3년 만에 대량 생산에 성공했다. 아울러 씨 뽑는 기구와 실 빼는 기구도 만들어 한반도에서 헐벗은 고통을 몰아내는 큰 공을 세웠다(==).

환(渙)은 흩어진다, 풀리다 등의 뜻이 있다. 초반엔 태양으로 잘 나가지만 어느 순간 모든 것이 사라진다. 멋진 성이 폭발하면서 흩어지는 것이다. 그 흩어짐은 사라짐이 아닌 여기저기 풀리고 스며듦이다. 민들레 홀씨가 바람에 날려 다른 곳에 떨어진 뒤 새로운 생명체를 피우듯 흩어진 것들은 다른 장소에서 다시 자라기 시작할 것이다. 그것이 행운을 가져온다. 즉 마지막에 소양으로 전환되는 일이 생기는 것이다.

━━━━━ **이익이 큰 강을 건너 온다** ━━━━━

渙, 亨, 王假有廟, 利涉大川, 利貞.(환, 형, 왕가유묘, 이섭대천, 리정)
왕이 종묘에 있고, 큰 내를 건너는 이로움이 있고, 이롭고 바르다.

큰 내를 건너면 이로움이 있다. 앞으로 나아가라는 뜻이다. 태음으로 바뀌기 전 큰 것을 이룰 필요가 있다. 그래야 흩어지는 것도 많을 수 있다. 왕이 종묘에 있다는 것은 그만큼 운의 기운이 강하다는 것으로 볼 수 있다.

━━━━━ **말이 건강하다** ━━━━━

初 : 用拯馬壯吉.(용증마장길)

건장한 말이 도우니 길하다.

증(拯)은 건지다, 구원하다, 돕다는 뜻으로 사용된다. 건장한 말이 나를 돕는다. 말은 다용도로 활용이 가능한 존재이다. 짐을 끌어줄 수도 있고 원하는 곳에 빠르게 나를 데려다 줄 수도 있다. 건장하다는 것은 그만큼 큰 도움을 받을 수 있다는 뜻이기도 하다.

빠르게 흩어지다

二 : 渙奔其机, 悔亡.(환분기궤, 회망)
빠르게 책상으로 흩어지니 후회가 없다.

분(奔)은 달리다, 빠르다, 급히 가다의 의미가 있다. 궤(机)는 책상이란 뜻이다. 쌓인 에너지가 책상으로 흩어졌기에 내 책상이 더 좋아졌다. 예전 책상은 신분이 어느 정도 되어야 소유할 수 있는 것이었다. 그리고 더 좋은 책상은 더 높은 신분을 상징한다. 에너지가 책상으로 흩어졌다는 것은 결국 책상이 더 좋아졌다는 의미로 받아들일 수 있고, 이는 곧 사회적 신분 상승을 뜻한다고 볼 수 있다.

몸으로 흩어지다

三 : 渙其躬, 无悔.(환기궁, 무회)
몸으로 흩어지니 후회가 없다.

몸으로 흩어져도 후회가 없다. 몸으로 흩어진다는 것은 무슨 뜻일까.

몸으로 흩어짐은 앞서 책상으로 흩어진 것과 대비된다. 에너지가 나의 신분 상승이 아닌 내면의 깊이를 더하는 데 활용되는 것이다. 태음이 된 상황에 대한 설명이다. 어느 날 갑자기 모든 걸 내려놓게 되는 상황에서 필요한 것은 에너지를 내면으로 뿌려 내공을 깊게 만드는 일이다. 그래야 후회가 없다고 주역은 이야기한다. 이는 곧 사라진 책상에 대한 미련을 버리는 일이기도 하다.

붕당을 흩다

四 : 渙其羣, 元吉, 渙有丘, 匪夷所思.(환기군, 원길, 환유구, 비이소사)
붕당의 무리를 흩으니 크게 길하다. 언덕을 흩어버리니
보통사람이 생각할 수 있는 것이 아니다.

붕당의 무리를 흩고, 언덕을 흩어 버린다는 것은 큰 업적을 스스로 무너뜨리는 것이다. 큰 것은 이루기도 어렵지만 버리기도 힘들다. 그것을 했으니 보통사람으로 볼 수 없다. 그러나 그것이 끝이 아니다. 흩어진 에너지는 시간 속에 쌓인 뒤 향후 더 큰일을 할 수 있는 밑거름으로 작용할 확률이 높다. 이것이 버림으로써 더 큰 것을 얻는 자연의 순리이다.

소리가 크면 멀리 간다

五 : 渙汗其大號, 渙王居, 无咎.(환한기대호, 환왕거, 무구)
땀을 흘리며 크게 소리쳐 흩어지니, 왕이 기거하는 곳에 흩어지고,
허물이 없다.

한(汗) 은 땀이란 뜻이다. 땀을 흘리고 크게 소리쳐 흩어진 것은 흩어짐이 큰 울림을 만든 것이 아닐까 싶다. 그래서 그 울림이 왕이 기거하는 곳까지 날아가 스며든다. 세상의 이치는 버리면 얻고, 죽을 각오를 하면 오히려 살아난다. 이유는 내가 버리는 순간 그것이 사라지는 게 아니라 다시 원점으로 되돌릴, 즉 내 손에 쥐여줄 반작용 에너지가 시간이란 곳에 저장되기 때문이다. 그리고 그것이 언젠가 구체적 현실로 다가온다. 내가 버리는 순간 그것은 사라지는 대신 큰 울림이 돼 왕이 기거하는 곳까지 흩어짐으로써 오히려 더 큰 행운이 돼 나에게 돌아오는 것으로 볼 수 있다. 따라서 허물이 없다.

흩어진 혼적은 별이 된다

六 : 渙其血, 去逖出, 无咎.(환기혈, 거적출, 무구)
그 피를 흩어버리고 멀어져 가면 허물이 없다.

적(逖)은 멀다, 멀리하다 혹은 두려워한다는 뜻이다. 사실 모든 걸 내려놓은 상황에서 그것이 민들레 홀씨처럼 퍼져, 오히려 더 큰 명성을 가져오는 경우는 많을 것이다. 예컨대 체게바라라는 쿠바의 혁명가는 혁명에 성공한 뒤 모든 권한을 동지였던 카스트로에게 주고 훌쩍 떠난다. 스스로 이룬 것을 버린 것이다. 그런데 역으로 그는 사람들로부터 더 많은 인기를 얻게 된다. 그렇게 생겨난 인기마저도 흩어버리고 멀리하는 것. 그것이 필요하고 그래야 허물이 없다고 주역은 말하고 있다고 생각한다.

60 절괘節卦

節. 亨. 苦節不可貞. 괴로운 절제로는 바름을 유지할 수 없다.
初 : 不出戶庭, 无咎. 작은 정원에 가지 않으니 허물이 없다.
二 : 不出門庭, 凶. 대문 앞 정원에 나가지 않으면 흉할 것이다.
三 : 不節若, 則嗟若, 无咎. 절제하지 않는 순간 탄식을 한다면 후회는 없다.
四 : 安節, 亨. 편안한 절제는 형통하다.
五 : 甘節, 吉, 往有尙. 달콤한 절제는 길하다. 가면 숭상함이 있을 것이다.
六 : 苦節, 貞凶, 悔亡. 괴로운 절제는 흉하다. 후회가 없어질 것이다.

▌불운 속에서 절제를 배우다

기원전 145년에 태어난 사마천은 신동이었다. 아버지에 이어 달력 개편 등을 담당하는 태사령이란 관직을 맡는 한편, 아버지의 유언인 역사서를 완성하기 위해 노력했다. 그러던 그가 복병을 만난다. 황제였던 한무제가 이릉이란 장수에게 흉노 정벌에 나서도록 했는데, 실패했다. 한무제의 노기가 하늘을 찔렀고, 모든 군신이 이릉의 삼족을 멸해야 한다는 말로 한무제의 비위를 맞췄다. 하지만 자아가 강했던 사마천은 직언을 하게 되고, 황제의 비위가 상했다. 화가 난 한무제는 사형을 언도한다. 사마천은 기가 막혔으나, 한무제가 무서워 누구도 편을 들어 주지 않았다(☰).

결국 사마천은 사형을 면할 수 있는 방법으로 거세를 당하는 궁형을 택한 뒤 관직에서 쫓겨났다. 모든 것이 무너졌다. 천재의 자존심과 강직함이 불운을 자초한 것이다. 그러나 그는 누구도 탓하지 않은 채 아버지의 유업인 역사서 제작에 시간을 보냈다(☰).

그러던 와중 한무제가 사면령을 내리고 후궁을 보좌하는 내시의 역할을 맡겼다. 자존심 강한 그가 이를 거절할 것으로 생각됐으나 사마천은 하늘이 준 행운으로 받아들였다. 궁궐 내부를 자유롭게 왕래하며 각종 사료를 볼 수 있었기 때문이다. 덕분에 사마천은 아버지의 유업이자 역사에 남을 〈사기〉를 집필할 수 있었다(☰).

절(節)은 마디, 매듭 등을 뜻한다. 똑 부러진다는 의미에서 절개, 절조 등의 뜻으로도 사용되고, 절차(節次) 절약(節約) 등의 단어에도 쓰인다. 스스로 어떤 한계를 넘어서지 못했거나, 똑 부러지게 매듭짓는 걸 뜻한다고 볼 수 있다. 사마천과 같이 단단한 나무가 부러지는 것이다. 소음에서 태음으로의 변화(☵)를 공유하는 괘는 8번 비괘(䷇), 3번 둔괘(䷂), 29번 감괘(䷜) 등이 있다. 능력을 바탕으로 도전에 나섰으나 그마저 상실하는 것이다. 개인적으로는 불운할 수밖에 없다. 그러나 절괘는 이를 극복하고 태양으로 전환에 성공한다. 그 과정에 필요한 것이 무엇일까. 바로 절이다. 맺고 끊음과 절제를 잘 하는 것이다.

즐길 수 있어야 한다

節, 亨, 苦節不可貞.(절, 형, 고절불가정)
괴로운 절제로는 바름을 유지할 수 없다.

절제하는 것이 괴로움이어서는 안 된다. 즐길 수 있어야 한다. 괴롭더라도 기꺼이 감수하겠다는 마음가짐이 있다면, 그것 역시 바름을 유지하는 길이다. 수도자들이 절제의 고통을 감수하듯이 당장 어려움이 빛이 될 수 있음을 믿을 필요가 있다.

아울러 때론 맺고 끊음이 확실해야 한다. 절제의 바름은 사라진 것에 대해 아쉬움을 갖지 않는 것이기도 하다. 실패도 잊어버리고 성공도 잊어버리는 것이다. 그래야 바름의 유지가 가능하다.

너무 깊숙이 숨지 말 것

初 : 不出戶庭, 无咎.(불출호정, 무구)
작은 정원에 가지 않으니 허물이 없다.

예전 저택에는 호(戶)와 문(門)이 있었다. 문은 바깥으로 나가는 대문이고, 호는 대문으로 들어선 뒤 건물 사이를 통과하는 작은 문이다. 호정(戶庭)은 작은 문과 건물 사이에 있는 소박한 정원을 말한다. 작은 정원에 가지 않는 것은 깊숙하게 들어가지 않는 것이다.

너무 밖으로 가지 말 것

二 : 不出門庭, 凶.(불출문정, 흉)
대문 안 정원에 나가지 않으면 흉할 것이다.

그렇다면 어디에 있어야 할까. 대문 안 정원에 있어야 한다. 밖으로 나가는 것도 아니고, 안뜰로 가는 것도 아닌 대문 안뜰에 있어야 한다. 바깥과 내실의 경계 선상에 있는 것이다. 안으로 들어가 편히 쉬고자 하는 욕망도, 밖으로 나가고자 하는 욕심도 절제해야 한다. 이런 점에서 절제는 한쪽으로 기울지 않도록 하는 균형감이며, 중용을 지키는 것이다. 절제의 핵심이 무엇인지 말하고 있다고 할 수 있다. 사마천의 경우 너무 깊숙이 들어갔다 큰 낭패를 당한 것으로 볼 수 있다.

반성하면 후회는 없다

三 : 不節若, 則嗟若, 无咎.(불절약, 즉차약, 무구)
절제하지 않는 순간 탄식을 한다면 후회는 없다.

잘못에 대한 탄식은 실수에 대한 반성이다. 실수는 누구나 할 수 있고, 잘못을 완전히 막는 것은 불가능하다. 그것을 반성할 줄 아는 중심이 있다면 후회는 없다고 주역은 말한다.

사실 선을 넘어 과오를 범하는 순간 불안감과 함께 '이 정도는 괜찮겠지'란 위안이 교차하기도 한다. 잠시 지켜보는 데 아무 일 없으면 안도하게 되고, 때론 같은 행동이 반복되면서 과오에 대해 무감각해진다. 그러나 그 순간 아무 일 없는 것이 아니다. 시간 속에 에너지가 쌓이고 있고, 결정적으로 쏟아지는 순간이 다가온다. 그것이 바로 불운이다.

그 순간 탄식을 한다는 것은 반성의 의미다. 반성하고 잊어버리는 것 또한 절제의 또 다른 모습이 아닐까. 시간의 매듭을 짓고 새롭게 출발하는 것이다.

앞서 사마천의 이야기를 한다면 그가 굳이 이릉 문제에 끼어들 필요가 없었는데, 절제하지 못한 가운데 오버를 한 것이다. 설사 맞는 말을 하더라도 뭔가에 씌어 과도하게 주장한 것이다. 그 뒤 사마천은 긴 탄식을 하면서 모든 걸 자신의 탓으로 돌리지 않았을까 싶다. 그래서 후회는 없었을 것이다.

편안하게 절제할 것

四 : 安節, 亨.(안절, 형)
편안한 절제는 형통하다.

절제가 편한 것은 욕심을 버렸기 때문이다. 잡으려 하면 도망가고, 모른 척하면 다가오는 건 여자뿐이 아니다. 행운도 마찬가지다. 모른 척하는 동안 아무 일도 없는 것이 아니다. 시간이 흐르고 있고 그 속에 에너지가 쌓이고 있다. 거세를 당한 사마천이 편안한 마음으로 절제의 시간을 갖지 않았다면 역사적인 〈사기〉는 없지 않았을까. 그 순간 사실 편안하게 절제의 마음을 갖기는 쉽지 않다. 그러나 그것이 반드시 필요하다는 게 주역의 설명이다.

달콤한 절제는 숭상함이 있다

五 : 甘節, 吉, 往有尙.(감절, 길, 왕유상)
달콤한 절제는 길하다. 가면 숭상함이 있을 것이다.

절제가 이제 즐거움으로 바뀐다. 최고의 길이다. 내시로 궁궐에 다시 돌아온 사마천은 아마도 절제가 무엇인지 깨닫고 있지 않았을까. 신세한탄에 빠지지 않고, 주어진 것에 감사하며, 행동을 절제하면서 뜻한 바를 추구함으로써 그는 역사의 위인이 되었다고 할 수 있다.

六 : 苦節, 貞凶, 悔亡.(고절, 정흉, 회망)
괴로운 절제는 흉하다. 후회가 없어질 것이다.

괴롭게 절제하는 것은 당연히 힘들다. 절제의 이유는 그것이 에너지를
쌓아 원하는 결과물을 얻기 위함이다. 그런데 그것이 어떤 소득과 기쁨
에 대한 보상 없이 계속 이어진다면 흉할 뿐이다. 예컨대 사마천이 조금
씩 명성을 얻어간다고 해보자. 그 순간 옛날 생각이 날 것이다. 가슴 속
깊이 감춰두었던 자신을 거세한 자들에 대한 분노의 마음이 꿈틀거리면
서 올라올 것이다. 그것을 억누르는 것이 힘들고 흉할 수 있다. 그러나
그걸 견뎌야 후회가 없을 것이라고 주역은 말하고 있다. '나중에 후회하
더라도 일단 할 일은 하고 보자' 란 생각을 넘어서 자신의 마음을 다스리
는 것이다.

61 중부괘中孚卦

中孚, 豚魚吉, 利涉大川, 利貞. 돼지와 물고기에 미치면 길하니, 큰 내를 건너는 것이 이롭고 바르게 하는 것이 이롭다.

初 : 虞吉, 有它不燕. 헤아리면 길할 것이고, 뱀이 있는 곳에 제비가 없다.

二 : 鳴鶴在陰, 其子和之, 我有好爵, 吾與爾靡之. 우는 학이 음지에 있으나, 그 새끼가 대답한다. 나에게 좋은 벼슬이 있으나 너와 함께 넘어진다.

三 : 得敵, 或鼓或罷, 或泣或歌. 적이 생겨서 혹은 북을 치기도 하고 그만두기도 하며, 혹은 울기도 하고 혹은 노래를 하기도 한다.

四 : 月幾望, 馬匹亡, 无咎. 달이 거의 차고, 말이 없어졌다. 허물이 없다.

五 : 有孚攣如, 无咎. 믿음이 이와 같이 이어진다면 허물이 없을 것이다.

六 : 翰音登于天, 貞凶. 나는 소리가 하늘로 올라가면, 바르더라도 흉하다.

▌롤러코스터를 타는 인생

사업 수완과 마케팅 감각이 뛰어난 스티브 잡스는 천재 엔지니어 워즈니악과 1976년 애플 컴퓨터를 공동 창업한다. 그들의 컴퓨터는 대박을 터뜨렸고, 그에 힘입어 1980년 주식공개로 미국 최고 부자 대열에 오른다. 1984년에 선보인 매킨토시도 큰 성공을 거둔다(═).

그러나 소프트웨어 부족으로 매킨토시의 판매가 급감하고, 1985년 1월 워즈니악이 회사를 떠나며 불운이 시작된다. 결국 그해 8월 잡스는 현실성 없는 몽상가이자 회사를 도탄에 빠뜨린 인사로 지목되어 회사에서 쫓겨난다.

쫓겨난 잡스는 자살을 고민할 정도로 방황하다 넥스트란 회사를 세우고 픽사를 인수하면서 재기를 도모한다. 하지만 두 회사 모두 수익을 내지 못했고, 스티브 잡스는 캐논의 투자로 간신히 버티는 빈털터리가 됐다(≡≡).

그 순간 기회가 왔다. 적자에 허덕이던 애플이 1996년 스티브 잡스에게 손을 내민다. 13년 만에 애플에 복귀한 잡스는 경영 컨설턴트로 역할을 하며 애플을 흑자 전환하는 데 성공하고, 아울러 쓸모없는 회사였던 픽사가 토이 스토리란 애니메이션을 흥행에 성공시킨다. 픽사 상장으로 스티브 잡스는 단번에 억만장자가 된다. 그 뒤 잡스는 MP3 아이팟과 아이폰을 히트시키면서 경영자로서도 선풍적 인기를 끈다(≡).

중부괘는 롤러코스터인 경우다. 잘나갔다가 무너지고 다시 일어선다. 젊은 시절 성공하면 자만에 빠지기 쉽고 발밑의 갈라짐을 못 느낀다. 무너질 땐 대개 전조가 있지만 끝까지 잘될 운명임을 믿다 알아채지 못하고 굴러떨어진 뒤 운의 다함과 능력 부족을 느낀다.

성공한 사람들의 이야기를 들어보면 잘 나가다가 고비를 만났던 이야기가 자주 등장한다. 그런데 그 고비가 깊은 구렁텅이인 경우도 많다. 건강 악화로 목숨을 잃을 지경이 되고, 사업은 곤두박질친다. 그대로 죽고 싶은 생각이 자주 머리를 스친다.

이 같은 상황에 지금 처한 경우도 있을 것이다. 그러나 분명 그것으로 끝이 아니다. 빛을 볼 날이 올 것이란 믿음이 있다면, 좋은 날이 온다. 무너지는 순간 좌절하지 않고 다시 일어설 수 있다는 믿음이 중요하다. 결과적으로 중부괘는 좋을 땐 한없이 좋지만 나쁠 땐 한없이 나쁘다. 모아니면 도의 인생을 이야기한다. 널뛰기 증시처럼 변화가 심하다.

中孚, 豚魚吉, 利涉大川, 利貞.(중부, 돈어길, 이섭대천, 리정)
돼지와 물고기에 미치면 길하니, 큰 내를 건너는 것이
이롭고 바르게 하는 것이 이롭다.

괘사는 큰 강을 건너고 바르게 하는 것이 이롭다고 말한다. 정도를 지키면서 도전에 나설 것을 권하고 있다고 볼 수 있다.

뱀과 제비는 같이 있을 수 없다

初 : 虞吉, 有它不燕.(우길, 유타불연)
헤아리면 길할 것이고, 뱀이 있는 곳에 제비가 없다.

타(它)는 뱀이란 뜻이고, 연(燕)은 제비 또는 향연 연회를 의미한다. 뱀과 제비는 함께 공존할 수 없다. 그것이 순리다. 그런데 둘 모두를 갖고 싶은 욕심이 생긴다. 특히 초반 태양으로 잘 나가는 상황에서 뭐든다 할 수 있을 것 같아 문어발 식 확장을 하게 되면 오히려 흉함이 찾아올 수 있다.

그 욕심을 버리는 게 중요하다. 그 욕심을 버리는 것은 내려놓음이라기보다 순리를 받아들이는 일이고 삶을 헤아리는 것이다. 제비와 뱀이 함께 있을 수 없다는 헤아림이 필요함을 이야기하고 있다.

二 : 鳴鶴在陰, 其子和之, 我有好爵, 吾與爾靡之.
(명학재음, 기자화지, 아유호작, 오여이미지)
우는 학이 음지에 있으나, 그 새끼가 대답한다.
나에게 좋은 벼슬이 있으나 너와 함께 넘어진다.

작(爵)은 벼슬 작위, 혹은 술을 뜻한다. 이(靡)은 쓰러지다란 의미가
있다. 학이 음지에서 울고 있다. 좋은 기운이 음지로 빠져들고 있음을 알
리는 것이다. 그러나 새끼가 화음을 맞추고 있다.

새끼가 화음을 맞추는 것은 어미가 음지에서 쓰러진 뒤 다시 새끼가
그 바통을 이어받을 수 있음을 의미한다. 다시 한번 태양이 떠오를 시간
이 있음을 암시한 것이다. 새끼가 성장해 어미가 되면 다시 운의 기운이
만개할 가능성이 있는 것이다.

내게 좋은 벼슬이 있다는 것은 성공한 상태임을 의미하는데, 곧이어
넘어질 것을 예고하고 있다. 태양에서 태음으로의 전환을 뜻한다. 성공
에 너무 취해 뱀이 본색을 드러내고 그걸 슬퍼하는 학이 음지에서 울어
도 알아차리지 못하는 상태라고 볼 수도 있다.

三 : 得敵, 或鼓或罷, 或泣或歌.(득적, 혹고혹파, 혹읍혹가)
적이 생겨서 혹은 북을 치기도 하고 그만두기도 하며,
혹은 울기도 하고 혹은 노래를 하기도 한다.

파(罷)는 그만둔다는 뜻이다. 적의 등장으로 북이 울리기도 하고, 또 멈추기도 하고, 눈물을 흘리기도 하고 때론 노래도 부른다. 인생의 격변을 시적으로 표현했다. 태음 상태에서 굴곡진 인생을 살아가는 모양을 설명한다. 롤러코스터를 타고 올랐다가 급격히 추락하는 운명을 표현한 것이다. 그것은 파노라마처럼 다양한 장면을 인생이란 드라마에 펼친다. 그리고 결국 모든 경험은 마지막 태양이 떠오르도록 하는 에너지가 된다.

달이 다시! 차오르다

四 : 月幾望, 馬匹亡, 无咎.(월기망, 마필망, 무구)
달이 거의 찼고, 말이 없어졌다. 허물이 없다.

마필(馬匹)은 몇 마리 말을 뜻하기도 하고 말의 짝을 의미하기도 한다. 달이 가득 찼다는 것은 시간 속에 에너지가 차올랐음을 뜻한다. 고통과 고난의 세월을 견딘 뒤 다시 행운의 시간이 온 것이다. 그 과정에서 '마필'로 표현된 소중한 것을 잃어버리는 상처는 있다. 상처 없이 고난을 극복하는 것은 불가능에 가깝다. 스티브 잡스의 스토리로 따지면 애플 상장으로 번 돈을 까먹고 빈털터리가 된 순간을 뜻한다고 볼 수 있다. 손에 쥐고 있는 것이 없어졌으나 시간 속 달이 꽉 차올랐다. 이제 터지는 순간만이 남은 것이다. 죽으면 곧 사는, 즉 사즉생의 순간이 된 것이다.

믿음이! 이어지면 허물이! 없다

五 : 有孚攣如, 无咎.(유부련여, 무구)
믿음이 이와 같이 이어진다면 허물이 없을 것이다.

련(攣)은 걸리다, 메이다. 연관되다, 이어지다의 뜻이 있다. 운명이 어떤 궤적을 이어왔는지 잊지 않는다면 허물은 없을 것임을 이야기하고 있다. 처음의 성공도, 무너지는 과정도, 다시 올라오는 과정도 고난과 시련이었고 때론 드라마틱했을 것이다. 성공했던 본인이 왜 무너졌는지 오랜 태음의 시간 동안 되짚고 되짚었을 것이다. 그걸 바탕으로 다시 일어설 수 있을 것이란 굳은 믿음도 있었을 것이다. 그리고 이제 다시 일어섰다. 그 과정을 기억하고 잊지 않으면 허물이 없을 것이라고 이야기한다.

너무 높이 오르지 말 것

六 : 翰音登于天, 貞凶.(한음등우천, 정흉)
나는 소리가 하늘로 올라가면, 바르더라도 흉하다.

한음(翰音)은 능력 이상으로 명성이 올라가는 것이다. 롤러코스터를 탄 인생은 스토리를 만들기 쉽고, 그래서 쉽게 영웅의 자리에 사람들이 올려놓는다. 그 순간을 조심하라는 경고이다.

너무 높이 오를 경우 감당할 수 없는 위치가 되고 또다시 추락의 도화선이 될 가능성이 높다. 급격한 등락을 반복하지 않기 위해선 적당한 높이에서 인생의 진폭을 적게 해야 한다. 그렇지 못할 경우 마지막 양괘(兩卦)의 태양은 다시 태음으로 급전직하할 수 있다.

스티브 잡스의 경우 결국 부와 명예를 거머쥐었지만 56세의 비교적 젊은 나이에 암으로 세상을 떠난다. 고집스럽고 완벽한 성격으로 너무 많은 것을 추구하면서 몸에 이상이 생긴 것으로 볼 수도 있지 않을까 싶다.

62 소과괘小過卦

小過, 亨, 利貞, 可小事, 不可大事, 飛鳥遺之音, 不宜上, 宜下, 大吉. 작은 일은 할 수 있으나 큰일은 할 수 없다. 날아가는 새는 소리를 남기는 법이니, 높이 올라가서는 안 되고, 내려오면 크게 길하다.

初 : 飛鳥以凶. 날아가는 새는 흉하다.

二 : 過其祖, 遇其妣, 不及其君, 遇其臣, 无咎. 할아버지를 지나서 할머니를 만나니, 군주에게 미치지 못하고 신하를 만나면 허물이 없을 것이다.

三 : 弗過防之, 從或戕之, 凶. 지나갈 수 없으면 방어해야 한다. 따라가면 혹 죽임을 당하니 해롭다.

四 : 无咎, 弗過遇之, 往厲必戒, 勿用永貞. 허물이 없다. 지나갈 수 없으니 마주친다. 오고가는 화를 경계해야 하고, 사용하지 않으면, 영원히 바르다.

五 : 密雲不雨, 自我西郊, 公弋取彼在穴. 구름이 빽빽하나 비가오지 않는 것은 나의 서쪽 교외로부터 오기 때문이니, 공의 화살이 구멍에 있는 것을 취한다.

六 : 弗遇過之, 飛鳥離之, 凶, 是謂災眚. 마주치지 못해 지나간다, 새가 떠나가면 흉하니 이를 일러 재앙이라고 한다.

▌ 작은 것이 지나간다

흥선대원군 이하응은 야심 없는 파락호를 자처하며 상갓집 개라는 치욕적인 별명까지 얻으며 건달 행세를 한다. 다만 철종이 후사 없이 죽을 경우 자신의 둘째 아들이 왕위를 계승할 수 있도록 작전을 짜 놓았다 (☷).

그리고 정말 철종이 후사 없이 사망하자 아들인 고종이 왕위에 오르고 흥선대원군은 집정을 시작한다. 그는 우선 안동김씨 주류를 몰아내고, 붕당의 원인이던 서원 대부분을 철폐했으며, 양반에게도 세금을 징수하는 등의 개혁 정책을 펼쳤다. 그러나 무리하게 경복궁을 중건해 원성을 샀고, 쇄국정책을 펴 개화의 기회를 놓쳤다. 스스로 무너질 수 있는 빌미를 만든 것이다(≡).

22세가 된 고종이 명성황후 및 흥선대원군 반대파와 손잡고 친정을 선포하면서, 흥선대원군은 정계에서 쫓겨난다. 강제로 물러난 탓에 이후 정계복귀를 호시탐탐 노렸으나 산뜻하지 못했고, 명성황후와의 갈등으로 이어졌다. 1895년 고종은 대원군의 정치 활동을 대부분 제한하는 조치를 취해 활동을 막았다(☵).

대과괘 (☳☵)와 비교해 작은 것이 지나간다. 대과계는 10t 트럭이 왔다 가는 것이라면 소과괘는 절반쯤 되는 화물차가 왔다 간다. 따라서 내려놓고 가는 것도 적다. 출발이 태음이고, 끝도 태음이기 때문이다. 대과계의 경우 능력이 있는 가운데 출발하고, 마지막엔 과분한 행운이 쏟아진다. 반면 소과괘는 행운이 한 번 크게 쏟아지는 것으로 끝이다. 그것을 끌고 가는 게 중요하다.

<hr>

작은 일에 적합하다

小過, 亨, 利貞, 可小事, 不可大事, 飛鳥遺之音, 不宜上, 宜下, 大吉.
(소과, 형, 리정, 가소사, 불가대사, 비조유지음, 불의상, 의하, 대길)
작은 일은 할 수 있으나 큰일은 할 수 없다. 날아가는 새는 소리를 남기는 법이니, 높이 올라가서는 안 되고, 내려오면 크게 길하다.

의(宜)는 마땅히 하여야 한다는 뜻이다. 큰일에 나서지 말고, 작은 일을 하면서 살 것을 조언하고 있다. 기회를 잡는 순간 '한 발 더'의 욕망이 생기겠으나 선을 넘어서는 안 된다. 과도하게 오르면 후일 더 큰 화를 당한다.

이런 맥락에서 조비유지음(飛鳥遺之音)은 61번 중부괘(☰☰)의 한음 등우천(翰音登于天)과 연관성을 갖는다. 중부괘의 두 번째 양괘(兩卦)인 태음에서 시작해 마지막에 태음이 한 번 더 오면 곧 소과괘가 되기 때문이다. 높이 날면 소리가 나게 되어있고, 사냥꾼의 표적이 된다. 소리는 본인이 떠들고 다니며 만든 것일 수 있고, 주변에서 이런저런 말이 나오는 것일 수도 있다. 공격 목표가 될 수 있는 흔적을 남기는 것이다.

새가 날아가면 흉하다

初 : 飛鳥以凶.(비조이흉)
날아가는 새는 흉하다.

날지 말 것을 당부하고 있다. 초반의 상황이다. 운이 풀리지 않는 상황에서 하늘을 날면 사냥꾼의 표적이 되기 쉽다. 흥선대원군이 파락호를 자처하면서 칼을 숨기고 살던 상황이 대표적인 예가 될 것이다.

적당한 행운이! 길하다

二 : 過其祖, 遇其妣, 不及其君, 遇其臣, 无咎.
(과기조, 우기비, 불급기군, 우기신, 무구)
할아버지를 지나서 할머니를 만나니, 군주에게 미치지 못하고
신하를 만나면 허물이 없을 것이다.

조(祖)는 할아버지, 비(妣)는 할머니를 뜻한다. 할아버지, 할머니는 조

상의 음덕이라고 할 수 있다. 할아버지의 음덕보다 할머니의 것이 작다고 볼 수 있다. 그 할머니의 행운과 마주친 것이다. 큰 행운보다는 적당한 행운이 허물이 없다. 같은 맥락에서 힘들게 왕에게 나아가면 오히려 화를 만들 수 있다. 높은 산에 오를수록 그만큼 바람이 거센 탓이다. 그걸 견디기보단 적당한 높이에서 선선한 바람을 즐기는 것이 낫다. 큰 것을 양보하고 작은 것에 만족해야 함을 권하고 있는 셈이다.

지나갈 수 없으면 막을 것

三 : 弗過防之, 從或戕之, 凶.(불과방지, 종혹장지, 흉)
지나갈 수 없으면 방어해야 한다. 따라가면 혹 죽임을 당하니 해롭다.

장(戕)은 죽이다, 살해하다, 상하게 하다, 사납다 등의 뜻이 있다. 지나갈 수 없다는 것은 나의 것으로 소화할 수 없다는 뜻이다. 따라서 들어오지 못하도록 방어해야 한다. 따라가는 것은 그것을 소화하기 위해 쫓는 것이다. 그럴 경우 죽임을 당할 수 있다고 경고한다. 따라서 흉이다.

피할 수 없으면 경계할 것

四 : 无咎, 弗過遇之, 往厲必戒, 勿用永貞.
(무구, 불과우지, 왕려필계, 물용영정)
허물이 없다. 지나갈 수 없으니 마주친다. 오고가는 화를 경계해야 하고, 사용하지 않으면, 영원히 바르다.

지나갈 수 없다는 것은 마찬가지로 행운을 소화할 수 없다는 것이다.

그런데 다가오는 걸 막을 수도 없는 상황이다. 즉 삼(三)의 상황과 달리 어쩔 수 없이 부딪혀야 한다. 그럴 경우 근심된 마음으로 반드시 경계해야 한다. 아울러 사용해서는 안 된다. 즉 피하지 못해 만나는 존재와 일을 도모해서는 안 된다. 그러면 영원히 바를 것이라고 말한다.

먹고 살만한 상황이 마련되면 현실에 만족하면서 살아야 한다. 그것을 소박하다고 표현할 수도 있으나, 반대로 현실을 냉정하게 평가하고 분석한 가운데 자신에게 최적의 삶을 택한 것이라고도 할 수 있다.

빽빽한 구름이 오지만 나의 것이 아니다

五 : 密雲不雨, 自我西郊, 公弋取彼在穴.
(밀운불우, 자아서교, 공익취피재혈)
구름이 빽빽하나 비가오지 않는 것은 나의 서쪽 교외로부터
오기 때문이니, 공의 화살이 구멍에 있는 것을 취한다.

익(弋)은 화살을 뜻한다. 구름은 가득한데 비가 오지 않는 것은 될 듯 싶은데 안 되는 것을 의미한다. 앞서 소축괘에서 빽빽한 구름의 예를 든 적이 있다. 2% 부족한 상황을 의미했다. 마찬가지 상황을 말하고 있다. 그러나 조언 내용은 다르다. 구름이 비가 되도록 할 필요가 없다고 말한다. 그 구름은 나의 것이 아닌 탓이다. 따라서 공익취피재혈(公弋取彼在穴)이 추가된다. 즉 공의 화살이 구멍에 있는 것을 얻는 것이다.

마지막 양괘(兩卦)의 상황을 말하고 있다. 흥선대원군은 2%가 결국 부족했다. 그래서 권력의 중심에서 쫓겨나게 된다. 그의 입장에서 한발만 더 나아가면 될 것 같은 마음이 강하게 들었을 것이다. 그러나 이미 운의 기운이 사라졌고, 문제를 해결할 수 있는 개인적 능력 역시 소진된 관계로

불가능했다. 결국, 이하응이 열심히 조성했던 왕권 강화의 모든 성과는 그의 아들 고종과 민비 즉, 명성황후의 소유가 된다.

새가 떠나면 흉하다

六 : 弗遇過之, 飛鳥離之, 凶, 是謂災眚.
(불우과지, 비조리지, 흉, 시위재생)
마주치지 못해 지나간다, 새가 떠나가면 흉하니 이를 일러 재앙이라고 한다.

생(眚)은 재앙을 의미한다. 마주치지 못했다는 것은 행운이 스쳐 지나가 버렸다는 뜻이다. 이는 곧 새가 떠나버렸다는 뜻이다. 새는 행운의 상징이다. 따라서 흉하다. 이것을 일컬어 재앙이라고 부르는 것이다. 결과적으로 태음의 상태를 설명한다. 파랑새가 내 품에 안기기를 소망했으나 그것이 이뤄지지 않은 것이다.

63 기제괘旣濟卦

旣濟, 亨小利貞, 初吉終亂. 이미 이루었다. 작은 형통함이 있고, 바름을 통해 이득을 얻는다. 처음에는 길하지만 끝에는 혼란스럽다.

初 : 曳其輪, 濡其尾, 无咎. 수레를 끌어당기고 꼬리를 적시면 허물이 없다.

二 : 婦喪其茀, 勿逐, 七日得. 부인이 머리꾸미개를 잃었으니 쫓지 않아도 7일 만에 얻을 것이다.

三 : 高宗伐鬼方, 三年克之, 小人勿用. 고종이 귀방 토벌에 나섰으나 3년 만에 이겼다. 소인을 쓰지 마라.

四 : 繻有衣袽, 終日戒. 비단 옷도 누더기로 바뀔 수 있으니, 늘 경계해야 한다.

五 : 東鄰殺牛, 不如西鄰之禴祭, 實受其福. 동쪽 이웃의 소를 잡아 성대하게 제사 지내는 것이, 서쪽 이웃의 실속 있는 제사와 같지 않다. 실질적인 복을 취해야 한다.

六 : 濡其首, 厲. 그 머리에 적심이니 위태롭다.

▌탁월한 능력이 불운의 씨앗

　문장과 창작, 비평에서 탁월한 능력을 갖췄던 허균은 중국과의 외교에서 크게 활약한다. 특히 그가 살았던 시대는 임진왜란으로 명나라와의 외교가 중요했고, 따라서 언변과 학식이 뛰어났던 허균은 맹활약한다. 그의 부친 역시 신망이 두텁고 권력이 있었다. 크게 성공할 수 있는 조건을 갖췄으나 관직에서 6번이나 쫓겨난다.

　초반의 불운은 성리학을 제외한 모든 것을 이단시하고, 서자를 관직에 등용하지 않는 비합리적인 사회 체제에 대한 불만이었다. 그 불만이 표출되면서 파직과 유배를 밥 먹듯이 당하지만 빼어난 능력과 출중한 가문 출신이어서 등용됨을 반복한다(☳).

임진왜란에 이어 등장한 광해군 폭정으로 백성들의 불만이 극에 달하자 허균은 혁명을 꿈꾸며 서얼 출신들과 이를 모색한다. 그러나 빼어난 재주에 비해 자기 사람을 만드는 능력은 부족했다. 내부 모의가 유출되면서 역성혁명의 꿈도 사라진다(☳).

이후 유배를 당했던 허균은 당시 실세였던 이이첨에 줄을 대면서, 반란 혐의에서 벗어난 지 2년 만에 동부원승지가 돼 왕을 가장 가까이 모시는 신하가 됐다. 쉽게 말해 친북 학생운동권이 갑자기 반북 보수의 최고 전사가 되는 급반전을 이룬 셈이다. 그리고 이이첨이 주도해 꾸민 인목대비 폐비에 깊숙하게 관여한다. 그러나 역시 내부 반란이 벌어졌고, 허균은 모든 죄를 뒤집어쓰고 형장의 이슬로 사라진다(☳).

제(濟)는 물을 건너다, 이루다, 유익하다, 성공한다는 뜻이 있다. 물을 건너 목표를 이룬 것으로 풀이할 수 있다. 그런데 기제괘는 처음부터 끝까지 능력에 비해 운이 따르지 않는 상황이 이어진다. 능력이 있으나 기회를 얻지 못해 역사에 기록되지 못한 많은 이들이 있을 것이고, 조급한 마음에 선불리 나섰다가 화를 자초한 경우도 많았을 것이다. 그럼에도 불구하고 이루었다고 한 것은 처음부터 재능이 있었고, 그 처음이 곧 끝인 탓이다.

처음은 길하지만 끝은 혼란스럽다

旣濟, 亨小利貞, 初吉終亂.(기제, 형소리정, 초길종란)
이미 이루었다. 작은 형통함이 있고, 바름을 통해 이득을 얻는다.
처음에는 길하지만 끝에는 혼란스럽다.

많은 것을 이룰 수 있는 능력을 타고났다. 따라서 처음엔 길함이 있다. 수재가 젊은 시절 두각을 나타내면 사람들은 미래가 장밋빛일 것으로 생각한다. 그러나 기회가 얻지 못함에 따라 종국에서는 몸과 마음이 혼란스러운 경우가 많다. 사람들은 능력에 비해 운이 따르지 않는다고 위로를 할 것이다. 기회가 오지 않는 삶이 한탄스러울 수 있다.

소음이 세 번 연속됐다는 것은 아무런 변화가 없는 것이 아닌 소음에서 소음으로 변했다는 것이다. 각각의 경우 당사자가 느끼는 감정, 그리고 사회적 지위 등에도 변화가 있다. 처음은 희망이었으나 마지막은 '해도 안 되는구나'란 심란함일 것이다.

꼬리를 적시면 허물이 없다

初 : 曳其輪, 濡其尾, 无咎.(예기륜, 유기미, 무구)
수레를 끌어당기고 꼬리를 적시면 허물이 없다.

예(曳)는 끌다는 뜻이고, 륜(輪)은 바퀴이다. 유(濡)는 적시다란 뜻이다. 꼬리를 적신다는 것은 작은 수고로움과 작은 허물을 받아들이는 것이다. 소음은 사회적 관계보다 개인 능력으로 문제를 풀어간다. 자존심이 도드라질 확률이 높다. 그런데 자존감을 지키는 길이 허물이 된다. 실수에 대해 웃으며 '저도 사람입니다'라고 답을 할 수 있어야 한다.

아울러 수레를 끌 수 있어야 한다. 수레는 운을 담는 그릇이다. 능력에 대한 과신이 수레가 없어도 손으로 옮겨줄 수 있으며, 운과 관계없이 일을 해결할 수 있다는 오만함을 만들 수 있다. 이 같은 태도를 견지하면 안 된다.

二 : 婦喪其茀, 勿逐, 七日得.(부상기불, 물축, 칠일득)

부인이 머리꾸미개를 잃었으니 쫓지 않아도 7일 만에 얻을 것이다.

불(茀)은 풀이 우거지다, 덮다 이외에도 머리꾸미개란 의미가 있다. 머리꾸미개를 잃었다는 것은 무척 중요한 것을 분실한 것으로 운이 좋지 않은 상황을 표현했다. 그런데 찾으려 애쓰지 않아도 7일 만에 다시 나타날 것이라고 말한다. 그것을 극복할 수 있는 능력이 있는 것이다. 허균의 경우 끊임없이 파직되지만 다시 복직이 이뤄진다. 그걸 넘어설 만큼의 실력이 있었기 때문이다.

三 : 高宗伐鬼方, 三年克之, 小人勿用.

(고종벌귀방, 삼년극지, 소인물용)

고종이 귀방 토벌에 나섰으나 3년 만에 이겼다. 소인을 쓰지 마라.

주역이 꼽은 기제괘의 대표적 인물이 고종이다. 고종은 상왕조 22대 임금 무정(B.C. 1344년~B.C. 1264년)을 말하고, '귀방'은 중원을 괴롭히던 이민족을 가리킨다. 고종은 쇠퇴하는 상왕조를 중흥시키려 했던 능력 있는 군주로 귀방을 정벌해 황허유역을 지켰다. 그러나 왕위에 있던 시절 상왕조는 운이 다하던 시기였다. 아울러 능력에 대한 과신으로 사람과의 교류와 인재를 믿고 등용하는 데 어려움이 있었다. 본인의 능력으로 유의미한 결과를 만들긴 했으나 상왕조의 운명을 바꾸지도 못했고,

본인 역시 끝까지 운 없는 삶을 살아야 했다.

귀방을 토벌한 이유는 국력이 쇠퇴하면서 그곳까지 이민족이 내려왔던 탓이다. 따라서 하늘의 도움이 없이 간신히 3년 만에 이기고 황허를 지켰다. 운이 따를 땐, 귀인을 만나 큰 도움을 얻어 전쟁에서 쉽게 이기고 또 땅도 넓힐 수 있다. 그러나 운이 쇠잔해지면 지키는 것도 힘들고 주변엔 소인들만 가득하다. 그 소인을 등용하지 않는 것이 그나마 운이 다한 상황에서 버틸 수 있는 길임을 주역은 강조하고 있다.

비단 옷도 누더기가 된다

四 : 繻有衣袽, 終日戒.(수유의녀, 종일계)
비단 옷도 누더기로 바뀔 수 있으니, 늘 경계해야 한다.

수(繻)는 명주실로 짠 옷, 즉 비단옷을 의미하고, 녀(袽)는 해진 옷, 해진 헝겊, 걸레란 뜻이 있다. 비단옷이 누더기가 되는 것은 순간이다. 여기서 비단옷은 능력 있음을 상징한다고 할 수 있다. 불운의 구렁텅이로 빠지면 순식간에 비단옷도 누더기가 된다. 특히 운이 따르지 않는 시절엔 이 같은 가능성이 더욱 높다. 따라서 운의 기운이 막힌 상황에서는 매사 경계해야 한다. 때론 지키는 데 초점이 맞춰져야 한다.

五 : 東鄰殺牛, 不如西鄰之禴祭, 實受其福.

(동린살우, 불여서린지약제, 실수기복)

동쪽 이웃의 소를 잡아 성대하게 제사 지내는 것이, 서쪽 이웃의

실속 있는 제사와 같지 않다. 실질적인 복을 취해야 한다.

소를 잡는다는 것은 큰 제사, 즉 카니발 혹은 축제를 벌이는 것이고 약제(禴祭)은 간소한 제사를 뜻한다. 학창시절 나보다 못한 친구가 사회적으로 잘 나가거나 좋은 남자에게 시집을 가 팔자를 고치는 경우를 부러움 반 질투심 반으로 보게 된다.

그런데 주역은 말한다. 남의 큰 떡을 보지 말고 나의 작은 떡을 보라고. 더 중요한 것은 내가 가진 작은 것이다. 타인과 비교하기보다는 내가 가진 직업, 가족, 그리고 생활이 주는 안락함에 만족하면서 살아야 함을 이야기한다고 할 수 있다.

특히 소음이 지속되는 상황에서의 마음가짐을 뜻한다. 초반 출중한 능력을 바탕으로 크게 성공할 것으로 주변에서도 기대했고, 본인도 이 같은 믿음이 있었을 것이다. 그러나 시간이 지나고 딱히 성공하지 못했다는 생각이 든다. 그러면서 자괴감에 빠질 수 있다. 그때 가져야 할 태도다. 내가 가진 작은 것에 만족하는 것이다.

허균 역시 파직과 유배를 반복하면서 자신의 삶에 불만이 많았을 것이다. 그리고 성공한 사람들을 보면서 속이 쓰렸을 것이다. 그는 그것을 받아들이는 대신 이이첨에 줄을 대면서 대반전을 모색하는 길을 택한 것으로 볼 수 있다.

六 : 濡其首, 厲.(유기수, 려)

그 머리에 적심이니 위태롭다.

성급하게 나서면 위태롭다는 것을 의미한다. 능력은 있으나 그것을 발현하지 못하는 그런 현실이 답답해지고 머리가 혼란스러워지면 냅다 일을 저지르고, 위태로운 상황에 빠질 가능성이 높은 것이다. 괘사에서 끝은 심란할 것이라고 이야기했다. 이 같은 상황을 견디지 못하면 위험에 처할 수 있음을 마지막에 경고한 것이다. 허균은 결국 머리를 적신 셈이 되었고, 이에 따라 형장의 이슬로 사라진다.

64 미제괘未濟卦

未濟, 亨, 小狐乞濟, 濡其尾, 无攸利. 작은 여우가 강을 거의 건넜을 때 꼬리를 적시니 유리함이 없다.

初 : 濡其尾, 吝. 그 꼬리를 적셨으니 부끄러움을 당할 것이다.

二 : 曳其輪, 貞吉. 수레를 끄니 바르고 길하다.

三 : 未濟, 征凶, 利涉大川. 아직 도달하지 못하였으니, 나아가면 흉하다. 큰 이득이 강을 건너온다.

四 : 貞吉, 悔亡, 震用伐鬼方, 三年有賞于大國. 정도를 지키면 회한이 사라진다. 떨쳐 일어나 귀방을 정벌하면, 3년 뒤 대국이 된다.

五 : 貞吉, 无悔, 君子之光, 有孚吉. 정도를 지키면 회한이 없다. 군자의 빛남이 있을 것이고, 믿음이 있으면 길하다.

六 : 有孚于飮酒, 无咎, 濡其首, 有孚失是. 믿음을 두고 술을 마시면 허물이 없다. 하지만 머리를 적시면 믿음은 사라진다.

▌실력 없이도 최고가 될 수 있다

패현 출신의 유방은 보잘것없는 백수건달이었으나 믿고 따르는 자들이 많았다. 그리고 난세가 영웅을 만들었다. 고향의 관리를 죽인 후 봉기하여 믿고 따르던 이들을 규합해 수천 명의 병력을 모은 뒤 항우에게 합류하면서 주류에 편입한다(☵). 이후 대단한 능력은 없었으나 주류의 줄에 잘 섰고, 장량, 소하, 한신 등 명장과 책사를 잘 활용한다. 또한, 항우에게 불만을 품고 있던 영포, 팽월 등을 자기편으로 끌어들였다. 결국, 기원전 202년, 해하 싸움에서 유방은 한동안 연전연승하던 항우에게 결정적 패배를 안기고 천하를 장악한다(☷). 이후 진나라의 가혹한 통치와 달리 유방은 온화한 정치로 백성의 고달픈 심신을 어루만지는 데 애를 쓰면서 중국 문화와 역사의 뿌리가 된 한나라의 창업자가 된다. 실력도 없는 건달이 가장 훌륭한 중국의 황제 가운데 한 명이 된 것이다(☷).

미제괘는 능력은 없으나 언제나 행운이 따르는 상이다. 유방은 그야 말로 보잘것없는 동네 건달이었다. 사실 개인의 능력으로 보자면 유방은 한신이나 장량을 따라갈 수 없다. 그러나 유방에게는 스스로 자신을 낮추면서 한신 장량 소하 등 실력 있는 자들을 부하로 두는 재주가 있었다. 이것이 바로 운을 끌어당기는 힘이다. 유방이 아니라면 모래알처럼 흩어졌거나 각자 자신의 능력을 뽐내며 서로 겨뤘을 사람들이었다. 이를 바탕으로 천운을 끌어낸 것이다.

꼬리를 적시니 불리하다

未濟, 亨, 小狐汔濟, 濡其尾, 无攸利.
(미제, 형, 소호흘제, 유기미, 무유리)
작은 여우가 강을 거의 건넜을 때 꼬리를 적시니 유리함이 없다.

흘(汔)는 거의란 뜻이 있고, (물이)마르다란 의미도 있다. 여우가 강을 거의 건넜다는 것은 일이 거의 다 되어 있다는 것이다. 배를 타고 반대편에 도달하게 됐고, 뛰어내리기만 하면 되는 데, 실수로 꼬리가 물에 빠진 것이다. 밥상이 잘 차려져 있고 마무리만 하면 되는 상황인데 그것을 못해 유리함이 사라진다.

결국, 미제괘에게는 마무리가 중요하다. 감나무에서 감이 저절로 떨어지는 상황인데, 입을 벌리지 못해 먹지 못하고 온통 감의 파편이 얼굴에

튀는 경우가 발생하는 것이다. 조금만 잘 하면 성공할 수 있는 데 기회가 땅으로 사라진다.

젖은 꼬리가 부끄럽다

初 : 濡其尾, 吝.(유기미, 린)
그 꼬리를 적셨으니 부끄러움을 당할 것이다.

초반의 상황을 설명한다. 꼬리를 적시는 것은 실수가 있는 것이고 이를 통해 부끄러움을 당하는 것이다. 능력이 부족한 상황에서 이 같은 일은 어쩔 수 없다. 그것으로 부끄러움을 당할 때, 수치심을 느끼지만 큰 허물은 없을 것이다. 본인의 성공이 실력이 출중해서가 아닌 운이 좋아서임을 알게 되면 되지 않을까.

묵묵히 수레를 끌 것

二 : 曳其輪, 貞吉.(예기륜, 정길)
수레를 끄니 바르고 길하다.

예(曳)는 끌다는 뜻이다. 수레는 행운을 담는 그릇이고, 수레를 끌고 가는 것이 해야 할 가장 중요한 일이라고 볼 수 있다. 다른 건 특별히 할 필요가 없다. 그것만으로도 길하다. 그런데 수레에 많은 게 담기면 무거워진다. 또한, 수레를 세워놓고 그 위에 담긴 것을 즐기고 싶은 마음이 들 것이다. 그 순간 수레에 행운이 담기는 일은 멈출 것이다. 아무리 좋은 게 담기더라도 그것에 취하지 말고 묵묵하게 수레를 끌 필요가 있다.

三 : 未濟, 征凶, 利涉大川. (미제, 정흉, 이섭대천)
나아가면 흉하다. 큰 이득이 강을 건너온다.

이섭대천(利涉大川)을 '큰 강을 건너는 것이 유리하다'로 해석하면 정
흉(征凶)과 잇는데 어려움이 생긴다. 나아가면 흉하다고 하면서 동시에
강을 건너는 것이 유리하다고 말하기 때문이다. 혹자를 그래서 원래 이
섭대천 앞에 불(不)이 있었으나 필사되어 내려오는 과정에서 사라진 것
으로 추측하기도 한다. 그러면 '나아가면 흉하다. 큰 강을 건너는 것이
불리하다'로 해석이 매끄럽다.

원문 그대로 해석한다면 주체적 능력이 없는 상태에서 나아가는 것은
흉하지만 그렇다고 하늘의 좋은 기회가 오지 않는 것도 아니란 뜻으로
해석할 수 있다. 내가 강을 건너지 않아도 큰 이득이 강을 건너 나에게
오게 되어 있다.

유방의 예로 들자면 초반 항우와 연합해 진의 수도로 진격하는 과정
에서 항우가 진군(秦軍)의 주력부대와 결전을 벌이는 사이, 유방이 먼저
수도 함양을 함락시킨다. 여기서 유방은 항우의 입성을 막고 본인이 황
제가 되려는 욕심을 부려보다 위기에 직면한다. 아직 때가 아닌 상황에
서 흉한 꼴을 당한 것이다. 유방을 재빨리 물러나 촉 땅으로 몸을 숨기
고 잔도를 끊는다. 그럼에도 불구하고 큰 이익이 유방에게로 건너온다.

四 : 貞吉, 悔亡, 震用伐鬼方, 三年有賞于大國.

(정길, 회망, 진용벌귀방, 삼년유상우대국)

정도를 지키면 회한이 사라진다. 떨쳐 일어나 귀방을 정벌하면,

3년 뒤 대국이 된다.

　기제괘의 고종은 간신히 3년만에 귀방을 정벌했으나, 미제괘는 3년 안에 귀방을 정벌할 뿐만 아니라 대국으로 성장한다. 그것이 가능한 실마리는 '소인'에서 찾을 수 있다. 고종의 주변엔 소인이 많았을 것이다. 국운이 다하는 상황이기도 했고, 능력 있는 사람 주변으로 인재가 잘 모이지 않기 때문이다. 뛰어난 사람을 모시고 일한다는 게 쉽지 않은 탓이다.

　그러나 미제괘는 다르다. 그는 천운도 따르지만 좋은 인재를 얻는 행운도 따른다. 대국이 되기 위해선 주변에 도와줄 수 있는 훌륭한 인재들이 많아야 한다. 그 인재들을 등용해 실력을 펼칠 수 있는 공간을 마련해주면 저절로 자신의 지위와 권위는 높아진다. 이 같은 상황이 된 것으로 볼 수 있다. 한고조 유방은 황제의 자리에 올라 축하연을 벌이는 자리에서 자신의 역량에 대해 이렇게 말했다.

　"나는 장량(張良)처럼 교묘한 책략을 쓸 줄 모른다. 소하(蕭何)처럼 행정을 잘 살피고 군량을 제 때 보급할 줄도 모른다. 그렇다고 병사들을 이끌고 싸움에서 이기는 일을 잘 하느냐 하면, 한신(韓信)을 따를 수 없다. 하지만 나는 이 세 사람을 제대로 기용할 줄 안다. 반면 항우(項羽)는 단 한 사람, 범증(范增)조차 제대로 기용하지 못했다. 그래서 내가 천하를 얻고, 항우는 얻지 못한 것이다."

군자의 빛남을 유지할 것

五 : 貞吉, 无悔, 君子之光, 有孚, 吉.(정길, 무회, 군자지광, 유부, 길)

정도를 지키면 회한이 없다. 군자의 빛남이 있을 것이고,

믿음이 있으면 길하다.

능력 부족을 겸손하게 받아들이고, 주어진 기회를 잘 활용하면 군자의 칭송을 받을 수 있다. 군자는 인의예지를 갖춘 사람이지, 재능이 뛰어나거나 카리스마가 있는 사람을 뜻하는 것은 아니다. 정도를 지키면 그같은 '빛'을 발산할 수 있다. 이를 위해 필요한 것이 믿음이다. 본인뿐만아니라 함께 일하는 사람들에 대한 믿음이 있어야 한다.

머리를 적시면 위험하다

六 : 有孚于飮酒, 无咎, 濡其首, 有孚失是.

(유부우음주, 무구, 유기수, 유부실시)

믿음을 두고 술을 마시면 허물이 없다. 하지만 머리를 적시면

믿음은 사라진다.

인생의 처음부터 끝까지 운이 좋은 삶이고, 더불어 능력은 없는 상황이라면 적당히 즐겨도 괜찮다. 골방에 들어가 사서삼경을 외울 필요도없다. 강한 운을 유지하는 데 필요한 것이 교제다. 따라서 사람들과 어울려 믿음을 바탕으로 술을 마시면서 관계를 돈독히 하는 것이 필요하다.

그러나 그것이 정도를 넘어서는 안 될 것이다. 과한 음주로 이런저런실수를 하거나, 오만해지면 안 된다. 그럴 경우 사람들의 믿음도 사라진다. 말처럼 쉽지 않을 것이다. 행운이 쏟아지는 것도 마냥 즐거워할 일만은 아니다. 그만큼의 숙제가 있다.